Populäre Kriegslyrik im Ersten Weltkrieg

Waxmann Verlag GmbH
Steinfurter Straße 555, 48159 Münster
info@waxmann.com

Populäre Kultur und Musik

Herausgegeben von Michael Fischer und Nils Grosch
im Auftrag des Deutschen Volksliedarchivs
und der Universität Salzburg

Band 7

Waxmann 2013
Münster / New York / München / Berlin

Nicolas Detering, Michael Fischer,
Aibe-Marlene Gerdes (Hrsg.)

Populäre Kriegslyrik
im Ersten Weltkrieg

Waxmann 2013
Münster / New York / München / Berlin

Bibliografische Informationen der Deutschen Nationalbibliothek

Die Deutsche Nationalbibliothek verzeichnet diese Publikation in der Deutschen Nationalbibliografie; detaillierte bibliografische Daten sind im Internet über http://dnb.d-nb.de abrufbar.

ISBN 978-3-8309-2740-2
ISSN 1869-8417

© Waxmann Verlag GmbH, Münster 2013

www.waxmann.com
info@waxmann.com

Umschlaggestaltung: Pleßmann Design, Ascheberg
Umschlagabbildung: © lassedesignen – Fotolia.com
Satz: Christoph Rüßler, Freiburg
Druck: Hubert & Co., Göttingen
Gedruckt auf alterungsbeständigem Papier, säurefrei gemäß ISO 9706

Printed in Germany

Inhalt

Vorwort der Herausgeber

Die vorliegenden Beiträge gehen auf einen Studientag zurück, den das Deutsche Volksliedarchiv in Zusammenarbeit mit dem Freiburg Institute for Advanced Studies (FRIAS) am 4. und 5. März 2011 in Freiburg veranstaltete.

Der interdisziplinäre und medienvergleichende Zugang zu populärer Dichtung im Ersten Weltkrieg erfordert einen möglichst weiten Lyrikbegriff, der neben Gedichten auch Soldatenlieder und Songs, religiöse Lieder und Phänomene des Musiktheaters umfasst. Unter ‚populärer Kriegslyrik‘ verstehen wir zum einen Versdichtung, wie sie von weiten Teilen des deutschen Bürgertums geschrieben wurde und die auf beliebte Versatzstücke bürgerlicher Kultur und zeitgenössischer Diskurse zurückgreift. Zum anderen sollen darunter solche Texte verstanden werden, die auf leichte Konsumierbarkeit angelegt oder die nachweislich weit verbreitet waren, und deren weite Verbreitung selbst Gegenstand von Inszenierung und Ideologisierung werden konnte. Die versammelten Studien vereinigt das Ziel, Strategien der Popularisierung, Medialisierung und Archivierung von populärer Kriegslyrik im Ersten Weltkrieg nachzuzeichnen.

Vor diesem Hintergrund sind die folgenden Beiträge nach drei Aspekten geordnet: Der erste Teil beschäftigt sich mit der *Produktion und Verfasserschaft* von Kriegslyrik. Nach allgemeinen Überlegungen und Thesen zu kontextuellen und textuellen Aspekten von Lyrik im Ersten Weltkrieg (Nicolas Detering) widmet sich Eberhard Sauermann am Beispiel Tirols den regionalspezifischen Merkmalen von Kriegsdichtung. Michael Fischer stellt am Beispiel der Rezeption von Luthers Lied „Ein feste Burg ist unser Gott" Prägungen durch Kirchenlied und Nationalprotestantismus dar. Ein zweiter Teil wendet sich der *medienspezifischen Verbreitung und Archivierung* von Lyrik im Ersten Weltkrieg zu. Drei Beiträge zum Phänomen der zeitgenössischen Weltkriegssammlungen (Aibe-Marlene Gerdes), zur Verbreitung von Kriegslyrik in Anthologien (Nicolas Detering) und zu populären Versen auf Eisenbahnwaggons (Michael Fischer) werfen Schlaglichter auf Popularisierungsmechanismen und die Funktionalisierbarkeit der Lyrikdistribution. Eine Studie zur zeitgenössischen Erforschung, Deutung und Dokumentation von Soldatenliedern (Aibe-Marlene Gerdes) leitet über zum dritten Teil, der Arbeiten zur *Performativität* als Popularisierungsstrategie vereint. Am Beispiel von Musiktheater (Carolin Stahrenberg), amerikanischer Song-Produktion (Tobias Widmaier) und frontsoldatischer Liedrezeption (Hermann Kurzke und Christiane Schäfer) sollen Fragen zum Verhältnis von Text, musikalischer Interpretation und situativer Aufführungspraxis adressiert werden.

Die Herausgeber bedanken sich bei dem Freiburg Institute for Advanced Studies (FRIAS) für die Unterstützung während des Workshops und die gewährte Gastfreundschaft. Christoph Rüßler danken wir für die bewährte und geduldige Ausführung der Satzarbeiten.

Freiburg, im April 2013

Die Herausgeber

Nicolas Detering

Kriegslyrik im Ersten Weltkrieg – Germanistische Perspektiven

I. Probleme und Tendenzen der Kriegslyrikforschung

Der Erste Weltkrieg steht als ‚Urkatastrophe' (George F. Kennan)[1] nicht nur am Anfang der politischen, sozialen und wirtschaftlichen Geschichte Europas im 20. Jahrhundert, sondern ist in besonderem Maße auch epochale Umbruchstelle der europäischen Kultur- und Literaturgeschichte.[2] Literatur reflektierte die ideologische Ursachenkonfigurierung des Krieges, bejubelte seinen Ausbruch und befeuerte die militärische Mobilmachung, dokumentierte, ästhetisierte und idealisierte seinen Verlauf, kanalisierte seine Deutungsmöglichkeiten und stellte das wirkmächtigste Medium für frontsoldatische Kriegserinnerungen und Sinnzuschreibungen in der Nachkriegszeit dar. Literarische Texte erfuhren aber ihrerseits durch Krieg und Leiden elementare Erneuerungsanlässe, ihre Produktion proliferierte zunächst in bis dahin unerhörter Weise, sie radikalisierten in der Folge ihre Gestaltungsmittel und gewannen neue Motive, Themen und politische Wirkzwecke. Somit ist einerseits der Krieg integraler Bestandteil der literarischen ‚Geburt der Moderne',[3] die Literatur andererseits aber notwendige Bedingung für die Ausbildung eines Deutungs- und Handlungsspielraums, der ‚Kriegserfahrung' als solche erst ermöglichte und sie dann zu strukturieren und zu verarbeiten half.[4]

---

1 Vgl. die Überprüfung dieser „prägnanteste[n] und pointierteste[n] Epochenetikettierung" von Matthias Karmasin: *Der erste Weltkrieg als ‚Urkatastrophe des 20. Jahrhunderts'.* In: *Das zweite Jahrzehnt.* Hg. von Werner Faulstich. München 2007, S. 211–233, hier S. 211.

2 Vgl. zur Kulturgeschichte des Weltkriegs die Beiträge zu *Kultur und Krieg. Die Rolle der Intellektuellen, Künstler und Schriftsteller im Ersten Weltkrieg.* Hg. von Wolfgang J. Mommsen. Unter Mitarbeit von Elisabeth Müller-Luckner. München 1996 (Schriften des Historischen Kollegs 34).

3 So die bekannte (und umstrittene) Interpretation bei Modris Eksteins: *Rites of Spring. The Great War and the Birth of the Modern Age.* Boston 1989.

4 Ich beziehe mich in dieser Interpretation im Folgenden auf die an der Berger-Luckmannschen Wissenssoziologie orientierte historische Erfahrungswissenschaft, vgl. Nikolaus

Die Funktionsverflechtungen von Weltkrieg und Literatur, ihr reziprokes Begünstigungs- und Steuerungsverhältnis, zeichnen sich in der Lyrik deutlicher noch als in anderen Gattungen ab. Der lyrische Text, aufgrund seiner Kürze schneller zu produzieren und zügiger zur Publikation zu bringen als Prosa und Dramatik, kann erstens als ‚Gelegenheitsgedicht‘ militärische oder politische Ereignisse des Kriegsverlaufs unmittelbar nach ihrem Eintreten kommentieren. Zweitens ermöglicht die Nähe des Gedichts zum Lied, seine formale Tendenz zu verstärkter Rhetorisierung, zu Sangbarkeit und Rhythmisierung eine rasche Verbreitung auch in mündlicher Form; thematisch tendiert das Gedicht zur Pointierung und schafft dadurch eine fügsamere Popularisierung seiner Inhalte. Die in Lyrik angelegte Neigung zu bündiger Verdichtung begünstigt drittens die Gattungswahl als Mittel direkter Erlebnisverarbeitung, z. B. in Extremsituationen wie im Schützengraben und nach der Kampferfahrung.[5] Nicht nur im Ersten Weltkrieg stellte Lyrik daher die „bei weitem bevorzugte Gattung“,[6] sondern sie darf von jeher als Vorzugsgenre der Kriegsliteratur gelten.

Vor diesem Hintergrund überrascht es, dass die deutsche Kriegslyrik bislang vergleichsweise selten in den Blick der germanistischen Forschung genommen wurde.[7] Die literaturwissenschaftliche Orientierung an intellektueller Elite und ästhe-

---

Buschmann und Horst Carl: *Zugänge zur Erfahrungsgeschichte des Krieges: Forschung, Theorie, Fragestellung.* In: *Die Erfahrung des Krieges. Erfahrungsgeschichtliche Perspektiven von der Französischen Revolution bis zum Zweiten Weltkrieg.* Hg. von Nikolaus Buschmann und Horst Carl. Paderborn u. a. 2001 (Krieg in der Geschichte 9), S. 11–27, bes. S. 15–21 und Klaus Latzel: *Vom Kriegserlebnis zur Kriegserfahrung. Theoretische und methodische Überlegungen zur erfahrungsgeschichtlichen Untersuchung von Feldpostbriefen.* In: Militärgeschichtliche Mitteilungen 56 (1997), S. 1–30, bes. S. 10–20.

5   Darauf verweist auch Georg Philipp Rehage: *„Wo sind Worte für das Erleben“. Die lyrische Darstellung des Ersten Weltkrieges in der französischen und deutschen Avantgarde (G. Apollinaire, J. Cocteau, A. Stramm, W. Klemm).* Heidelberg 2003 (Studia Romanica 111), S. 28.

6   Eberhard Sauermann: *Beschönigen und Verschweigen neuer Waffen in der Lyrik des Ersten Weltkriegs.* In: *Wahrheitsmaschinen. Der Einfluss technischer Innovationen auf die Darstellung und das Bild des Krieges in den Medien und Künsten.* Hg. von Claudia Glunz und Thomas F. Schneider. Göttingen 2010 (Schriften des Erich Maria Remarque-Archivs 25), S. 273–287, hier S. 275.

7   Als einschlägige Studien sind u. a. zu nennen: Nicolas Beaupré: *Écrire en guerre, écrire la guerre. France, Allemagne 1914–1920.* Paris 2006, Eberhard Sauermann: *Literarische Kriegsfürsorge. Österreichische Dichter und Publizisten im Ersten Weltkrieg.* Wien 2000 (Literaturgeschichte in Studien und Quellen 4), Martin Löschnigg: *Der Erste Weltkrieg in deutscher und englischer Dichtung.* Heidelberg 1994, Elizabeth A. Marsland: *The Nation's Cause. French, English and German Poetry of the First World War.* London 1991 und Brian Mur-

tischer Innovation verstellte lange den Blick auf die Masse der populären, ästhetisch allerdings oft wenig ansprechenden Kriegsgedichte. An Forschungen zu einzelnen Autoren,[8] avantgardistischen Strömungen wie Expressionismus und Dadaismus[9] oder pazifistischen Publizisten und Publikationsorganen fehlt es daher nicht. Trotz unbestreitbarer Verdienste bisheriger Studien ist zu betonen, dass sich nur ein Bruchteil der veröffentlichten Literatur zum Ersten Weltkrieg explizit kriegskritisch äußert; vor allem die auflagenstärksten Texte sind stattdessen deutlich kriegsaffirmativ.[10] Auch die expressionistische Literatur war im Krieg ei-

---

doch: *Fighting Songs and Warring Words. Popular Lyrics of Two World Wars*. London 1990, S. 22–99. Vgl. einführend auch Wolfgang J. Mommsen: *Deutsche und englische Dichter im Ersten Weltkrieg*. In: ders.: *Der Erste Weltkrieg. Anfang vom Ende des bürgerlichen Zeitalters*. Bonn 2004, S. 155–168 sowie die verschiedenen Beiträge zu *Intimate Enemies. English und German Literary Reactions to the Great War 1914-1918*. Hg. von Franz Karl Stanzel und Martin Löschnigg. Heidelberg 1993 (Beiträge zur neueren Literaturgeschichte 126). Die Arbeiten von Patrick Bridgwater – neben *The German Poets of the First World War*. London 1985 sind hier u. a. die Studien *German and English Poetry of the First World War. A Comparative View*. In: Sprachkunst 18/2 (1987), S. 208–227 und *German Poetry and the First World War*. In: European Studies Review 1 (1971), S. 147–186 zu nennen – sind ausdrücklich von „moral as well as aesthetic criteria" (Bridgwater: *The German Poets*, s. p.) geleitet, wobei es für Bridgwater (ganz gegen die zeitgenössische Vorstellung einer ‚sittlichen‘ Idee des Krieges!) unstrittig scheint, dass „moral" gleichbedeutend mit „anti-war sentiments" (ebd., S. 13) und dass „aesthetic" gleichbedeutend mit „realistic" ist (ebd., S. 17). Die an der Widersprüchlichkeit literarischer Kriegsdeutungen desinteressierte Quellenauswahl lässt Bridgwater bisweilen erstaunliche Fehleinschätzungen zur Entwicklung deutscher Kriegslyrik treffen, so etwa dass „from winter 1914 onwards [sic!] most war poetry worth the title [sic!] has been anti-war poetry" oder dass „the typical front-line poet […] is committed not to the imperatives of heroic action, but to exposing the futility of heroic action and the tragedy of war", vgl. Bridgwater: *The German Poets*, S. 1.

8   Vgl. z. B. Rehage: *„Wo sind Worte für das Erleben"* (wie Anm. 5) oder die Beiträge in *Krieg der Geister. Erster Weltkrieg und literarische Moderne*. Hg. von Uwe Schneider und Andreas Schumann. Würzburg 2000.

9   Vgl. u. a. Hermann Korte: *Der Krieg in der Lyrik des Expressionismus. Studien zur Evolution eines literarischen Themas*. Bonn 1981 (Abhandlungen zur Kunst-, Musik- und Literaturwissenschaft 315) oder Aimée Bleikasten: *Dada contre la guerre*. In: *Écritures franco-allemandes de la Grande Guerre*. Hg. von Jean-Jacques Pollet und Anne-Marie Saint-Gille. Arras 1996 (Collection Lettres et civilisations étrangères), S. 127–141.

10 Thomas F. Schneider zählt für den Zeitraum zwischen 1910 und 1939 nur etwa fünf Prozent der Gesamterscheinungen zur kriegskritischen Literatur, vgl. Thomas F. Schneider: *Einleitung*. In: *Die Autoren und Bücher der deutschsprachigen Literatur zum Ersten Weltkrieg 1914-1939. Ein bio-bibliographisches Handbuch*. Hg. von Thomas F. Schneider et al. Göttingen 2008 (Schriften des Erich Maria Remarque-Archivs 23), S. 7–15, hier S. 8; der äl-

ne wenig auflagenstarke[11] „Außenseiterkultur"[12] und daher kaum repräsentativ für die populäre Lyrik, welche die zeitgenössischen Kriegsdeutungen weiter Teile der bürgerlichen Bevölkerung bündelte und prägte. Es fehlt an Darstellungen, die auf breiter Quellengrundlage diskurs- und publikationsgeschichtlich verfahren und somit die historische Folie verbreiteter Kriegsgelegenheitsdichtung erarbeiten, vor welcher der Sonderstatus innovativer Einzelautoren und modernistischer Bewegungen verständlich wird.

Die bestehende Forschung hat sich zudem weit stärker frontsoldatischer als zivilistischer Kriegsdichtung angenommen. Die getrennte Betrachtung der beiden Gruppen – *entweder* widmet man sich der zivilistischen Kriegspropaganda im August 1914[13] *oder* den frontsoldatischen ‚realistischeren' Erfahrungsverarbeitungen[14] – hat in Teilen der Forschung zu unterkomplexer Thesenbildung ge-

---

tere Bibliograph Donald Ray Richards veranschlagt den Anteil zweifelsfrei pazifistischer Literatur mit zwölf Prozent, vgl.: *The German Bestseller in the 20th Century. A Complete Bibliography and Analysis 1915-1940.* Bern 1968 (German Studies in America 2), S. 18–21. Vgl. zu der verzerrten Wahrnehmung pazifistischer Literatur auch Günter Helmes: *Der Erste Weltkrieg in Literatur und Film – Entwicklungen, Tendenzen, Beispiele.* In: *Krieg und Gedächtnis. Ein Ausnahmezustand im Spannungsfeld kultureller Sinnkonstruktionen.* Hg. von Waltraud ,Wara' Wende. Unter Mitarbeit von Lars Koch. Würzburg 2005, S. 121–150, hier S. 128f.

11 Vgl. Thomas F. Schneider: *Zwischen Wahrheitsanspruch und Fiktion. Zur deutschen Kriegsliteratur im Ersten Weltkrieg.* In: *Der Tod als Maschinist. Der industrialisierte Krieg 1914–1918 […].* Hg. von Rolf Spilker und Manfred Brockel. Bramsche 1998, S. 142–154, hier S. 150.

12 Vgl. auch Thomas Anz: *Der Sturm ist da – Literatur im „expressionistischen Jahrzehnt".* In: *Das zweite Jahrzehnt* (wie Anm. 1), S. 89–109, bes. S. 90–93, hier S. 91.

13 So z. B. Christoph Jahr: *„Das Krämervolk der eitlen Briten". Das deutsche Englandfeindbild im Ersten Weltkrieg.* In: *Feindbilder in der deutschen Geschichte. Studien zur Vorurteilsgeschichte im 19. und 20. Jahrhundert.* Hg. von Christoph Jahr, Uwe Mai und Kathrin Roller. Berlin 1994, S. 115–142 oder Peter Dines: *Poesie und Propaganda. Kriegsgedichte in der Times und im Schwäbischen Merkur 1914-1918.* In: *Kriegsalltag. Die Rekonstruktion des Kriegsalltags als Aufgabe der historischen Forschung und der Friedenserziehung.* Hg. von Peter Knoch. Stuttgart 1989, S. 153–185.

14 So ausdrücklich die Beschränkung auf Kombattanten bei Beaupré: *Écrire en guerre* (wie Anm. 7), S. 12, Helmut Fries: *Die große Katharsis. Der Erste Weltkrieg in der Sicht deutscher Dichter und Gelehrter. Bd. 2: Euphorie – Entsetzen – Widerspruch: Die Schriftsteller 1914–1918.* Konstanz 1995, S. 2, Löschnigg: *Der Erste Weltkrieg* (wie Anm. 7), S. 17 und Franz Karl Stanzel: *Englische und deutsche Kriegsdichtung 1914-1918. Ein komparatistischer Versuch.* In: Sprachkunst 18/2 (1987), S. 227–244, hier S. 229 sowie ders.: *East and West of No Man's Land: A Comparative Study of English and German Poetry from the Trenches of*

führt. Die Heuristik basiert dabei oft auf der Annahme, dass solche Dichter, die selbst an der Front oder zumindest direkt in Kriegsgeschehen involviert waren – die *soldier poets* und *écrivains combattants* –, ihr Kriegserlebnis durch realistische Darstellung ‚verarbeiten‘ und kritisch kommentieren müssten, während Nichtkombattanten dazu neigten, abstrakt-idealische Kriegsverherrlichung zu betreiben.[15] Mögen in der Tendenz Autorbiographie und Darstellung zwar miteinander korrelieren, birgt eine Vereinfachung in dieser Richtung nichtsdestoweniger die Gefahr, streng zu trennende Beschreibungskategorien wie ‚empirische Verfasserbiographie‘, ‚Thema‘, ‚Darstellungsweise‘ und implizite oder explizite ‚Kriegsbewertung‘ miteinander in einem binären Agonalmodell von kriegsverherrlichender und pazifistischer Literatur kurzzuschließen und in der Folge sämtliche Schattierungen auszublenden. Das Spektrum problematischer Prosa- wie Versdichtungen, die überaus realistisch, detailliert und ungeschminkt die Gräuel des Kampfgeschehens zeigen, während sie Verhalten und Taten der Soldaten dennoch heroisieren oder dem Krieg insgesamt eine ‚sittlich-idealische‘ Notwendigkeit unterstellen, ihn in jedem Falle aber bejahen, wird leicht übersehen.[16] Selten betont die Forschung auch, dass zum einen Frontsoldaten anhaltend kriegsaffirmative, an Heroismus und Chauvinismus kaum zu überbietende Gedichte schrieben, während zum anderen dezidiert pazifistische Texte aus den späten Kriegsjahren, etwa die Gedichte Hermann Hesses, René Schickeles oder Franz Pfemferts, oft gerade nicht von Kombattanten verfasst wurden.

Auch das oft variierte Narrativ, nach über vierzig Jahren Frieden habe man im August 1914 den Krieg zunächst mangels näherer Erfahrung bejubelt, sei dann aber an die Front gezogen und habe sein Urteil revidieren müssen, ab dem zweiten Kriegsjahr sei eine heroisierende Darstellung des Krieges schlechterdings nicht mehr möglich gewesen,[17] ist in dieser pauschalen Form kaum haltbar:[18]

1914–1918. In: *From Ode to Anthem. Problems of Lyric Poetry*. Hg. von Reinhold Grimm. Madison 1989 (Monatshefte 8), S. 117–139, hier S. 118f.

15 So z. B. implizit Martin Löschnigg: *Introduction II: Themes of First World War Literature*. In: *Intimate Enemies* (wie Anm. 7), S. 25–42, hier S. 25f., wenngleich einige Beiträge zu dem Sammelband *Intimate Enemies* auch zivilistische Lyrik behandeln.

16 Dies betont schon Bernd Hüppauf: *Kriegsliteratur*. In: *Enzyklopädie Erster Weltkrieg*. Aktualisierte und erweiterte Studienausgabe. Hg. von Gerhard Hirschfeld, Gerd Krumeich und Irina Renz. Paderborn et al. 2009, S. 177–192, hier S. 180 fest. Vgl. auch Thomas F. Schneider: *Die Wiederkehr der Kriege in der Literatur. Voraussetzungen und Funktionen „pazifistischer“ und „bellizistischer“ Kriegsliteratur vom Ersten Weltkrieg bis zum Dritten Golfkrieg*. In: *Osnabrücker Jahrbuch Frieden und Wissenschaft* 12 (2005), S. 201–223, hier S. 203f.

17 So Patrick Bridgwater: *Discovering a Post-Heroic War Poetry*. In: *Intimate Enemies* (wie Anm. 7), S. 43–59, bes. S. 47. Ähnlich argumentieren auch Fries: *Die große Katharsis* (wie

Die angebliche literarische Pazifizierung des Frontdichters nach wenigen Kriegsmonaten gerät so in frappanten Widerspruch zu der von der Geschichtswissenschaft viel diskutierten These einer frontsoldatischen Brutalisierung durch Kriegserfahrung mit fatalen Folgen für die politische Entwicklung der Weimarer Republik.[19] Doch einmal abgesehen davon, dass die aufmerksame Zensurpolitik der Obersten Heeresleitung soldatische Schriften, welche die deutsche Kriegsführung offen kritisierten, während des Krieges selbst gar nicht zugelassen hätte:[20] Wenngleich freilich einige, vielleicht viele Autoren sich von dem Chauvinismus der ersten Augustwochen abwandten, konnten andere *besonders* das soldatische Opfer und das ‚Durchhalten‘ in den großen Materialschlachten an der Somme und bei Verdun heroisieren.[21]

Leichter operationalisierbar als die biographistische Kategorienbildung aus zivilistischer und frontsoldatischer, affirmativer und kritischer Lyrik scheint mir hingegen die Konzentration auf kontextuelle und textuelle *Inszenierungsformen* von Krieg und Kriegserlebnis. Eine weniger an Realität und literarischer Realitätsverarbeitung interessierte, stärker auf Ideologisierung und Literarisierung fokussierte Darstellung populärer – also publizistisch weit verbreiteter, nachweislich erfolgreicher – Kriegslyrik hätte sich nicht nur stärker auf soziale und publizistische Produktionsbedingungen von Kriegslyrik zu konzentrieren (II.1.), müsste nicht nur die Rezeptionsmöglichkeiten und die Medialität der Lyrikverbreitung berücksichtigten (II.2.), sondern in besonderem Maße auch ihre Rhetorisierung, die

---

Anm. 18), S. 7f. und Martin Löschnigg: *„… a soldier's heart,/ Is greater than a poet's art“. Zur Problematik des Rollenverständnisses englischer und deutscher Kriegsdichter 1914–1918.* In: *Germanisch-Romanische Monatsschrift.* 45/1 (1995), S. 70–87, hier S. 70f.

18 Für eine scharfe Kritik an diesem Gemeinplatz der britischen *war-poets*-Forschung vgl. die verdienstvolle Studie von Marsland: *The Nation's Cause* (wie Anm. 7), S. 1–33, der die folgenden Überlegungen viel verdanken.

19 Zur Forschungsgeschichte dieses Paradigmas Benjamin Ziemann: *Front und Heimat. Ländliche Kriegserfahrung im südlichen Bayern 1914–1923.* Essen 1997 (Veröffentlichungen des Instituts zur Erforschung der Europäischen Arbeiterbewegung 8), S. 9–18.

20 Vgl. neuerdings Siegfried Lokatis: *Der militarisierte Buchhandel im Ersten Weltkrieg.* In: *Geschichte des deutschen Buchhandels im 19. und 20. Jahrhunderts. Das Kaiserreich 1870–1918. Teil 3.* Hg. von Georg Jäger. Berlin und New York 2010, S. 444–470, bes. S. 444–455.

21 Vgl. u. a. Aribert Reimann: *Der große Krieg der Sprachen. Untersuchungen zur historischen Semantik in Deutschland und England zur Zeit des Ersten Weltkriegs.* Essen 2000 (Schriften der Bibliothek für Zeitgeschichte, N. F. 12), S. 27–68 und die sehr luziden Ausführungen bei Bernd Hüppauf: *Schlachtenmythen und die Konstruktion des ‚Neuen Menschen‘.* In: *Keiner fühlt sich hier mehr als Mensch … Erlebnis und Wirkung des Ersten Weltkriegs.* Hg. von Gerhard Hirschfeld, Gerd Krumeich und Irina Renz. Essen 1993 (Schriften der Bibliothek für Zeitgeschichte, N. F. 1), S. 43–85.

literarische Gattungs- und Traditionsreferenzialität (III.1.), ihre Topik und ihren thematischen Wandel (III.2.) untersuchen. Ohne Anspruch auf systematische Vollständigkeit erheben zu können, wollen die folgenden Überlegungen Forschungsaspekte zur Kriegslyrik skizzieren, die sich den methodologischen Prämissen des *linguistic turn* – dass nämlich literarische Texte nicht unmittelbar transparent sind für empirische Realität – stark verpflichtet fühlen. Dabei soll die populäre (d. h. nicht allein die ästhetisch wertvolle) Kriegslyrik bei all ihrer einzuräumenden Widersprüchlichkeit, ihrem ästhetischen Ungenügen und ihrer ideologischen Prägung in den Mittelpunkt gestellt werden.

II. Kontexte deutscher Weltkriegsdichtung

1. Produktion und Produzenten

Schon zeitgenössische Literaturbeobachter zeigen sich fasziniert von dem Phänomen der literarischen Massenproduktion in den ersten beiden Kriegsjahren. Eine „lyrische Sturmflut"[22] sei es gewesen, so der Literaturkritiker Carl Busse 1915, „Legionen eiserner Lerchen"[23] seien in den ersten Kriegsmonaten ertönt, bevor die Produktionsfülle dann langsam zu „tropfen und tröpfeln" begonnen habe und im Verlauf der ersten beiden Kriegsjahre sehr merklich „ab[ge]ebbt" sei.[24] Julius Babs oft kolportierte, aber auf fragwürdiger Extrapolation beruhende Schätzung, zu Kriegsbeginn seien am Tag fünfzigtausend Gedichte geschrieben worden, eineinhalb Millionen im August 1914,[25] mag überzogen sein,[26] doch Babs eigener „täglicher Einlauf" von zwölfhundert Gedichten im Monat,[27] das Verzeichnis von sechsundfünfzig lyrischen Einzeleditionen und Anthologien zwi-

---

22 Carl Busse: *Einleitung*. In: *Deutsche Kriegslieder 1914–1915*. Hg. und eingeleitet von Dr. Carl Busse. Bielefeld und Leipzig 1915 (Aus den Tagen des großen Krieges), S. XX. Obgleich sich die folgenden Überlegungen ausdrücklich nicht auf Gedichtanthologien beschränken, zitiere ich aus pragmatischen Gründen viele Texte aus Anthologien.

23 Ebd., S. VII. „Eiserne Lerche" hatte Heinrich Heine den Vormärzdichter Georg Herwegh genannt.

24 Ebd., S. XXI.

25 Julius Bab: *Die deutsche Kriegslyrik 1914–1918. Eine kritische Bibliographie*. Stettin 1920, S. 25.

26 Vgl. für eine scharfe Relativierung Peter Sprengel: *Geschichte der deutschsprachigen Literatur 1900–1918. Von der Jahrhundertwende bis zum Ende des Ersten Weltkriegs*. München 2004 (Geschichte der deutschen Literatur von den Anfängen bis zur Gegenwart IX,2), S. 771. Sprengel veranschlagt stattdessen für den August 1914 allein rund dreitausend Gedichte.

27 Bab: *Die deutsche Kriegslyrik* (wie Anm. 25), S. 39.

schen Dezember 1914 und März 1915 allein[28] sind gesichertere, ähnliche Angaben für die massenhafte Publikation von Kriegslyrik.

Die schiere Menge poetischer Bemühungen ist für die zeitgenössische Kritik selbst schon Symptom einer ‚sittlich gereinigten‘ Zeit, in welcher der Subjektivismus des Einzelnen im kollektiven ‚Ringen‘ des Weltkrieges aufgehe. Die Vorkriegszeit war, so die einhellige Meinung, geprägt von Dekadenz, Vereinzelung und materialistischem Egoismus, der elitäre – und im Grunde auch ‚undeutsche‘ – Ästhetizismus französischer und englischer Provenienz sei davon Ausdruck gewesen. Nun aber besinne man sich auf seine Wurzeln, werde wieder politisch und stelle das eigene subjektiv-lyrische Empfinden wieder in den Dienst der Allgemeinheit. Je verbreiteter und dilettantischer, aber auch je sozialintegrativer das Schreiben von Kriegslyrik also erscheint, desto deutlicher ist das Phänomen Ausdruck für einen sämtliche Bevölkerungsschichten umfassenden neuen Patriotismus, für das neu gewonnene Einheitsgefühl, das im August 1914 angeblich jedermann ergriffen habe. „Und überwältigend,“ so noch einmal Carl Busse,

> von den unzähligen Stimmen des Riesenchores aufgenommen und emporgetragen, klingt das Gelöbnis, in dieser schwersten Schicksalsstunde mit Gut und Blut zu dem angegriffenen Vaterlande zu stehen. Der wundersame Rausch der Opferseligkeit, der mit Allgewalt das ganze Volk ergriff, erhält in der Lyrik einen oft hinreißenden Ausdruck. […] Die eigene kleine Persönlichkeit mit ihrem privaten Glück und Leid versinkt und ertrinkt, geht unter und auf im *Volke*. Ein alle durchdringendes, in seligem Schauer empfundenes *Gemeinschaftsgefühl* reinigt und erhebt jede Brust.[29]

Die Betonung der überindividuellen Massenhaftigkeit der Kriegslyrik, der „unzähligen Stimmen des Riesenchores“, trägt mithin selbst ideologischen Gehalt. Dass zum Deutschtum nicht nur Kriegstüchtigkeit, sondern auch musikalisch-poetische Schaffenskraft gehöre – sinnbildlich verdichtet in Theodor Körners Formel von „Leier und Schwert“ – zeige sich jetzt im allgemeinen Griff zur Feder.[30]

---

28 Ebd., S. 55.

29 *Deutsche Kriegslieder 1914–1915* (wie Anm. 22), S. XVf. Hervorhebung im Original Sperrsatz.

30 Für eine Verwandtschaft von Krieg und Kunst argumentiert bekanntlich auch Thomas Mann: *Gedanken im Kriege*. In: *Essays II. 1914–1926*. Hg. von Hermann Kurzke. Frankfurt a. M. 2002 (Große kommentierte Frankfurter Ausgabe. Werke – Briefe – Tagebücher 15.1), S. 27–46, hier S. 29. Vgl. auch Hermann Hesses Gedicht *Der Künstler an die Krieger*. In: *„Neue Jugend“*. Ausgewählt von Julius Bab. Berlin 1915 (Der deutsche Krieg im deutschen Gedicht 1914 6), S. 3, in dem es heißt „Alle sind dem Alltag jetzt entflogen, / Jeder ward ein Künstler, Held und Mann.“

Wie verbreitet war das Verfassen von Kriegslyrik aber wirklich? Ähnlich wie die historiographische Forschung das Bild eines sämtliche Bevölkerungsteile erfassenden ‚Geist von 1914' längst relativiert und ein differenzierteres Bild der bürgerlich-städtischen Trägerschicht gezeichnet hat,[31] wäre wohl auch die Verfasserschaft von Kriegslyrik auf das in Gelegenheitsdichtung geübte Bildungsbürgertum zu beschränken. Lehrer, Studenten, Professoren und evangelische wie katholische Geistliche schickten ihre Texte an das örtliche Regionalblatt oder die Tages- und Wochenzeitungen – nicht aber Angestellte, Landwirte oder ungelernte Fabrikarbeiter. Auf einen höheren, mindestens gymnasialen Bildungsgrad lassen schon der reiche Schatz an Anspielungen, ‚geflügelten Worten', mythologischen Bezügen sowie die formale Konventionalität und das ausgeprägte Gefühl für rhetorische Strukturierungsfiguren in der Augustlyrik schließen.

Wenngleich systematische Untersuchungen zur Verfassersoziologie noch ausstehen, bestätigt sich der Eindruck sozialer Homogenität auch durch die redaktionelle Nennung von akademischem Grad und meist groß- oder universitätsstädtischem Herkunftsort der Verfasser. Die gelegenheitsliterarische Geübtheit bürgerlicher Schichten, geprägt durch die Konventionalisierung des Gedichtvortrags zu privaten und öffentlichen Anlässen, wird sich hier günstig zu der editorischen Auswahlprivilegierung von Texten akademisch Gebildeter gefügt haben, deren Meinung im hierarchisierten Öffentlichkeitsspektrum von jeher bevorzugt Gehör gegeben wurde (und wird) – auch wenn man zugleich auf die soziale Integrationskraft des Kriegsausbruchs hinweist und der ‚Arbeiterdichtung' bei der Herstellung auch des literarischen ‚Burgfriedens' eine zentrale Rolle zuspricht. Schließlich wird der erleichterte Zugang des Bürgertums zu selbständigen Publikationsformen, werden engere Kontakte zu Verlegern in Groß- und Universitätsstädten, die Mitwirkung in bürgerlichen Vereinen und Lesegesellschaften mit hauseigener Publizistik, wird schließlich die Möglichkeit der privaten Ressourcenmobilisierung, durch die sich Druckkosten im Selbstverlag finanzieren ließen, zur sozialen Dominanz urban-mittelständischer Schichten beigetragen haben.

Eine Sonderstellung kommt den sogenannten ‚Arbeiterdichtern' zu, von denen die bekannten Namen Heinrich Lersch, Karl Bröger, Gerrit Engelke oder Alfons Petzold freilich nur die Spitze des Eisberges bilden. Sie legten ihr Hauptaugen-

---

31 Vgl. v. a. Jeffrey Verhey: *The Spirit of 1914: Militarism, Myth, and Mobilization in Germany.* Cambridge 2000 und Wolfgang Kruse: *Kriegsbegeisterung? Zur Massenstimmung bei Kriegsbeginn.* In: *Eine Welt von Feinden. Der Große Krieg 1914–1918.* Hg. von Wolfgang Kruse. Frankfurt a. M. 1997, S. 159–166.

merk auf die Möglichkeiten des Krieges, soziale Konflikte zu entspannen oder aufzuheben.[32]

Die soziale Klassenzugehörigkeit der Autoren wird durch redaktionelle Namenszusätze wie „ein Arbeiter" (bei Karl Brögers *Bekenntnis*) oder „Kesselschmied" (bei Heinrich Lersch) paratextuell unterstrichen, um die Gattungserwartung ‚Arbeiterdichtung' und eine entsprechende Textrezeption nahezulegen. In Heinrich Lerschs religiöser Kriegslyrik findet die Arbeiterdichtung ihren ästhetischen Höhepunkt.[33] Lersch war selbst Frontsoldat und trat im Krieg auch zum ersten Mal publizistisch hervor, weswegen man ihn als ‚Frontdichter' par excellence, gleichsam als neuen Theodor Körner feiern konnte.[34] Und dennoch: Wie die rhetorische Strukturierung und der weite Anspielungsreichtum seiner Texte sowie seine publizistische Karriere nach dem Krieg beweisen, stammt Lersch zwar aus dem Arbeitermilieu, eignete sich literarische Traditionen und formalästhetisches Handwerkzeug allerdings autodidaktisch an. Viele Arbeiterdichter – u. a. Ernst Preczang, Karl Bröger, Paul Zech und Alfons Petzold – hatten bereits vor dem Krieg mit beachtlichem Erfolg publiziert und dürfen kaum als Dilettanten im zeitgenössischen Verständnis gelten.

Besonders hoch und von der Forschung für den deutschen Sprachraum bisher nur unzureichend beschrieben ist der Anteil von Frauen an der Produktion persuasiver Kriegslyrik.[35] Die ‚Mutterlyrik' bildet sicher eines der dominanten Sub-

---

32 Vgl. Löschnigg: *Der Erste Weltkrieg* (wie Anm. 7), S. 237–243, Bridgwater: *The German Poets* (wie Anm. 7), S. 120–154 und die ältere Studie von Gudrun Heinsen-Becker: *Karl Bröger und die Arbeiterdichtung seiner Zeit. Die Publikumsgebundenheit einer literarischen Richtung.* Nürnberg 1977 (Beiträge zur Geschichte und Kultur der Stadt Nürnberg 21), bes. S. 19–21.

33 Vgl. zu Lersch Ralf Georg Czapla: *Katholizismus, Nationalismus, Sozialismus. Zur Interferenz weltanschaulicher Formationen im Werk des Arbeiterdichters Heinrich Lersch.* In: *Moderne und Antimoderne. Der „Renouveau catholique" und die deutsche Literatur.* Hg. von Wilhelm Kühlmann und Roman Luckscheiter. Freiburg 2008 (Rombach Wissenschaften. Reihe Catholica 1), S. 325–361. Eine monographische Darstellung von Lerschs vielschichtigem Schaffen bleibt Desiderat.

34 So nennt z. B. Bab: *Die deutsche Kriegslyrik* (wie Anm. 25), S. 73 ihn, „und nur ihn: den Sänger des deutschen Krieges!"

35 Die Lyrik von und für Frauen im Ersten Weltkrieg ist bislang schlecht erforscht. Vgl. die spärlichen Anmerkungen bei Joan Montgomery Byles: *War, Women, and Poetry, 1914–1945. British and German Writers and Activists.* Newark 1995 – deutsche Texte des Ersten Weltkriegs werden kaum behandelt – und Nosheen Khan: *Women's Poetry of the First World War.* New York et al. 1988. Die Arbeit von Catherine O'Brien: *Women's Fictional Responses to the First World War. A Comparative Study of Selected Texts by French and German Writers.* New York et al. 1997 (Studies in Modern German Literature 82) widmet

genres der Kriegsdichtung. Hier verbindet sich die Idealisierung opfervoller *Pietà* mit offener Verhaltensdidaxe wie etwa der Forderung nach einem ,stillen Heldentum', also einer rein inneren Klage ohne kritischen Impetus. Doch auch bei diesen Texten bleibt die Verfasserschaft meist auf das gebildete Bürgertum beschränkt; zudem verfestigt sich schnell der Eindruck, dass besonders erfolgreiche Texte von Dichterinnen stammen, die bereits vor dem Krieg publizistisch tätig waren und einen gewissen Grad an schriftstellerischer Professionalität aufweisen. Lyrikerinnen wie Clara Blüthgen, Ina Seidel oder Isolde Kurz sind jedenfalls keineswegs als dilettantisch zu bezeichnen, sondern genossen zeitgenössische Anerkennung und reüssierten auch nach dem Krieg mit Lyrikpublikationen.

Von eigentlichem ,Dilettantismus' im Sinne eines impulsiv-spontanen Griffs zur Feder, von Dilettanten im Sinne von Verfassern aus sonst weniger literarisierten Bevölkerungsschichten kann in den ersten Kriegswochen daher kaum die Rede sein. Vielmehr schlägt die Stunde ,dilettantischer', laienhafter, auch unakademischer Dichter erst mit der Privilegierung der Erlebnisauthentizität seit dem Spätherbst 1914, verstärkt dann seit 1915.[36] Die Aufwertung des ,Erlebnis'-Begriffs in den Geisteswissenschaften um 1900[37] mag bei der Faszination für die erfahrungsbasierten Texte von Frontsoldaten keine geringe Rolle gespielt haben; die empirische Kriegsteilnahme wird jedenfalls bald schon zur ethischen Legitimationsbasis für Kriegsdichtung – wer nicht ,dabei' war, wird noch in den Frontromanen der 1920er und 1930er Jahre als Stammtischheld diskreditiert[38] –

---

sich fast nur Prosatexten. Für die deutsche Weltkriegslyrik bleibt es bei den Ansätzen von Annette Kliewer: *Frauen zwischen den Fronten? Der Erste Weltkrieg in der Sicht von Schriftstellerinnen aus dem Elsaß, Lothringen und dem Saarland.* In: *Krieg und Literatur* 3/1 (1997), S. 233–249 und Hans-Otto Binder: *Zum Opfern bereit: Kriegsliteratur von Frauen.* In: *Kriegserfahrungen. Studien zur Sozial- und Mentalitätsgeschichte des Ersten Weltkriegs.* Hg. von Gerhard Hirschfeld. Essen 1997 (Schriften der Bibliothek für Zeitgeschichte, N. F. 5), S. 107–128.

36 Vgl. zum publizistischen Interesse an frontsoldatischen Erlebnisberichten auch Nicolas Beaupré und Hans-Christian Pust: *Eine Flut von Büchern in den kriegführenden Ländern.* In: *1914–1918. In Papiergewittern. Die Kriegssammlungen der Bibliotheken.* Hg. von Christophe Didier und Christian Baechler. Paris und Strasbourg 2008, S. 218–226, hier S. 219.

37 Zentrales Beispiel ist Wilhelm Dilthey: *Das Erlebnis und die Dichtung. Lessing, Goethe, Novalis, Hölderlin. Vier Aufsätze.* Leipzig 1906; für Dilthey verdichtet der Dichter seine Welterfahrung und vermag daher das ,Wesenhafte' der Welt verallgemeinert darzustellen. Vgl. zu Diltheys ,Erlebnis'-Begriff und den Folgen für die Lyrikgeschichte Wulf Segebrecht: *Das Gelegenheitsgedicht. Ein Beitrag zur Geschichte und Poetik der deutschen Lyrik.* Stuttgart 1977, S. 34–40.

38 Vgl. etwa die Heimatszenen bei Werner Beumelburg: *Die Gruppe Bosemüller. Der große Roman des Frontsoldaten.* Berlin 1930, S. 79–82 oder Erich Maria Remarque: *Im Westen*

und wiegt auch das Primat anderer Veröffentlichungskriterien auf.[39] Die Frontreisen von Nicht-Kombattanten wie Ludwig Ganghofer oder Rudolf Presber,[40] die sich im August 1914 besonders euphorisch über den Kriegsausbruch geäußert hatten, dürften damit auch als Versuche rückwirkender Authentisierung zu verstehen sein. „Als Ersatz für die abflauende Heimatpoesie", so jedenfalls der treffende Vergleich Julius Babs im Dezember 1917,

> bildet aber seit geraumer Zeit die immer stärker anwachsende und immer lebhafter organisierte Feldpoesie unsrer Soldaten. Man fühlt sich hier ein wenig an den Umschwung erinnert, der auf rein materiellem Gebiet eingetreten ist: an die Freßpaketchen, die bis Anfang 1916 von der Heimat an die Front wanderten, und jetzt fast nur noch in umgekehrter Richtung anzutreffen sind.[41]

Die zeitgenössische Begeisterung für ‚authentische' Erlebnislyrik wirft für die Literaturwissenschaft allerdings methodologische Schwierigkeiten auf: Der ‚realhistorische' Impuls auf Literatur ist bei Beschränkung auf die Diskursebene der Quellen kaum nachzuweisen. Ob und wie ein Soldat empirische Erfahrung ‚verarbeitet', kann ohne unzulässige psychologische Spekulation darüber, wie er ein Ereignis erfahren hat, nicht geklärt werden.[42] Ferner ignoriert eine Beschränkung

---

nichts Neues. Roman. Berlin 1968 [1928], S. 183–185. Die Delegitimierung übertriebener Kriegszielvorstellungen von Daheimgebliebenen beginnt allerdings bereits im Herbst 1914 in Gedichten wie *Was will Majestät mit dem Jungen?* von Otto Anthes – bemerkenswerterweise kein Kriegsteilnehmer –, in denen die Wahrnehmungsdiskrepanz zwischen Front und ‚Heimatfront' thematisiert wird. Vgl. Otto Anthes: *Was will Majestät mit dem Jungen?* In: *Unsere Helden!* Hg. von Gustav Falke. Hamburg 1915 (Kriegsdichtungen 1914 2), S. 9. Vgl. auch die satirischen Scherzgedichte von Anon.: *An ein ,Großes Stammtischhauptquartier' in Hannover.* In: *„Soldatenlachen".* Ausgewählt von Julius Bab. Berlin 1915 (Der deutsche Krieg im deutschen Gedicht 1914 7), S. 20, Max Bernstein: *Vom Stammtisch.* In: *Heitere Gedichte und Lieder aus ernster Zeit.* Zusammengestellt von Paul Warncke. Berlin 1918 (Schützengraben-Bücher für das deutsche Volk 120), S. 9f. und Peter Scher: *Am Stammtisch.* In: ebd., S. 25f.

39 Vgl. dazu auch meinen Beitrag *Sammeln und Verbreiten. Gedichtanthologien im Ersten Weltkrieg* in diesem Band.

40 Vgl. die beiden Bestseller von Ludwig Ganghofer: *Reise zur deutschen Front 1915.* Wien 1915 und Rudolf Presber: *An die Front zum Deutschen Kronprinzen.* Stuttgart und Berlin [10]1915. Über das Phänomen des Fronttourismus informiert Charlotte Heymel: *Touristen an der Front. Das Kriegserlebnis 1914–1918 als Reiseerfahrung in zeitgenössischen Reiseberichten.* Berlin und Münster 2007 (Literatur – Kultur – Medien 7).

41 Bab: *Die deutsche Kriegslyrik* (wie Anm. 25), S. 139.

42 Schlüssig erscheint mir hingegen der diskursgeschichtlich orientierte Ansatz Eberhard Sauermanns, Schützengrabendarstellungen in Feldpost und in Lyrik zu vergleichen. Sauermann verweist zu Recht darauf, dass auch Feldpostbriefe „keine Abbildungen des ‚wirkli-

auf die Laufrichtung ‚vom Erlebnis zur Dichtung' nicht nur die erfahrungsprägende Qualität von Literatur, sondern auch die literarische Selbstreferentialität – die Prägung von Form, Bildlichkeit, Topik etc. durch (auch unbewussten) Diskursbezug und literarische Traditionswirkung – gerade von trivialen und konventionellen Texten.[43]

Zudem gilt es auf ein quantitativ marginaleres, qualitativ doch aber bemerkenswertes Phänomen hinzuweisen, nämlich dass zivile Autoren soldatische Authentizität mitunter imitieren, das Fronterlebnis imaginieren oder, wie ein zeitgenössischer Literaturbeobachter formuliert, „das Schlachtfeld [...] mit ‚inneren' Augen schau[]en".[44] Sie tun dies beispielshalber, indem sie die letzten Gedanken und Momente des sterbenden Frontkämpfers darstellen, wie z. B. Hermann Hesse („Sei du willkommen, Bruder Tod! / Ich sehe Sterne scheinen, / Ach, meine Mutter wird weinen – / Nein, weine nicht, ich leide keine Not!")[45] und Ilse Franke („Beim Sturmangriff. Es traf der Todesstahl / Mitten ins Herz. Ich sank. Vorbei die Qual ... / Mein Körper lag auf brauner Scholle tot. / Die kleine, blaue Wunde tropfte rot"),[46] oder indem sie sich wie in Rudolf Alexander Schröders *Weihnachtswacht* vorstellen, wie die ‚Feldgrauen' sich zum Fest nach Hause sehnen („Wir stehn auf Wacht! / Zu Hause nun im warmen Raum / entzünden sie den Lichterbaum / zur heilgen Nacht").[47] Diese Texte ahmen den Stil ‚echter' frontsoldatischer Gedichte – die bündige Syntax, die pronominale Perspektivenmarkierung („Ich", „Wir"), die Tempuswahl des Präsens etc. – mit überraschender Treffsicherheit nach. Das Nachempfinden des Fronterlebnisses in der Heimat

---

chen' Frontalltags" seien, sondern sich – darin der Lyrik ähnlich – „durch rhetorische Deutungsprinzipien auszeichnen". Missverständlich ist allerdings vor diesem Hintergrund der Titel seines Beitrags: Eberhard Sauermann: *Der Schützengraben in der Lyrik des 20. Jahrhunderts und in der Realität des Krieges.* In: Internationales Jahrbuch für Sozialgeschichte der Literatur 30/2 (2005), S. 62–103, hier S. 64.

43 Vgl. für eine detaillierte Erörterung der Literarizität von frontsoldatischen Kriegsdarstellungen die klassische Studie von Paul Fussell: *The Great War and Modern Memory.* London, Oxford und New York 1975.

44 Vorwort der Herausgeber zu *Als der Weltbrand lohte. Das Echo des großen Krieges im Lied.* Hg. von Albrecht Janssen und Felix Heuler. Bd. 1 [MNE]. Würzburg 1915, S. VII.

45 Hermann Hesse: *Tod im Felde.* In: *Lyrisches Bekenntnis. Zeitgedichte.* Hg. von Salomon D. Steinberg. Zürich 1918 (Schweizerische Bibliothek 5), S. 44.

46 Ilse Franke: *Jenseits der Schlacht (Ein Traumzyklus).* In: *Deutsche Kriegslieder 1914/1916.* Hg. und eingeleitet von Carl Busse. Bielefeld und Leipzig ³1916 (Aus den Tagen des großen Krieges), S. 112–114.

47 Rudolf Alexander Schröder: *Weihnachtswacht.* In: *Krieg in Flandern. Gedichte von Soldaten der 4. Armee.* Stuttgart und Berlin 1917 (Kriegsbuch der 4. Armee 1), S. 58f.

kann so selbst zum Thema werden, wie Alfred Kerrs *Es geht eine Schlacht ...* zeigt, das mit der entstehenden Wir/Ihr-Konfusion auch spielt:

> Es schallt ein Schrei. Es hallt ein Schuß.
> Er trifft uns in die eig'ne Stirn.
> Es zieht ein heimlich steter Fluß
> Von Eurem Hirn in unser Hirn. [...]
> Und die wir fern vom Felde sind,
> Wir kämpfen mit; wir sterben mit.[48]

Zusammen mit den zahlreichen Heimatträumen und Liebesbekundungen, die in der frontsoldatischen Lyrik entworfen werden,[49] demonstrieren diese Beispiele nicht nur, dass mit der reduktionistischen Engführung von Literatur und Erlebnisverarbeitung oft wenig gewonnen ist, sondern sie zeigen, dass sich stattdessen ein berührendes wechselseitiges Imaginationsverhältnis, eine genuin literarische Kommunikation zwischen Front und Heimat entdecken ließe.

2. Verbreitungsformen und Rezeption von Kriegslyrik

Wie populär war populäre Kriegsdichtung? Die Forschung hat sich nach frühen wirkungsgeschichtlichen Versuchen der nationalsozialistischen Germanistik[50] erst jüngst den Auflagenzahlen und Verbreitungsmechanismen der Kriegsliteratur zugewandt.[51] Für rezeptionsgeschichtliche Forschungen zur Kriegslyrik ist die Frage nach ihrer medienspezifischen Überlieferung von zentraler Bedeutung, ist man doch schließlich auf Auflagenzahlen, Besprechungen und Rezensionen, Vor- und Nachworte etc. angewiesen, um sich einen Eindruck von der Wirkabsicht und dem Erfolg der Texte zu verschaffen. Zudem ergibt sich ein wesentlich verschiedenes Bild von Verfassern, Verbreitung und Entwicklung der Kriegslyrik, je nachdem, ob man sich mit Lyrik in Zeitungen und Zeitschriften, in selbstständigen Veröffentlichungen eines Autors, auf Flugblättern und Einzeldrucken, in Anthologien oder Almanachen, in Vertonungen oder im Vortrag beschäftigt.

---

48 Alfred Kerr: *Es geht eine Schlacht ...* In: *Neue Kriegslieder*. Mit Zeichnungen von Willi Geiger. Berlin-Charlottenburg 1914 (Orplidbücher 12), S. 23.

49 Da schwelgt, um ein Beispiel zu nennen, ein anonymer Landwehrmann „auf strenger Wacht" in Erinnerungen an das „traute[] Kämmerlein", in dem „[m]ein Kindchen – blühweiß angetan zur Nacht – / Von seiner Mutter wird zu Bett gebracht": „Sie küßt das Kind und hält die kleine Hand / Und denkt des Liebsten, fern im Feindesland..." Vgl. Anon.: *Nachts im Schützengraben.* In: *Das deutsche Schwert. Kriegsgedichte aus den Jahren 1914–15–16.* Hg. von Dr. E. C. H. Peithmann, Pastor. Bad Schmiedeberg 1918, S. 55f.

50 Inge Ehringhaus: *Die Lektüre unserer Frontsoldaten im Weltkrieg. Versuch einer Wirkungsgeschichte.* Diss. Münster 1941 (Neue deutsche Forschungen 296).

51 Vgl. Beaupré und Pust: *Eine Flut von Büchern* (wie Anm. 36), S. 220f.

Sicher die schnellste und für die Verfasser zugänglichste Form, eigene Texte zu verbreiten, war der Abdruck in Zeitungen und Zeitschriften. Nicht nur die großen überregionalen Organe, z. B. die Tageszeitung *Neue Rundschau* oder die Satirezeitschrift *Simplizissimus*, sondern besonders auch lokale Blätter wie die *Leipziger Neuen Nachrichten*, das *Hamburger Fremdenblatt* oder das *Berliner Tageblatt* beteiligten sich durch die Veröffentlichungen von Leitbeiträgen, Essays, Novellen und Gedichten an der Kriegspublizistik. Es ist hier davon auszugehen, dass es desto leichter fiel, seine Texte zur Publikation zu bringen, je lokaler der Zuschnitt des Blattes war. Zeitweise, besonders in den ersten Kriegswochen, druckten Regionalzeitungen fast alles, was ihnen eingesendet wurde; überregionale Blätter und Wochenzeitschriften werden mehr Einsendungen zu bearbeiten und folglich strenger auszuwählen gehabt haben. Die Redaktion fügte den Texten – wie allgemein bei Einsendungen üblich – meist Angaben zum Herkunfts- oder Einsatzort, zum akademischen Grad oder Beruf des Verfassers bei und prägte so den ersten Eindruck des Textes. Je nach politischer oder konfessioneller Ausrichtung der Zeitung variiert auch die Textauswahl und ihre literaturkritische Besprechung: Während etwa das katholische *Hochland* besonders die Gedichte des rheinischen Katholiken Heinrich Lersch feiert und stattdessen die „Berliner Kriegslyrik"[52] im Allgemeinen und das bekannte Hassgedicht Ernst Lissauers im Besonderen verwirft – es sei „nicht jüdischen, sondern heidnischen Geistes"[53] –, beschränken sich modernistische Literaturzeitschriften wie Franz Pfemferts kriegskritische *Aktion*,[54] Herwarth Waldens expressionistischer *Sturm*[55] oder die zunächst von Franz Blei, ab 1915 von René Schickele im neutralen Zürich erschienenen pazifistischen *Weißen Blätter*[56] auf anspruchsvollere, häufig kriegskritische Lyrik.

---

52 Jug. [i. e. Johannes von Guenther]: *Kriegslyrik von heute.* In: Hochland. Monatsschrift für alle Gebiete des Wissens/der Literatur & Kunst 12/7 (1915), S. 125–127, hier S. 126.

53 M. F. Cyprian: *Moderne deutsche Lyrik.* In: Hochland. Monatsschrift für alle Gebiete des Wissens/der Literatur & Kunst 15/11 (1918), S. 647–659, hier S. 649.

54 Vgl. Ursula Walburga Baumeister: *Die Aktion 1911–1932. Publizistische Opposition und literarischer Aktivismus der Zeitschrift im restriktiven Kontext.* Erlangen und Jena 1996 (Erlanger Studien 107) und Eva Kolinsky: *Engagierter Expressionismus. Politik und Literatur zwischen Weltkrieg und Weimarer Republik. Eine Analyse expressionistischer Zeitschriften.* Stuttgart 1970, S. 8–49.

55 Vgl. Petra Jenny Vock: *„Der Sturm muß brausen in dieser toten Welt". Herwarth Waldens ,Sturm' und die Lyriker des ,Sturm'-Kreises in der Zeit des Ersten Weltkriegs. Kunstprogrammatik und Kriegslyrik einer expressionistischen Zeitschrift im Kontext.* Trier 2006 (Schriftenreihe Literaturwissenschaft 73).

56 Vgl. Helga Noe: *Die literarische Kritik am ersten Weltkrieg in der Zeitschrift „Die weißen Blätter". René Schickele, Annette Kolb, Max Brod, Andreas Latzko, Leonhard Frank.* Diss. Zürich 1986.

Die selbständige Publikation gesammelter Gedichte eines einzelnen Autors war bereits vor dem Krieg etablierten oder seit 1914 besonders profilierten Dichtern vorbehalten, denn der Name des Autors musste hier den Absatz gewähren. Autoren, die bereits vor dem Krieg erfolgreich lyrisch publiziert hatten, waren durch ihre Kontakte zu Verlegern bevorteilt: Richard Schaukal etwa blieb seinem Münchner Verlag Georg Müller, bei dem er bereits 1912 die *Neuen Verse* und 1914 die Sammlung *Herbst* veröffentlicht hatte, treu und ließ im Herbst 1914 auch seine *Ehernen Sonette* – der Titel spielt an auf Friedrich Rückerts *Geharnischte Sonette* (1814) – dort erscheinen;[57] ähnlich Rudolf Alexander Schröder, der die Zeitschrift *Die Insel* mitbegründete, 1913 seine *Deutschen Oden* im Leipziger Insel-Verlag veröffentlichte und 1914 mit seinen Kriegsgedichten *Heilig Vaterland* ebendort nachlegte. Andere Autoren profitierten von der ideologischen Ausrichtung einzelner Verlage,[58] wie der Fall des neoidealistisch-antikapitalistischen Eugen Diederichs Verlag in Jena belegt, der sich nach Kriegsausbruch auf die Arbeiterdichtung spezialisierte und die Gedichte der vielbeachteten Richtungsvertreter Max Barthel, Karl Bröger, Heinrich Lersch und Alfons Petzold verlegte.[59]

Keine Studien liegen bisher zur Verbreitung von Lyrik in Privatdrucken, auf Postkarten, Flugblättern und Flugschriften vor. Die meisten Texte, die in dieser Form verbreitet wurden, veröffentlichte man später in anderen, auf nachhaltigere und überregionalere Wirkung ausgerichteten Medien. Ernst Lissauers *Haßgesang gegen England* z. B. wurde nach Erstdruck in der *Dammeck'schen Korrespondenz* als doppelblättrige Flugschrift veröffentlicht und fand danach weite Verbreitung durch Vertonungen und in Gedichtanthologien.[60] Angeblich wurde es von Bay-

---

57 Über Richard Schaukal im Ersten Weltkrieg informiert eingehend Dominik Pietzcker: *Richard von Schaukal. Ein österreichischer Dichter der Jahrhundertwende.* Würzburg 1997 (Epistemata 219), S. 208–232.

58 Vgl. Gangolf Hübinger und Helen Müller: *Politische, konfessionelle und weltanschauliche Verlage im Kaiserreich.* In: *Geschichte des deutschen Buchhandels im 19. und 20. Jahrhunderts. Das Kaiserreich 1870–1918.* Teil 1. Hg. von Georg Jäger in Verbindung mit Dieter Langewiesche und Wolfram Siemann. Frankfurt a. M. 2001, S. 347–406.

59 Max Barthel: *Verse aus den Argonnen.* Jena 1916, Karl Bröger: *Kamerad, als wir marschiert. Kriegsgedichte.* Jena 1916, Heinrich Lersch: *Herz! Aufglühe dein Blut. Gedichte im Kriege.* Jena 1916, Alfons Petzold: *Volk, mein Volk ... Gedichte der Kriegszeit.* Jena 1915. Zum Verlagsprofil als „neumystisch, neuromantisch und neuidealistisch" vgl. Gangolf Hübinger: *Eugen Diederichs' Bemühungen um die Grundlegung einer neuen Geisteskultur (Anhang: Protokoll der Lauensteiner Kulturtagung von Pfingsten 1917).* In: *Kultur und Krieg* (wie Anm. 2), S. 259–274.

60 Ernst Lissauer: *Worte in die Zeit. Flugblätter 1914. Erstes Blatt.* Göttingen und Berlin 1914. Vgl. auch Rainer Brändle: *Am wilden Zeitenpaß. Motive und Themen im Werk des deutsch-*

erns Kronprinz Rupprecht in tausenden Exemplaren an Soldaten verteilt;[61] eine ähnliche Würdigung wird auch dem Kampfgedicht *Wir und die Welt* von Hanns Heinz Ewers – seine Dichtung erklärte Julius Bab immerhin zum „peinlichste[n], schädlichste[n] und gewissenloseste[n] Produkt"[62] des Krieges – zugeschrieben, das offenbar auf Geheiß Kaiser Wilhelms den Truppen ausgehändigt werden musste.[63] Auch Richard Dehmels bekannte Kriegsgedichte fanden über ein lose geheftetes, sechsblättriges „Flugblatt"[64] unter dem Titel *Volksstimme Gottesstimme. Kriegsgedichte* (1914) Verbreitung. Schon der Medienbezeichnung ‚Flugblatt' kommt allerdings ideologische Funktion zu, konnotiert sie doch reformatorische Massenkommunikation (man denke an Luthers „Sendbriefe" sowie Ulrich von Huttens oder Hans Sachs' Flugschriften), nicht-kommerzielle Wirkziele und politisch-persuasive Programmatik.[65] Im Ersten Weltkrieg wurden Flugschriften freilich kommerziell vertrieben, konnten im Buchhandel erworben werden und unterschieden sich lediglich in Aufmachung und Umfang von monographischen Sammlungen.

---

jüdischen Dichters Ernst Lissauer. Frankfurt a. M. et al. 2002 (Analysen und Dokumente 46), S. 67–98.

61 So Brändle: *Am wilden Zeitenpaß* (wie Anm. 60), S. 82 in Anschluss an *Die Dichter und der Krieg. Deutsche Lyrik 1914–1918.* Hg. von Thomas Anz und Joseph Vogl. München 1982, S. 234. Anz und Vogl geben allerdings keine Quelle an. Auch Karl Brögers *Bekenntnis* soll schon 1916 in vierzig Millionen Flugdrucken verbreitet gewesen sein, vgl. Eckart Koester: *Literatur und Weltkriegsideologie. Positionen und Begründungszusammenhänge des publizistischen Engagements deutscher Schriftsteller im Ersten Weltkrieg.* Kronberg/Ts. 1977 (Theorie – Kritik – Geschichte 15), S. 147 und Sprengel: *Geschichte der deutschsprachigen Literatur* (wie Anm. 26), S. 795.

62 Bab: *Die deutsche Kriegslyrik* (wie Anm. 25), S. 112.

63 So behauptet eine Fußnote in *Das deutsche Schwert* (wie Anm. 49), S. 8.

64 Richard Dehmel: *Volksstimme Gottesstimme. Kriegsgedichte.* Hamburg 1914. Das Titelblatt gibt die Auskunft, „Der Reinertrag dieses Flugblattes wird dem Infanterie-Regiment 31 (Altona) zu Liebesgaben überwiesen."

65 Brändle: *Am wilden Zeitenpaß* (wie Anm. 60), S. 79 verweist auf die Flugschriftpublizistik Achim von Arnims im Jahr 1806 als Referenzpunkt für Lissauers Flugschriften. Vgl. zur Definition und Geschichte Eva-Maria Bangerter-Schmid: *Herstellung und Vertreibung von Flugblättern und Flugschriften in ihrer geschichtlichen Entwicklung.* In: *Medienwissenschaft. Ein Handbuch zur Entwicklung der Medien und Kommunikationsformen.* 2 Bde. Bd. 1. Hg. von Joachim-Felix Leonhard et al. Berlin und New York 1999 (Handbücher zur Sprach- und Kommunikationswissenschaft 15.1), S. 785–790.

Aus periodischen und selbständigen Veröffentlichungen wählten schließlich Jahrbücher, Almanache[66] und Anthologien ihre Texte aus und boten so einen Überblick über die Masse an Neuerscheinungen. Erstveröffentlichungen in Jahrbüchern und Anthologien sind vergleichsweise selten, denn diese Distributionsorgane erhoben bereits den Anspruch, aus der Fülle zu selegieren, was der Nachwelt als Zeugnis zu bewahren war. Sie sind daher grundsätzlich kanonnäher und tragen durch härtere Qualitätskriterien bei der Auswahl ihrerseits zur Formierung eines Kriegslyrikkanons bei.

Nicht zu unterschätzen ist die mündliche Verbreitung von Kriegsgedichten durch Vertonung und gesangliche Aufführung, aber auch durch Rezitationen bei öffentlichen und privaten Gelegenheiten. Wie eine Reihe erhaltener Vortragshefte belegt, die „die mühevolle Arbeit des Auswählens und Sammelns erleichtern" sollten,[67] dienten auch die sogenannten Kriegsvortragsabende „für vaterländische gute Zwecke" der Verherrlichung von „deutsche[m] Heldentum, deutsche[r] Art und deutsche[r] Sitte".[68] Im Schulunterricht oder für schulische Wohltätigkeitsveranstaltungen lernte man Kriegsgedichte auswendig und trug sie mündlich vor.[69] Die Kriegspädagogik bediente sich Liedern wie Gedichten, um die Schüler darin propagierte Werte wie Heldentum und Vaterlandsliebe internalisieren zu lassen.[70] Doch Schüler konnten auch Kriegsgedichte verfassen: Emphatisch nahm man das holprige Gedicht *Für uns* des Obertertianers „Reinhold S." auf, das dieser angeblich für seinen „im Osten" gefallenen Lehrer gedichtet und zur Schulfeier seines Charlottenburger Gymnasiums vorgetragen hatte.[71]

---

66 Vgl. zu Kriegslyrik in österreichischen Almanachen und Jahrbüchern Sauermann: *Literarische Kriegsfürsorge* (wie Anm. 7), passim.

67 *Gedichte zum Vortrag an vaterländischen Volksabenden.* Berlin 1914ff. (Volksschriften zum Großen Krieg 14/15).

68 *Zu Schutz und Trutz. Eine Sammlung ernster und heiterer Kriegsdichtungen in Poesie und Prosa geeignet zum Vortrag an Volksbildungs- und Unterhaltungsabenden, sowie als Lesestoff.* Hg. von Karl Fischer. Leipzig 1914, S. 5.

69 Vgl. Heinz Lemmermann: *Kriegserziehung im Kaiserreich. Studien zur politischen Funktion von Schule und Schulmusik 1890–1918.* Bd. 1: Darstellung. Lilienthal/Bremen 1984, S. 254–380.

70 Ebd., S. 303–324.

71 So informieren z. B. *Schwert aus der Scheide! Balladen und Lieder vom Weltkrieg.* Mit Zeichnungen von Prof. Cissarz. Cöln am Rhein ²1915 (Schaffsteins Blaue Bändchen 71), S. 73f., *Deutsche Kriegsklänge 1914/15. Feldpostausgabe. Zweites Heft.* Ausgewählt von Johann Albrecht, Herzog zu Mecklenburg. Leipzig ³1915, S. 46 und *Das Volk in Eisen. Kriegsgedichte der Täglichen Rundschau.* Mit einem Geleitwort von Gustav Manz. Berlin 1914, S. 67.

Schon formal orientierte sich die Kriegslyrik an der Tradition des Volks- und Soldatenlieds im 19. Jahrhundert (siehe unten, Abschnitt III.1.). Bereits die Titel der Lyrikbände – ‚Kriegslieder', ‚Kriegsklänge', ‚Heldenlieder' etc. –, zeigen, dass man die Liedhaftigkeit von Gedichten, ihre formale Orientierung an volkstümlichen Melodien und ihre Ähnlichkeit zu bereits etablierten Dichtungen für erstrebenswert hielt. Neben der Neuvertextung traditioneller Liedmelodien wurden besonders beliebte Kriegsgedichte oft mehrmals vertont. Heinrich Lerschs *Soldatenabschied* – mit der noch im Nationalsozialismus bekannten Antithese „Deutschland muß leben, und wenn wir sterben müssen"[72] – wurde allein während des Ersten Weltkriegs zehnmal vertont,[73] ähnlich oft wie Ernst Lissauers *Haßgesang gegen England*. Komponisten wie Waldemar von Baußnern veröffentlichten Liederbücher mit Selbstkompositionen zu bekannten neuen Kriegsgedichten.[74] Nur wenige der in enorm hohen Auflagen verbreiteten Soldatenliederhefte nahmen allerdings neue Lieder auf, sondern sie beschränkten sich auf die übliche Kompilation aus protestantischem Kirchen-, studentischem Kommersbuch- und patriotischem Vaterlandslied. Nähere Untersuchungen zur Menge und Verbreitung von Kriegslyrikvertonungen und zu Intermedialitätsaspekten von Text und Vertonung stehen freilich noch aus.[75]

---

72 So heißt es etwa bei Wilhelm Westecker: *Volksschicksal bestimmt den Wandel der Dichtung.* Berlin 1941 (Schriftenreihe der NSDAP. Gruppe III. Volkwerdung und Glaube), S. 10, in dem berühmten letzten Vers kündige „sich das Volksschicksal in der Dichtung an. Diese eine Zeile hat eine ganze Literaturepoche abgeschlossen und eine neue eingeleitet". Die Maxime schmückt auch das bekannte Hamburger Kriegerdenkmal am Dammtor von 1936. Bereits im Ersten Weltkrieg beweist die ubiquitäre Variation des Verses ihre wirkmächtige, wohl auch durch die Vertonungen verstärkte Eingängigkeit. So heißt es z. B. in Will Vespers *Mahnung:* „Eines steht groß in den Himmel gebrannt:/ Alles darf untergehn./ Deutschland, unser Kinder- und Vaterland,/ Deutschland *muß* bestehn!" (*Der deutsche Krieg in Dichtungen.* Hg. von Walther Eggert-Windegg. München 1915, S. 31f. Hervorhebung im Original Sperrsatz) und in Rudolf Alexander Schröders *Deutschem Schwur:* „Sieh uns all entbrannt, / Sohn bei Söhnen stehn: / Du sollst bleiben, Land! / Wir vergehn." (*Poesie des Krieges. Zum Besten der Kriegsfürsorge.* Hg. von Alfred Biese. Berlin 1915, S. 9f.).

73 Für eine Auflistung vgl. Czapla: *Katholizismus, Nationalismus, Sozialismus* (wie Anm. 33), S. 326.

74 Vgl. *Empor mein Volk. Kriegslieder aus unseren Tagen mit neuen Weisen.* Hg. von Waldemar von Baußnern. Jena 1914 (Kriegslieder fürs deutsche Volk mit Noten 1).

75 Bestehende Studien zum deutschen Soldatenlied im Ersten Weltkrieg beschäftigen sich kaum mit zeitgenössisch verfassten Texten und ihren Vertonungen. Vgl. Reinhard Olt: *Krieg und Sprache. Untersuchungen zu deutschen Soldatenliedern des Ersten Weltkriegs.* Teil 1. Giessen 1981 (Beiträge zur deutschen Philologie 47) und George L. Mosse: *Zum deutschen Soldatenlied.* In: *Kriegserlebnis. Der Erste Weltkrieg in der literarischen Gestaltung und*

Schwierig gestaltet sich die Forschung zur Lyrikverbreitung und -rezeption an der Front. In der Tat scheinen neben dem traditionellen Soldatenlied auch die chauvinistischen Jubelgedichte der Anfangsmonate bei manchen Frontsoldaten beliebt gewesen zu sein.[76] Bald aber wirkte sich die Wahrnehmungsdiskrepanz zwischen Front und Heimat zu Ungunsten der Augustlyrik aus: „Manch ‚schönes Gedicht' in der warmen Stube in Begeisterung vielleicht geschrieben, vom Heldentod und vom schönen Sterben berichtend", so heißt es bereits 1915 in einem Feldpostbrief, „liest man jetzt mit bitterem Lächeln".[77] Der Propagandadichter August Holder erhielt 1917 gar eine Postkarte von einem Frontsoldaten, der ihn mit scharfen Worten warnte, „derartige Veröffentlichungen [scil. kriegsverherrlichende Dichtung] zu unterlassen".[78]

Die häufige Gelegenheit zur Lektüre besonders nach der Erstarrung der Kampfhandlungen bot dennoch auch für Verlage eine lukrative Absatzmöglichkeit, auf die sie bald entsprechend reagierten.[79] Zentrale Stellen erbaten und verschickten Bücherspenden und eigens eingerichtete ‚tragbare Feldbüchereien', beispielsweise des Reclam Verlags, versorgten die Soldaten mit Lesestoff.[80] Die Gedichte von Zivilisten und Frontsoldaten wurden außerdem in einer Reihe von Schützengrabenzeitungen verbreitet; bevorzugt wurden dabei humoristische Texte, z. B. die

---

symbolischen Deutung der Nationen. Hg. von Klaus Vondung. Göttingen 1980, S. 331–334 sowie die ältere Studie von Winfried Elbers: *Das deutsche Soldatenlied im 1. Weltkrieg und seine publizistische Bedeutung.* Diss. Münster 1963.

76 „Es ist uns eine große Freude", schreibt ein Frontsoldat in Philipp Witkops *Kriegsbriefe gefallener Studenten* an seine Angehörigen, „solche Gedichte zu lesen, die den Krieg nicht nur als Zerstörer, sondern auch als neuschaffende Arbeit ansehen, nicht nur als drückende Not, sondern auch als Läuterung". Zitiert nach *Die Dichter und der Krieg* (wie Anm. 61), S. 234. Ähnlich schreibt der in Belgien stationierte Frontsoldat Karl Storch noch Ende September 1914: „Die vaterländische Poesie treibt, wie ich sehe, herrliche Früchte, selbst Ludwig Thoma hat ein sehr gutes Gedicht geschrieben, wie denn auch die Leute des ‚Simplizissimus' stark patriotisch geworden sein sollen. Unsre Zeit ist groß und kommt der von 1813 gleich", vgl. Karl Storch: *Vom Feldgrauen Buchhändler. Stimmungsbilder, Briefe und Karten.* Magdeburg ³1915, S. 64. Dennoch zeigen Storchs Kriegstagebücher eine klare Präferenz für die ältere Kriegsdichtung vor allem Detlev von Liliencrons.

77 Zitiert nach Sauermann: *Der Schützengraben* (wie Anm. 42), S. 66. Das Zitat stammt aus dem Juli 1915 und findet sich ebenfalls in *Kriegsbriefe gefallener Studenten.* Hg. von Philipp Witkop. München ⁴1928, S. 118.

78 Zitiert nach Bernd Ulrich: *Feldpostbriefe im Ersten Weltkrieg – Bedeutung und Zensur.* In: *Kriegsalltag* (wie Anm. 13), S. 40–83, hier S. 62.

79 Vgl. Lokatis: *Der militarisierte Buchhandel* (wie Anm. 20), S. 458–462.

80 Vgl. ebd., S. 457–468 und Wolfgang G. Natter: *Literature at War 1914–1940. Representing the „Time of Greatness" in Germany.* New Haven 1999, S. 138–173.

Hindenburg-Anekdoten und Feindkarikaturen in Versen.[81] Einzelne Autoren reisten persönlich durch Lazarette und an die Front, um eigene und fremde Texte zur Unterhaltung zu rezitieren. So berichtet z. B. Hans Eschelbach in seinem 1916 erschienenen Frontreisebericht *Dichterfahrten zu unseren Feldgrauen* von seiner Reise zu rund siebzig verschiedenen Reservelazaretten, in denen die Verwundeten angeblich für einige Minuten keine Schmerzen mehr empfunden hätten, wenn er seine Kriegsballaden vortrug.[82] Der Rezitationskünstler Marcell Salzer wählte für den Vortrag beim Kronprinzen „im Felde" die chauvinistischen Feindgedichte von Hanns Heinz Ewers (*Wir und die Welt*), Cäsar Flaischlen (*Fuchs im Bau*) und Otto Anthes (*Gott sprach deutsch*).[83] Auf Frontvortragsreisen „zur seelischen Erbauung der Truppen" trug auch Richard Dehmel nicht nur eigene Gedichte vor, sondern auch solche „von Winckler, Schaeffer, Sternberg, Heymann, Stadler, A. R. Meyer, Unruh, Schröder, Hauptmann, Lersch, Petzold, Bröger, Barthel, Zech".[84] „Die Aufmerksamkeit und Andacht der Mannschaften", so Dehmel über den Erfolg seiner Kriegsvorträge,

> verbürgt mir immer wieder den guten Geist unsres Volkes, auch daß sie am stärksten gefesselt sind von dem wirklich begabtesten der jüngeren Kriegsdichter, Josef Winckler; ein paar mal sangen sie nach dem Vortrag, um ihrer Ergriffenheit Luft zu machen, auf der Straße das Lied: „Haltet aus, haltet aus!"[85]

---

81 Für Ausschnitte aus diesen Schützengrabenzeitungen vgl.: *Die Deutschen Schützengraben- und Soldatenzeitungen.* Hg. von Fred B. Hardt. München 1917 (Kulturdokumente zum Weltkrieg I). Vgl. auch Julien Collonges und Carine Picaud: *Erlebnisberichte und Propaganda. Die Frontzeitungen des Ersten Weltkriegs.* In: *1914–1918. In Papiergewittern* (wie Anm. 38), S. 104–133 und Sprengel: *Geschichte der deutschsprachigen Literatur 1900–1918* (wie Anm. 26), S. 777.

82 Vgl. Hans Eschelbach: *Dichterfahrten zu unsern Feldgrauen.* Regensburg 1916, S. 43. Ähnlichen Linderungseffekt will auch Elsa Laura von Wolzogen mit ihrem Lautenvortrag auf die Soldaten gehabt haben, vgl. Elsa von Wolzogen: *Meine Laute und ich.* Graz 1917, passim.

83 Marcell Salzer: *Beim deutschen Kronprinzen und seiner Armee. Eine feldgraue Vortragreise.* Hamburg 1915, S. 36f. Auch Salzer trug in Lazaretten vor. Vgl. für weitere Lektürezeugnisse im Ersten Weltkrieg die Zitatsammlung in *Dichter lesen.* Bd. 3: *Vom Expressionismus in die Weimarer Republik.* Hg. von Reinhard Tgahrt. Marbach am Neckar 1995, S. 101–153.

84 Richard Dehmel: *Zwischen Volk und Menschheit. Kriegstagebuch.* Berlin 1919, S. 264.

85 Ebd., S. 273f. Dehmel war ein Freund und Förderer des Arbeiterdichters Josef Winckler (1881–1966). Bei *Haltet aus, haltet aus* handelt es sich um das bekannte Soldatenlied *O Deutschland hoch in Ehren* (1859).

III. Textimmanente Aspekte deutscher Kriegsdichtung

1. Formästhetik und Traditionalität der Kriegslyrik

Trotz der oft postulierten Gleichförmigkeit der Kriegslyrik und ihrer Variation immer gleicher Themen und literarischer Traditionsbezüge fällt es schwer, pauschal Strukturkonstanten aller oder zumindest einer Mehrzahl von Kriegsgedichten auszumachen. Neben formal äußerst einfachen, auf Eingängigkeit und Sangbarkeit angelegten Strophen- und Versformen finden sich seit Kriegsbeginn – vor allem in avantgardistischeren Texten – auch komplexere und experimentellere Formen, die von literarischen Einflüssen der Vorkriegszeit und der amerikanischen und französischen Moderne (z. B. Walt Whitman[86] und Maurice Maeterlinck[87]) zeugen. Wenngleich für die meisten Gedichte die Wirkabsicht mündlicher, vor allem gesanglicher Kolportage konstitutiv ist, gilt das für die ästhetisch anspruchsvolleren, mit Langversen, hermetisch-expressiver Bildlichkeit und metrisch unregelmäßigen oder freien Versen experimentierenden Gedichte etwa Heinrich Lerschs, Wilhelm Klemms oder Rudolf Leonhards sicher nicht. Zumindest für die in den ersten Kriegswochen entstandenen populären Gedichte lässt sich aber der Grundzug der formalen Epigonalität sowie der imitativen Gattungs- und Traditionsreferenz behaupten.

Besonders gilt der Epigonalitätsbefund für die Lieddichtung im Ersten Weltkrieg. Die Kontrafaktur bekannter Volks-, Soldaten- oder Studentenlieder bestimmt nicht nur die Strophenstruktur, sondern auch ihre rhythmische, rhetorische und bildliche Gestaltung. Den ,Vaterlandsliedern' Ernst Moritz Arndts und Theodor Körners hatten sich im späten 19. Jahrhundert einige ältere Soldatenlieder wie Schillers *Wallenstein*-Reiterlied (*Wohlauf Kameraden aufs Pferd*), Ludwig Uhlands von Friedrich Silcher vertontes *Ich hatt' einen Kameraden* sowie neuere Vaterlandslieder wie Schneckenburgers *Wacht am Rhein* oder Hoffmann von Fallerslebens *Deutschlandlied* zugesellt und bildeten einen festen Musterstock, aus dem sich Form und Topik der Kriegslyrik speisten.

Die Engführung von Lied und Gedicht war dabei nicht nur ästhetisches Paradigma, sondern unterstrich die ideologische Aufwertung alles Volkstümlichen, kollektiv Sangbaren und national Urwüchsigen. Man tut diesen Gedichten – so simpel und anspruchslos sie bisweilen auch sein mögen – daher wohl unrecht, wenn man sie ausschließlich als realitätsferne und kriegsverklärende Archaisierungen

---

86 Vgl. zur Whitman-Rezeption im Expressionismus und in der Arbeiterdichtung Walter Grünzweig: *Walt Whitman. Die deutschsprachige Rezeption als interkulturelles Phänomen.* München 1991, S. 181–224.

87 Vgl. Peter Sprengel: *Literatur im Kaiserreich. Studien zur Moderne.* Berlin 1993 (Philologische Studien und Quellen 125), S. 233–262.

rügt. Nur wenige Gedichte der ersten Kriegswochen formulierten den Anspruch, die Wirklichkeit moderner hochtechnisierter Kriegsführung oder das grausame Massensterben in anonymisierten ‚Materialschlachten' zu beschreiben, sondern sie bedienten sich vielmehr der literarischen Traditionsvergegenwärtigung zum Zweck der Identitätsreflektion, versicherten der Erinnerungskultur des Kaiserreichs einer Konstante nationaler Bewährung und eines essentialistisch gedachten deutschen Heldentums. Die Neudichtung zu bekannten Melodien oder die thematische Anverwandlung bekannter Vaterlandslieder wie der *Wacht am Rhein* verfolgte daher eine ähnliche Strategie wie die lyrische Aktualisierung der einschlägigen Mythologeme deutscher Erinnerungskultur (etwa des Nibelungenliedes, Luthers, Bismarcks usw.).

Auch in der vorgeblich ‚authentischen' Schützengrabenlyrik finden sich zahlreiche Versuche, den elementar neuen Gegenstand ‚Schützengraben' in das literarische Traditionskorsett des unbekümmerten Soldatenlieds zu zwingen, um die möglicherweise verstörende Diskrepanzerfahrung zwischen konventionellen Kriegsdarstellungen und Realität zu banalisieren. In dem anonym erschienenen Text *Schützengrabenherrlichkeit*, einer Kontrafaktur des bekannten Kommersliedes *O alte Burschenherrlichkeit*, beklagt sich der Sprecher, man habe im Sommer „wie die Götter" gelebt „und wurde[] täglich fetter", doch jetzt sei „[d]ie alte Herrlichkeit [...] weg; / Jetzt patscht das Wasser, spritzt der Dreck".[88] Seinem Prätext entnimmt das Lied den Kehrvers „O jerum, jerum, jerum! / O quae mutatio rerum!" und integriert so die konventionelle Deutungstradition des Originals mit ironischem Unterton (angesichts der Verschlechterung des Schützengrabenlebens beklagt der Text den Wandel der Dinge). Umgekehrt allerdings illustriert der Vorgang auch die Ventilfunktion der Traditionalisierung: Im Rahmen konventioneller Topik wird das vor dem gattungsgeschichtlichen Hintergrund originelle Anliegen – die Gräben sind feucht und kalt – banalisiert und sein kritischer Impetus zumindest abgeschwächt, wenn nicht beseitigt.

Neben der *Liedform* und dem häufig gewählten *Sonett* – dessen bemerkenswerte Affinität zur Kriegsdarstellung ebenfalls durch die Gattungsgeschichte von Andreas Gryphius bis zu Theodor Körner und Friedrich Rückert vorgezeichnet war – darf die *Ballade* als dominante Gattung populärer Kriegslyrik gelten. Sie genoss im Zuge nationalistisch-völkischer Tendenzen im ersten Drittel des Jahrhunderts ohnehin Hochkonjunktur[89] und bot neben der Einprägsamkeit des schemati-

---

88 Anon.: *Schützengrabenherrlichkeit*. In: *Landsturm. Lieder von der Front.* Vorrede von Eugen Tannenbaum. Mit Zeichnungen von Wilhelm Wagner. Berlin-Charlottenburg 1915 (Orplidbücher 15), S. 58–60.

89 Vgl. zur „Balladenwut" um 1900 Uwe-K. Ketelsen: *Völkisch-nationale und nationalsozialistische Literatur in Deutschland, 1890–1945.* Stuttgart 1976, S. 44f.

schen Reimschemas auch die Möglichkeit zur Narrativierung der Kriegsursachen, der heldenhaften Entschlossenheit bei Kriegsausbruch oder der Bewährung im Kampf. Traditionell verwendet für romantische, mystische oder heroische Stoffe und zur Pointierung in der Schlussstrophe tendierend, eignete sich die Ballade nicht nur zur Darstellung besonders ,deutscher' Themen oder humoristischer und anekdotischer Episoden aus dem Krieg,[90] sondern der Erfolg der balladesken Schlachtdarstellungen in den Vorkriegsjahren – etwa Börries von Münchhausens[91] oder Detlev von Liliencrons[92] – gab auch die für die Kriegslyrik prägnante Tonmischung aus affiziertem Pathos und archaisierendem Heroismus vor.

Auch die lyrischen Schlacht- und Kampfberichte von der Front sind beileibe keine unmittelbaren, d. h. von ihrer Literarizität unberührten Realitätsspiegelungen, sondern nutzen rhetorische Strategien, um den Eindruck von Unmittelbarkeit zu erzeugen und das Kampferlebnis effektvoll zu inszenieren. Diese Texte entfalten sich meist in einer Reihe kruder Schlachtrufe, Kurzdialoge und Kampfbefehle, stellen die Kampfhandlungen im exklamativen Reportagestil dar oder bieten onomatopoetische Imitationen der Feuerwaffen und Schrapnelle. „Den Graben gilt's zu nehmen! / Nun, Jungens, feste drauf! / Die Welschen müssen weichen / Vor unserm Sturmeslauf!", beginnt da beispielsweise der *Sturmangriff* eines unbekannten Verfassers.[93] Er berichtet, wie seine Truppe „[d]em Vaterland [...] / [s]ein Leben willig dar[gebracht]" habe und über vierzig Franzosen im Schützengraben dem „[e]cht deutsche[n] Heldensinn" hätten weichen müssen. Als Fazit schließen die meisten Schlachtenberichte mit dem topischen Befund heroischer Bewährung deutscher Truppen, folgern aus dem Geschilderten meist Formelhaftes wie „Furchtlos und treu – eine Heldenschar ..."[94] oder eben, wie der *Sturmangriff* mit Bismarck, „Wir Deutsche fürchten Gott nur, / Sonst niemand auf der Welt!"

Otto Rudorffs *Vor Lüttich*, um ein weiteres Beispiel zu nennen, konzentriert sich hingegen auf die präsentische Vermittlung von Plötzlichkeit, Chaos und Ge-

---

90 Für eine Auswahl deutscher Weltkriegsballaden vgl. *„Balladen"*. Ausgewählt von Julius Bab. Berlin 1916 (Der deutsche Krieg im deutschen Gedicht 1914 9).

91 Ich verweise aus der Fülle seiner Schlachtgedichte nur auf Münchhausens Balladen zum Dreißigjährigen Krieg (zuerst 1911 erschienen): Börries von Münchhausen: *Das Balladenbuch*. Stuttgart 1924, S. 84–115.

92 Vgl. z. B. die Balladen zur Schlacht von Kolin, 1757 (*Wer weiß wo*) oder bei Bornhöved 1227 in: Detlev von Liliencron: *Kampf und Spiele. Der gesammelten Gedichte Erster Band*. Berlin und Leipzig [8]s. a. (Sämtliche Werke 7), S. 18f. und S. 26–30.

93 Anon.: *Sturmangriff*. In: *Feldgraue Dichter. Kriegsdichtungen unserer Soldaten*. Hg. von Bogdan Krieger. Berlin 1916 (Unterm Eisernen Kreuz 55/56), S. 15f.

94 Paul Langkopf: *Hannoversche Vorhut*. In: ebd., S. 17f.

spanntheit im Kampf und versucht, wie etwa im ersten Vers durch deiktische Leserintegration, Spannung zu erzeugen:

> Da – horch! Von fernher ein Signal.
> „Alarm!" – und alles hastet rasch zusammen –
> „Zum Sturm auf Lüttich!" schallt's mit einem Mal,
> Der Hauptmann rief's – und jählings lodern Flammen.
> Und plötzlich blitzt und zischt und brüllt und braust
> Es um uns her aus tausend Höllenschlunden […]
> „Doch vorwärts! Vorwärts!" Und man springt, man kriecht –
> Ein Leichenwall – Es blieb wohl fast der dritte!
> – – Der Hauptmann tot! Der Leutnant schreit's gebückt,
> Da stürzt auch er – im Sprung – durch's deutsche Herz […].[95]

Die Häufung von parenthetischen Spiegelstrichen, Nominalsätzen, polysyndetischen Verbreihen („blitzt und zischt und brüllt und braust") und schließlich die eingeschobenen Befehlsinterjektionen dramatisieren die Erzählung und erzeugen Spannung, sollen aber auch dokumentieren, in welcher Atemlosigkeit der einzelne Soldat Eindrücke zu verarbeiten hat und Entscheidungen treffen muss. Wenngleich hier schwerlich noch von formaler Traditionalität oder literarischem Gattungsbewusstsein die Rede sein kann, löst der Text das Versprechen neutraler oder sachlicher Kampfbeschreibung dennoch kaum ein – um konventionelle Metaphorisierungen wie „Höllenschlund" oder klischeehafte Kollokationen wie „deutsches Herz" kommt auch frontsoldatische ‚Erlebnislyrik' nicht herum.[96]

2. Stilles Heldentum und neuer Ruhm. Thesen zum thematischen Wandel in der populären Kriegslyrik

Das unleugbare Abklingen der stürmischen Kriegsbegeisterung zeigt sich vor allem in dem Rückgang der Kriegslyrikproduktion etwa ab 1916 und der textimmanenten Fokusverschiebung bereits seit Herbst 1914, verstärkt seit 1915: Der offensive Führer- und Tatheroismus nach Kriegsausbruch weicht einem bisweilen resignativen, oft aber auch noch immer entschiedenen Märtyrer- und Opferheroismus.[97] Anders als in den ersten Kriegswochen, in denen sich mythologische

---

95   Otto Rudorff: *Vor Lüttich*. In: ebd., S. 16f.

96   Vgl. zur literarische Prägung von Soldatenerinnerung auch Fussell: *The Great War and Modern Memory* (wie Anm. 43), S. 169–174.

97   Vgl. vor allem Hüppauf: *Schlachtenmythen* (wie Anm. 21), passim, und – anhand der soldatischen Selbstwahrnehmung in Feldpostbriefen – Klaus Latzel: *Vom Sterben im Krieg. Wandlungen in der Einstellung zum Soldatentod vom Siebenjährigen Krieg bis zum II. Weltkrieg*. Warendorf 1988, S. 65f. Zur Begrifflichkeit und zu Konstellationsmöglichkeiten von ‚Führerheld' und ‚Opferhelden' vgl. René Schilling: *„Kriegshelden". Deutungs-*

Selbstversicherungen und diskursive Identitätsverortungen neben den frühen Schlacht- und Heldengedichten behaupteten, reagieren nun die meisten Gedichte thematisch auf die zunehmende Totalisierung des Krieges und widmen sich dem Opfer der Soldaten und der Daheimgebliebenen – hier und in der Folge verstanden als *sacrificium*, nicht als *victima* –, dem Ausharren in den Schützengräben und dem Ertragen von Leid und Trauer an der ‚Heimatfront‘. „Ein Krieg, der in das dritte Jahr geht“, so Julius Bab über die „psychologische Natur“ dieses Wandels, „kann nicht mehr vom Schwung der Begeisterung, sondern nur noch von einem harten, klaren Gefühl für das Notwendige, von einem ausdauernden Trotz getragen werden“.[98] Und auch der Journalist Gustav Manz konstatiert im Herbst 1915, die „hellaufrauschenden Sturmfanfaren der ersten Kriegsmonate [seien] abgelöst von ernstem Manneswort und leiser Frauenklage“.[99] Wie in den folgenden zwei Abschnitten dargelegt werden soll, betrifft der Wandel damit sowohl ‚frontsoldatische‘ wie zivilistische Lyrik, oder, um präziser zu formulieren, Gedichte, die die frontsoldatische Kriegserfahrung thematisieren, ebenso wie Lyrik, die sich Trauer, Entbehrung und Bewährung im Leben der Angehörigen und Hinterbliebenen widmet.

Das stoische Idealbild des stählernen Kämpfers,[100] das in der zweiten Kriegshälfte auch in bildlichen Darstellungen inszeniert wird,[101] baut auf vitalistischen Vorstellungen intensivierter Selbstwahrnehmung durch Kriegserfahrung auf: Wer

---

muster heroischer Männlichkeit in Deutschland 1813–1945. Paderborn et al. 2002 (Krieg in der Geschichte 15), bes. S. 22–27 und S. 252–289. Der Begriff des offensiv-aktivistisch gedachten ‚Tatheroismus‘ scheint mir als Gegenpol zum passiver verstandenen ‚Opferheroismus‘ des Durchhaltens für den Ersten Weltkrieg passender als die terminologisch engere Bezeichnung ‚Führerheldentum‘.

98 Bab: *Die deutsche Kriegslyrik* (wie Anm. 25), S. 122. Vgl. zur christlichen Grundierung des Opfergedankens die zeitgenössischen Ausführungen bei Otto Herpel: *Die Frömmigkeit der deutschen Kriegslyrik*. Gießen 1917 (Studien zur Praktischen Theologie 7,3), S. 97f.

99 *Das zweite Jahr. Kriegsgedichte der Täglichen Rundschau*. Mit einem Geleitwort von Gustav Manz. Berlin 1915, S. 3.

100 Hüppauf sieht die Schlachten von Verdun und an der Somme 1916 als Wegmarken dieser Transformation im Soldatenbild, vgl. Hüppauf: *Schlachtenmythen* (wie Anm. 21), S. 43. Vgl. auch Jürgen Reulicke: *Vom Kämpfer zum Krieger – Zum Wandel der Ästhetik des Männerbildes während des Ersten Weltkriegs*. In: *Der Krieg als Reise. Der Erste Weltkrieg – Inneneinsichten*. Hg. von Sabiene Autsch. Unter Mitarbeit von Lars Koch. Siegen 1999, S. 52–62.

101 Vgl. Steffen Bruendel: *Vor-Bilder des Durchhaltens. Die deutsche Kriegsanleihe-Werbung 1917/18*. In: *Durchhalten! Krieg und Gesellschaft im Vergleich 1914–1918*. Hg. von Arnd Bauerkämper und Elise Julien. Göttingen 2010, S. 81–109.

auch den „inneren Kampf"[102] gewinne, wer den Krieg als reinigende und sinnes-
schärfende Grenzüberschreitung schätzen lerne, könne von ihm profitieren und
gekräftigt aus ihm hervorgehen. Die Entstehung eines ‚neuen' kriegsgestählten
Menschen propagierten ja unter anderem auch Futurismus[103] und Expressionismus.[104] Besonders Ernst Jüngers Nachkriegsschriften idealisieren die Männlichkeit, Tatkraft und Furchtlosigkeit des „kühlen Machtmenschen"[105] und resümie-
ren, der „Krieg [sei] eine große Schule, und der neue Mensch wird von unserem
Schlage sein. [...] Das Kämpfertum, der Einsatz der Person, und sei es für die al-
lerkleinste Idee, wiegt schwerer als alles Grübeln über Gut und Böse".[106]

Heroische Selbstüberwindungsentwürfe kursierten auch in der Kriegslyrik, wie
Bruno Franks *Der neue Ruhm* demonstrieren mag:

> Heute gilt kein buntes Heldentum,
> Nicht mehr Brust an Brust,
> Mißt sich Ritterlust
> Stiller, aber höher ward der Ruhm, [...]
> Größer, wer in nasser Höhle liegt,
> Eisengrau dem Schicksal eingeschmiegt,
> Und die Augen überfüllt mit Tod. [...][107]

Das Ausharren in widrigen Situationen, das Ertragen des Wechsels von Tagen
der Langeweile und Momenten äußerster Todesspannung erforderte in dieser In-

---

102 Bernd Ulrich: *Kampfmotivationen und Mobilisierungsstrategien. Das Beispiel Erster Weltkrieg.* In: *Töten im Krieg.* Hg. von Heinrich von Stietencron und Jörg Rüpke. Freiburg et
al. 1995 (Veröffentlichungen des Instituts für Historische Anthropologie 6), S. 399–419,
hier S. 399–401.

103 Vgl. F. T. Marinetti: *Die futuristische Literatur. Technisches Manifest.* In: Hansgeorg
Schmidt-Bergmann: *Die Anfänge der literarischen Avantgarde in Deutschland. Über
Anverwandlung und Abwehr des italienischen Futurismus. Ein literarhistorischer Beitrag
zum expressionistischen Jahrzehnt.* Stuttgart 1991, S. 423–430, hier S. 430, in dem die
„Schöpfung des mechanischen Menschen" gefordert wird. Vgl. außerdem Michael Stark:
Manifeste des ‚neuen Menschen'. Die Avantgarde und das Utopische. In: *Manifeste: Inten-
tionalität.* Hg. von Hubert van den Berg und Ralf Grüttemeier. Amsterdam et al. 1998,
S. 91–118.

104 Vgl. Hans-Jörg Knobloch: *Zwischen Revolution und Utopie. Der „neue Mensch" des Ex-
pressionismus.* In: *Begegnung mit dem „Fremden". Grenzen - Traditionen - Vergleiche.*
Akten des VIII. Internationalen Germanisten-Kongresses, Tokyo 1990. Hg. von Eijiro
Iwasaki. Bd. 11. München 1991, S. 261–266.

105 Vgl. Ernst Jünger: *Der Kampf als inneres Erlebnis* [1922]. In: ders.: *Essays I. Betrachtungen
zur Zeit.* Stuttgart 1980 (Sämtliche Werke 2,7), S. 9–103, hier S. 103.

106 Ebd., S. 73f.

107 Bruno Frank: *Der neue Ruhm.* In: *Deutsche Kriegslieder 1914/1916* (wie Anm. 46), S. 89.

terpretation ein anderes Heldentum als ehemals der Einzelkampf.[108] So unterscheidet sich ein Text wie Friedrich W. Fuchs' *Durch!*, geschrieben im Dezember 1915, fundamental von den hurra-patriotischen „Drauf!"-Gedichten der ersten Kriegswochen. „Starrend von schwarzem, zähanhaftendem Schlamm", heißt es da,

> Windet der Weg spurenzerquetscht sich endlos bergan.
> Mühsam quälen die Truppen sich keuchend empor.
> An den S[t]iefeln bleischwer, gummifest badet der Kot.
> Aber ingrimmig blitzt aus den Augen der Wille: Durch![109]

Fuchs' Durchhalte-Heroismus rekurriert auf das Bild des stählernen ‚neuen' Menschen und imaginiert ein „Volk zähen Willens / In Arbeit und Kampf, / Trotzend dem schier Unmöglichen". Besonders die detaillierten Beschreibungen von Schmutz, Feuchtigkeit und Blut in den Schützengräben und im Gefecht dienen dabei als Folie für die innere Reinigung und Maschinisierung des heroischen Frontkämpfers, dessen Wille dadurch eisern wird, dass er den Umständen trotzt. Wenngleich der technologisierte Stellungskrieg keine Gelegenheiten bot, sich im Kampf Mann gegen Mann zu bewähren und die Überlegenheit einzelner Krieger zu beweisen, bedeutete dies nicht, dass das Soldatenleben nicht mehr zu heroisieren war. Gerade weil der Einzelne seine Überlebensbedingungen kaum noch zu beeinflussen vermochte, komme dem stählernen Kämpfer, so die geläufige Deutung, elementare Gliedfunktion zu, gehe das Individuum im Ganzen des Heeres oder des Volkes auf.

Der heroische Imperativ, der Einzelne möge sich für das Kollektiv opfern, findet sich in den ersten Kriegswochen vorgezeichnet und grundiert auch die Gattung sentimentaler Gedächtnisdichtung. Ab Herbst 1914, als der Soldatentod für breite Bevölkerungsabschnitte Realität geworden war, kam die literarische Sinnstiftung erst richtig zum Greifen, hatte sie doch jetzt konkrete Einzelfälle zu rechtfertigen und gezielt Trost zu spenden. Am häufigsten beziehen sich die Texte auf topische Elemente einer soteriologischen und eschatologischen Konstellation von Opfertod und ewigem Leben:[110] Das erfahrene Leid ist notwendige Voraussetzung für eine hellere Zukunft des Vaterlandes, der Soldatentod daher ein Opfer für spätere Generationen. Oft verwenden die Texte die biblische Metaphorik des Zeugens,

---

108 Zur Entwicklung eines „Heldentum[s] der Askese", vgl. auch Sauermann: *Beschönigen und Verschweigen neuer Waffen* (wie Anm. 6), S. 275f.

109 Friedrich W. Fuchs: *Durch!* In: *Feldgraue Dichter* (wie Anm. 93), S. 48f.

110 Vgl. Wolfgang J. Mommsen: *Die nationalgeschichtliche Umdeutung der christlichen Botschaft im Ersten Weltkrieg*. In: *„Gott mit uns". Nation, Religion und Gewalt im 19. und frühen 20. Jahrhundert*. Hg. von Gerd Krumeich und Hartmut Lehmann. Göttingen 2000 (Veröffentlichungen des Max-Planck-Instituts für Geschichte 162), S. 249–261.

Wachsens, Blühens oder der Saat und Ernte. „Es wird die Saat der jungen Heldenleben / Das *Erntefeld für Deutschlands Zukunft* sein", heißt es einmal.[111]

Der Reiz der eschatologischen Konstellation von Zeugung durch Sterben besteht in der Suggestion „symbolischer Unsterblichkeit",[112] mit der man die Toten zugleich sakralisieren und weiterleben lassen konnte. So führt beispielsweise Ferdinand Goetz in *Die Toten* aus, angesichts der „schwere[n] Verluste", der vielen Toten, „bluten ja allen" die Herzen, aber tröstend klinge es „hinein in den Schmerz, / Sie sind für das Höchste gefallen! / Für das Höchste – für Freiheit und Vaterland – / Für des Deutschtums Zukunft und Ehre!" Der Hinweis auf einen höheren Sinn des Sterbens verknüpft sich mit dem Bild des Neuanfangs, der durch den Heldentod ermöglicht wird, und folglich mit der Ewigkeit des Heldentums verbunden ist: „Dann schauen, von Stolz und Freude erfüllt, / Von Walhalla die Helden einst nieder. / Und rufen den trauernden Herzen zu: / Das hat unser Sterben geboren!"[113] In der soteriologischen Konstellation verbindet sich die sakralisierende Entrückung der Gefallenen mit traditionellen christlichen Jenseitsvorstellungen. An der Zeugung von Leben aus Tod müssen die Hinterbliebenen daher aktiv mithelfen, müssen die hellere Zukunft aus dem Geiste der Gefallenen herbeiführen. Das wiederum geht nur, wenn sie Fassung bewahren, die Trauererfahrung nicht nur negativ erleiden, sondern sie positiv verarbeiten.

Das Funktionsprinzip lyrischer Trauerdidaxe zeigt sich besonders eindrücklich in der Gattung der Mutterlyrik, die bereits im Herbst 1914 entsteht und besonders im zweiten und dritten Kriegsjahr an Popularität gewinnt. Wie Angelika Tramitz anhand von „Benimmregeln" für deutsche Frauen im Weltkrieg herausgearbeitet hat, konzeptualisieren die meisten Orientierungsanweisungen eine Spaltung der Frau zwischen äußerlicher Gefasstheit und innerlicher Trauer und Sehnsucht.[114] Diese „Eindeutigkeit der Ambivalenz"[115] wird in Muttergedichten als Idealhaltung vorgelebt und eingefordert. Schließlich, so lautet ein oft angeführtes Argu-

---

111 Theodore von Rommel: *Verlustliste*. In: *Poesie des Krieges* (wie Anm. 72), S. 79f. Hervorhebung im Original Sperrsatz.

112 Ulrich Linse: *„Saatfrüchte sollen nicht vermahlen werden!" Zur Resymbolisierung des Soldatentodes*. In: *Kriegserlebnis* (wie Anm. 75), S. 262–275, hier S. 262.

113 Ferdinand Goetz: *Die Toten*. In: *Des Vaterlandes Hochgesang. Eine Auslese deutscher und österreichischer Kriegs- und Siegeslieder*. Hg. von Karl Quenzel. Leipzig 1914, S. 160. Ganz ähnlich formuliert auch Friedrich Lienhard: *Opfer und Liebe*. In: *Das Reich muß uns doch bleiben! Religiöse Gedichte aus dem Weltkriege*. Ausgewählt von Reinhold Braun. Potsdam 1917, S. 37: „Und so ist der Tod eine Geburt, / Und so ist die Geburt ein Tod".

114 Angelika Tramitz: *Vom Umgang mit Helden. Kriegs(vor)schriften und Benimmregeln für deutsche Frauen im Ersten Weltkrieg*. In: *Kriegsalltag* (wie Anm. 13), S. 84–114, hier S. 88.

115 Ebd., S. 87.

ment, hat auch der Soldat sein Schicksal tapfer ertragen, sich nicht beklagt und sein Leben fürs Vaterland gegeben: „Und bin ich nun auf der Welt allein, / So will ich doch nicht klagen", spricht daher die aufrechte deutsche Mutter, „Ich will, wie du, auch tapfer sein / Und deinen Tod noch benedein, / Wenn nur der Feind geschlagen!"[116]

Die trauernde Mutter trägt mit gottergebener *Pietà*-Haltung das Sterbedatum ihrer Söhne ins Familienbuch ein und betet für sie[117] – aber sie hat sich nicht zu beklagen. Jeglicher Ansatz zur Kritik, sei es am Krieg im Allgemeinen oder an Anlass und Ziel der deutschen Kriegsführung im Besonderen, wird von der Kriegslyrik ausdrücklich zurückgewiesen.[118] „So bleibe stark, o Frauenherz, / Sei mutig, halte stand! / Erdulde stumm den größten Schmerz / Für's deutsche Vaterland",[119] appelliert z. B. Paul Rieckhoff, eine „Mutter von sieben deutschen Kriegern" nimmt sich vor, „meinem deutschen Munde / jede Klage [zu verschließen] – opfern will ich stolz und rein",[120] und Kurt von Oerthel mahnt die „stillen Mütter" gar, „ganz stille sich im Leid [zu] versenk[]en / um nicht mit ungebetnem Trauerblick / zu trüben Deutschlands Siegerglück".[121] Auch das explizite und scharfe Verdammen von „Jammerbriefen" der Heimatfront an die Frontsoldaten erklärt sich aus dem Bemühen nicht nur der öffentlichen Stellen, ‚schlechte Stimmung' im Volk und an der Front zu unterbinden.[122] Die emergente Gattung

---

116 Fr. Br.: *Opfer*. In: *Deutscher Heldentod. Gedichte vom Opfermut im Feld und daheim 1914/1915*. Hg. von Rudolf Krauß. Stuttgart 1915, S. 75.

117 So Heinrich Ruppel: *Meine Mutter*. In: *„Die lange Schlacht"*. Ausgewählt von Julius Bab. Berlin 1915 (Der deutsche Krieg im deutschen Gedicht 1914 5), S. 20f.

118 Ich sehe nur eine – bemerkenswerte – Ausnahme, in der die trauernde Mutter und der Sprecher die mitleidlose „Herrschergier", den „Trug und Tand", für den Soldatentod verantwortlich machen, nämlich Friedrich Hofmann: *Mutterliebe*. In: *Zu Schutz und Trutz* (wie Anm. 68), S. 76–78. In der gleichen Anthologie findet sich allerdings auch das regelgerechtere Gegenbeispiel, nämlich Anon.: *Einer Mutter*. In: ebd., S. 152, in dem es anerkennend heißt: „Kein Klagen zittert über deine Lippen, / Die du den Sohn fürs Vaterland gegeben […] Sein junger Mut barst an den Todesklippen, – / Du aber stehst, und keiner sieht dich beben …".

119 Paul Rieckhoff: *Sei stark, du deutsches Frauenherz*. In: *Das deutsche Schwert* (wie Anm. 49), S. 124.

120 Luise v. Brandt: *Die Mutter von sieben deutschen Kriegern*. In: *Aus großer Zeit. Eine Auswahl der Kriegslyrik des Jahres 1914*. Hg. von Adolf Gengenbach und Viktor Gengenbach. Mannheim 1914, S. 154.

121 Kurt von Oerthel: *Die stillen Mütter*. In: Rektor Völker: *Die deutsche Mutter in unserer Zeit*. Berlin 1915 (Volksschriften zum großen Krieg 45), S. 11.

122 Zum Kampf gegen ‚Jammerbriefe' vgl. Anne Lipp: *Friedenssehnsucht und Durchhaltebereitschaft. Wahrnehmungen und Erfahrungen deutscher Soldaten im Ersten Weltkrieg*. In:

der Trostlyrik zeigt besonders deutlich, dass Kriegslyrik nicht nur literarische Widerspiegelung wirklich erlebter Verluste ist, sondern ideologische Sinnzuschreibungen produziert und popularisiert.

IV. Schluss

Meine Überlegungen fasse ich verknappt in fünf Thesen zusammen:

1. Kriegsdeutungen und -bewertungen in lyrischen Texten lassen sich nicht biographistisch mit der empirischen Kriegsteilnahme ihrer Verfasser kurzschließen. Affirmative wie kritische Texte werden von Kombattanten wie Nicht-Kombattanten verfasst. Kriegsgedichte sind auch nicht unmittelbar transparent für reale Kriegserfahrung; wie und ob ein Verfasser seine Erlebnisse ‚verarbeitet‘ hat, lässt sich auf der Ebene literarischer Texte nicht bestimmen. Stattdessen galt der Fokus meiner Ausführungen der literarischen Ideologisierung und Inszenierung von empirischer Kriegserfahrung sowohl an der Front wie in der Heimat.

2. Von einer alle Bevölkerungsschichten umfassenden, spontan-eruptiven und dilettantischen Lyrikproduktion kann für die ersten Kriegswochen im August und September 1914 keine Rede sein. Stattdessen beschränkt sich die Verfasserschaft zunächst auf das städtische Bürgertum und einige wenige, publizistisch aber teilweise bereits etablierte und schriftstellerisch professionalisierte Arbeiter. Erst mit der emphatischen Privilegierung des authentischen Erlebnisses als Grundlage von Kriegsdichtung seit Herbst/Winter 1914 und verstärkt in den Kriegsjahren 1915 und 1916 gewinnen weniger literarisierte Verfasser an Bedeutung.

3. Mediale Verbreitungsmodalitäten spielen für die Inszenierung und Rezeption von Lyrik im Ersten Weltkrieg eine entscheidende Rolle. Während Tageszeitungen und Zeitschriften vergleichsweise offene Publikationsorgane waren, beschränken sich selbständig veröffentlichte Lyrikbände, Anthologien und Verlagsalmanache auf einen schmaleren Kanon bereits etablierter oder professionalisierter Autoren. Zumal die mündliche Verbreitung durch Vertonungen und Vorträge war den Kriegsgedichten etablierter und bekannter Verfasser vorbehalten.

4. Von der Prägung bürgerlicher Traditionen zeugt ferner die formale Epigonalität weiter Teile der Kriegslyrik zumindest während der ersten beiden Kriegsjahre.

Archiv für Sozialgeschichte 36 (1996), S. 279–292, hier S. 283f. Vgl. für ein typisches Beispiel der Warnung vor Jammerbriefen die Episode „Was ein Jammerbrief anrichtete", in: *Erhebendes aus dem Weltkrieg.* Auf Veranlassung des Württembergischen Sonntagschul-Verbandes gesammelt und bearbeitet. Hg. von Gottlob Stäbler. Stuttgart 1917, S. 108f.: Ein Feldwebel ist wegen eines „niederträchtige[n] Jammerbrief[s] voller Klagen und schlechter Laune" während des Dienstes besorgt, wird unaufmerksam und verunglückt.

Auch abseits der Gattungskonventionen von Lied, Sonett und Ballade zeigt sich die Kriegslyrik von starker Rhetorisierung und Topisierung durch Diskursversatzstücke bestimmt. Während manche frontsoldatische Texte sich in die Soldatenliedtradition einfügen, inszenieren andere das Kriegserlebnis entscheidender Schlachten, indem sie Authentizitäts- und Präsenzeffekte rhetorisch erzeugen.

5. Die in der Forschung vorherrschende These einer zunehmenden Pazifizierung der Kriegslyrik oder einer pazifistischen Wende nach den ‚Materialschlachten' 1916 trifft für den Großteil der populären Kriegslyrik nicht zu. Unbestreitbar ist hingegen die Abnahme der Lyrikproduktion seit spätestens 1916; thematisch schwächt sich der offensive Tatheroismus der ersten Kriegsmonate bereits im Herbst/Winter 1914 ab und Idealisierungen heroischer Opferwilligkeit an der Front und in der Heimat gewinnen an Bedeutung, eine Tendenz, die sich mit dem zweiten und dritten Kriegsjahr verstärkt. Kriegslyrik heroisiert nun das frontsoldatische Durchhalten und etabliert Vorgaben zum ‚richtigen', d. h. patriotischen Umgang mit Trauer und Leid für die Angehörigen. Populäre Kriegslyrik trägt daher nicht allein durch den kontextuell forcierten Eindruck kollektiver Beteiligung, sondern auch durch ihre Popularisierung ideologischer Konfigurationen und literarischer Verhaltensdidaxe ebenso wesentlich dazu bei, Erfahren und Handeln im Krieg zu prägen, wie sie selbst durch Kriegsausbruch, -verlauf und -erfahrung geprägt wird.

Eberhard Sauermann

Populäre Tiroler Kriegslyrik – „Bruder Willram"

Die ‚poetische Mobilmachung' hat zur Kriegsbereitschaft im Ersten Weltkrieg beigetragen, die Kriegslyrik ist zur Kriegspropaganda eingesetzt worden, auch in Österreich und besonders in Tirol.[1] (Auch wenn die literarischen Verarbeitungen des Kriegs und seiner Folgen der primären Motivation entsprungen sein mögen, ‚Sinn' zu finden und mitzuteilen.)[2] Die Lyrik hat sich als besonders geeignet erwiesen, „mit markigen Kurztexten aggressiven Chauvinismus bei Gleichgestimmten aufzumöbeln".[3] Einer Untersuchung der Kriegspropaganda in Tirol zufolge dominierten bestimmte Formen der Aktualisierung latent vorhandener Vorstellungen: Schwarzweißmalerei bei der Darstellung der Eigenen und der Feinde, Verharmlosung zur Erklärung der Rückschläge, Nivellierung aller Unterschiede bei der Illusionierung einer Kampfgemeinschaft, Lächerlichmachen des Feindes zur Stärkung des Muts, Lobpreisung von Armeeführern, Soldaten, Truppen und Kriegsgerät zur Erreichung von Vorbildwirkung, Bezugnahme auf historische Persönlichkeiten und Ereignisse zur Suggerierung von Erfolg, Ausgabe von Durchhalteparolen zur Bekämpfung von Auflösungserscheinungen und zur Erreichung des gemeinsamen Ziels.[4]

---

1   Vgl. Eberhard Sauermann: *Literarische Kriegsfürsorge. Österreichische Dichter und Publizisten im Ersten Weltkrieg.* Wien, Köln, Weimar 2000 (Literaturgeschichte in Studien und Quellen 4); Eberhard Sauermann: *Österreichische Kriegsdichtung im Ersten Weltkrieg. Poetische Mobilmachung in Tirol.* In: *Ein Krieg – zwei Schützengräben. Österreich – Italien und der Erste Weltkrieg in den Dolomiten 1915–1918.* Hg. von Brigitte Mazohl-Wallnig, Hermann J. W. Kuprian und Gunda Barth-Scalmani. Bozen 2005, S. 181–199.

2   Vgl. Klaus Vondung: *Propaganda oder Sinndeutung?* In: *Kriegserlebnis. Der Erste Weltkrieg in der literarischen Gestaltung und symbolischen Deutung der Nationen.* Hg. von Klaus Vondung. Göttingen 1980, S. 11–37.

3   Klaus Zelewitz: *Deutschböhmische Dichter und der Erste Weltkrieg.* In: *Österreich und der Große Krieg 1914–1918. Die andere Seite der Geschichte.* Hg. von Klaus Amann und Hubert Lengauer. Wien 1989, S. 185–192, hier S. 189.

4   Reinhold Webhofer: *Patriotische Propaganda in Tirol während des Ersten Weltkrieges 1914–1918.* Diss. Innsbruck 1995, S. 184.

Bruder Willram (Anton Müller)

Zu den Geistlichen, die nicht nur mit Predigten, sondern auch mit Gedichten Kriegspropaganda betrieben haben, zählt Anton Müller (Abbildung 1), katholischer Priester aus Bruneck/Südtirol und Religionslehrer in Innsbruck, Anfang des 20. Jahrhunderts in Tirol ein berühmter Redner und ein beliebter und einflussreicher Schriftsteller (unter dem Pseudonym „Bruder Willram").[5] Sein Nachlass, der in zwei Teilen mit unterschiedlicher Provenienz in das Forschungsinstitut Brenner-Archiv der Universität Innsbruck, das Tiroler Literaturarchiv, gelangt ist, ermöglicht eine eingehendere Untersuchung der Entstehung und Wirkung seiner Kriegsliteratur.

In *patriotischen Gedenkreden* ruft er zu Kriegsbeginn in der Innsbrucker Propsteikirche die Gläubigen zum „heiligen Krieg" auf, zu einem Krieg der Kultur, der Zivilisation und des Anstands gegen den „Barbarismus eines Volkes" (Serben), und betont: „*Gott wird mit uns sein, weil das Recht mit uns ist*". Er fordert, Völker und Monarch zusammenzukitten, am besten durch „rotes, schäumendes Herzblut – verspritzt aus Liebe und Treue", und prophezeit, der Krieg werde Leid und Elend bringen, doch Gottes Zorn sei berechtigt; um alles ertragen zu können, brauche es Gottergebenheit und das Vermeiden von Sünde. Er fordert die katholische Erziehung der Jugend zur Pflichterfüllung, aber auch zur christlichen Nächstenliebe statt zu einem einseitigen Nationalismus; zugleich macht er jedoch klar, Patriotismus sei eine *speziell deutsche Tugend*".[6]

Konservative Schriftsteller wie Bruder Willram empfanden schon vor Kriegsbeginn die Grenzen des Landes als Schutzwälle; sie versuchten alles fernzuhalten oder zu ignorieren, was politisch oder literarisch außerhalb dieser Grenzen passierte: „bodenständige, vielfach geschichtlich überholte Positionen und Wertvorstellungen wurden verteidigt".[7] Auch im Krieg ging es Bruder Willram darum, Österreich-Ungarn im alten Zustand – mit den Habsburgern an der Spitze und mit der Macht der katholischen Kirche – zu bewahren, die „gottgewollte" patriarchalische Ordnung zu festigen und die traditionellen Strukturen zu erhalten.

---

5   Vgl. Eberhard Sauermann: *Bruder Willram, ein Tiroler Kriegslyriker*. In: Mitteilungen aus dem Brenner-Archiv 23 (2004), S. 15–35; David Schnaiter: *„Beten für den Krieg?" Bruder Willram und der „Heilige Kampf" Tirols*. Diss. Innsbruck 2002.

6   Anton Müller: *Auf, auf zum Kampf! Zwei patriotische Gedenkreden*. Innsbruck 1914, S. 5f., 8, 11f. und 25–27; auch in: A. Müller: *Kennt Ihr das Land? Patriotische Reden und Ansprachen*. Innsbruck, Wien, München 1914, S. 76–88 und 89–103; ursprünglich in: *Neue Tiroler Stimmen*, 4.8.1914 und 14.8.1914.

7   Johann Holzner: *Die Tiroler Literatur und der „Große Krieg"*. In: *Tirol und der Erste Weltkrieg*. Hg. von Klaus Eisterer und Rolf Steininger. Innsbruck 1995 (Innsbrucker Forschungen zur Zeitgeschichte 12), S. 211–226, hier S. 216.

Abbildung 1: Pfarrer Anton Müller (Brenner-Archiv)

Popularität der Kriegsgedichte

Die Popularität der Kriegsgedichte Bruder Willrams gründet auf mehreren Faktoren. Etliche erschienen in weit verbreiteten regionalen Zeitungen wie dem kon-
servativ-klerikalen *Allgemeinen Tiroler Anzeiger,* den monarchistisch-klerikalen
Neuen Tiroler Stimmen, den liberal-deutschnationalen *Innsbrucker Nachrichten*
oder dem vom Landesverteidigungskommando in Tirol herausgegebenen Ar-
mee-Propagandaorgan *Tiroler Soldaten-Zeitung;* manche erschienen in überregionalen Periodika wie den *Jahrbüchern des k. k. österreichischen Militär-Witwen-
und Waisenfonds* und sogar in deutschen Zeitungen wie dem *Neuen Münchener
Tagblatt;* einige wurden auf Postkarten, auf Flugblättern und in Kalendern abgedruckt oder als Marschlieder vertont. Viele wurden in seinen beiden Gedichtbänden *Das blutige Jahr!* und *Der heilige Kampf*[8] veröffentlicht, die auch in überregionalen Zeitungen wie der Wiener *Reichspost* besprochen wurden und von denen
der frühere mit seinen fünf Auflagen zu den erfolgreichsten Kriegslyrik-Bänden
im deutschsprachigen Raum zählt.

---

8 Bruder Willram: *Das blutige Jahr! Gedichte.* Brixen, Innsbruck, Bozen 1.–2. Tsd. (1915), 2.,
   verb. Aufl. (1915), 3./4. Aufl. (1916), 5. Aufl. (1917); Bruder Willram: *Der heilige Kampf.
   Neue Kriegslieder.* Innsbruck 1.–3. Aufl. (1916).

Nur in Kriegslyrik-Anthologien ist Bruder Willram nicht vertreten, nicht einmal in österreichischen. Das dürfte – wenn man die auf der Freiburger Tagung *Populäre Kriegslyrik im Ersten Weltkrieg* vorgebrachten Forschungsergebnisse Nicolas Deterings zu Anthologien des Ersten Weltkriegs für den ‚Fall Bruder Willram‘ fruchtbar macht – vor allem darauf zurückzuführen sein, dass er weder zu den außerhalb Tirols bekannten Dichtern zählte noch für Authentizität durch eigene Fronterfahrung bürgen konnte.

Bruder Willrams Gedichtbände erschienen bei Tyrolia, dem dominanten Tiroler Verlag mit vielen Buchhandlungen, dessen Gründer und Präsident als katholischer Priester, Theologieprofessor, Obmann der Christlichsozialen Partei in Tirol und Abgeordneter des Tiroler Landtags tätig war. Quasi als Organ dieser Partei fungierte der *Allgemeine Tiroler Anzeiger,* der ebenfalls bei Tyrolia erschien. In dieser Tageszeitung empfahl der Tyrolia-Verlag in mehreren Inseraten vom Sommer 1915 den neuerschienenen Gedichtband Bruder Willrams als „Feldpostsendung zum Geschenk für die Soldaten". (Der Preis war allerdings nicht so niedrig wie der von Feldpostausgaben.)

Der Verbreitung seiner Kriegsgedichte kam die enge Verflechtung von (Kriegs-) Fürsorgevereinen und Institutionen bzw. Repräsentanten des Staates zugute: In seiner Funktion als Präsident des Tiroler Roten Kreuzes bedankt sich der Landeshauptmann von Tirol bei Bruder Willram dafür, dass 2.000 Karten mit seinem „den toten Helden des 2. Tiroler Kaiserjäger Regimentes gewidmeten" Gedicht durch die k. k. Statthalterei (also die Tiroler Landesregierung bzw. oberste staatliche Verwaltungsbehörde) übermittelt worden seien.[9] Förderlich war auch die Wertschätzung seiner Kriegsgedichte von „allerhöchster" Seite. Sie wurden vom österreichischen Herrscherhaus gutgeheißen: Kaiser Franz Joseph hat sich über den „ergreifenden Text" eines den Kindern der Gefallenen gewidmeten Gedenkblatts „auf das lobendste zu äußern geruht", wie der Präsident des k. k. Oberlandesgerichts für Tirol und Vorarlberg (der die „in Form und Inhalt gleich vollendeten dichterischen Beiträge" Bruder Willrams nach Wien gesandt hatte) ihm Anfang 1915 berichtet.[10] Mitte 1915 bedankt sich Erzherzog Eugen, Armeekommandant, persönlich bei dem Autor für die Zusendung seiner „patriotischen Kriegsgedichtsammlung",[11] und Erzherzog Friedrich, Oberbefehlshaber der k. u. k. Truppen, geruht deren Zusendung „huldvollst anzunehmen".[12]

---

9   Brief von Theodor v. Kathrein vom 26.5.1915, Nachlass Bruder Willram – wie alle Briefe an Bruder Willram sowie Manuskripte und Dokumente Bruder Willrams (Brenner-Archiv).
10   Brief von Friedrich v. Call zu Rosenburg und Kulmbach vom 10.1.1915.
11   Brief von Erzh. Eugen vom 12.7.1915.
12   Brief vom Hofsekretariat Erzh. Friedrichs vom 14.7.1915.

Abbildung 2: Kriegslyrikband *Das blutige Jahr!* von Bruder Willram (1915)

Auch von der Armee wurden diese Gedichte geschätzt: Generaloberst Viktor Dankl von Krasnik, Landesverteidigungskommandant von Tirol, bezeichnet Bruder Willram als „gottbegnadeten Sänger von Tirol".[13] Schließlich wurden sie auch von der katholischen Kirche geachtet: In der Salzburger *Katholischen Kirchenzeitung* vom 6. Mai 1915 werden sie als „lebensvolle" Bilder der „großen Kriegszeit" gewürdigt, deren Sprache „stolz und höhenstürmend wie die kämpfenden Landsleute des Dichters" sei.[14]

---

13 Zit. nach der Rezension des *Heiligen Kampfs* von F. in den *Neuen Tiroler Stimmen* vom 13.2.1917.

14 Zit. nach Bruder Willram: *Der heilige Kampf* (wie Anm. 8), S. 170.

Adressaten der Kriegsgedichte

Unter den Adressaten bzw. Nutznießern der Kriegsgedichte kann man zwei Gruppen ausmachen: zum einen Männer in der Heimat, die zur freiwilligen Meldung, und solche an der Front, die zur Fortsetzung ihres Kriegsdienstes motiviert werden sollten, zum anderen Frauen, die zur Unterstützung ihrer Männer angehalten oder von der Trauerarbeit über die Gefallenen abgehalten werden sollten. Während die hohen Auflagen des früheren Gedichtbands für eine rege Kauftätigkeit sprechen und eine große Lesefreude im Hinterland vermuten lassen, muss eine Einschätzung, von wie vielen Soldaten an der Front solche Texte gelesen oder gar ernst genommen wurden, spekulativ bleiben. Periodika wie die *Tiroler Soldaten-Zeitung* dürften viel gelesen worden sein, schon wegen der schwierigen Zustellung von (anspruchsvollen) Zeitschriften oder Büchern an der Front. Wenn man sich jedoch die in der Wiener Zeitschrift *Die Fackel* zitierten Feldpostbriefe vor Augen führt, ist es höchst zweifelhaft, dass die Soldaten aus Aufrufen und Durchhalteparolen überwiegend einen Nutzen ziehen konnten. Bruder Willram behauptete freilich Jahre nach dem Krieg, seine Kriegslyrik habe unter den Soldaten eine begeisterte Aufnahme gefunden.[15] Mögen auch seine Anhänger sich sogar an der Front von seiner Poesie haben begeistern lassen und ihm diese Begeisterung mitgeteilt haben – über die Einstellung der Mehrheit sagt das nichts aus.

Fest steht, dass Bruder Willram von seiner messianischen Sendung wie von seiner literarischen Begabung gleichermaßen überzeugt war. Im Vorwort der fünften Auflage des früheren Gedichtbands *Das blutige Jahr!* schreibt er 1917: Sein literarischer Erfolg bestätige ihn in seiner Auffassung, dass nicht nur *der* vom Krieg „singen" darf und soll, der selbst im Feld steht, sondern auch *der,* dem die „fiebernden Pulse einer gewaltigen Zeit" und die „Schrecknisse der Stunde" an die „Harfen des Herzens rühren" und dem eine „heilige Liebe zu seinem Volke und seiner Heimat die Feder führt". Wenn es niemandem verwehrt sei, seine „patriotischen Empfindungen" in den „holperigsten Versen und schlechtesten Reimereien" auszudrücken, dürfe umso mehr *„ein Dichter,* der sich bei seinem Schaffen jederzeit dem Forum der strengsten Kritik verantwortlich weiß, den Ergüssen seiner Seele Wort und Gestalt verleihen". Das ermutige ihn, in Bälde eine neue „Kriegslieder-Sammlung" erscheinen zu lassen, die hoffentlich von den Lesern mit demselben „warmen Wohlwollen" aufgenommen werde wie die erste.[16] – Eine Hoffnung, die sich jüngsten Recherchen zufolge nicht erfüllt haben dürfte: Entgegen den bisherigen Angaben von fünf Auflagen des späteren Gedichtbands *Der heilige Kampf* kann nur *eine* Ausgabe (1.–3. Auflage) nachgewiesen werden.

---

15   A. Müller: *Eine Dichterbeichte.* In: *Tiroler Anzeiger,* 19.4.1930 und 22.4.1930.

16   Bruder Willram: *Das blutige Jahr!* (wie Anm. 8), 5. Aufl., S. 3f.

Abbildung 3: Kriegslyrikband *Der heilige Kampf* von Bruder Willram (1916)

Spätestens 1917 ist den meisten die Lust am Kauf solcher Publikationen vergangen; die Kriegsmüdigkeit und Friedenssehnsucht der Soldaten an der Front und die Desillusionierung in der Heimat waren freilich schon früher zu bemerken. Diese Veränderungen schlagen sich auch in der Aufmachung der beiden Gedichtbände nieder: Ist vom früheren außer einer Ausgabe als Leinwandband auch eine doppelt so teure als „Liebhabereiband" erschienen, so vom späteren nur noch eine als Pappband.

Programmatisch sind die Bilder auf den Kriegslyrikbänden Bruder Willrams: Auf dem im Mai 1915[17] erschienenen Band *Das blutige Jahr!* (Abbildung 2) sieht man ein paar Kaiserjäger in der Steppe liegend bzw. kniend mit angelegtem Gewehr

17 Die Datierung ergibt sich aus einer Aussage in der Rezension des *Blutigen Jahrs* von einem Autor mit der Sigle F. in den *Neuen Tiroler Stimmen* vom 1.7.1915 und aus Angaben im Anhang der späteren Auflagen.

auf den imaginären Feind zielen, ohne jegliche Deckung (um zu zeigen, dass sie unverwundbar sind oder siegreich fallen). Auf dem im Dezember 1916[18] erschienenen Band *Der heilige Kampf* (Abbildung 3) sieht man zwei kräftige Tiroler in den Bergen, von denen der eine mit geballten Fäusten trotzig die Brust dem imaginären Feind darbietet (um zu zeigen, dass er unverwundbar ist oder siegreich fällt) und der andere gerade daran geht, einen zentnerschweren Stein den Abgrund hinunterzuwerfen (um zu zeigen, dass der Feind auf diese Art zerschmettert werden kann). Kennzeichnend sind auch die Widmungen der beiden Bände, den früheren hat Bruder Willram seinen „wackeren Schülern im Felde" gewidmet, den späteren einem Repräsentanten des Establishments, dem Richter und Reichstagsabgeordneten Franz Schumacher.

Bei Bruder Willram sind die Bezeichnungen ‚Gedicht' und ‚Lied' austauschbar. Der frühere Gedichtband (1915) enthält einen Zyklus *Schwertlieder* und Gedichte mit Titeln wie *Wiegenlied* oder *Schwertlied* (was in der zugrundeliegenden Manuskript-Sammlung sogar der Titel mehrerer Gedichte ist), der spätere (1916) trägt den Untertitel *Neue Kriegslieder*. Die Musikalisierung seiner Kriegsgedichte, vor allem ihre Aufnahme in das Liedrepertoire der Soldaten, war ihm offenbar ein großes Anliegen. Bei den meisten Gedichten, die im Folgenden näher behandelt werden, wird im Druck auf ihre Vertonung aufmerksam gemacht: Sie seien im Auftrag der (in Trier erscheinenden) Zeitschrift *Leuchtturm für Studierende* vertont worden[19] oder in der Vertonung des Brixner Domchordirektors für Männerchor, in der eines Innsbrucker Lehrers als volkstümliches Marschlied und in der des Bozner Pfarrchordirektors als Marsch mit Gesangtrio für Klavier erschienen, und zwar in den Tiroler Verlagen Tyrolia, Clement und Landesverteidigungskommando-Verlag sowie im Münsteraner Verlag Coppenrath.[20]

Themen der Kriegsgedichte

Eine religiöse Orientierung seiner Kriegslyrik erfolgt schon in Titeln von Gedichten im früheren (*Schlachtgebet, St. Michel, Weihnacht, Soldatenweihnacht, Heilige Nacht*) und im späteren Gedichtband (*Kriegsgebet, Weihnacht im Felde, Feldpredigt, Herz Jesu*). Seine eigene Position als Priester spiegelt sich in einem Gedicht im Bekenntnis des lyrischen Ich, es dürfe trotz seiner heiligen Liebe zum Vater-

---

18 Die Datierung ergibt sich aus einer Aussage in der Rezension des *Heiligen Kampfs* von Jos. A. Steurer im *Allgemeinen Tiroler Anzeiger* vom 4.1.1917. Hingegen ist in Bibliotheken und Antiquariatskatalogen als Erscheinungsjahr 1917 angegeben.

19 *Sie liegen im Blute beide* ab der 2. Auflage.

20 *Bajonett aufs Gewehr!* ab der 1. Auflage; *Dolomitenwacht* in der 1.–3. Auflage, teilweise schon im Manuskript.

land kein „Schwert" führen, doch seine „Leier" „männlich rühren".[21] (Womit an den 1814 erschienenen Gedichtband *Leyer und Schwerdt* des bekanntesten Dichters der Freiheitskriege, Theodor Körner, angeknüpft wird.) Sein ab der dritten und vierten Auflage des früheren Gedichtbands auf dem Frontispiz hinzugefügtes handschriftliches Bekenntnis suggeriert seine poetische Sendung im Auftrag Gottes: „Samenkörner seien meine Lieder; ich selbst will demütiger Sämann sein, mir Gottes Segen erflehend!"[22] (Im *Motto* seiner Sammlung von *patriotischen Reden und Ansprachen* appelliert er an Gott, seinem „armen Wort" „heil'ge Flammen" zu verleihen, damit es Begeisterung wecke.)[23]

Dementsprechend wird in manchen Kriegsgedichten an den Auftrag Gottes gemahnt: Die Soldaten an der Front sollen sich nicht grämen ob der unfrohen Weihnachten, denn der „himmlische Herr" hat sie bestellt für eine „große, selbstlose Tat";[24] oder es wird an Gott appelliert: Er möge mit „trotzigem Mute" segnen, damit selbst dem Teufel grause, „Wenns rings von Hieben und Kugeln saust – / Und wir uns baden im Blute", er möge den „herrlichen Tod" segnen, den „wir als Helden erlitten".[25] In anderen wird Gott auf die Seite der Deutschen zu ziehen gesucht. Ab der zweiten Auflage ist – ungeachtet der erhöhten Druckkosten – ein Gedicht hinzugefügt, in dem Gott gebeten wird, er möge „Der deutschen Faust den rechten Hieb / Und deutschem Blei die stolze Kraft" geben, denn „Die Feinde dreschen nach Herzenslust / Und jedem das schrille Blei in die Brust" sei „deutsches Recht".[26] Wenn hier das Deutschtum schon für die Soldaten Österreich-Ungarns reklamiert wird, dann umso mehr für die Soldaten des Deutschen Kaiserreichs, wie ein zu Ehren des gefallenen Prinzen Heinrich von Bayern verfasstes, an die „Leiber" (Angehörige des kgl. bayerischen Infanterie-Leib-Regiments) gerichtetes und in deutschen Zeitungen erschienenes Gedicht zeigt; es endet mit folgender Strophe:[27]

> Das Herz geschwellt von deutscher Heimatliebe,
> Gestählt die Faust an deutschen Hasses Glut,
> So freu'n sich „Leiber" ihrer deutschen Hiebe
> Und stürmen lachend in das Schlachtgetriebe –
> Und deutsche Erde trinkt ihr Heldenblut! –

---

21 Bruder Willram: *Das blutige Jahr!* (wie Anm. 8), S. 7.
22 Ebd., ab der 3./4. Aufl., o. S.
23 Müller: *Kennt Ihr das Land?* (wie Anm. 6), o. S.
24 Bruder Willram: *Das blutige Jahr!* (wie Anm. 8), S. 76, ab der 2. Aufl. S. 78; ursprünglich in: *Innsbrucker Nachrichten*, 24.12.1914, Weihnachtsbeilage, S. 1.
25 Ebd., S. 31f.; ursprünglich in: *Neue Tiroler Stimmen*, 20.1.1915.
26 Ebd., ab der 2. Aufl. S. 43f.
27 *Bayerischer Kurier*, 31.11.1916; *Neues Münchener Tagblatt*, 1.12.1916.

Im Zentrum vieler Kriegsgedichte Bruder Willrams steht die Opferbereitschaft. Die wird schon von Jugendlichen erwartet. In einem Gedicht beklagt sich ein 18-Jähriger darüber, in dieser „stolzen Zeit" „tatenlos zu schmachten", während sich die Angesprochenen „dem Tod vermählen / In hundert blut'gen Schlachten".[28] In einem anderen appelliert ein Jugendlicher an seine Mutter, ihn nicht aufzuhalten, wenn er dem Ruf des Kaisers folge; selbst wenn er fallen sollte, mache es nichts aus: „Selig ein Held entschlief".[29] Überdies sind solche Verluste wieder wettzumachen, wie ein weiteres Gedicht zeigt: Was auch der Krieg in „schonungslosem Morden" vernichtet hat, der Nachwuchs, die „junge Saat", reift heran und füllt die Reihen.[30]

Von Frauen wird die Bereitschaft gefordert, den Opfertod ihrer Männer demütig hinzunehmen. In einem Gedicht bekennt ein Fähnrich, der prophylaktisch Abschied von seiner Geliebten nimmt, seine wahre Liebe gehöre der Fahne seiner Einheit, zum Schluss werde die „Rosenzier" vergossenen Blutes ihr Lager verschönern.[31] Ein anderes spendet scheinbar einem Waisenkind Trost, richtet aber eigentlich an die Witwe eines Gefallenen den Appell, dessen ‚Heldentod' als gottgefällig zu akzeptieren.[32]

Bei Männern wird die Opferbereitschaft vorausgesetzt, wie etwa folgendes Gedicht zeigt:[33]

> Sie liegen im Blute beide – –
>
> Sie liegen im Blute beide
> Und warten auf den Tod –
> Und schauen über die Heide
> Ins letzte Abendrot. – –
>
> Sind Kaiserjäger – Tiroler –
> Verschlungen Hand in Hand;
> Wär' jedem leichter und wohler,
> Zu sterben im Heimatland!
>
> Sie können sich regen nimmer
> Mit ihrer durchschoss'nen Brust,

---

28 Bruder Willram: *Das blutige Jahr!* (wie Anm. 8), S. 10f.
29 Bruder Willram: *Der heilige Kampf* (wie Anm. 8), S. 12f.; ursprünglich in: *Tiroler Soldaten-Zeitung* 152–156, 23.4.1916, Literarische Beilage, S. 20.
30 Ebd., S. 161.
31 *Allgemeiner Tiroler Anzeiger*, 8.11.1914.
32 Bruder Willram: *Das blutige Jahr!* (wie Anm. 8), S. 37.
33 Ebd., S. 100f., ab der 2. Aufl. S. 102f.; ursprünglich in: *Allgemeiner Tiroler Anzeiger*, 26.11.1914.

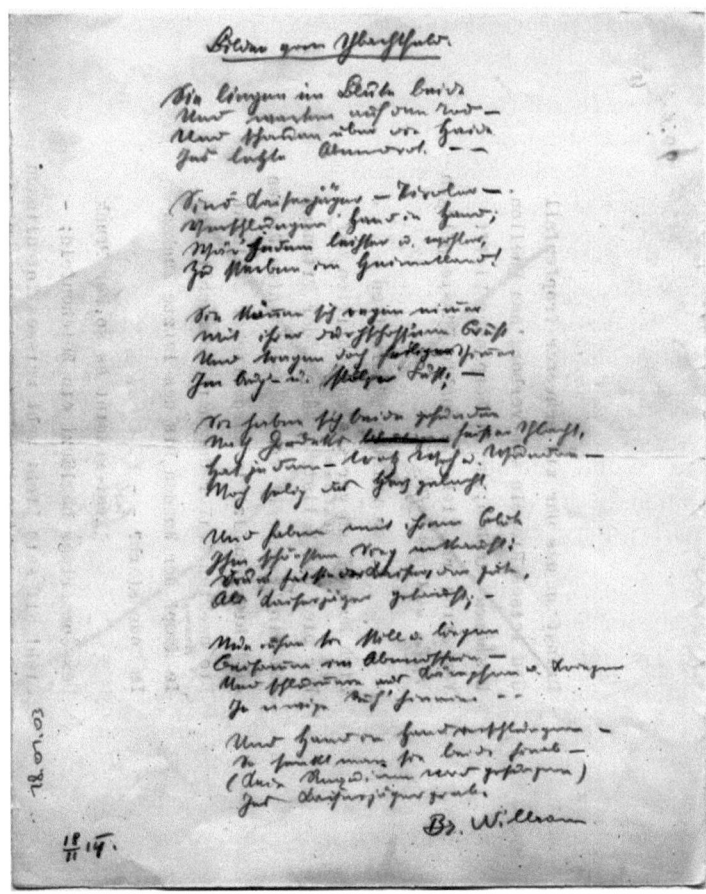

Abbildung 4: Manuskript des Gedichts *Sie liegen im Blute beide*
mit dem Titel *Bilder vom Schlachtfeld* (1914) von Bruder Willram

Und tragen doch heiligen Schimmer
Im Aug' und stolze Lust. –

Sie haben sich beide gefunden
Nach Grodeks heißer Schlacht;
Hat jedem – trotz Weh und Wunden –
Noch selig das Herz gelacht.

Und haben mit ihrem Blute
Ihm schönsten Sieg erkauft:
Drum hat sie der Kaiser, der gute,
Zu Kaiserjägern getauft.

Nun ruhen sie still und liegen
Beisammen im Abendschein –

Und schlummern aus Kämpfen und Kriegen
In ewige Ruh' hinein. –

Und Hand in Hand verschlungen –
So senkt man sie beide hinab –
(Kein Requiem wird gesungen)
Ins Kaiserjägergrab. – –

Die ‚Botschaft' dieses Gedichts – selbst wenn ein Kaiserjäger eine Kugel ins Herz bekommen hat, ist er selig, denn er schläft ja nur ein, noch dazu im Bewusstsein, für den Kaiser gesiegt zu haben – erschien notwendiger denn je, seit in der Heimat bekanntgeworden war, dass der angebliche Sieg bei Grodek bzw. Rawa-Ruska/Lemberg eine schwere Niederlage der österreichisch-ungarischen 3. Armee gewesen war, vor allem auf deren ‚Hurrataktik' ungeachtet der quantitativen und waffentechnischen Überlegenheit der russischen Truppen zurückzuführen. In den ersten sechs Wochen sind in Galizien 10.000 Tiroler Kaiserjäger, zwei Drittel der Einheitsstärke, „verheizt" worden.[34]

Dieses Kriegsgedicht ist eines jener Gedichte Bruder Willrams, deren Genese aufschlussreich ist. Das Manuskript (vom 18. November 1914; Abbildung 4)[35] trägt als Titel die Bezeichnung *Bilder vom Schlachtfeld* – wie etliche Gedichte der Manuskript-Sammlung; diese Bezeichnung ist dann in der Zeitung zu einer Art Rubrik und im Buch zum Titel eines von drei Teilen geworden. An markanten Änderungen findet sich im Manuskript der gleichzeitige Ersatz von „feuchten Schimmer" durch „heiligen Schimmer" und von „heilige Lust" durch „stolze Lust" – was auf das Bemühen zurückzuführen sein dürfte, die Lust vom Anschein des Heiligen zu befreien und zugleich das Bild von den Tränen weniger trivial zu gestalten; ferner die Sofortkorrektur von „blutiger Schlacht" zu „heißer Schlacht" – was wohl deshalb erfolgt ist, weil das Blutige bereits eingangs die Szenerie des Gedichts bestimmt oder weil es dafür vorgesehen war, wenig später die tödliche Verwundung der Protagonisten als Sieg für den Kaiser auszugeben.

Der Erstdruck im *Allgemeinen Tiroler Anzeiger* (vom 26. November 1914) unterscheidet sich vom Manuskript durch den hinzugefügten Titel *Die beiden Kaiserjäger*. Der Druck im Gedichtband *Das blutige Jahr!* unterscheidet sich vom Erstdruck durch die Wahl des Incipits als Titel – wohl weil der Autor sich für ein anderes Gedicht mit diesem Titel (*Die Kaiserjäger*) im Buch entschieden hat. Ab der zweiten Auflage ist ein weiterer Unterschied zu bemerken, die Weglassung der Schlussstrophe – was die Einsicht berücksichtigt, dass ein Grab in fremder Erde

---

34 Klaus Eisterer: *„Der Heldentod muß würdig geschildert werden". Der Umgang mit der Vergangenheit am Beispiel Kaiserjäger und Kaiserjägertradition.* In: Eisterer/Steininger: *Tirol* (wie Anm. 7), S. 105–137, hier S. 108.

35 *Bilder vom Schlachtfeld,* Manuskript.

noch lang kein Kaiserjägergrab ist; denn der im Gedicht von den todwunden Kaiserjägern geäußerte Wunsch, in der Heimat zu sterben, hat sich mit Fortdauer des Kriegs als unerfüllbar erwiesen. Deshalb lässt Bruder Willram ein das „Sakrament" der „Blut- und Feuertaufe" preisendes Gedicht, das auch auf einer Postkarte des Roten Kreuzes abgedruckt ist, mit folgenden Versen enden:[36]

> Und findet man einst Gräber
> Im Sand, die niemand kennt: –
> Das waren Kaiserjäger
> Vom zweiten Regiment!

Die Situation im Schützengraben und in anderen Stellungen vor allem im Gebirge, die Berichten von Frontsoldaten und Ärzten zufolge aufgrund des Artilleriebeschusses traumatisierend gewirkt hat (auf die Überlebenden), wird in Bruder Willrams Kriegsgedichten sehr beschönigt. Das kommt etwa im Gedicht *Im Schützengraben* zum Ausdruck. Da heißt es: „Ob's Eisen regnet, Feuer speit: – / 'S ist immer eine lust'ge Zeit / In unserm Schützengraben!", „Frau Musika ist auch zur Stell' – / Und Heimatjodler schmettern hell", „Doch, wenn's am schönsten klingt, dann ächzt / Laut ein Schrapnell". Und wenn der Feind „uns" sein „zischend Blei" und andere „Liebesgaben" schickt, werden wir es ihm „tüchtig heimzahlen".[37]

Auch das Manuskript dieses Gedichts (vom 8. Jänner 1915)[38] weist die Bezeichnung *Bilder vom Schlachtfeld* auf, trägt aber zusätzlich den Untertitel *Im Schützengraben*. An markanten Änderungen im Manuskript wäre nur der Ersatz von „In unserm Schützengraben" (wie Vers 3 jeder Strophe anfangs lautet) durch „Aus unserm Schützengraben" in zwei Fällen zu nennen, und zwar, wenn Heimatjodler schmettern – womit offenbar auch der Feind beglückt werden soll – und wenn ‚die Unsrigen' es dem Feind heimzahlen – was nicht innerhalb ihres Schützengrabens sein kann; ferner eine – als stilistische Verbesserung gedachte – Umstellung von Sätzen. Der Erstdruck im *Allgemeinen Tiroler Anzeiger* (vom 16. Jänner 1915) unterscheidet sich vom Manuskript nicht, der Druck im Gedichtband *Das blutige Jahr!* unterscheidet sich vom Erstdruck vor allem durch die Änderung des Schlussverses: Statt „Und fiebern nach dem Braus der Schlacht, / Des Kaisers wack're Zuaven!" heißt es nun „… Um neuen Sieg zu staben!" (im Sinne von ‚bekräftigen') – was darauf zurückgeführt werden könnte, dass der Autor wegen des Images der Zuaven Bedenken bekommen hat; denn mit dem Namen der Angehörigen eines kriegerischen Berberstammes in Algerien wurden in

---

36 Bruder Willram: *Das blutige Jahr!* (wie Anm. 8), S. 94–96, ab der 2. Aufl. S. 96–98; Nachlass Ludwig v. Ficker, 19/61–3, Forschungsinstitut Brenner-Archiv.

37 Ebd., S. 97–99, ab der 2. Aufl. S. 99–101; urspr. in: *Allgemeiner Tiroler Anzeiger*, 16.1.1915.

38 *Bilder vom Schlachtfeld. Im Schützengraben*, Manuskript.

Nordafrika und darüber hinaus Söldner bezeichnet – während die Schlachten der österreichisch-ungarischen Armee tunlichst von Kaiserjägern geschlagen werden sollten.

Im Ersten Weltkrieg stand an Waffen neben Gewehren und Maschinengewehren auch eine mannigfaltige Artillerie zur Verfügung. Deren Wirkung wird jedoch in Bruder Willrams Kriegsgedichten oft beschönigt oder gar verschwiegen.[39] Von der Erfahrung, dass – von beiden Seiten – Sprengstoff als Waffe verwendet wurde, um Berggipfel in den Dolomiten samt der Besatzung in die Luft zu sprengen, ist nicht die Rede – das war wohl unvereinbar mit dem vielbeschworenen Bild von den geliebten Bergen, die das Land Tirol beschützen. In manchen Gedichten werden sogar Schwerter als Waffen bemüht, in anderen werden zwar Kämpfe mit modernen Waffen geschildert, aber sie erscheinen harmlos, weil die Waffen durch das Gebet einer Mutter wirkungslos werden oder weil der allfällige Tod als Heldentod verklärt wird.

Kennzeichnend ist die Missachtung der waffentechnischen Überlegenheit des Gegners. So „mähen" etwa Husaren mit ihren Säbeln „wie beim Weizenschnitt" in einem „frohen Husarenritt" eine ganze Artillerieeinheit nieder.[40] Im folgenden Gedicht stürmen Kaiserjäger nur mit Gewehrkolben und Bajonett bewaffnet gegen die Artillerie des Feindes an:[41]

> Bajonett aufs Gewehr!
>
> Bajonett aufs Gewehr! Trompeter blas' –
> Und los wie das Hochgewitter!
> Wo Jäger stürmen, da wächst kein Gras,
> Da krachen die Schädel wie klirrendes Glas
> Unter Kolbenhieben in Splitter!
>
> Und lachend mit hellem Jodlerschrei –
> Als ging es zum Kirmestanze,
> So werfen wir Jäger uns frank und frei
> Ins Feuer des Feindes, ins zischende Blei –
> Und stürmen und nehmen die Schanze!

---

39 Vgl. Eberhard Sauermann: *Beschönigen und Verschweigen neuer Waffen in der Lyrik des Ersten Weltkriegs*. In: *Wahrheitsmaschinen. Der Einfluss technischer Innovationen auf die Darstellung und das Bild des Krieges in den Medien und Künsten*. Hg. von Claudia Glunz und Thomas F. Schneider. Göttingen 2010 (Schriften des Erich-Maria-Remarque-Archivs 25; Krieg und Literatur/War and Literature XV/2009), S. 273–285.

40 Bruder Willram: *Das blutige Jahr!* (wie Anm. 8), S. 45–47, ab der 2. Aufl. S. 47–49.

41 Ebd., S. 65f., ab der 2. Aufl. S. 67f.

Mag der Tod auch speien Verderben aus:
Granaten und heiße Schrapnelle; –
Wir Jäger kennen nicht Furcht noch Graus –
Und hausen wie Sturm- und Wetterbraus –
Und schicken den Teufel zur Hölle!

Drum sind wir Jäger der Feinde Schreck –
Und haben ein gutes Gewissen;
Wir haben das Herz am rechten Fleck,
Und bringt eine Kugel uns einmal zur Streck' –
und hat uns zu Schanden gerissen; –

Dann liegen wir röchelnd auf roter Flur
In unseren Wunden und Wehen –
Und lächeln – und denken das Eine nur: –
Wir haben gehalten den Treueschwur,
Es ist für den Kaiser geschehen!

Auch das Manuskript dieses Gedichts (vom 20. November 1914)[42] weist die Bezeichnung *Bilder vom Schlachtfeld* auf, trägt aber zusätzlich den Untertitel *Die Kaiserjäger*. Der Druck im Gedichtband *Das blutige Jahr!* unterscheidet sich davon fast nur durch die Wahl des Incipits als Titel – aus demselben Grund wie beim Gedicht *Sie liegen im Blute beide*.

Im späteren Gedichtband Bruder Willrams sind Siegesgewissheit und Todesverachtung gleich geblieben. Auch hier erscheint der Artilleriebeschuss als Naturvorgang, auch hier wird die waffentechnische Überlegenheit des Gegners ignoriert, auch hier stürmen ‚die Unsrigen‘ mit Säbeln gegen die Artillerie an. Wenn sie fallen, werfen sie „noch jauchzend die Arme: ‚Kaiser, wir grüßen dich!‘".[43] Doch nun wird ihnen auch maschinelle Waffenhilfe zuerkannt: Granaten detonieren im Schützengraben, bei manchen Soldaten sind „Bein und Arm zerrissen – / Der Schädel fort!"; dann greift der Feind an, aber nun spuckt der „Rachen" ihrer eigenen Maschinengewehre „Eisenhagel", sie stürmen die Gewehrkolben hochhaltend aus dem Schützengraben: „Hei! wie die Schädel krachen, / Die Knochen splittern in dem Handgemenge! / Brust gegen Brust!"[44]

In den Gedichten dieses Bands, zu denen sich Bruder Willram vom Kriegseintritt Italiens auf Seiten der Entente hat anregen lassen, machen sich der neue Kriegsschauplatz, das Gebirge Tirols, und der neue Gegner, die Italiener, bemerkbar. Das kommt etwa in dem Ende 1915 entstandenen Gedicht *Dolomitenwacht* zum Ausdruck. Da heißt es: „Wir hausen und wir horsten / Wie eine Adlerbrut",

---

42 *Bilder vom Schlachtfeld. Die Kaiserjäger,* Manuskript.
43 Bruder Willram: *Der heilige Kampf* (wie Anm. 8), S. 74f.
44 Ebd., S. 59–69.

„Zum Freiwild ist geworden / Der feige, welsche Wicht", „Und säubern deutsche Erde / Von welscher Niedertracht", „Fest steht – wie Gottes Berge – / Die Dolomitenwacht!". Die Schlussstrophe lautet:[45]

> Von unsres Blutes Wellen
> Ist Fels und Firn betaut;
> Das sind die Glutbrunellen,
> Der Schmuck der Gletscherbraut!
> Und Hochlandsgräber melden
> Es jedem still und sacht:
> Hier schlummern deutsche Helden –
> Die Dolomitenwacht!

In diesem Gedicht sind die Rollen klar verteilt: ‚Die Unsrigen' sind wie Adler, jagen den Feind, morden aus Notwehr, und zwar mit Feuer, Eisen und Blut; selbst wenn manche fallen sollten, sind sie im Tod deutsche Helden und lassen keinen Feind ins Land; die Welschen hingegen sind feige Wichte und giftige Ungeheuer, voll Meineid, Verrat und Niedertracht, sind Schufte, Zwerge und Mörder. (Das Stereotyp von der ‚welschen Tücke' gewinnt an Brisanz, wenn man bedenkt, dass etwa das 2. Tiroler Kaiserjäger-Regiment zur Hälfte aus Italienern bestand.) Auch die sonstigen Bilder sind vertraut: Gottes Berge behüten ‚die Unsrigen', da gibt es nur Liebe und Treue, das Blut ‚der Unsrigen' schmückt den Gletscher. – Dieses Gedicht entsprach offenbar ganz dem Geschmack der Armeeführung oder wurde zumindest für geeignet erachtet, die angesichts ihrer Hilflosigkeit in den Gebirgsstellungen zermürbten Soldaten zum Durchhalten zu motivieren. Es ist nur wenige Wochen nach dem Erstdruck in derselben Zeitung, der *Literarischen Beilage* der *Tiroler Soldaten-Zeitung*, samt der Partitur der Vertonung als Schmuckblatt präsentiert worden.[46]

Das im *Jahrbuch* des Militär-Witwen- und Waisenfonds erschienene Gedicht *Die Ortlerwacht*, in dem die „wackre Schützengilde" nach dem „welschen Edelwild" pirscht und der Firn voll Blut „in roter Pracht" leuchtet, schließt mit dem Trost, dass ein von einer Kugel Getroffener dem Schicksal nicht grollt, weil er „im ew'gen Licht" stirbt und keinen Wunsch mehr hat: „Sein Grab – 'nen Gletscherschacht – / Hält hoch in Heldenehren / Die Ortlerwacht".[47]

---

45 Ebd., S. 19–21; urspr. in: *Tiroler Soldaten-Zeitung* 77/78, 1.12.1915, Literarische Beilage, S. 5.

46 *Tiroler Soldaten-Zeitung* 106–110, 22.1.1916, Literarische Beilage, o. S.

47 Jahrbuch 1918 des k. k. österreichischen Militär-Witwen- und Waisenfonds, S. 80f.

Bruder Willram besuchte im Juli 1915 als Begleiter des Weihbischofs von Brixen, Sigismund Waitz,[48] Standschützenformationen an der Front im Trentino, mit einer vom Landesverteidigungskommandanten von Tirol ausgestellten Order zu seiner Unterstützung[49] in der Tasche. Über diesen Frontbesuch und über das Frontgeschehen bis Ende 1915 hielt er am 31. Jänner 1916 im Katholischen Kasino in München einen Vortrag, mit Genehmigung des Presse-Referats des Bayerischen Kriegsministeriums.[50] Darin wird die „eiserne Zeit" beschworen, wo es „Blut regnet" und „Eisen hagelt" und wo „die Heimatscholle vom Schweiss unsrer Heldensöhne und vom Blute der Feinde dampft". In einer charakteristischen Mischung aus zynischer Mordgier und priesterlicher Feierlichkeit wird ein Geschoss bzw. Geschütz präsentiert: „Ein schwarzer Zuckerhut aus Stahl und Eisen, 385 kg schwer, mit 50 kg Ekrasit und 4 kg Pulverladung versehen", werde dem „Ungetüm in den Bauch geschoben"; das seien die „Prallines", die unser 30.5-Mörser als „Liebesgaben" dem Feind schickt; „emsige Pagenhände" machten sich am „Leib der schwarzen Königin" zu schaffen, dann hebe sich das Rohr „langsam höher mit einer Andacht und Inbrunst und Würde, wie kein Priester andächtiger u. würdevoller seine Hände beim Sursum corda am Altare erhebt". Vorgestellt wird auch ein 15-jähriger Standschütze: „Das ist stolze, von den Vätern vererbte Tirolerart – der Geist von anno IX [1809]". Abschließend heißt es, zwar habe ein neuer Wind auch in „unserer Firnenheimat" „alte Ideale" und „heilige Werte" hinweggefegt, aber Tirol sei nicht anders geworden: „Hatten die Väter am Berg Isel geopfert, haben die Enkel den Col di Lana zum Opferstein, zum Hochaltar des Vaterlandes geweiht"; da sei es darum gegangen, „mit Lavaströmen von Blut die deutsche Heimaterde reinzuwaschen vom Schmutze" der Verräter:[51]

> Nun gellt ein einziger Zornesschrei
> Und wettert und braust durch die Lande,
> Nun bersten die Berge vor Wut entzwei –
> Und krachen und rollen – und malmen zu Brei
> Die wälsche Tücke und Schande!

Diese Verse entsprechen dem *Motto* des späteren Gedichtbands.[52] Sie nehmen Erfahrungen wie die Sprengung des Gipfels des Col di Lana vom 18. April 1916 –

48 Vgl. Matthias Rettenwander: *Lehrt der Krieg beten? – Bischof Sigismund Waitz als Seelsorger an der Heimatfront und im Schützengraben.* In: *Sigismund Waitz. Seelsorger, Theologe und Kirchenfürst.* Hg. von Helmut Alexander. Innsbruck, Wien 2010, S. 101–135.

49 Offene Order des k. u. k. Landesverteidigungs-Kommandanten in Tirol vom 13.7.1915.

50 Genehmigung für den Vortrag durch das K. B. Kriegsministerium/Presse-Referat vom 22.1.1916.

51 *Tiroler-Grenzwacht im Süden. Eine Frontreise*, Typoskript.

52 Bruder Willram: *Der heilige Kampf* (wie Anm. 8), o. S.

durch die Italiener – vorweg. Und das Bild von den Strömen von Blut findet sich in einem Gedicht wieder, wo manch „blühend' Leben" „in roten Wellen" ausrinnt und als „wundersamer Strauß" glühender Brunellen auf dem Firn von „deutschen Männertaten" zeugt.[53]

Weitere Tiroler Kriegsdichter

Werfen wir noch einen Blick auf andere Tiroler Kriegsdichter. Recht populär war auch Arthur von Wallpach, Samenhändler in Innsbruck, mit seiner Burg in Klausen/Südtirol, Zentrum einer germanophil-neuheidnischen Bewegung, Repräsentant des deutschnational-liberal-antiklerikalen Lagers, der renommierteste Tiroler Lyriker jener Zeit. In repräsentativen Gedichten seines Ende 1916 erschienenen Gedichtbands *Wir brechen durch den Tod!* heißt es sinngemäß: Endlich ist die große Zeit gekommen, als Soldaten werden ‚die Unsrigen' geheiligt, geadelt und befreit; selbst wenn sie fallen, haben sie den Söhnen eine sichere Zukunft bereitet. Der wildeste Kampf aller Zeiten ist voll Leid und Lust, es ist eine Zeit von Erz und Blut, für die nächste Generation Schicksal, Heldensinn und Opfermut. Mit ‚den Unsrigen' ist Freiheit, Recht und Gott, sie stürmen in den Kampf wie Adler auf die Beute.[54]

In der Kriegslyrik Wallpachs, der als Kaiserjäger-Offizier in den Dolomiten über eigene Fronterfahrung verfügte, hilft kein Beten gegen Kugeln, in ihnen triumphieren ‚die Unsrigen' nicht mit Säbelhieben über die Artillerie des Gegners. Aber auch bei ihm wird die Wirkung der Artillerie in der Stellung beschönigt.

Weniger populär war Karl Emerich Hirt, ein schlesischer Autor, Vorstand der Innsbrucker Filiale der Österreichisch-Ungarischen Bank. Er ruft in seinem zu Kriegsbeginn erschienenen Gedichtband *Der Heereszug Gottes* in dessen Namen zum Kampf auf.[55] In repräsentativen Gedichten des Bands *Gott bleibt Sieger,* der erst nach dem Krieg erschienen ist, aber angeblich fast nur im Krieg entstandene Gedichte enthält (von denen nachweislich einige erstmals in Tiroler Zeitungen von 1914 bis 1918 erschienen sind), heißt es sinngemäß: Das deutsche Volk war gottlos, nur dem Genuss und Profit zugetan, blind gegenüber dem Feind im Inneren (Wesenszügen der Franzosen und Engländer), wofür es nun büßen muss,

---

53 Ebd., S. 52f.

54 Arthur v. Wallpach: *Wir brechen durch den Tod! Gedichte aus dem Felde.* Innsbruck 1916, 2./3. Aufl. (1916), S. 5, 15 und 81; teilweise ursprünglich in: *Tiroler Soldaten-Zeitung* 152–156, 23.4.1916, Literarische Beilage, S. 9.

55 Karl Emerich Hirt: *Der Heereszug Gottes. Das Bekenntnis eines Deutschen.* Innsbruck 1914, 2., erw. Aufl. 1915, 3., geänd. Aufl. 1915, 4., geänd. Aufl. 1921.

damit Germanenart wieder zum Adel wird. Aber gegenüber den äußeren Feinden soll der Herr der Liebe keine Gnade walten lassen.[56]

Otto König, ein Wiener Autor, Lektor bei den Verlagen S. Fischer bzw. Ullstein und Kriegsberichterstatter in deutschen Diensten (nach Kriegsende Herausgeber der Innsbrucker Zeitschrift *Widerhall*) war noch weniger populär. In seinem Gedicht *Sturm aus Tirol,* einem Aufruf zum letzten Aufgebot, heißt es sinngemäß: Als der welsche Verräter den Bund zerbrach, standen die Tiroler Kaiserjäger und Landesschützen im Kampf gegen die Russen; doch die Glocken auf den Gipfeln der Heimat riefen das Volk auf, den neuen Feind vom heiligen Land abzuwehren; daraufhin meldeten sich die Alten, die Buben und die Weiber vom Ötztal bis zum Pustertal, denn schießen konnten sie alle, und sei es mit Stutzen aus Andreas Hofers Zeiten.[57] In der neuen Version des Gedichts mit dem Titel *Heimat in Not* ist der Einzugsbereich der Freiwilligen erweitert worden[58] – wohl um möglichst alle Täler Tirols als potentielle Rekrutierungslager anzupreisen.

Der Tiroler Autor Rudolf Greinz, der in München lebte und im deutschsprachigen Raum als der typische Vertreter der bodenständigen Tiroler Literatur galt und großen Anklang fand, zog es – im Gegensatz zu seinem ebenfalls im Krieg erschienenen Prosaband *Tiroler Dorfgeschichten* – vor, in seinem einzigen Kriegslyrikband, *Die eiserne Faust* mit dem Untertitel *Marterln auf unsere Feinde,*[59] auf alle inhaltlichen Hinweise auf Tirolerisches und auf Tiroler Dialekt zu verzichten und stattdessen die Perspektive Deutschlands einzunehmen – wohl um für seine Schmähungen der Feinde möglichst viele Leser zu erreichen.

Zusammenfassung und Kontextualisierung

Zum Schluss sei eine Zusammenfassung der Forschungsergebnisse zur Tiroler Kriegslyrik und eine Einbindung des ‚Falls Bruder Willram' in einen größeren Zusammenhang versucht. Die populäre Tiroler Kriegslyrik – wie überwiegend die deutschsprachige insgesamt – erklärt den Ersten Weltkrieg zu einem Verteidigungskrieg, an dessen Entstehung die Gegner schuld sind, überhöht die glanzvollen Eigenschaften der eigenen Nation und empfiehlt den anderen Völkern das ‚deutsche Wesen' bzw. die ‚Tiroler Art', verteufelt und verhöhnt den Gegner, nimmt Gott für die eigene Sache in Anspruch, verbreitet Siegeszuversicht, ver-

---

56 Karl Emerich Hirt: *Gott bleibt Sieger. Das Kriegstagebuch eines Deutschen.* Innsbruck, Wien, München 1919, S. 6f. und 48.

57 Donauland 1/9 (1917), S. 937.

58 *Heimat in Not.* Gedichte von Otto König. Bilder von Hugo Bouvard. Hg. vom k. k. österreichischen Militär-Witwen- und Waisen-Fonds. Innsbruck 1918, S. 15f.

59 Rudolf Greinz: *Die eiserne Faust. Marterln auf unsere Feinde.* Leipzig 1915.

herrlicht den Kampf und preist den ehrenvollen ‚Heldentod' im Dienste des Vaterlands bzw. des Kaisers. Ihre Charakteristika bestehen darüber hinaus in der weitgehenden Ausklammerung realen Kriegsgeschehens und der Ignorierung der Tötungsmaschinerie, im Fehlen von Angst, Zweifel, Zufall und Chaos, in der Vorspiegelung von Einheit und Gemeinschaft, in der Gleichsetzung des Kriegs mit Jagdzauber und der Aufstachelung zum Blutrausch, in der Beschwörung der ‚Helden' um Andreas Hofer, in der Dominanz von Pathos und Euphemismus, in der Verwendung von anachronistischen Wörtern, Bildern und Formen, im Verzicht auf komplexe ästhetische Strukturen. Dies gilt ungeachtet dessen, ob die Gedichte auf Kämpfe an der Ostfront oder auf den Gebirgskrieg Bezug nehmen, der als ein Gegensatz zu jenem Massenkrieg gegolten und den Mythos individueller Bewährung in ‚ritterlichen Zweikämpfen' hervorgebracht hat.

In vielen Kriegsgedichten Bruder Willrams erfährt das präsentierte Geschehen eine sinnstiftende Deutung oder ideologische Erhöhung. Als Sinn des Kampfes genannt werden häufig der Kaiser und das Vaterland, manchmal Gott, der welsche Verräter, Kaiserjägerart, Österreich, Sieg und Opfer. Seelische oder gefühlsmäßige Reaktionen der Soldaten werden nur selten verzeichnet – wenn, dann sind sie kaltblütig, kampfbegeistert, selig oder bluttrunken. In manchen Gedichten bestimmt der einzelne Soldat das Geschehen, indem er sich vom Beschuss nicht demoralisieren lässt, sondern gegen den Gegner anstürmt und meistens siegreich bleibt. In anderen ist er jedoch dem Schicksal ausgeliefert, indem er von einer Kugel getroffen oder von einer Lawine erfasst wird. Bei all dem kommt es aber nie zu einem Zerfall der eigenen Identität. (Das unterscheidet diese Kriegslyrik von der in der Rubrik *Dichtungen/Verse vom Schlachtfeld* der Berliner Zeitschrift *Die Aktion* erschienenen. Die opponiert gegen die „traditionelle literarische Verklärung des Krieges" und destruiert die „ästhetischen und ideologischen Normen der zeitgenössischen affirmativen Kriegslyrik").[60]

Wie schon Bruder Willrams um die Jahrhundertwende erschienene Dichtung (mit Titeln wie *Blütenstaub und Blättergold* oder *Bilder auf Goldgrund*) als äusserst epigonal zu qualifizieren ist, ist auch seine Kriegslyrik ein Sammelsurium an tradierten Bildern und an Stereotypen in einer allgemeinverständlichen, poetisch verbrämten Sprache, wie man es in Zeitungen und Anthologien des Ersten Weltkriegs massenhaft lesen kann. Mit seinem Schützengrabengedicht etwa reiht er sich in die Liste von Autoren ohne Fronterfahrung ein, in deren Schützengrabengedichten der ersten Kriegsmonate sich die Verbindung von Verharmlosung,

---

60 Helmut Fries: *Die große Katharsis. Der Erste Weltkrieg in der Sicht deutscher Dichter und Gelehrter.* Bd. 2. Konstanz 1995, S. 103 und 106.

Todesverachtung, Lust am Töten und Zuversicht am häufigsten findet.[61] Aber seine Kriegslyrik überragt den Großteil der deutschsprachigen Kriegslyrik hinsichtlich Verklärung des ‚Heldentodes', Blutrünstigkeit und Altertümlichkeit – von der priesterlichen ‚Beglaubigung' ganz abgesehen.

Nicht tirolspezifisch ist die verwendete Hochsprache, mit der er wohl den Anspruch auf literarische Anerkennung über die Grenzen des Landes hinaus stellen wollte. – Überhaupt ist die Verwendung von Tiroler Dialekten in Kriegsgedichten selten. Am ehesten findet man sie in Gedichten der *Tiroler Soldaten-Zeitung*, deren Verfasser dadurch wohl einen direkten Zugang zu den Soldaten erreichen wollten, wie Hans von der Trisanna (Pseudonym für Hans Zangerle, Volksschuldirektor und Schriftsteller) mit dem Gedicht *Neue Tiroler Schnadahüpfl*:[62]

> Wenn's Russenbluat regnet
> Und Italienerköpf schneibt,
> Dann bitt' ma an Herrgott,
> Daß 's Wetta so bleibt.

Tirolspezifisch ist hingegen, dass der Andreas-Hofer-Mythos wie in den Aufrufen des Landesverteidigungskommandanten von Tirol („wie im Jahre 1809 müssen wir alle zusammenstehen und kämpfen für unsere heimatliche Erde, für unsere Ehre"[63]) auch in der Kriegslyrik Bruder Willrams in Anspruch genommen wird. (Der vor allem durch die Säkularisierungsmaßnahmen Bayerns, an das Tirol seit 1805 abgetreten war, ausgelöste Aufstand Hofers war von Tirol-Patriotismus, Katholizismus und bedingungsloser Treue zur Habsburgerdynastie und nicht von Ideen der Freiheit und des Fortschritts im Sinne der Französischen Revolution getragen.)[64] Bruder Willrams späterer Gedichtband wird mit einem Gedicht eröffnet, in dem ein Rückgriff ins Jahr 1809 erfolgt („Da war's wie am Berg Isel – im Ruhmesjahre Neun"), und mit einem Gedicht geschlossen, das schon im Titel diesen Bezug herstellt (*Mein Hoferland, mein Heimatland!*).[65] Das im *Jahrbuch des Militär-Witwen- und Waisenfonds* erschienene Gedicht *Dem Kaiser* mit dem Untertitel *Lyrische Feldpredigt* schließt mit der Bitte an die Tiroler Soldaten, stets dessen eingedenk zu sein, dass sie Enkel derer sind, die 1809 „Gut und Blut für

---

61 Vgl. Eberhard Sauermann: *Der Schützengraben in der Lyrik des 20. Jahrhunderts und in der Realität des Kriegs*. In: Internationales Archiv für Sozialgeschichte der deutschen Literatur 30/2 (2005), S. 62–103.

62 *Tiroler Soldaten-Zeitung* 41/42, 8.9.1915, Literarische Beilage, S. 4.

63 Zit. nach Christoph v. Hartungen: *Die Tiroler und Vorarlberger Standschützen – Mythos und Realität*. In: Eisterer/Steininger: *Tirol* (wie Anm. 7), S. 61–104, hier S. 76.

64 Karl Vocelka: *Geschichte Österreichs. Kultur – Gesellschaft – Politik*. Graz, Wien, Köln 2000, S. 170.

65 Bruder Willram: *Der heilige Kampf* (wie Anm. 8), S. 10 und 162.

ihren Kaiser gaben, / Weil Tiroler nie geknausert haben", und mit der Aufforderung, „‚Gebt dem Kaiser, was des Kaisers ist': – – / Lieb' und Treue, Leib und Leben! – Amen!".[66]

Rezeption Bruder Willrams

Aufschlussreich ist ein Blick auf die Rezeption der Kriegslyrik Bruder Willrams und auf seine nach Kriegsende erfolgte Anerkennung von offizieller Seite. Die wurde freilich schon vor dem Krieg grundgelegt. Der Landeshauptmann von Tirol verlieh ihm 1909 die Silberne Gedenkmünze des Landes Tirol für seinen bei der 100-Jahr-Feier geleisteten Beitrag, deren „religiöse, patriotische und dynastische Bedeutung" der Bevölkerung „mit begeisterten Worten" darzulegen,[67] und empfahl 1914 seine Sammlung *patriotischer Reden* im Vorwort besonders den „kaisertreuen Söhnen".[68] Der Kaiser verlieh ihm 1916 das Ritterkreuz des Franz-Joseph-Ordens[69] und 1918 – für seine Verdienste „im Interesse der Förderung des Erfolges der Kriegsanleihen" – das Kriegskreuz für Zivilverdienste II. Klasse.[70] (Bruder Willram war in den *Innsbrucker Nachrichten* vom 9. Juni 1917 für eine „möglichst stramme und ausgiebige Zeichnung" der 6. Kriegsanleihe eingetreten. Die hatte in Tirol ein Ergebnis von umgerechnet 130 Millionen Euro erbracht, und das bei der immer krasser werdenden Hungersnot.) Nachdem er Landtagsabgeordneter für Südtirol der christlich-sozialen Tiroler Volkspartei geworden war, bat ihn der Landeshauptmann von Tirol 1919, im Namen der Landesregierung bei einer Heimkehrerfeier eine Rede zu halten,[71] und bedankte sich bei ihm 1921 für seine „literarische Mitarbeit" bei der Werbung für den „Kriegsopfertag zu Gunsten der Kriegsinvaliden, Kriegswitwen und -Waisen".[72]

Bruder Willram erhielt 1930 das Goldene Ehrenzeichen der Republik Österreich und den Ehrenring des Landes Tirol sowie 1935 das österreichische Verdienstkreuz I. Klasse für Kunst und Wissenschaft. – Zwar nicht für seine Kriegslyrik, aber trotz ihr. Offiziell erfolgten die Ehrungen vor allem für sein im Rahmen des Bruder-Willram-Bunds getätigtes soziales Engagement für Jugendliche. Wie er sich die Mitglieder dieses Bundes wünschte, geht aus seiner Widmung in dessen *Almanach* hervor: Sie sollen durch „Gottesfurcht" und „Bekenntnis zur deut-

---

66 Jahrbuch 1917 des k. k. österreichischen Militär-Witwen- und Waisenfonds, S. 49.
67 Brief von Theodor v. Kathrein vom 17.9.1909.
68 Müller: *Kennt Ihr das Land?* (wie Anm. 6), o. S.
69 Brief vom Präsidial-Büro des k. k. Statthalters in Tirol und Vorarlberg vom 30.3.1916.
70 Brief vom Präsidial-Büro des k. k. Statthalters in Tirol und Vorarlberg vom 8.8.1918.
71 Brief von Josef Schraffl vom 20.8.1919.
72 Brief von Franz Stumpf vom 20.7.1921.

schen Vätersitte" geadelt werden und den „würzigen Hauch der Heimatscholle" frohgemut in die Zukunft „unseres deutschen Volkes" tragen.[73]

Wieweit sich weite Kreise der Bevölkerung in ihrer Wertschätzung Bruder Willrams von der herrschenden Klasse unterschieden, wird sich nicht mehr klären lassen. Berichten in Tiroler Zeitungen zufolge wurde er während seiner Rede bei der Heimkehrerfeier am Berg Isel im November 1919 von Teilnehmern – Angehörige der aus einjähriger Kriegsgefangenschaft zurückkehrenden Soldaten und Hinterbliebene von Gefallenen – als Kriegshetzer und Verherrlicher des Massenmords beschimpft und mit Schneebällen beworfen. In dieser Rede heißt es: Die „Tiroler-Heimkehrer" hätten sich als Helden im Kampf und in der Gefangenschaft erwiesen. Obwohl die Heimat zerrissen sei, reckten die Berge in Nord- wie in Südtirol ihre „deutschen Häupter" den Wolken entgegen. Auch in der Zukunft sei Opferbereitschaft vonnöten: „Tiroler haben nie geknausert, wenn es der Heimat galt." (Nun rückt die ‚Heimat' an die Stelle des Kaisers, für den die Tiroler früher Gut und Blut freiwillig hergegeben haben.) Jetzt gelte es für die Heimkehrer, zurück zum „guten, alten Tirolertum" zu finden, sich wieder auf Eigenschaften wie die „Liebe zur deutschen Heimat" zu besinnen: Die müsse „unsere Tage verbittern und unsere Nächte vergiften" und dürfe „uns" nie ruhen lassen, bis das Vaterland wieder vereint sei; das „urdeutsche Land" müsse vor „Verwelschung" gerettet, das „freie, deutsche Bauerntum" aus „den Fesseln der welschen Knebelung" erlöst werden. Es gelte, zurückzukehren zu „Tirolerglauben" und „Vätersitte", zu den „echt-deutschen Edeltugenden" wie Arbeitsamkeit, Genügsamkeit und Schlichtheit. Doch dieses Vaterland sei nicht ihre „eigentliche Heimat"; die hätten die Braven gefunden, „die für die Heimat ihr Blut und Leben gelassen", die „Heimkehrer im schönsten und tiefsten Sinne des Wortes", die „uns" aus dem Grab Folgendes zuriefen:[74]

> Landsleute, Tiroler! Vergesst nicht, um was wir gekämpft, wofür wir gefallen, einzig um die geliebte Heimat. Drum haltet fest an Tirol und am Tirolertum! Dann sind wir nicht umsonst gestorben. – – Seht! Unser Blut schreit zum Himmel um Rache und Sühne für die Meintat [i. e. schweres, niederträchtiges Verbrechen], die an unserem Volke geschehen; für den Brudermord, den man vollbracht, als man die Tiroler jenseits des Brenners gewaltsam von ihrer Heimat losriss.

Die Störung der Heimkehrerfeier – von Bruder Willram als „Krawall" bezeichnet – veranlasste Bischof Waitz, ihm in einem Brief seine Bewunderung für das dabei gezeigte „mannhafte" Auftreten zu entbieten und seine Überzeugung kundzutun,

---

73 Bruder Willram: *Widmung.* In: *Almanach des Bruder-Willram-Bundes.* Hg. anläßlich des 60. Geburtstages seines hochwürdigsten Herrn Protektors Prälat Prof. Anton Müller (Br. Willram). Innsbruck (1929), (Nachdruck 1986), S. 2.

74 *Heimkehrrede,* Manuskript und Typoskript.

diese „Verunglimpfung echten Tirolertums" sei von jenen „Judengesellen" eingefädelt worden, die derzeit die Tiroler Volkswehr unter dem Vorwand der ‚Volksbildung' mit „jüdischkommunistischem" Geist verseuchten.[75] Für Josef Weingartner (Professor für Kirchenrecht am Priesterseminar in Brixen) bestätigte sich in der von „den Sozialdemokraten" verursachten Störung – wie er im Vorwort der von ihm herausgegebenen Dichtungen Bruder Willrams schreibt –, dass

> die Welt des Mannes Tat nicht nach ihrem sittlichen Werte und nach der inneren Überzeugung, sondern nur nach dem äußeren Erfolge beurteilt, und daß in einem Lande heute Verbrechen ist, was in anderen als höchste Bürgertugend zu den Sternen erhoben wird.

Wobei mit „Bürgertugend" das „vaterländische Feuer" in der Kriegslyrik Bruder Willrams gemeint ist.[76]

In der Tiroler bzw. Südtiroler Presse fehlte bis Ende des 20. Jahrhunderts (mit einer Ausnahme)[77] eine kritische Auseinandersetzung mit der Kriegspropaganda Bruder Willrams; in den zahlreichen Artikeln zur Erinnerung an ihn wird seine Kriegslyrik entweder verschwiegen, als ‚zeitgebunden' entschuldigt oder gar als Vorbild für den Kampf um ein freies Tirol gepriesen. Der Verfasser eines erst vor wenigen Jahren vor hohen Repräsentanten aus Politik und Kultur in Tirol präsentierten Buchs über Bruder Willram und den Bruder-Willram-Bund betont, bei allen gegenwärtigen Vorbehalten sei dieser eine faszinierende Persönlichkeit und für seine Zeit absolut liberal gewesen, und merkt nur ‚kritisch' an, dessen Kriegslyrik habe ihm nicht nur Lob eingebracht.[78] Außerdem gibt er frühere Stellungnahmen von Persönlichkeiten des Tiroler Establishments affirmativ wieder, denen zufolge Bruder Willrams „Heimatliebe" ihn in eine „überhitzte Kampflyrik vertragen" habe und sein Dichterwort „vielleicht zu blumig, zu prunkvoll" gewesen sei,[79] Bruder Willram zu Kriegsbeginn von der „patriotischen Begeisterung" mitgerissen worden sei, aber gleich nach Kenntnisnahme der vielen Toten und Verwundeten anklagende Gedichte über Grausamkeit und Elend des Kriegs wie *Die Vergessenen* und *Der Verwundeten-Transport* verfasst habe.[80]

Allerdings sind diese Gedichte bereits im früheren Gedichtband erschienen, während es noch im späteren von blutrünstigen Gedichten nur so wimmelt. Nach Kriegsende trat Bruder Willram bezeichnenderweise nur mehr mit Gedichten an

---

75   Brief von Sigismund Waitz vom 25.11.1919.

76   Bruder Willram: *Dichtungen*. Ausgew. und eingel. von Josef Weingartner. Innsbruck, Wien, München, Bozen (1921), S. 14f. und 24.

77   Wilfried Kirschl: *Brunst und Mord. Die Kriegslyrik des Bruder Willram*. In: *Tiroler Tageszeitung*, 9.5.1972, Beilage horizont, S. 8.

78   Gert Müller: *Willram. Am Anfang stand ein Liebeslied*. Innsbruck 2004, S. 8 und 18f.

79   Robert Skorpil zit. nach ebd., S. 122.

80   Erich Egg zit. nach ebd., S. 41 und 43.

die Öffentlichkeit, in denen er mit dem Mitleid für Kriegswaisen und andere Kriegsopfer hausieren geht.

Michael Fischer

Zur lyrischen Rezeption des Lutherliedes „Ein feste Burg ist unser Gott" im Ersten Weltkrieg

Der deutsche Geist
(Herbst 1914.)

Der deutsche Geist brach wieder aus
in deutschesten Chorälen.
Sie brausen durch des Reiches Haus
in Hütten und in Sälen.

‚Ein feste Burg!' – ‚Befiehl dem Herrn!' –
‚In allen meinen Taten' –
‚Wie schön leucht' uns der Morgenstern!':
sie sind der Geistesspaten,

der neu das deutsche Volksgemüt
aufgräbt in seinen Tiefen,
daß weit das ganze Land aufblüht
in Saaten, die lang schliefen.

Und draußen auf dem Kampfesfeld
sind sie die geistigen Waffen,
die mit dem scharfen Schwert – der Welt
die neuen Siege schaffen.

Das zitierte Kriegsgedicht von Karl Ernst Knodt[1] stellt mit seinem religiösen Pathos keinen Einzelfall dar, ganz im Gegenteil: Bereits zeitgenössisch wurde festgestellt, dass die Weltkriegspoesie[2] in besonderer Weise religiös ausgerichtet sei.

---

1   Karl Ernst Knodt: *Lösungen und Erlösungen.* München [1916], S. 141 (die ersten vier von insgesamt sechs Strophen).

2   Zur Literatur im Ersten Weltkrieg vgl. einführend Helmut Fries: *Die große Katharsis. Der Erste Weltkrieg in der Sicht deutscher Dichter und Gelehrter.* 2 Bde. Konstanz 1994f.; Peter Sprengel: *Geschichte der deutschsprachigen Literatur 1900–1918.* München 2004, S. 761–829; Nicolas Detering: *Über den Krieg – Aus dem Krieg. Deutsche Gedichtanthologien im Ersten Weltkrieg.* Magisterarbeit, Universität Freiburg i. Br., 2011.

Der Anthologist Carl Busse schreibt im Vorwort seiner 1916 herausgekommenen *Deutschen Kriegslieder 1914/1916*:

> Eine andere kennzeichnende Eigentümlichkeit der Kriegs- und Vaterlandsdichtung von 1914 ist das starke Hervortreten des religiösen Zuges.[3]

Er vergleicht diese Eigenschaft mit der Poesie der Befreiungskriege. Unter der Gewalt der Kriegsereignisse finde „das Volk" – so Busse weiter – „zu seinem alten Gott zurück."[4] Der „große Alliierte im Himmel" werde von den Menschen „um Waffensegen und Hilfe angefleht."[5] Auch in Versen rauschten Gebete zu ihm empor, „und aller Orten und Enden ward ein Geist lebendig, wie er in der deutschen Lyrik seit langem nicht mehr gespürt ward."[6] Dieser Geist gebe Mut und Vertrauen, zügele „aber andererseits jeden bloß forschen Übermut", wie er zuweilen in der Kriegsdichtung von 1870/71 zutage getreten sei.[7] Jetzt sei ein solcher Ton nicht mehr angebracht, es gehe „um ein Ringen auf Tod und Leben."[8] Aus dem Gottvertrauen und „aus dem Gefühl der eigenen Kraft und Opferwilligkeit" habe sich „eine unerschütterliche Siegeszuversicht" herausgebildet, die in allen Gedichten spürbar sei.[9] Damit verbindet Carl Busse die Hoffnung, dass es nach dem Krieg „besser" werde, „daß unsere Kinder einst in reinerer und hellerer Zukunft würden atmen können".[10] Auf was sich diese Hoffnung inhaltlich bezieht und was dies wiederum mit dem religiösen Zug der Kriegslyrik zu tun hat, macht der Anthologist nicht deutlich. Allerdings geht aus der gesamten Publizistik der Zeit hervor, dass man sich durch den Krieg positive Entwicklungen auf gesellschaftlichem, kulturellem und religiösem Gebiet erhoffte.

In ähnlicher Weise äußert sich der evangelische Pastor Otto Clorius, der 1915 eine Anthologie *Deutsche Kriegs-Psalmen* herausbrachte. Er wendet sich dabei den „Kriegsliedern" der Gegenwart zu, „nach ihrer religiös-sittlichen Bedeutung gesichtet und geordnet".[11] Wie Carl Busse betrachtet er die Frömmigkeit der Kriegspoesie als das „Auffallendste, geradezu Wunderbare".[12] Der Theologe fühlt

---

3 Carl Busse: *Deutsche Kriegslieder 1914/1916*. Herausgegeben und eingeleitet von Carl Busse. Dritte, vollständig umgearbeitete und vermehrte Auflage. Bielefeld und Leipzig 1916, S. X.

4 Ebd.

5 Ebd.

6 Ebd., S. Xf.

7 Ebd., S. XI.

8 Ebd.

9 Ebd.

10 Ebd.

11 Otto Clorius: *Deutsche Kriegs-Psalmen. Die Kriegslieder unserer Zeit nach ihrer religiössittlichen Bedeutung gesichtet und geordnet*. Leipzig [1915], Titelblatt.

12 Ebd., S. 5.

sich einerseits an die alttestamentlichen Psalmen, andererseits an die Gesänge der Befreiungskriege erinnert mit ihrer „gegenseitigen Durchdringung des nationalen und des religiösen Gedenkens".[13] Der Weltkrieg wird von Clorius religiös gutgeheißen, auch den damit verbundenen Hass in den „Heldenliedern" kann er leicht erklären:

> [Das] Vaterland ist schnöde überfallen, daher der heilige Zorn und Haß wider die Feinde, sowie der unstillbare Ruf nach göttlicher Sühne und Vergeltung.[14]

Letztlich handele es sich beim Krieg aber gar nicht – eine bemerkenswerte Immunisierungs- und Legitimierungsstrategie – um eine machtpolitische Auseinandersetzung. Vielmehr gelte in Bezug auf die in der Anthologie abgedruckten „Gotteslieder":

> Es ist nicht Deutschlands Krieg in letzter Linie, sondern Gottes Krieg gegen Lüge und Neidsucht. Darum die unerschütterliche Zuversicht auf den Beistand des Allerhöchsten, darum die starke Ergebung in den Willen des Allmächtigen.[15]

In den 1930er-Jahren hat Ernst Volkmann – bereits unter nationalsozialistischen Vorzeichen – die Bedeutung des Religiösen für die Lyrik des Ersten Weltkriegs erneut herausgestellt.[16] Die „Erregung" bei Kriegsausbruch sei zur „Kraftquelle des religiösen Lebens" geworden, das „Heilige" der „höchste Wertname dieser Dichtung" gewesen.[17] Die Kriegszeit habe zwar keine „neuen, eigentlich geistlichen Lieder" hervorgebracht, aber doch „den vertrauten, allen voran dem ‚Ein' feste Burg' neuen und heißerlebten Sinn gegeben."[18] Volkmann weist noch auf einen anderen wichtigen Umstand hin: Die Dichtung der Jahre 1914/15 zeige, „wie sehr das Wunschbild einer seelischen Reinigung die geistliche Situation beherrscht" habe.[19] Er bringt diesen Sachverhalt auf die Formel: „Alles soll heilig sein, geheiligt werden: der Krieg und der Sieg".[20] Im Einzelnen äußerte sich diese Grundeinstellung im „sittlichen Idealismus", im „Glauben an eine tiefere, stellvertretende Bedeutung des Todes vor dem Feinde als eines Opfers für die Brüder", schließlich im Glauben „an ein Weltgericht zur Entsühnung von Volk und Menschheit."[21] Volkmann charakterisiert mit diesen Worten die nationalreligiösen Tendenzen der Kriegspoesie durchaus zutreffend, wie die zeitgenössischen

---

13 Ebd.
14 Ebd., S. 6.
15 Ebd., S. 7.
16 Ernst Volkmann: *Deutsche Dichtung im Weltkrieg 1914–1918*. Leipzig 1934.
17 Ebd., S. 18.
18 Ebd.
19 Ebd.
20 Ebd.
21 Ebd.

Bewertungen von Carl Busse und Otto Clorius sowie die publizierten Gedichte belegen.[22]

Dass innerhalb der „poetischen Mobilmachung" – um einen oft zitierten Ausdruck von Julius Bab aufzugreifen[23] – speziell das Lutherlied *Ein feste Burg ist unser Gott* eine besondere Rolle spielt, verwundert nicht. Schon im beginnenden 19. Jahrhundert, mit den Befreiungskriegen, wurde es nationalreligiös aufgeladen.[24] Es diente nicht nur als Symbol für einen konfessionell geschlossenen und wehrhaften Protestantismus, sondern markierte ebenso die inneren und äußeren Grenzen der deutschen Nation und schließlich des 1871 gegründeten Kaiserreichs.[25] Die vielfältige und interpretationsoffene Metaphorik des Liedes – Burg, Wehr, Waffe, Feind, Rüstung, Teufel, Reich – war dazu angetan, zunächst konfessionell, sodann politisch und militärisch verstanden zu werden.[26]

Mit dem Ersten Weltkrieg erlebte diese hundertjährige nationalreligiöse Aneignung ihren Höhepunkt. Zahllose Predigten und Reden, wissenschaftliche und populäre Traktate sowie verschiedene Formen der Erbauungsliteratur und Bild-

---

22 Vgl. insbesondere die erste und umfassende Bilanzierung von Otto Herpel: *Die Frömmigkeit der deutschen Kriegslyrik.* Gießen 1917.

23 Julius Bab: *Die Deutsche Kriegslyrik 1914–1918. Eine kritische Bibliographie.* Stettin 1920, S. 25 (Bericht vom September 1914). Zu Bab vgl. Thomas Taterka: *„Der Deutsche Krieg im Deutschen Gedicht". Die deutsche Weltkriegslyrik und ihr treuer Begleiter Julius Bab.* In: Krieg und Literatur. Internationales Jahrbuch zur Kriegs- und Antikriegsliteraturforschung 5 (1999), S. 5–20.

24 Vgl. zu Liedgeschichte und nationalreligiöser Rezeption: Hermann Kurzke: *Hymnen und Lieder der Deutschen.* Mainz 1990, S. 185–209; Michael Fischer: *Ein feste Burg ist unser Gott* (2007). In: Populäre und traditionelle Lieder. Historisch-kritisches Liederlexikon. (www.liederlexikon.de/lieder/ein_feste_burg_ist_unser_gott/). Ders.: *Vom Reformationslied zum nationalprotestantischen Symbol. Der Choral „Ein feste Burg ist unser Gott" in musikalischen Bearbeitungen des 19. Jahrhunderts.* In: Music and the construction of national identities in the 19th century. Hg. von Beat A. Föllmi, Nils Grosch und Mathieu Schneider. Baden-Baden & Bouxwiller 2010, S. 225–240.

25 Zum *Kaisermarsch* von Richard Wagner, der zu diesem Anlass geschrieben wurde und mit musikalischen *Ein-feste-Burg*-Zitaten aufwartet, vgl.: *„Heil, Heil dem Kaiser!" Der Kaisermarsch Richard Wagners als nationalprotestantisches Symbol.* In: Michael Fischer/Christian Senkel/Klaus Tanner (Hg.): *Reichsgründung 1871. Ereignis – Beschreibung – Inszenierung.* Münster 2010, S. 104–118.

26 Vgl. Kurzke: *Hymnen und Lieder der Deutschen* (wie Anm. 24) zu den Bestimmtheits- und Leerstellen bei der Interpretation von Texten, insb. S. 224f.: „Das Nichtverstehen der eschatologischen Anlage von Luthers *Ein feste Burg* schuf neue, vom Autor nicht vorgesehene Leerstellen, deren je verschiedene Realisierungen jeweils eine neue Gesamtstruktur ergeben."

Abbildung 1: Bildpostkarte, gelaufen, 29.12.1915

zeugnisse bezogen sich auf diesen Choral und deuteten ihn vor dem Hintergrund des Krieges. Nur einige Publikationen seien angeführt, um die Vielfalt dieser Erscheinungen anzudeuten:

> *Eine feste Burg ist unser Gott! Predigt nach der deutschen Mobilmachung gehalten am 2. August 1914 in der evangelischen Hofkirche zu Dresden von Dr. Richard Friedrich.* Dresden 1914.

> *Ein feste Burg ist unser Gott! Für unser kämpfendes Heer herausgegeben von Dr. [Paul] Conrad, Geh. Konsistorialrat, Pfarrer an der Kaiser-Wilhelm-Gedächtnis-Kirche.* Berlin 1914.

> *Ein feste Burg ist unser Gott. Sammlung von Kriegspredigten. Hg. von Lic. Dr. Christian Bürckstümmer, Dekan in Erlangen.* München 1915.

> *Ein feste Burg ist unser Gott. Ein Reformationsgruß an das deutsche Heer und die deutsche Flotte.* Potsdam 1917.

Inhaltlich überschlugen sich die Verfasser derartiger Literatur mit Lob; sie schrieben dem Choral *Ein feste Burg ist unser Gott* positive Effekte inner- und außerhalb des Krieges zu und warteten mit nationalistischen und militaristischen Ausdeutungen auf. Um nur ein Beispiel für die vorherrschende Tonlage zu geben: Der renommierte evangelische Theologe und Hymnologe Wilhelm Nelle bezeichnete *Ein feste Burg ist unser Gott* als das „Lied der Schlachtfelder" und das

„Lied der Schlagfertigkeit"[27] und stimmte der Aussage zu, dass sein Verlust „für den einzelnen ein geistiger Aderlaß zum Verbluten" wäre, für das gesamte Volk jedoch „mehr als die Vernichtung eines Millionenheeres".[28]

Neben der Traktat-, Predigt- und Erbauungsliteratur spielte die Lyrik bei der bellizistischen Aneignung des Lutherliedes eine prominente Rolle. Zahlreiche Gedichte des Ersten Weltkrieges nahmen in unterschiedlicher Form auf das Lied *Ein feste Burg ist unser Gott* Bezug. Julius Bab wies bereits im September 1914, also im zweiten Kriegsmonat, darauf hin, dass unter den Texten, die von historischen Vorbildern abhingen, das Volkslied *Prinz Eugen* und Luthers *Feste Burg* die größte Macht ausübten, besonders der Vers „und wenn die Welt voll Teufel wär".[29] Selbst auf Eisenbahnwaggons wurden bei Kriegsausbruch Parolen und Verse angebracht, die auf das Lutherlied zurückgriffen.[30]

Formen, Publikationsorte, Autoren

Bei den lyrischen Gebilden, die mit dem Choral *Ein feste Burg ist unser Gott* in Verbindung stehen, lassen sich in formaler Hinsicht vier Gruppen unterscheiden.

1. Die erste Gruppe zitiert aus dem Liedtext einzelne Verse oder Wendungen, etwa die Eingangszeile „Ein feste Burg ist unser Gott" oder die oft gebrauchte Formel „Und wenn die Welt voll Teufel wär" aus der dritten Strophe. Mitunter genügten charakteristische Wortkombinationen wie „Wehr und Waffen" oder andere Allusionen, um die Leser an Luther und seine Dichtung zu erinnern.

2. Bei der zweiten Gruppe ist das Lied als Ganzes Gegenstand des Gedichts: Es wird lobpreisend besungen und auf den Weltkrieg appliziert.

3. Ebenso kann der Choral in balladenhafter Form thematisiert und in eine Erzählung eingebettet werden. Diese längeren lyrischen Formen bilden die dritte Gruppe.

---

27   Wilhelm Nelle: *Ein feste Burg ist unser Gott! oder das Heldentum in Luthers Liedern. Ein Gruß an die Glaubensgenossen in unseren deutschen Heeren und in unserer deutschen Heimat am Vorabend des Reformations-Jubeljahres 1917.* Leipzig und Hamburg 1917, S. 42f. Vgl. hierzu: Michael Fischer: *Militarisierte Hymnologie. Das Lutherlied Ein feste Burg ist unser Gott im Ersten Weltkrieg.* In: Kirchenmusikalisches Jahrbuch 94 (2010), S. 93–102.

28   Nelle: *Ein feste Burg* (wie vorige Anm.), S. 44f.

29   Bab: *Die Deutsche Kriegslyrik 1914–1918* (wie Anm. 23), S. 27 (Bericht vom September 1914).

30   Vgl. hierzu den Artikel *Soldatenhumor und Volkspoesie? Eisenbahnwaggon-Aufschriften im Ersten Weltkrieg* von Michael Fischer in diesem Band.

4. Als vierte Gruppe der dichterischen Liedaneignung ist auf die Kontrafakturen zu verweisen.[31] Hierbei wird die poetische und musikalische Form der Vorlage (Vers- und Strophenbau, Melodie) aufgegriffen und mit einem neuen Text versehen, der sich mehr oder weniger an dem Choral orientiert.

Publiziert wurden diese Gedichte entweder in Autorenwerken, in Anthologien oder in Zeitungen bzw. Zeitschriften. Der zuletzt genannte Publikationsort spielte für die Kriegslyrik eine wichtige Rolle. Durch die charakteristische Produktions- und Vertriebsart des Mediums konnten dort auch Autoren publizieren, die auf dem Buchmarkt aufgrund der ästhetischen Qualität ihrer Elaborate keine Chance gehabt hätten.[32] Die Zeitungen riefen ihre Leser zum Einsenden von Beiträgen auf und entschuldigten im Voraus fehlende Professionalität oder Begabung: „Keiner befürchte, er sei nicht schriftgewandt genug: ein einfaches Wort aus vollem Herzen ist mehr als aller Schriftgelehrten Weisheit", meinte die *Liller Kriegszeitung* in ihrer ersten Nummer.[33] Neben den Dilettanten produzierten die „Berufsversifexe der Zeitungen" (Julius Bab)[34] ständig neue Reime für die Presse. Aber selbst die etablierten und professionellen Schriftsteller veröffentlichten Gedichte in Periodika, etwa Arno Holz oder Richard Dehmel.[35]

Zu den Autoren von Kriegslyrik zählten auch die Vertreter der institutionalisierten Religion, also Theologen und Pastoren. Dazu gehörte der Pfarrer und Schriftsteller Karl Ernst Knodt, der 1915 die Sammlung *Lösungen und Erlösungen*[36] herausbrachte. Zwei Jahre später folgte (zusammen mit Paul Ernst Köhler) der Titel *Bausteine zum Neuen Deutschland. Lieder und Gesänge aus der Großen Kriegszeit*

---

31 Vgl. Walther Lipphardt: *Über die Begriffe: Kontrafakt, Parodie, Travestie.* In: Jahrbuch für Liturgik und Hymnologie 12 (1967), S. 104–111.

32 Julius Bab lästerte, dass die Dilettanten es „nur durch viel Geld oder sehr gute Beziehungen" zu einem Buch brächten (Bab: *Die Deutsche Kriegslyrik 1914–1918* [wie Anm. 23], S. 97 [Bericht vom März 1916 II]).

33 *Liller Kriegszeitung.* Nummer 1. Lille, 8. Dezember 1914, Titelseite (Digitalisiert unter: http://digi.ub.uni-heidelberg.de/diglit/feldztglilkr1914bis1915). Zum Zusammenhang von Massenbegeisterung und Professionalität schrieb Julius Bab: „Jene unpersönliche Massenbegeisterung, die das vorhandene Pathos der Zeit in die vorhandenen Formen der Nationalliteratur füllt, schafft nicht den Dichter, sondern den Dilettanten" (Bab: *Die Deutsche Kriegslyrik 1914–1918* [wie Anm. 23], S. 55 [Bericht vom März 1915]).

34 Bab: *Die Deutsche Kriegslyrik 1914–1918* (wie Anm. 23), S. 39 (Bericht vom Dezember 1914).

35 Ein Nachweis kann über den Verfasserkatalog der Sammlung Kriegspoesie (Kp) des Deutschen Volksliedarchivs geführt werden. Dieser bezieht sich auf eine Sammlung von ca. 15.000 Gedichten, die aus Zeitungen ausgeschnitten wurden.

36 Knodt: *Lösungen und Erlösungen* (wie Anm. 1).

1914 bis 1917.[37] In beiden Bänden findet sich jeweils ein Text mit Bezügen zum Choral *Ein feste Burg ist unser Gott,* nämlich das eingangs zitierte Gedicht *Der deutsche Geist (Herbst 1914.)* sowie *Ein feste Burg ist unser Gott,* das später Gegenstand der Betrachtung sein wird (Beispiel 5 des Abschnitts „Das Lutherlied als Thema von Lyrik").

Während des Ersten Weltkriegs erschienen neben einzelnen Gedichten noch komplette Lyrikausgaben, die bereits im Titel einen Bezug zum Lutherlied herstellten. Hierzu zählt das *Deutschchristliche Dichterbuch* von Adolf Bartels, das dieser 1916 unter dem Haupttitel *Ein feste Burg ist unser Gott* herausgebracht hat. Es enthält religiöse Lyrik vom Mittelalter bis zur Gegenwart.[38] Das Werk sollte „als Stimmungsvorbereitung für die Vierhundertjahrfeier der Reformation im Jahre 1917" dienen und zugleich die Menschen zur religiösen Lyrik hinführen.[39] Intendiert war dabei die „Erneuerung deutschen Volkstums", eine Formulierung, die auf den völkischen und deutschchristlichen Standpunkt des Herausgebers hindeutet.[40] Zum titelgebenden Choral erläutert Bartels:

> Ich zweifle sehr, ob in deutscher Sprache je Mächtigeres gedichtet worden ist, als ‚Ein feste Burg ist unser Gott', und ich finde auch nichts, worin der stolze, kriegerische Geist des Deutschtums kräftiger zum Ausdruck käme. Dies Kirchenlied ist unser wahres Nationallied.[41]

Ein Jahr später, also 1917, erschien der Band *Das Reich muß uns doch bleiben! Religiöse Gedichte aus dem Weltkriege.*[42] Herausgeber war der Gymnasiallehrer und Schriftsteller Reinhold Braun.[43] Dieses Werk mit 56 Seiten Umfang entlehnt nicht

---

37 Karl Ernst Knodt, Paul Ernst Köhler: *Bausteine zum Neuen Deutschland. Lieder und Gesänge aus der Großen Kriegszeit 1914 bis 1917.* Feldpostausgabe 3tes und 4tes Tausend. Neudietendorf 1917. – Vgl. zu Knodt den biographischen Eintrag von Manfred Knodt im *Biographisch-bibliographischen Kirchenlexikon* (http://www.bbkl.de/k/Knodt_k.shtml).

38 *Ein feste Burg ist unser Gott. Deutschchristliches Dichterbuch.* Hg. von Adolf Bartels. Halle 1916. – Vgl. Walter Goetz: *Bartels, Adolf.* In: *Neue Deutsche Biographie* 1 (1953), S. 597 (Onlinefassung: http://www.deutsche-biographie.de/pnd118652702.html); Georg H. Schlatter Binswanger: *Bartels, Adolf.* In: *Deutsches Literatur-Lexikon. Das 20. Jahrhundert. Biographisches-bibliographisches Handbuch.* Bd. 1. Hg. von Carl Ludwig Lang. Bern und München 2000, Sp. 606–610.

39 Bartels: *Ein feste Burg ist unser Gott. Deutschchristliches Dichterbuch* (wie Anm. 38), S. III.

40 Ebd.

41 Ebd., S. XXXVII.

42 Reinhold Braun: *Das Reich muß uns doch bleiben! Religiöse Gedichte aus dem Weltkriege.* Potsdam 1917.

43 Vgl. Anke Hees: *Braun, Reinhold.* In: *Deutsches Literatur-Lexikon. Das 20. Jahrhundert. Biographisches-bibliographisches Handbuch.* Bd. 3. Hg. von Konrad Feilchenfeldt. Zürich und München 2001, Sp. 643ff.

nur den Titel aus Luthers *Fester Burg,* auch die Kapitelüberschriften sind dem Lied entnommen. Sie lauten: „Ein' feste Burg ist unser Gott", „Mit unsrer Macht ist nichts getan", „Und nehmen sie uns den Leib" sowie „Das Reich muß uns doch bleiben". Diesen Zwischenüberschriften sind jeweils erklärende Zusätze beigegeben, beispielsweise zum ersten Kapitel:

> Ein' feste Burg ist unser Gott.
>
> Das Schwert soll nicht erkalten, solang der Sturmwind weht.
> Wir stehn und harr'n und falten die Hände im Gebet;
> Und wie die Neider trachten, zu brechen unsre Wehr,
> Der alte Gott der Schlachten verläßt uns nimmermehr! –
>
> Kurt von Oerthel.[44]

Im Gegensatz zu Adolf Bartels hat Braun nur Gedichte zeitgenössischer Kriegsschriftsteller (Ina Seidel, Rudolf Alexander Schröder, Hans Benzmann etc.) in seine Sammlung aufgenommen, darunter zwei, die bereits im Titel auf den Choral Bezug nehmen: die „Erlebnisse eines ostpreußischen Dorfpfarrers" unter der Überschrift *Ein' feste Burg ist unser Gott* von Hans Benzmann sowie das Gedicht *Das Reich muß uns doch bleiben* des Herausgebers.[45]

Zuletzt ist an die nur 16 Seiten umfassenden Sammlung *Und wenn die Welt voll Teufel wär!* zu erinnern, die ebenfalls im Jahr des Reformationsjubiläums 1917 im Selbstverlag herausgekommen ist. Sie enthält „Kriegsgedichte aus Schwaben" von August Reiff.[46] Dieser Schriftsteller suchte und fand seinen Erfolg mit schwäbischen Gedichten und Volksstücken, die oft in mehreren Auflagen herauskamen und Namen trugen wie *'s Gretle von Strümpfelbach* oder *'s Schwitzgäbeles Erbschaft.*[47] In seiner Kriegslyriksammlung sind Mundartgedichte und solche in hochdeutscher Sprache enthalten, am Schluss der Text *Und wenn die Welt voll Teufel wär!,* den der Verfasser bei einer Abendveranstaltung des renommierten Stuttgarter Liederkranzes am 5. Mai 1917 vorgetragen hatte.[48] Der zuletzt genannte Hinweis ist wichtig, weil viele der nationalreligiösen Kriegsgedichte – mit oder ohne *Ein-feste-Burg-ist-unser-Gott*-Bezug – nicht nur privat gelesen, son-

---

44 Braun: *Das Reich muß uns doch bleiben!* (wie Anm. 42), S. 5.

45 Ebd., S. 12–15 und S. 16f. Im Gedicht *Das Wunder* von Reinhold Braun wird ebenfalls aus dem Choral zitiert (ebd., S. 8).

46 August Reiff: *„Und wenn die Welt voll Teufel wär!" Kriegsgedichte aus Schwaben.* 2. Teil. Stuttgart 1917.

47 Vgl. die Werbeanzeige, ebd., S. 16.

48 Ebd., S. 14f.

dern auch öffentlich rezitiert wurden.[49] Dabei dürften das Gemeinschaftserlebnis und die Emphase des Vortrags das in den Texten angelegte nationalreligiöse Pathos noch gesteigert haben.

Gedichte mit Liedzitaten und Allusionen

Für das dichterische Spiel mit Zitaten bzw. Allusionen müssen zwei Bedingungen erfüllt sein: Erstens müssen diese für den Rezipienten erkennbar und zweitens verstehbar sein. Die Erkennbarkeit bezieht sich mehr auf den formalen Aspekt. Fällt beispielsweise in einem Gedicht die Wendung „Wehr und Waffen", muss der Leser sie als Teil des Chorals identifizieren können. Verstehbarkeit bezieht sich auf den Inhalt, wobei es nicht auf den genauen Wortlaut des Liedes ankommt. Vielmehr geht es um die Abrufbarkeit von Konnotaten, etwa „Protestantismus", „deutsche Nation", „Sieg über die Feinde", „Luther als Deutscher".

Daneben spielen Stimmungswerte und Erinnerungen eine Rolle, etwa an die Konfirmation, die Feier des Sedantages oder Reformationsfeste, bei denen das Lied erklang. Die Kriegsgedichte setzen diese Assoziationen voraus und kontextualisieren sie neu, indem sie die interpretationsoffene Metaphorik des Liedes auf den Weltkrieg und auf die Kriegsparteien beziehen. Dabei kommt es zu starken Exklusions- bzw. Inklusionstendenzen; die Grenzen zwischen dem Gegenüber und dem „Wir" werden von allen Verfasserinnen und Verfassern der Gedichte schroff hervorgehoben.

Beispiel 1: *O Deutschland, groß und ehrenrein!* von Hanna Stechert

Im folgenden Beispiel von Hanna Stechert werden die dem Lutherlied entlehnten Verse „Ein' feste Burg ist unser Gott, / Das Reich muß uns doch bleiben" (es handelt sich um den ersten und den letzten Vers des gesamten Chorals) in einen national-bellizistischen Zusammenhang eingebunden:

> O Deutschland, groß und ehrenrein,
> Hochherrlich auferstanden,
> Wie ward vor deines Schwertes Schein
> Der Schlange Werk zu schanden!
> Sie züngelt frech durch alle Welt
> Mit blanken Lügenzungen,

---

49 Vgl. als weiteres Beispiel das Gedicht *Luther* von Gustav Schüler (es zitiert am Ende aus Luthers *Fester Burg*), das bei ‚Volksabenden' vorgetragen werden sollte. Vgl. *Gedichte zum Vortrag an vaterländischen Volksabenden. 2. Sammlung.* Berlin 1915, S. 29f. (Volksschriften zum Großen Krieg 32/33); ebenso in: Hermann Mosapp: *Luther als deutscher Volksmann. Ein Volksabend.* Zweite, verbesserte Ausgabe. Gotha [1917], S. 5.

Abbildung 2: Bildpostkarte, nicht gelaufen

Sie hat der Völker Blut vergällt,
Die tolle Meute schäumt und bellt, –
Wir sind auf uns allein gestellt,
Und sind doch unbezwungen!
Wir trotzen stolz dem Treiben,
Der Tod ist uns ein Spott:
Ein' feste Burg ist unser Gott,
Das Reich muß uns doch bleiben.[50]

---

50 Hanna Stechert: *O Deutschland, groß und ehrenrein!* In: dies.: *Deutsches Schwert und Deutsches Herz.* Schleswig 1915, S. 59.

Das produktive Missverständnis, bei dem ursprünglich eschatologisch gemeinten „Reich" in Luthers Lied handele es sich um das auferstandene „Deutschland, groß und ehrenrein", ist erwünscht. Dabei ist allerdings nicht *nur* von einer platten Ineinssetzung von Himmelreich und Kaiserreich auszugehen, sondern ebenso von der kulturprotestantischen Vorstellung, das Gottesreich verwirkliche sich in der Welt und in der Geschichte.[51] Mit der Formulierung „der Schlange Werk" setzt Stechert eine Metapher, die auf die Kriegsgegner abhebt. Es bleibt jedoch dem Leser überlassen, ob er damit lediglich die sprichwörtliche Doppelzüngigkeit und Falschheit der Schlange assoziiert oder weitergehend das genannte Tier mit dem theologischen Komplex Versuchung, Erbsünde und Teufel verbindet.[52] Damit wird das Feindbild metaphysisch aufgeladen; eine Tendenz, die in der gesamten religiös inspirierten Kriegslyrik zu finden ist. Am Ende formuliert die Verfasserin einen Schwur, der nicht nur auf die *Feste Burg* Bezug nimmt, sondern zusätzlich noch das *Deutschlandlied* anklingen lässt:

> [...]
> Wir halten stand, mein Vaterland,
> Mein Deutschland über alles!
> Mag Fleisch und Bein zerstäuben,
> Die Lieb' besiegt kein Tod:
> Ein' feste Burg ist unser Gott,
> Das Reich muß uns doch bleiben.[53]

Beispiel 2: *Das Reich muß uns doch bleiben!* von Jakob Loewenberg

Scharfe Exklusionstendenzen sind ebenso in dem 1914 publizierten Gedicht *Das Reich muß uns doch bleiben!* von Jakob Loewenberg ablesbar. Hier lautet die Eingangsstrophe:

> Wir haben es selber nicht gewußt,
> Wie groß, wie stark wir waren,
> Da kommen die Neider, es ist eine Lust,
> Sie kommen in hellen Scharen.
> Sie dräuen von allen Seiten her,
> Sie möchten uns gern zerreiben

---

51 Otto Herpel (*Die Frömmigkeit der deutschen Kriegslyrik* [wie Anm. 22], S. 20) meint: „Es ist selbstverständlich, daß die erhoffte Zukunft im engsten Bunde mit der nationalen Idee steht." Es könne nicht anders sein, „als daß der Deutsche das Reich der Zukunft, das doch nichts anderes ist als die unangetastete Geltung der gegenwärtig bedrohten, von ihm verteidigten Werte, mit seinem Deutschtume in die allerengste Verbindung bringt."

52 Grundlage hierfür ist der biblische Bericht vom ersten Menschenpaar und seinem Fall, vgl. Gen 3. Weil die Schlange den Menschen verführt hat, wird sie von Gott verflucht.

53 Stechert: *O Deutschland, groß und ehrenrein!* (wie Anm. 50), S. 60.

> Und wenn die Welt voll Teufel wär,
> Das Reich muß uns doch bleiben![54]

Der Ausdruck „Welt voll Teufel" ist – ähnlich wie bei Stechert die Formulierung „der Schlange Werk" – auf die Feinde Deutschlands zu beziehen. Hier wie dort wird also eine metaphysische Dimension aufgerufen: Die Kriegsgegner erscheinen als Inbegriff der gottwidrigen Mächte; sie werden im Wortsinne dämonisiert. Loewenberg arbeitet auch im Hinblick auf die Reichsmetapher mit denselben Mitteln wie Stechert: Das „Reich" wird mit dem Kaiserreich gleichgesetzt; der dem Lutherlied zugrundeliegende religiöse Kampf wird auf den geistigen und militärischen des Weltkrieges bezogen. So endet Loewenbergs Text mit:

> [...]
> Wir ringen sie nieder zu Land und zu Meer,
> Was sie auch planen und treiben.
> Und wenn die Welt voll Teufel wär,
> Das Reich muß uns doch bleiben![55]

Beispiel 3: *Wir müssen siegen!* von „Frigo"

Allerdings gab es auch Texte, welche den Kriegsgegner ohne theologischen Subtext politisch, moralisch und menschlich abqualifizierten. Exemplarisch sei die folgende Strophe aus einem Gedicht angeführt, das am 28. August 1914 in der *Kattowitzer Zeitung* zu lesen stand:

> Und wenn die Welt voll Teufel wär!
> Wir sind ein einig, tapf'res Heer,
> Wir sind ein Volk in Waffen!
> Aus Nord und West und fernem Ost,
> Heran, es koste, was es kost',
> Wir zeigen, was wir schaffen!
>
> Und wenn die Welt voll Teufel wär!
> Den gall'schen Hahn, den russ'schen Bär,
> Die wollen wir niederzwingen.
> Komm' nur, du falsches Albion,
> Heran nur, Japans gelber Sohn,
> Laßt kreuzen uns die Klingen![56]

---

54 Jakob Loewenberg: *Das Reich muß uns doch bleiben!* In: *Kriegs-Gedichte und -Lieder.* Hamburg [1914], S. 4.

55 Ebd.

56 Frigo: *Wir müssen siegen!* In: *Kattowitzer Zeitung.* Kattowitz, 28. August 1914. Deutsches Volksliedarchiv, Sammlung Kriegspoesie. Ähnlich heißt es in einem Gedicht aus der *Wiesbadener Zeitung* vom 23. August 1914 (Deutsches Volksliedarchiv, Sammlung Kriegspoe-

Kontrastierend hierzu werden die Deutschen als einig, tapfer und opferbereit dargestellt. Wie schon im obigen Gedichtbeispiel 1 geht es im Kampf um die Ehre Deutschlands. Eine typische Selbstbeschreibung aus dem gleichen Gedicht lautet:

> Und wenn die Welt voll Teufel wär!
> Wir wollen schirmend Deutschlands Ehr'
> Zu unser'n Fahnen fliegen.
> Ist noch so groß die Feindesschar,
> Wir trotzen jeglicher Gefahr,
> Wir müssen – werden siegen![57]

Das Lutherlied als Thema von Lyrik

Der Choral *Ein feste Burg ist unser Gott* wurde nicht nur in Gedichten zitiert, sondern auch zum Thema von Lyrik gemacht. Dazu gehören diejenigen Lobgedichte, welche die Vorzüge und Wirkungen des Lutherliedes preisen. Es ist nicht überraschend, dass zahlreiche dieser Würdigungen anlässlich der Reformationsfeste am 31. Oktober – insbesondere im ersten Kriegsjahr und anlässlich des vierhundertsten Reformationsjubiläums im Jahr 1917 – erschienen. Poetologisch gesehen sind diese Gebilde deshalb interessant, weil sie zur Gruppe der „Gedichte über Gedichte" gehören, ohne im eigentlichen Sinn reflektierende „Metalyrik" zu sein.

Beispiel 1: *Zum Reformationsfest 1914* von Max Knorr

Im Jahr 1914 besang Max Knorr anlässlich des Reformationsfestes den Choral mit den Worten:

> Laut tönt durchs Land der Glocken Klang
> Mit feierlichem, ernstem Mahnen
> Und laut durchtönt das Gotteshaus
> Das Trutz- und Glaubenslied der Ahnen.
> Ein' feste Burg ist unser Gott!
> O Lied, aus starker Glaubensquelle,
> Prophetenlippen einst entschwebt,
> Wie oft schon gegen Tod und Hölle
> Warst du des deutschen Volkes Hort!
> O, stärk' auch ferner unsre Seelen,

---

sie): „Und wenn die Welt voll Teufel wär! / Voll weißer, schwarzer, gelber, / Wir fürchten uns doch nimmermehr! [...]."

57 Ebd.

Daß uns der Sieg nicht möge fehlen,
Du heilig hohes Gotteswort.[58]

Die zitierte Strophe changiert zwischen religiöser und nationaler Bedeutung, Begriffe wie „Gotteshaus", „Prophetenlippen" oder „Gotteswort" bilden eine Spannung zur Formulierung „des deutschen Volkes Hort" oder zur Vokabel „Sieg", die in einem kriegerischen Zeitkontext wohl kaum eschatologisch oder christologisch verstanden worden ist. Das lyrische Ich behauptet in der zweiten Strophe, das Lied habe sich „deutschen Zungen" nie freudiger „entrungen / als jetzt, da rings der Weltbrand loht".[59]

Der zuletzt genannte Begriff war auf den Weltkrieg zu beziehen[60] und steht in einem direkten Zusammenhang mit der bereits angesprochenen metaphysischen Deutung des Krieges als universellen geistigen Kampf oder als Weltgericht. In der dritten Strophe des Gedichts heißt es dann, das Lutherwort solle laut tönen „[h]inaus bis zu der Feinde Ohren".[61] Es sei „[z]um Bollwerk ihrer Schmach erkoren"; durch die Kraft des Liedes verfliege der „Wahn" der Gegner und mache „Wahrheit" und „Gerechtigkeit" Platz.[62] Max Knorr sieht die Deutschen im Recht und beruft sich dabei auf den Allerhöchsten:

Nie duldet Gott der Frevler Spott
Und nie versagt die gute Wehre,
Wir kämpfen zu des Höchsten Ehre,
Und unsre feste Burg ist Gott![63]

Beispiel 2: *Lutherlied* von Friedrich Hindenlang

Gleichfalls zum Reformationsfest des ersten Kriegsjahres hat Friedrich Hindenlang ein Gedicht geschrieben, das er unter dem Namen *Lutherlied* publiziert hat. Darin wird *Ein feste Burg ist unser Gott* als Gesang beschrieben, welcher den „Trutzgeist" weckt, wie ein „Sturm" klingt und den „Mut" hebt: „auf Erd ist nicht seinsgleichen."[64] In der zweiten Strophe reimt sich bei Hindenlang auf die Gebetsbitte „du hilfst allein!" die Forderung „Nun zieht das Schwert, schlagt drein!"

---

58 Max Knorr: *Zum Reformationsfest 1914.* In: *Großenhainer Tageblatt,* Großenhain, 31. Oktober 1914. Deutsches Volksliedarchiv, Sammlung Kriegspoesie.
59 Ebd., zweite Strophe.
60 Zu den Publikationen, die den Titel ‚Weltbrand' gewählt haben, zählt etwa der Titel: Raimund Fürlinger: *Weltbrand 1915. Kriegspoesie.* Wien [1915].
61 Ebd., dritte Strophe.
62 Ebd.
63 Ebd.
64 Friedrich Hindenlang: *Das Lutherlied. Zum Reformationsfest.* In: *Der heilige Krieg. Zeitgedichte.* Zweite Auflage. Karlsruhe [1914], S. 24.

Die dritte und vierte Strophe wenden nun völlig das Luthergedenken und die religiöse Ausrichtung ins Militärische:

> Granaten fliegen viel daher,
> Nun gilts das Leben wagen!
> Und ob die Welt voll Teufel wär –
> der deutsche Mann wird sagen:
> hier stehet ein Mann,
> der nichts fürchten kann
> und wär auch das Heer
> des Feinds wie Sand am Meer, –
> *ein Wörtlein kann ihn fällen.*[65]

Die letzte Strophe thematisiert den „Tod des Helden".[66] Weil sich dessen Frau in ihr Schicksal fügt, wird sie ebenfalls zur „Heldin". Sie eignet sich das Lutherlied in folgender Weise an:

> […]
> nehmen sie den Mann,
> töten sie den Sohn,
> es winkt doch Gottes Lohn:
> das Reich muß uns doch bleiben.[67]

Beispiel 3: *Zum 31. Oktober 1917* von Reinhold Braun

Drei Jahre später als Hindenlang veröffentlichte Reinhold Braun in der *Liller Kriegszeitung* ein Gedicht mit der Überschrift *Zum 31. Oktober 1917,* das für das vierhundertjährige Reformationsjubiläum bestimmt war. Der Text hebt an mit:

> Er ist wie eines Sturmwinds Sausen,
> Der maechtige ‚Ein' feste Burg'-Choral,
> Der deutschen Eiche herrlich Brausen
> In Not und Nacht und Kriegeswetterstrahl.[68]

Das Pathos war im dritten Kriegsjahr allerdings gebrochen: Der Choral erscheint zwar mächtig und markig zu sein, muss sich aber in einer Sphäre des Dunklen und Abgründigen behaupten (vgl. die Begriffe „Not", „Nacht" und „Kriegeswetterstrahl"). Diese gedämpfte Stimmung ist für die Zeit symptomatisch. Bereits Ende 1916 hatte Julius Bab auf die inhaltliche Verschiebung, auf die

---

65 Ebd., S. 24f., dritte Strophe.

66 Ebd., S. 25, vierte Strophe.

67 Ebd.

68 Reinhold Braun: *Zum 31. Oktober 1917.* In: *Liller Kriegszeitung.* Lille. 4. Kriegsjahr. Nr. 31. 30. Oktober 1917, Titelseite. Digitalisiert unter: http://digi.ub.uni-heidelberg.de/diglit/feldztglilkr1916bis1917.

Verdüsterung der Kriegslyrik hingewiesen, die immer „apokalyptischer" werde oder den Kampf als „Passion" begreife.[69] Davon blieb Reinhold Braun nicht unberührt, obgleich er im Folgenden den Choral *Ein feste Burg ist unser Gott* mit dem Reformator und seinem Werk in Verbindung bringt. Im Choral zeige sich „des Luthergeistes Wehen" sowie „seines Glaubens Heldenschaft".[70] Der Autor weitet die Perspektive auf den Krieg aus, wenn er fortfährt, das Lied stehe für „[e]in Hand in Hand Zusammenstehen / Mit einer Seele und in einer Kraft!"[71] Damit beschwört er die innere und wehrhafte Einheit des Heeres bzw. des gesamten Volkes. Bemerkenswert ist auch hier das Changieren zwischen nationaler und religiöser Deutung. Die Strophe

> Vierhundert Jahre Lutherglauben,
> Den keine Macht der ganzen Welt zerbrach!
> So steht's: – und wie die Feinde schnauben –
> In Gottes Gnade kommt des Sieges Tag![72]

lässt offen, ob man diese Formulierungen theologisch und ekklesiologisch verstehen soll oder im Hinblick auf den Krieg. Eine gewisse Vereindeutigung ergibt sich jedoch aus dem bereits angesprochenen Publikationsort: Die *Liller Kriegszeitung* wandte sich an Offiziere und Soldaten im Feld. Bei der Lektüre sollten diese „nocheinmal durchleben, was im Kriege ihnen vor Sinn und Augen getreten ist".[73] Insofern kann man eine entsprechende Rezeptionshaltung voraussetzen; der im Text angesprochene Tag des Sieges dürfte die wenigsten an die christliche Vollendung erinnert haben, sowenig wie in Beispiel 1 von Max Knorr *(Zum Reformationsfest 1914)*.

Beispiel 4: *Das Lutherlied* von Ernst Heinrich Bethge

Pessimistische Töne greift das Gedicht *Das Lutherlied* von Ernst Heinrich Bethge auf. Es war zum Vortrag bei den Reformationsfeiern des Jahres 1917 gedacht, gehört also zu denjenigen Gedichten, die bereits von ihrer Intention her öffentlich rezitiert werden sollten. Formal ist auffallend, dass der Verfasser jeweils aus den ersten drei Strophen des Chorals die Verse 1 bis 4 abdruckt und diese durch eigene Strophen kommentiert. Diese Erläuterungen beginnen mit den nicht gerade kriegsbegeisterten, sondern eher endzeitlich gestimmten Versen

---

69 Bab: *Die Deutsche Kriegslyrik 1914–1918* (wie Anm. 23), S. 121f. (Bericht vom Dezember 1916).

70 Braun: *Das Reich muß uns doch bleiben!* (wie Anm. 68), Titelseite, zweite Strophe.

71 Ebd.

72 Ebd., vierte Strophe.

73 *Liller Kriegszeitung*. Nummer 1. Lille, 8. Dezember 1914 (Digitalisiert unter: http://digi.ub.uni-heidelberg.de/diglit/feldztglilkr1914bis1915).

O Welt, halt ein! Welt, halt den Atem an!
Zieht nicht ein klirrend Brausen durch die Luft?
Geht nicht ein Donnern durch den Erdenplan,
als wenn ein unbekanntes Schicksal ruft?
Es fließen Bäche, heiß und blutigrot –
Am fernen Himmel riesengroß der Tod.[74]

Die zweite Strophe des Chorals („Mit unsrer Macht ist nichts getan") wird zum Anlass genommen, an die Tränen, die Not sowie an die „Mütter, Weiber, Bräute" zu erinnern.[75] In apokalyptischer Manier sieht der Sprecher des Gedichts „[a]m Himmel riesengroß ein Kreuz, ein flammend Licht."[76] Bei der Kommentierung von „Und wenn die Welt voll Teufel wär / […] es muß uns doch gelingen" geht Bethge einen eigenen Weg: Er spricht nicht von den äußeren Feinden, die es zu vernichten gilt, sondern vom kommenden Frieden. Sein Gedicht endet mit den Zeilen: „O Land, o Welt, ich sink' anbetend hin. / Der Friede kam, der Friede kam! Seht wie ich selig bin!"[77] Diese Position des Schriftstellers und Lehrers Ernst Heinrich Bethge[78] weicht formal wie inhaltlich vom Mainstream ab; der Friede wurde in solchen Texten kaum thematisiert und wenn, dann nur unter dem Vorzeichen des erwarteten Sieges.

Beispiel 5: *Ein feste Burg ist unser Gott!* von Karl Ernst Knodt

Zuletzt ist im Reigen der Gedichte, welche den Choral im Gesamten zum Thema machen, auf ein Werk des Pfarrers Karl Ernst Knodt zu verweisen, das in der bereits genannten Sammlung *Bausteine zum Neuen Deutschland* im Jahr 1917 – also gleichfalls im Jahr des Reformationsjubiläums – erschienen ist. Der lyrische Text mit dem Titel *Ein feste Burg ist unser Gott!* erzählt eine kleine Geschichte und leitet damit bereits zu den balladesken Gedichten über: Ein verwundeter Soldat verweist auf das „schönste Lied von allen" (vierte Strophe), der Sprecher des Textes auf den empfangenen Segen (zweite Strophe). Solche religiösen Bekenntnisse und die Dokumentation segensreicher Wirkungen von Chorälen waren in der

---

74 Ernst Heinrich Bethge: *Das Lutherlied.* In: *Ein gute Wehr und Waffen. Vortragsbuch für Reformationsfeiern.* Leipzig [1917], S. 18.

75 Ebd.

76 Ebd.

77 Ebd.

78 Zu seiner Biographie vgl. http://www.naumburg-geschichte.de/geschichte/bethge.htm (Abruf: 11. Juni 2012). – Bethge publizierte während des Ersten Weltkrieges nationalistische und kriegsbejahende Literatur, wandte sich jedoch später der Republik und der SPD zu. 1944 wurde er im Konzentrationslager Sachsenhausen ermordet.

protestantischen Tradition fest verankert.[79] Im Weltkrieg kamen spezielle Publikationen hinzu, die eine enge Verknüpfung zwischen Kirchenlied und Krieg herstellten und entsprechende Zeugnisse sammelten.[80] Insofern greift das Gedicht von Knodt nicht nur bereits vorhandene inhaltliche Muster auf, sondern ebenso ein Genre damals verbreiteter und bekannter Erbauungsliteratur:

‚Ein feste Burg ist unser Gott!'

‚Das schönste deutsche Lied allein
Hat mich im Kampf getragen,
Als ich im Blut und Pulverdampf
Der Feinde wollt' verzagen,' –

So rief ein schwerverwundeter
Soldat mir heut entgegen,
Und reichte mir, anstatt ich ihm,
Den allerschönsten Segen.

Ich frug ihn: War's die ‚Wacht am Rhein',
Das deutscheste der Lieder?
Er hauchte mir ein mattes ‚Nein!'
So frug ich zaghaft wieder:

War's ‚Deutschland über alles'? … Nein!
Als schönstes Lied von allen
Muß in die Ewigkeit hinein:
‚Ein feste Burg!' erschallen![81]

Balladeske Formen

Die drei ermittelten balladesken Formen sind mit 31, 40 und 90 Zeilen weit umfangreicher als die bisher behandelten Gedichte. Sie erzählen heroische Geschichten aus dem Weltkrieg, die auf nationalreligiöse Erbauung abzielen.

Beispiel 1: *Lazarett in französischer Kathedrale* von Rudolf Herzog

Das 1915 publizierte Gedicht *Lazarett in französischer Kathedrale* von Rudolf Herzog führt den Leser in eine gotische Kirche in Frankreich, die als Krankenla-

---

79 Ein Buch, das bis 1940 (mit verändertem Titel) aufgelegt wurde: Paul Dorsch: *Das deutsche evangelische Kirchenlied auf seinem Segensgang durch die Gemeinde.* Stuttgart 1890.

80 Vgl. etwa Gerhard Kropatschek: *„Du, meine Seele, singe!" Zeugnisse für die Macht des geistlichen Liedes im Felde.* Berlin 1916.

81 Karl Ernst Knodt: *„Ein feste Burg ist unser Gott!"* In: Knodt, Köhler: *Bausteine zum Neuen Deutschland* (wie Anm. 38), S. 15.

ger für verwundete deutsche Soldaten genutzt wird. Der versierte und im Kaiserreich erfolgreiche Schriftsteller Herzog[82] breitet zunächst verschiedene Stimmungsbilder aus und beschreibt die Kathedrale mit ihrer „stille[n], blutige[n] Gemeinde".[83] In der vierten Strophe wird die Verserzählung auf den Lutherchoral gelenkt, und zwar ausgehend von der Ruhe im Lazarett:

> Wie still, wie still der neue Gottesdienst.
> Die Augen glänzen, und die Lippen schweigen,
> Nun gilt es, wer du warst, nicht wer du schienst,
> Das Schrein zu Gott ist das Gebet der Feigen.
> Ein Kamerad betritt den Orgelstand
> Und die Register zieht der Seelenkenner.
> Die Tasten jubeln's unter Meisterhand:
> ‚Ein' feste Burg ist unser Gott!', ihr Männer.[84]

Das Erklingen der Musik wirkt belebend auf die Siechen. Sie horchen auf, das „alte Glaubenslied / Stürmt wie ein Lenzsturm durch die Kathedrale".[85] Die Säulen beben, die Steinplastik zittert, als handele es sich um ein neues Pfingsten:

> Ein Summen erst, ein unsichtbarer Strom,
> Ein Haschen nach dem Wort, dem wundersamen –
> Von Todgeweihter Mund erdröhnt's im Dom:
> ‚Das Reich muß uns doch bleiben!' Amen. Amen.[86]

Beispiel 2: *Das Reich muss uns doch bleiben* von Reinhold Braun

In einem anderen Gedicht, unter der Überschrift *Das Reich muss uns doch bleiben* von Reinhold Braun publiziert, bewirkt das Lutherlied ein Wunder, in dem es unterschiedliche Gruppen von Menschen – Soldaten und die „Heimatfront" – zusammenbindet. Der Schauplatz ist dieses Mal nicht die West-, sondern die Ostfront, nämlich „Ein deutsches Dorf weit im Galizierland", dessen Kirche vor

---

82 Vgl. Walter Schmähling: *Herzog, Rudolf*. In: *Neue Deutsche Biographie* 8 (1969), S. 741 (Onlinefassung: http://www.deutsche-biographie.de/pnd11910847X.html); Schwarz, Christian: *Herzog, Rudolf*. In: *Killy Literaturlexikon*. 2. vollst. überarb. Aufl. hg. von Wilhelm Kühlmann, Bd. 4. Berlin 2010, S. 355f.

83 Rudolf Herzog: *Lazarett in französischer Kathedrale*. In: Ders.: *Ritter, Tod und Teufel. Kriegsgedichte*. Leipzig 1915, S. 41, zweite Strophe.

84 Ebd., S. 42.

85 Ebd.

86 Ebd.

zweihundert Jahren „Schwabenbauern" errichtet haben.[87] Eine altväterliche Sonntagsidylle wird gezeichnet: Die Frauen und Männer tragen Tracht und alle singen „aus den vergilbten Büchern".[88] Zur Stilisierung des Althergebrachten, Traditionellen dient auch die Charakterisierung des Organisten als „greis".[89] Die Menschen singen den Choral *Ein feste Burg ist unser Gott,* während auf dem Kirchplatz verwundete deutsche Soldaten sitzen. Diese hören „das heilige Singen" und stimmen in „das trutzigste der Lieder" mit ein. Der Gesang formt gleichsam die „Volksgemeinschaft", es

> Ist alles *eine* Seele und *ein* Chor,
> Und mächtig braust und feierlich und hehr
> Der alte Glaubenskraftchoral empor.[90]

Vorbeiziehende Soldaten aus Siebenbürgen werden gleichfalls von „des Liedes Wundermacht" gepackt.[91] Die explizite Verbindung zwischen Nation und Religion, Krieg und Glauben wird schließlich durch die letzten acht Verse hergestellt:

> Kommando hallt. Ein Ruck. Die Krieger stehn.
> Aufrollt die Fahne in dem lichten Scheine.
> O Trutzliedsingen und der Fahne Wehn!
> Und maecht'ger singt die seltsame Gemeine.
> Das ist ein Glauben und ein Trutzen kuehn,
> Ein Trutzen gegen aller Feinde Treiben!
> Das rauscht und braust: ‚Sie haben's kein Gewinn!
> Das Reich muss uns doch bleiben!'[92]

Beispiel 3: *Ein' feste Burg ist unser Gott. Erlebnisse eines ostpreußischen Dorfpfarrers* von Hans Benzmann

Ein drittes Gedicht, mit 90 Zeilen das längste der hier ausgewählten, wird als Selbstaussage einem Pfarrer in den Mund gelegt. Der Titel des von Hans Benz-

---

87 Reinhold Braun: *Das Reich muss uns doch bleiben.* In: *Liller Kriegszeitung.* Lille. 3. Kriegsjahr. Nr. 38. 21. November 1916, o. S. (digitalisiert unter: http://digi.ub.uni-heidelberg.de/diglit/feldztglilkr1916bis1917).

87 Ebd.

88 Ebd.

89 Ebd.

90 Ebd. (Hervorhebung im Original durch Sperrung).

91 Ebd.

92 Ebd.

mann[93] stammenden Textes lautet: *Ein' feste Burg ist unser Gott. Erlebnisse eines ostpreußischen Dorfpfarrers.* Wie in der vorigen Verserzählung wird eine Sonntagsstimmung im Osten geschildert. Doch bei Benzmann werden die Bedrohung und die Zerstörung des Liebgewonnenen hervorgehoben, nicht das Vertraut-Idyllische:

> Da liegt es, was wir Tag für Tag gepflegt,
> Mit jedem Herzschlag treu und fromm gehegt,
>
> Da liegt es, von des Teufels Brut zerstört
> In Schutt und Asche Haus und Herd und Halm![94]

Trotz des nahen Feindes wird der gewöhnliche Sonntagsgottesdienst angesetzt. Der Pfarrer liest „des alten Liedes erste Strophen" und betet.[95] Während der Ansprache eröffnen die Russen das Feuer und beschießen die Dorfkirche. Dem Prediger ist so, „als sei die Hölle losgelassen"; der Lärm der Waffen übertönt sein Wort.[96] Das Dorf brennt, die Menschen drängen zur Kirchentür.

> In diesem Augenblick stand ich ganz
> In Gottes gnädiger Hand: mit starker Stimme
> Hob ich das alte Lied zu singen an:
> ‚Ein' feste Burg ist unser Gott!' – da fiel
> Die Orgel brausend ein, und dröhnend hallt
> Zum Dach empor mit schütternder Allgewalt
> Das Lied, das alles Geistes Sieg verheißt …[97]

Der Choral scheint übernatürliche Kräfte zu besitzen; es sei so gewesen, als hätten sich Fenster und Mauern auseinandergeschoben und die Gemeinde sich „dicht an Gottes herrliches Antlitz" herangedrängt.[98] Der Höhepunkt des Gedichts markiert zugleich den Wendepunkt: Die irdische Welt versinkt zwar, aber

> […] sieghaft hallt
> Nun frei in Licht und Sonne des Liedes Sturmgewalt:
> ‚Und wenn die Welt voll Teufel wär'!'[99]

---

93   Vgl. Georg H. Binswanger: *Benzmann, Hans.* In: *Deutsches Literatur-Lexikon. Das 20. Jahrhundert.* Bd. 2: *Biographisch-bibliographisches Handbuch.* Hg. von Konrad Feilchenfeldt. Bern und München 2001, Sp. 328f.

94   Hans Benzmann: *Ein' feste Burg ist unser Gott. Erlebnisse eines ostpreußischen Dorfpfarrers.* In: Braun: *Das Reich muß uns doch bleiben!* (wie Anm. 42), S. 13.

95   Ebd.

96   Ebd., S. 14.

97   Ebd.

98   Ebd.

99   Ebd.

Als der Angriff endlich vorbei ist, kreist über der Gemeinde nicht etwa eine Friedenstaube, sondern ein „deutscher Flieger", und von ferne „tönt deutscher Trommelklang".[100] Das Gedicht endet mit dem Satz: „Da wußten wir, daß Gottes Heere nah'n. ..."[101] Diese Identifikation der deutschen Truppen mit den himmlischen Heerscharen fügt sich in die vorherrschende nationalprotestantische Kriegsdeutung ein, wonach nur die Deutschen für die gute und gerechte Sache eintreten. Insofern konnte man in diesem Kampf die eigenen Soldaten als ein Werkzeug Gottes verstehen und als „Gottes Heere" apostrophieren. Allerdings gingen die meisten Autorinnen und Autoren nicht so weit wie Hans Benzmann.

Kontrafakturen

Äußerlich betrachtet stehen dem Lutherlied *Ein feste Burg ist unser Gott* die Kontrafakturen am nächsten, weil sie die Vers- und Strophenform aufgreifen und auf dieselbe Melodie gesungen werden können wie die Vorlage. Julius Bab war von diesem literarischen Verfahren allerdings wenig begeistert und rechnete diejenigen, „die den alten Choralmelodien aktuell gefärbte Texte unterlegen", in der Hauptsache den Dilettanten zu.[102] Ernst Volkmann schloss sich 1934 dieser Zurückhaltung an, die Kriegszeit habe „nur auffallend schwächliche Kontrafakturen des alten Kirchenliedes hervorgebracht".[103]

Beispiel 1: *Ein' feste Mauer* von Superintendent Brinckmann

Auffallend ist, dass im Weltkrieg zwar zahlreiche Gedichte Verse aus *Ein feste Burg ist unser Gott* zitieren oder das Lutherlied zum Thema machen, aber nur zwei Kontrafakturen aufgefunden werden konnten. Die erste ist bereits im Oktober 1914 unter dem Titel *Ein' feste Mauer* erschienen. Sie stammt von dem Bromberger Superintendenten Brinckmann und gehört gattungstheoretisch der Topos- bzw. Affektparodie an:[104]

> Ein' feste Mauer um uns bau,
> es droh'n die Feind ohn' Maßen,
> Von Deinem Himmel auf uns schau,
> darauf wir uns verlassen.

---

100 Ebd., S. 15.

101 Ebd.

102 Bab: *Die Deutsche Kriegslyrik 1914–1918* (wie Anm. 23), S. 142 (Bericht vom Dezember 1917).

103 Volkmann: *Deutsche Dichtung im Weltkrieg 1914–1918* (wie Anm. 16), S. 18. – Volkmann schreibt versehentlich: „Kontrafrakturen".

104 Lipphardt: *Über die Begriffe: Kontrafakt, Parodie, Travestie* (wie Anm. 31), S. 108.

Es drängt hart die Not,
sie woll'n unsern Tod,
Gewalt, Lug und List
grausam vereinigt ist;
Du, Gott, allein kannst retten.[105]

Der Text beginnt mit einer Bitte, nämlich um die Errettung aus Feindeshand, ein klassisches Thema der Psalmen.[106] In der zweiten Strophe bittet der Sprecher um Glaubensstärke, um die Kraft des Gebets und um Erhörung seiner Anliegen. Die dritte Strophe thematisiert wieder deutlicher den Krieg, insbesondere die Bereitschaft zum Opfer. Zugleich wird mit der Formulierung „Laß fahren dahin, / was sonst schien Gewinn!" auf die Schluss-Strophe des Lutherliedes angespielt.

Entflamm, Herr, einen Heldenmut,
der nicht fragt nach dem Leben,
Geht's nur dem Vaterlande gut,
das Du uns hast gegeben.
Laß fahren dahin,
was sonst schien Gewinn!
Jetzt gilt das Gebot:
Froh' Opfer bis zum Tod!
Du wirst uns wohl erhalten.[107]

Am Schluss wendet sich Brinckmann den Feinden zu. Die naheliegende und von anderen Dichtern benutzte Formulierung „Welt voll Teufel" greift der Autor nicht auf, freilich folgt er dennoch der gleichen Dämonisierungsstrategie: Die Kriegsgegner Deutschlands stehen unter der Herrschaft Satans und müssen folglich der Herrschaft Gottes weichen:

Sie pochen auf die große Zahl,
die sie zu Hauf geführet,
Sie bau'n auf Lügen allzumal,
als ob Satan regieret.
Doch fest steht Dein Thron,
Dein Arm hebt sich schon,
Du schützest das Recht,

---

105 [Superintendent] Brinckmann: *Ein' feste Mauer*. In: *Bromberger Zeitung*, Bromberg, 4. Oktober 1914. Deutsches Volksliedarchiv, Sammlung Kriegspoesie.

106 Vgl. etwa Ps 35 und 59. – Auch Luthers Dichtung *Ein feste Burg ist unser Gott* geht auf einen Psalm zurück, nämlich den 46., allerdings überwiegt dort der Aspekt des Vertrauens.

107 [Superintendent] Brinckmann: *Ein' feste Mauer* (wie Anm. 106).

Abbildung 3: Bildpostkarte, nicht gelaufen

zur Hölle muß, was schlecht!
Herr, laß den Sieg uns schauen.[108]

Bemerkenswert ist, dass dem Abdruck in der *Bromberger Zeitung* vom 4. Oktober 1914 noch eine eigenwillige Empfehlung beigegeben war: „Es dürfte sich empfehlen, dies Lied zu gelegentlichem Gebrauch im Gesangbuche aufzubewahren."[109] Ob der damit implizit verbundene Wunsch, der Gesang möge während des Gottesdienstes erklingen, vom Autor oder von der Redaktion stammt, ist unklar.

---

108 Ebd.
109 Ebd.

Beispiel 2: *Und wenn die Welt voll Teufel wär! Deutsches Trutzlied* von Carl Frey

Eine andere Kontrafaktur – dieses Mal handelt es sich um eine Initialkontrafaktur[110] – wurde 1915 unter der Überschrift *Und wenn die Welt voll Teufel wär! Deutsches Trutzlied* in die Liedersammlung *Gloria-Victoria!* aufgenommen. Dieser Text ist mit der Bemerkung versehen: „nach der Melodie: ‚Ein feste Burg ist unser Gott‘ mit weltlichem (Kriegs) Text von Carl Frey“.[111] Der Kontrast zum vorigen Beispiel ist offenkundig; hier wird kein Bezug zum Gesangbuch und damit zur Sphäre des Gottesdienstlichen hergestellt, sondern ganz im Gegenteil die Säkularität der Dichtung herausgestellt. Freilich bedeutet dies nicht, dass nationalreligiöse Aspekte fehlen, wie bereits die erste Strophe zeigt:

> Ein' feste Burg ist unser Gott
> Für unsre Wehr und Waffen,
> Er wird uns helfen aus der Not
> Die Neider uns geschaffen.
> Zum Kampfe nun hinaus
> Gott schützet unser Haus.
> Die Trommel ruft zum Streit,
> Wir sind zum Kampf bereit,
> Der Sieg, er muß uns bleiben.[112]

Die drei Schlussverse „Die Trommel ruft [...] / Der Sieg, er muß uns bleiben“ wird in allen fünf Strophen beibehalten und war unschwer als Allusion auf Luthers „Das Reich muss uns doch bleiben“ zu erkennen. Der Dichter geht davon aus, dass den Deutschen der Sieg sicher ist und der Feind niedergezwungen werden könne: „Weil Gott ja mit uns ist“ (zweite Strophe).[113] In der dritten Strophe werden „Wehr und Waffen“ – bei Luther Attribute Gottes – „Germania“ zugesprochen. Zwischendurch erinnert Carl Fey an die Kraft des Lutherliedes: „Aus allen Kehlen klingt / Das Lied, das Feinde zwingt.“ In Strophe vier heißt es dann:

> Mit Gott fürs schöne deutsche Land
> Wird unsre Wehr nun kämpfen,
> Von oben wird uns Hilf' gesandt,
> Der Feinde List zu dämpfen.
> Es geht fürs höchste Gut,

---

110 Lipphardt: *Über die Begriffe: Kontrafakt, Parodie, Travestie* (wie Anm. 31), S. 108.

111 Richard Wilhelm Carl Germanus: *Gloria-Victoria! Des Deutschen Volkes Liederbuch aus großer Zeit. 216 Vaterlands- und Soldatenlieder-Texte zum mitsingen.* Gesammelt, ausgewählt, zusammengestellt und bearbeitet von Rich. Wilh. Carl Germanus. Leipzig 1915, Nr. 209.

112 Ebd.

113 Ebd.

> Wir sind in Gottes Hut
> Die Trommel ruft zum Streit,
> Wir sind zum Kampf bereit,
> Der Sieg, er muß uns bleiben.[114]

Die Kontrafaktur endet mit dem losbrechenden „Sturm" und dem Aufruf – „Teutonia / Steh' fest im Gottvertrauen" (fünfte Strophe).[115] Gott, so suggeriert der Autor, sei Deutschland nahe und befreie es aus den „Klauen / Der bösen Feinde, die / Dir Freunde waren nie."[116] Am Schluss erklingt nochmals der beschwörende Refrain:

> Die Trommel ruft zum Streit,
> Wir sind zum Kampf bereit,
> Der Sieg, er muß uns bleiben.[117]

Ergebnisse

Die Lyrik, die sich im Ersten Weltkrieg mit dem Choral *Ein feste Burg ist unser Gott* beschäftigt, hängt einerseits von der nationalreligiösen Liedrezeption seit den Befreiungskriegen ab, die zu einer zunehmenden Politisierung und Militarisierung des Luthertextes geführt hat. Andererseits wird die entsprechende Kriegspoesie durch jene Ideen geformt, welche die zeitgenössischen Intellektuellen – Theologen, Philosophen und Historiker genauso wie Schriftsteller und Künstler – zur Legitimierung des Krieges vorbrachten. Die auf dieser geistigen Grundlage entstandenen Gedichte mit religiösen bzw. nationalreligiösen Inhalten deuteten die äußeren Ereignisse und stifteten Sinn.

Lyrik, insbesondere in kurzen, formal und sprachlich schlichten Formen, war seit dem 19. Jahrhundert in bürgerlichen Kreisen etabliert und beliebt. Verbreitet wurde derartige Poesie durch Bücher, Hefte sowie Zeitungen und Zeitschriften, wobei gerade die zuletzt genannten Periodika zur Popularisierung der Lyrik maßgeblich beitrugen. Als Verfasser von Kriegspoesie engagierten sich Schriftsteller und Journalisten ebenso wie zahllose Dilettanten. Eine besondere Gruppe stellten dabei Theologen und Pfarrer dar, die entweder selbst Kriegsdichtungen produzierten oder sich als Herausgeber, Anthologisten und Veranstalter von öffentlichen Rezitationen (etwa im Rahmen von Volks- oder Gemeindeabenden) betätigten. Insofern kam ihnen nicht nur eine Autoren-, sondern ebenso eine wichtige Multiplikatorenfunktion zu.

---

114 Ebd.
115 Ebd.
116 Ebd.
117 Ebd.

Dass die poetischen Texte, welche sich auf den Choral *Ein feste Burg ist unser Gott* beziehen, zumeist mehrdeutig gelesen werden konnten, ist bezeichnend für die geistige Situation der Zeit, entsprach aber vermutlich ebenso rezeptionsästhetischen wie auch kommerziellen Überlegungen: Die Gedichte sollten sowohl solche Menschen ansprechen, die nach wie vor im protestantischen Milieu fest verankert waren, als auch solche, welche das Nationale zum Gegenstand religiöser Verehrung erhoben. Der Mainstream bildete jedoch eine mittlere Position: Der Krieg war legitim und stellte darüber hinaus einen geistig-weltanschaulichen Kampf dar, bei dem Gott nur auf Seite der Deutschen und des Deutschen Reiches stehen konnte. Die eingangs zitierten Positionen von Carl Busse oder Otto Clorius beschreiben das Selbstverständnis der Protagonisten gut – zumindest in den ersten Kriegsjahren. 1917 verdüsterte sich das Bild aufgrund der militärischen und gesellschaftlichen Lage, obwohl das vierhundertjährige Reformationsjubiläum, das im gleichen Jahr gefeiert wurde, anlassbedingt zu einem kurzen Aufschwung kriegsaffirmativer nationalreligiöser Lyrik führte.

Fragt man nach der Funktion derartiger Kriegspoesie, ist – ausgehend von einem funktionalen Religionsbegriff – auf die Fundierungsfunktion, Integrationsfunktion, Legitimationsfunktion sowie Kompensationsfunktion zu verweisen.[118] Die nationalreligiöse Lyrik propagiert bestimmte ultimative Werte wie Vaterlandsliebe und Opferbereitschaft, stellt die „Volksgemeinschaft" her und grenzt sie scharf von den Feinden ab, rechtfertigt den Krieg als ethisch hinnehmbar oder sogar notwendig und stellt für die realen Verluste einen postmortalen Ausgleich in Aussicht. Zuweilen werden sogar offen Handlungsanweisungen gegeben oder positive Beispiele präsentiert, welche den Rezipienten zur Nachahmung veranlassen sollen.

Seltsam blass erscheint das Gottesbild derjenigen Lyrik, die sich mit *Ein feste Burg ist unser Gott* auseinandersetzt. Obwohl Christus im Text von Martin Luther ausdrücklich genannt wird (zweite Strophe), wird in den Gedichten kaum auf den Gottessohn Bezug genommen. Stattdessen wird ein vom Alten Testament geprägtes Bild eines zürnenden und rächenden Kriegsgottes etabliert. Zu diesem Bild passt die Vorstellung, der Weltkrieg sei die Antizipation des Weltgerichts und die Deutschen dessen Werkzeug. Deutlicher werden die Feinde markiert, sie sind nicht nur politisch, militärisch oder kulturell die Gegner Deutschlands, sondern auch in metaphysischer Hinsicht die Feinde Gottes und seiner gerechten Sache. Die Formel „Welt voll Teufel" stellt hierfür eine oft gebrauchte Metapher bereit. Interessant ist ferner, dass das oft beschworene Gottvertrauen lediglich auf einen Sieg abzielt; mit der Möglichkeit, dass Gott den Deutschen eine Prüfung oder Buße auferlegt und der Krieg scheitert, wird nicht gerechnet.

---

118   Vgl. Hubert Knoblauch: *Religionssoziologie.* Berlin 1999, S. 116.

Zuletzt kann gefragt werden, inwieweit man diese Formen der Lyrik überhaupt „religiös" nennen soll. Aber hier führt weniger eine Phänomenologie des Religiösen zum Ziel oder theologische (Wert-)Maßstäbe, sondern es liegt aus geschichtswissenschaftlicher Sicht näher, zunächst dem Sprachgebrauch der Zeitgenossen zu folgen. Die Autoren, Anthologisten und Theologen hatten offenkundig keine Scheu, im Hinblick auf die hier diskutierten Formen von Kriegslyrik von „Religiosität" oder von „Frömmigkeit" zu sprechen; ihr Eintreten für den Krieg galt ihnen als christliche Aufgabe. Gleichwohl gilt, dass es hermeneutisch sinnvoll ist, den Doppelaspekt Säkularisierung der Theologie/Sakralisierung der Nation bei diesem Phänomen im Auge zu behalten; die Selbstbeschreibung der Protagonisten soll diese kritische Analyse ebensowenig ersetzen wie eine ethische Beurteilung der nationalreligiösen Kriegspropaganda, die hier jedoch nicht geleistet werden kann.[119]

---

119 Zum „Schock der Wirkungsgeschichte" vgl. Kurzke: *Hymnen und Lieder der Deutschen* (wie Anm. 24), S. 210f.

Aibe-Marlene Gerdes

Populäre Kriegslyrik als Sammelgegenstand
Die Weltkriegssammlungen im Deutschen Volksliedarchiv

Populäre Kriegslyrik als Sammelgegenstand

Die Vorstellung, dass es sich bei der Kriegslyrik des Ersten Weltkrieges um eine aufschlussreiche wissenschaftliche Quelle handelt, ist keineswegs so modern, wie heute zumeist angenommen wird. Als Ausdruck einer eigenen populären Kultur zu Kriegszeiten schätzten bereits die zeitgenössischen Vertreter der jungen deutschen Volkskunde diese Lyrik – und bewahrten durch ihr unermüdliches Sammeln etliche Lieder und Gedichte aus der Zeit von 1914 bis 1918 vor dem spurlosen Verschwinden. So wurde im Winter 2009 im Deutschen Volksliedarchiv eine bis dahin weitgehend unbeachtete, umfangreiche Sammlung von Gedichten aus der Zeit des Ersten Weltkrieges wiederentdeckt. Es handelte sich um die *Sammlung Kriegspoesie (Kp),* die aus geschätzten 14.000 Gedichten besteht, welche in der Zeit zwischen 1914 und 1918 in deutschsprachigen Zeitungen erschienen und sorgfältig vom Volksliedarchiv gesammelt wurden. Neben der *Sammlung Kriegspoesie* führte das Archiv während des Krieges mit der *Sammlung Soldatenlied,* in der von Soldaten gesungene Lieder dokumentiert wurden, eine weitere Weltkriegssammlung. Aus welchem Grund hatte das Deutsche Volksliedarchiv zwei so umfangreiche Sondersammlungen angelegt und wieso gerieten sie lange Zeit in Vergessenheit?

Die Frage nach dem Warum scheint bei einem kurzen Blick auf die Stimmung der wissenschaftlichen und dokumentierenden Institutionen im Deutschen Reich im Sommer 1914 zunächst leicht zu beantworten zu sein: Angesichts des alles überschattenden Eindrucks, den der Ausbruch des Krieges auf die Zeitgenossen machte, und der daraus resultierenden Wahrnehmung dieses Krieges als „eine der gewaltigsten Erscheinungen vaterländischer Geschichte"[1] wurde das Sam-

---

1 Aus einem Prospekt des „Vereins Kriegsmuseum Weimar" (um 1916). Zitiert nach Detlef Hoffmann: *Die Weltkriegssammlung des Historischen Museums Frankfurt.* In: *Ein Krieg wird ausgestellt. Die Weltkriegssammlung des Historischen Museums (1914–1918).* Hg. vom Historischen Museum Frankfurt. Frankfurt a. M. 1976, S. 63–74, hier S. 69.

meln aller nur denkbaren Andenken an den Krieg ein weit verbreitetes gesellschaftliches Phänomen in Deutschland und Österreich.[2] Besonders das sogenannte ‚Kriegsschrifttum' in all seinen mannigfaltigen Erscheinungsformen wurde zum beliebten Sammelgegenstand für Archive, Museen und Bibliotheken. In der Broschüre *Die Kriegssammlungen. Ein Nachweis ihrer Einrichtung und ihres Bestandes* führt Albert Buddecke im Frühjahr 1917 allein in Deutschland 217 Weltkriegssammlungen auf.[3] Das Deutsche Volksliedarchiv stellte demnach mit dem Anlegen seiner Kriegssammlungen – also dem systematischen Sammeln von Kriegsmaterial – keine Ausnahme dar. Was die Sammelaktionen des Volksliedarchivs von der Majorität der anderen Kriegssammlungen jedoch unterschied, war die Tatsache, dass sie sich von vornherein der wissenschaftlichen Forschung verschrieben und sich mit dem Soldatenlied und der Kriegspoesie auf ein bestimmtes Sujet beschränkten, nämlich auf die populäre Kriegslyrik.

Obwohl der deutsche Buchmarkt schon seit dem Sommer 1914 von Gedichtanthologien und patriotischen Liederbüchern überschwemmt wurde und kaum eine Zeitung erschien, in der nicht von der Leserschaft selbstverfasste Gedichte abgedruckt waren, sträubten sich gerade die bedeutenden Kriegssammlungen der großen Bibliotheken, die populäre Lyrik planmäßig in ihre Bestände aufzunehmen. „In diesem Krieg dichtet fast jeder", fasste der Leiter des Stadtarchivs und -museums Darmstadt Karl Noak den Eindruck zusammen, den die Lyrikflut auf die Sammler ausübte.[4] Während die meisten etablierten Bibliotheken die „möglichste Vollständigkeit" des gesamten Kriegsschrifttums als „dringendstes Gebot"

---

2   Zur Kriegssammelbewegung vgl. Alexandra Kaiser: „… *das Material zu sammeln, das dieser Krieg in solcher Fülle schuf wie keiner vorher.*" *Kriegssammlungen und Kriegssammler im Ersten Weltkrieg.* In: *Kasten 117. Aby Warburg und der Aberglaube im Ersten Weltkrieg.* Hg. von Gottfried Korff. Tübingen 2007, S. 87–116; *1914–1918. In Papiergewittern. Die Kriegssammlungen der Bibliotheken.* Begleitband zur Ausstellung „Oragnes de Papier". Hg. von Christophe Didier u. a. Paris/Straßburg 2008 und Susanne Brandt: *Kriegssammlungen im Ersten Weltkrieg. Denkmäler oder Laboratoires d'histoire?* In: *Keiner fühlt sich hier mehr als Mensch … Erlebnis und Wirkung des Ersten Weltkriegs.* Hg. von Gerhard Hirschfeld, Gerd Krumeich und Irina Renz. Essen 1993, S. 241–258.

3   Albert Buddecke: *Die Kriegssammlungen. Ein Nachweis ihrer Einrichtung und ihres Bestandes.* Oldenburg 1917.

4   Thomas Lange: „… *da schreibt ein Volk seine Annalen".* *Die Darmstädter Weltkriegssammlungen im Kontext von Kriegsvorbereitung und Kriegsmentalität.* In: *Kriegsalltage. Darmstadt und die Technische Hochschule im Ersten Weltkrieg.* Hg. von Ute Schneider und Thomas Lange. Darmstadt 2002, S. 105–145, hier S. 125. Kriegssammlungen von Stadtmuseen, wie hier das Beispiel Darmstadt, waren um eine lokale Perspektive auf den Krieg bemüht und nahmen daher im Gegensatz zu den Sammlungen der etablierten großen Bibliotheken oftmals von Einwohnern ihrer Stadt verfasste Gedichte in größerem Umfang auf.

wahrnahmen, da sie „für den künftigen Forscher eine Wahrheitsquelle ersten Ranges" darstellten,[5] wurde die unüberschaubare Masse der Gelegenheitslyrik als qualitativ minderwertig und somit als nicht systematisch sammelwürdig betrachtet:

> Auf den endlosen Gefilden der Kriegslyrik mögen tausend Blumen ungepflückt am Wege blühen und getrost auch verblühen – die Wissenschaft wird durch solche und ähnliche Sammlungslücken keinen Schaden erleiden.[6]

Genau diese Sammlungslücken versuchte jedoch das Deutsche Volksliedarchiv seit dem August 1914 zu schließen. Mit der Initiierung der beiden Sondersammlungen *Kriegspoesie* und *Soldatenlied* erhob es gerade die Kriegsliteratur von vermeintlich minderwertiger Qualität zum Forschungsgegenstand.

Das Deutsche Volksliedarchiv und der Erste Weltkrieg

Die Fixierung und Beschränkung auf populäre Lyrik als Sammelgegenstand hing untrennbar mit der wissenschaftlichen Zielsetzung des erst wenige Monate vor Kriegsausbruch eröffneten Volksliedarchivs zusammen.

Das Deutsche Volksliedarchiv war ein Unternehmen des Verbandes deutscher Vereine für Volkskunde, einem 1904 gegründeten Dachverband für die verschiedenen Institutionen und Vereine, die sich mit der noch jungen wissenschaftlichen Disziplin der Volkskunde beschäftigten. Der Verband hatte sich auch das Sammeln und Erforschen des deutschen Volksliedes auf seine Fahnen geschrieben und gründete für diesen Zweck bereits 1905 eine *Volksliedkommission*:[7]

> Da eine allen wissenschaftlichen Ansprüchen genügende Sammlung der deutschen Volkslieder bis jetzt nicht vorhanden ist, hält es der Verband deutscher Vereine für Volkskunde für seine Pflicht, eine solche zu schaffen […].[8]

Einige Jahre später erwuchs aus der *Volksliedkommission* mit dem Deutschen Volksliedarchiv eine eigene wissenschaftliche Institution. Die Leitung des Archi-

---

5 So Johann Saß, der Leiter der Weltkriegssammlung der Bibliothek des Auswärtigen Amtes, in seinem Plädoyer für die wissenschaftliche Bedeutsamkeit geheimer Kriegsdrucksachen. Johann Saß: *Geheime Kriegsdrucksachen*. In: Mitteilungen des Verbandes Deutscher Kriegssammlungen 1/1919, S. 17–19, hier S. 18.

6 Ebd., S. 18.

7 Vgl. John Meier: *Der Verband deutscher Vereine für Volkskunde. Sein Werden und Wirken 1904–1944*. In: *50 Jahre Verband der Vereine für Volkskunde 1904–1954*. Hg. vom Verband der Vereine für Volkskunde. Stuttgart 1954, S. 3–26, hier S. 15ff.

8 *Bericht über die Sammlung deutscher Volkslieder April 1914–April 1915 erstattet vom Volksliedausschuß des Verbandes deutscher Vereine für Volkskunde*. Freiburg 1915, S. 3.

ves übernahm Professor John Meier, der die Gründung des Deutschen Volksliedarchives maßgeblich vorangetrieben hatte und zugleich auch den Posten des Vorsitzenden des Gesamtverbandes bekleidete. Nach einer langjährigen Vorbereitungszeit nahm das Deutsche Volksliedarchiv am 1. Mai 1914 in Freiburg seine Tätigkeit auf.[9] Seine Hauptaufgabe lag darin, „zunächst eine Inventarisierung der Liedtexte und Melodien vorzunehmen",[10] das hieß, Volkslieder aus dem deutschsprachigen Raum zu sammeln, wissenschaftlich zu dokumentieren, zu erforschen und schließlich auch zu edieren. Eine später zu veröffentlichende „Volksausgabe der wertvollsten und schönsten Volkslieder" sollte die „halb oder ganz verklungenen Lieder wieder im Volke zum Leben erwecken" und der „drückenden Konkurrenz der leichten städtischen Ware von Operetten- und Tingel-Tangel-Liedern" Einhalt gebieten.[11] Die wissenschaftliche Arbeit im Volksliedarchiv sahen Meier und seine Mitstreiter demnach stark mit einer erzieherischen Funktion verknüpft, die man dort selbst gänzlich positiv als „geistigen Heimatschutz" verstand.[12]

Die Volksliedsammlung wurde mit Hilfe zweier Verfahren durchgeführt: Zum einen wurde das publizierte Liedgut aus handschriftlichen sowie gedruckten Liederbüchern und Flugblättern zusammengetragen. Besonders großen Wert legte Meier zweitens auf das Sammeln „der noch im Volke verbreiteten und gesungenen Lieder",[13] also auf Material aus vermeintlich mündlicher Überlieferung. Dazu bediente sich das Volksliedarchiv der damals recht modernen Methode der empirischen Forschung, indem es im Juli 1914 einen „Aufruf zur Sammlung deutscher Volkslieder" publizierte.[14] Die Bevölkerung wurde darin aufgerufen, Wort und Weise von Liedern „nach dem Gehör" aufzuzeichnen und diese „originalen Fassungen aus dem Volksmund" einzusenden.[15] Etliche regionale Sammelstellen und Gewährsleute aus allen Teilen des Reiches arbeiteten bei diesem empirischen Großunternehmen über Jahre mit dem Volksliedarchiv zusammen.

---

9   Zur Geschichte des Volksliedarchives vgl. Wilhelm Heiske: *Das Deutsche Volksliedarchiv in Freiburg i. Br.* In: *Handbuch des Volksliedes.* Hg. von Rolf Wilhelm Brednich, Lutz Röhrich und Wolfgang Suppan. Bd. 2. München 1975, S. 175–185; Otto Holzapfel: *Deutsches Volksliedarchiv Freiburg i. Br.* Bern ²1993 sowie besonders die erste Ausgabe der *Berichte über die Sammlung deutscher Volkslieder von 1915* (wie Anm. 8).

10 *Bericht über die Sammlung deutscher Volkslieder April 1914–April 1915* (wie Anm. 8), S. 3.

11 Ebd., S. 7.

12 Ebd., S. 7.

13 Ebd., S. 8.

14 Ebd., S. 19ff.

15 Ebd., S. 23.

Mit dem Anspruch auf ‚geistigen Heimatschutz' einerseits und der systematischen Erhebung empirischer Belege andererseits stellte das Deutsche Volksliedarchiv bei Ausbruch des Krieges eine heute recht eigenartig anmutende Mischung aus konservativem, kulturkritischem Grundgedanken und moderner wissenschaftlicher Methodik dar.

Dieser kleine Exkurs in die Geschichte des Deutschen Volksliedarchives zeigt, dass die Arbeit des Archivs als repräsentativer Vertreter des neuen Wissenschaftszweiges der Volkskunde noch in den Kinderschuhen steckte, als im August 1914 der Erste Weltkrieg ausbrach. Der Krieg wirkte zunächst hemmend auf sämtliche volkskundlichen Arbeiten, so auch auf das Zusammentragen der empirischen Belege von Volksliedern. Die geplante regionale Sammelstelle im Großherzogtum Hessen konnte, wie der dort tätige Pfarrer Schulte berichtete, beispielsweise nicht umgesetzt werden, da etliche der involvierten Personen eingezogen worden waren. Zudem geriet das Sammeln per se ins Stocken, denn es war, wie Schulte entschuldigend hinzufügte, „zur Zeit das Interesse auch erlahmt. Der Krieg nimmt die Gedanken des Volkes zu sehr in Anspruch."[16] Diese Erfahrung wurde auch in den anderen Gebieten des Reiches geteilt. Allerorts klagte man darüber, „wie schwer es sei, Lieder zu erhalten; man fühle sich in den ernsten Zeiten nicht zum Singen aufgelegt."[17]

Trotz dieser Rückschläge begann das Deutsche Volksliedarchiv gleich zu Kriegsbeginn kosten-, personal- und zeitintensive neue Projekte zu initiieren, indem es seine beiden Kriegssammlungen anlegte. In den *Mitteilungen* des Verbandes rechtfertigte Meier dieses Vorgehen mit dem Hinweis auf die besondere Kriegssituation:

> Der Krieg hat manches Unternehmen des Verbandes in seiner Entwicklung gehemmt [...], manches ganz zum Stillstand gebracht [...], aber er hat uns auch wieder vor neue Aufgaben gestellt, denen wir gerecht werden müssen[.][18]

Und so beauftragte Meier gleich am 12. August 1914, also nur wenige Tage nach dem offiziellen Kriegsausbruch, das Zeitungsausschnittbüro *Berliner Literarisches Büro* mit der systematischen Sammlung von „Zeitungsausschnitten betr. Kriegslieder".[19] Damit war die *Sammlung Kriegspoesie* begründet, die erste Sonder-

---

16 Der kurze Bericht Schultes wird zitiert im *Bericht über die Sammlung deutscher Volkslieder*. Ebd., S. 31f.

17 Zitat aus dem Bericht Prof. Rüschlers, dem Vorsitzenden des Sächsischen Ausschusses zur Sammlung von Volksliedern, über seine Arbeit in den Jahren 1915 bis 1916. Zitiert in: *Mitteilungen des Verbandes deutscher Vereine für Volkskunde*. Nr. 22, Juni 1916, S. 19.

18 *Mitteilungen des Verbandes deutscher Vereine für Volkskunde*. Nr. 24, November 1916, S. 4.

19 Betätigungsschreiben des Berliner Literarischen Büros vom 17.8.1914. DVA Allgemeine Korrespondenz u. a. 111, 1914.

sammlung des Volksliedarchives. Nur wenige Monate später, im März 1915, übernahm das Deutsche Volksliedarchiv zusätzlich die Durchführung der vom Gesamtverband entwickelten Umfrage über die Rolle des Soldatenliedes im Felde. Diese wurde ein Jahr später als Bestandteil der vom Verband neugegründeten Arbeitsgruppe *Soldatische Volkskunde* von Meier zu einer Sammlung von Soldatenliedern nach Text und Melodie erweitert.

Während die *Sammlung Soldatenlied (Sl)* als Bestandteil der Großunternehmung *Soldatische Volkskunde* dem Gesamtverband untergeordnet war, handelte es sich bei der *Sammlung Kriegspoesie (Kp)* tatsächlich um ein gänzlich eigenständiges Projekt des Volksliedarchives. Doch Meier trennte seine Funktionen innerhalb der unterschiedlichen volkskundlichen Organisationen kaum voneinander. Aus dem Selbstverständnis heraus, wissenschaftliche Volksliedforschung zu betreiben, trieb er alle Teilbereiche der im Volksliedarchiv durchgeführten Forschungen – die Sammlung der Volksliedbelege, die *Sammlung Kp* und die *Sammlung Sl* – gleichermaßen energisch voran.[20] Obwohl sich Meier somit in erster Linie als Repräsentant des Volksliedarchives verstand, stellte die „grosse nationale Aufgabe", im Namen des Gesamtverbandes das Soldatenlied des Weltkrieges zu sammeln und anschließend „im Frieden für Volk und Heer im Druck herauszugeben",[21] sicherlich die prestigeträchtigere Tätigkeit dar.

Die *Sammlung Soldatenlied,* die sich schon seit „den ersten Zeiten des Krieges" einer dieser „neuen Aufgaben", die der Krieg an die Volkskunde stellte, annahm, wurde auf der Abgeordnetenversammlung des Verbandes am 30. September 1916 nach dem Vorbild vergleichbarer Unternehmungen in der Schweiz „zu einer Sammlung der soldatischen Volkskunde, die ausser dem Lied noch die Soldatensprache und den soldatischen Brauch und Glauben umfass[t]", erweitert.[22]

---

20 In den Jahresberichten des Deutschen Volksliedarchives werden beispielsweise alle diese Aufgaben thematisiert. Wie wenig Meier seine verschiedenen Funktionen innerhalb der unterschiedlichen Vereine und Verbände voneinander trennte, wird etwa darin deutlich, dass er in seiner Funktion als Leiter des Volksliedarchives auch für die Kriegssammlung des lokalen volkskundlichen Vereins *Badische Heimat* warb, in dessen Vorstand Meier ebenfalls tätig war. Die dort gesammelte Feldpost badischer Soldaten wurde jedoch nicht im Volksliedarchiv verwahrt. Vgl. etwa den Brief Meiers an den Heidelberger Privatdozenten Dr. Fehrle vom 6.6.1915 (DVA Allgemeine Korrespondenz 37b, 1915).

21 Brief Meiers an die Kriegsamtsstelle des Stellvertretenden Generalkommandos in Karlsruhe vom 2.4.1917. DVA Allgemeine Korrespondenz 2, 1917.

22 *Mitteilungen des Verbandes deutscher Vereine für Volkskunde.* Nr. 24, November 1916, S. 4.

Somit deckte die Kriegsarbeit des Verbandes deutscher Vereine für Volkskunde nunmehr drei große Sammelgebiete ab:[23]

1. Die *Sammlung Soldatenlied,* die von der Volksliedkommission des Verbandes initiiert wurde. Mit der Durchführung wurde das Deutsche Volksliedarchiv in Freiburg betraut, die Leitung übernahm Prof. John Meier.

2. Die *Sammlung von Soldatischem Brauchtum und Glauben,* die der Kommission Segen- und Zauberformeln des Verbandes zugewiesen wurde. Faktisch gesammelt wurde daher an der Universität Gießen, an der die Vorsitzenden der Kommission, Prof. Karl Helm und Dr. Hugo Hepding, tätig waren.

3. Die *Sammlung der Soldatensprache,* für die in München eine eigene Sammelstelle am Bayerischen Wörterbucharchiv eingerichtet wurde. Die Leitung der Sammlung übernahm der Leiter des Bayerischen Wörterbucharchives, Dr. Otto Maußer.

Die Soldatische Volkskunde

Diese durch den Krieg neugeschaffenen Forschungsfelder präsentierte der Verband 1916/1917 der Öffentlichkeit durch die Herausgabe dreier Schriften, in denen die wissenschaftliche Relevanz der Sammelgegenstände dargestellt und die Fragebögen zur empirischen Datenerhebung publiziert wurden: John Meier stellte 1916 *Das deutsche Soldatenlied im Felde* vor, 1917 folgten Hanns Bächtold und Otto Maußer mit ihren Schriften *Deutscher Soldatenbrauch und Soldatenglaube* und *Deutsche Soldatensprache.*[24] Einen exklusiven Repräsentationsanspruch für die wissenschaftliche Erkundung der neuen kriegsbedingten Forschungsfelder der Volkskunde konnten die Vertreter des Verbandes deutscher Vereine für Volkskunde jedoch keinesfalls für sich erheben. Die zahlreichen wissenschaftlichen und populärwissenschaftlichen Publikationen zur Soldatensprache, zum Soldatenhumor, zum Aberglauben im Krieg oder zum Soldatenlied, die während des Krieges erschienen,[25] bezeugen, wie groß das allgemeine Interesse an den

---

23 Zur Initiierung und zur Zuständigkeitsverteilung der *Soldatischen Volkskunde* vgl. ebd., S. 12–18.

24 John Meier: *Das deutsche Soldatenlied im Felde.* Straßburg 1916. Hanns Bächtold: *Deutscher Soldatenbrauch und Soldatenglaube.* Straßburg 1917. Otto Maußer: *Deutsche Soldatensprache. Ihr Aufbau und ihre Probleme.* Straßburg 1917.

25 Als Beispiele für die Auseinandersetzung mit der Soldatischen Volkskunde außerhalb des Verbandes deutscher Vereine für Volkskunde sind etwa zu nennen: Karl Bergmann: *Wie der Feldgraue spricht. Scherz und Ernst in der deutschen Soldatensprache.* Gießen 1916; Theodor Imme: *Die deutsche Soldatensprache der Gegenwart und ihr Humor.* Dortmund 1917; Ernst M. Kornfeld: *Der Krieg im Aberglauben und Volksglauben. Kulturhistorische Beiträge.* München 1915; Albert Hellwig: *Weltkrieg und Aberglaube. Erlebtes und Erlausc-*

neuartigen kulturellen Erscheinungsformen war, welche der Kriegsalltag mit sich brachte. Was aber ließ diese ‚Kultur des Krieges' in den Augen der Zeitgenossen für wissenschaftliche Untersuchungen so attraktiv erscheinen?

Die wissenschaftliche Auseinandersetzung mit der Kriegskultur und somit auch ihre breite mediale Präsenz stellten in den Augen der Zeitgenossen eine logische Konsequenz der Kriegssituation und ihrer besonderen Bedingungen dar. So betrachtete auch Meier die neu initiierten Großprojekte der Soldatischen Volkskunde als notwendige Reaktion auf eben jene „neue[n] Aufgaben, die gebieterisch an unsere Türe pochen und gerade in den kriegerischen Zeiten selbst erfaßt sein wollen".[26] Die Erforschung der Soldatischen Volkskunde, welche einen erheblichen Teil der kriegsspezifischen Kriegskultur ausmachte, besaß für die Wissenschaftler uneingeschränkte Priorität: „So ist es denn auch kein Wunder, wenn andere Aufgaben hinter seinen [des Krieges] Forderungen zurückstehen."[27] Die Forderung des Krieges bestand darin, die einzigartige Chance, welche dieser für volkskundliche Erhebungen zu bieten schien, unverzüglich wahrzunehmen. Denn trotz aller Hemmnisse war der Krieg schließlich in erster Linie „Erntezeit", die „wie keine andere Zeit in die Seele unseres Volkes blicken" ließ.[28] Der Weltkrieg und seine Kriegskultur wurden so zum idealen Forschungs- und Sammelgegenstand erhoben.

Die Wiederbelebung alter Volkstraditionen im Krieg

Die Wissenschaftler meinten etwa, eine Wiederbelebung alter, wenn nicht gar überkommener Volkstraditionen durch den Krieg feststellen zu können.[29] Hanns Bächtold, ein Schüler John Meiers, der aktiv an der Sammlung des soldatischen Brauchtums und Glaubens mitwirkte, sah die „Ausnahmesituation" des Krieges als Grund für eine völlige Umwertung im „Denken, Empfinden und Handeln" in weiten Kreisen der Bevölkerung.[30] Als emotionalisierende Komponente schaffe

---

htes. Leipzig 1916; Artur Kutscher: *Das richtige Soldatenlied. Verse und Singweisen im Feld gesammelt.* Berlin 1917; Alfred Henschke: *Das deutsche Soldatenlied wie es heute gesungen wird.* München 1915; Erich Schönberg: *Unser Soldat und sein Lied.* Berlin 1917.

26 *Mitteilungen des Verbandes deutscher Vereine für Volkskunde.* Nr. 26, August 1918, S. 1.

27 Ebd., S. 1.

28 Eugen Mogk: *Volkskunde und der Krieg.* In: *Mitteilungen des Vereins für sächsische Volkskunde.* Nr. 6, März 1916, S. 211.

29 Vgl. Reinhard Johler: *Der Krieg, der Feind und die Volkskunde.* In: *Zwischen Krieg und Frieden. Die Konstruktion des Feindes. Eine deutsch-französische Tagung.* Hg. von dems. Tübingen 2009, S. 37–68, hier S. 57.

30 Bächtold: *Deutscher Soldatenbrauch und Soldatenglaube* (wie Anm. 24), S. 1.

der Krieg nun Gefühlszustände, „die für den Glauben an höhere Mächte und für abergläubische Vorstellungen besonders empfänglich machen" und ein Wiederaufblühen alter Bräuche unter den Soldaten und der Zivilbevölkerung nach sich zögen, die tief im Volk geschlummert hätten.[31] Der Volkskunde böte sich dadurch die einzigartige Möglichkeit, die „Gedankenwelt des Volkes kennen[zulernen]" und zugleich aufzuzeigen, wie das Volk „nachhaltig und tief [...] beeinflusst werden kann".[32]

Die Vorstellung, dass der Krieg den ‚Vorhang der Zivilisation' beiseiteschiebe und den Blick freigebe auf das wahre Wesen des Volkes,[33] teilten alle Teilbereiche der Soldatischen Volkskunde. Das Dokumentieren tradierter Volksgebräuche wurde somit als vergleichsweise einfach aufgefasst, da der Krieg eine leichte Zugänglichkeit zu diesen Bräuchen zu garantieren schien. Die „Rückkehr weiter Kreise zur alten deutschen Schlichtheit und Einfachheit, die in vielen Fällen mit Wahrhaftigkeit gleichbedeutend ist",[34] wertete die Volkskunde durchweg positiv. Der fortschrittskritische Ansatz, mit welchem die Unternehmungen des Verbandes deutscher Vereine für Volkskunde vor 1914 begonnen wurden, zog sich trotz der Bewertung des Krieges als alles umwälzendes Ereignis wie ein roter Faden durch sämtliche Kriegsprojekte.

Das galt besonders für die Arbeit des Deutschen Volksliedarchives. Meier, der wie oben aufgezeigt die „Unfähigkeit unserer Zeit zu bedeutenden musikalischen Hervorbringungen"[35] kritisierte, meinte erfreut ein Wiederaufleben des deutschen Volksliedes beobachten zu können:

> Die alten deutschen Lieder haben durch den Krieg neue Bedeutung für uns erlangt. Uns allen wird unvergeßlich bleiben, wie unsere Krieger hinausgezogen sind zum Kampfe fürs Vaterland. Mit diesem Bilde aber wird dauernd in der Erinnerung ein vieltausendstimmiger Liederchor, der Klang unserer Volkslieder, verknüpft bleiben. [...] Und darum sind uns diese Lieder heilig. Sie sind es auch, weil unsere jungen Helden, diese Lieder auf den Lippen, in Sieg und Tod gegangen sind. So sind diese Lieder uns neugeschenkt, e i n e s der wertvollsten Vermächtnisse der großen Zeit, in der wir leben. Dieses Vermächtnis zu schützen und zu pflegen ist schlechterdings jedes Deutschen Ehrenpflicht.[36]

---

31 Ebd., S. 1f.

32 Ebd., S. 31.

33 Vgl. Johler: *Der Krieg, der Feind und die Volkskunde* (wie Anm. 29), S. 57.

34 Vgl. *Mitteilungen des Verbandes deutscher Vereine für Volkskunde.* Nr. 22, Juni 1916, S. 18.

35 Ebd., S. 18.

36 *Bericht über die Sammlung deutscher Volkslieder April 1914–April 1915* (wie Anm. 8), S. 23f. Hervorhebung im Original.

Die alten Volkslieder wurden durch den Krieg nicht mehr nur „nachgeplappert“, so Meier, sondern wirklich „empfunden“,[37] womit ihnen ein neuer Stellenwert im „Volk“ zukomme. Zugleich wurde ihnen durch ihre Einbettung in den kriegerischen Kontext eine nationale Aufladung zuteil, aus der Meier sich auch nach Kriegsende ein anhaltendes Interesse an der gesamten Materie versprach. Das Stocken der Sammeltätigkeit für die Volksliedsammlung während des Krieges nahm man billigend in Kauf, da der Krieg langfristig die Arbeit des Deutschen Volksliedarchives ankurbeln werde:

> Hier [bei der Volksliedsammlung], wie in unserer gesamten Tätigkeit überhaupt, wird der Frieden eine Wandlung zum Besseren bringen, und die im Kriege und durch ihn eingetretene Belebung der „Deutschheit“ wird auch, das hoffen wir zuversichtlich, unseren Arbeiten einen noch weiteren und lebhafteren Widerhall im ganzen Volke schaffen.[38]

Die „schöpferische Kraft“ des Krieges

Durch den Krieg, so glaubte man, könne nicht nur eine Wiederbelebung überkommener Volkstraditionen festgestellt und somit die Volkskultur ‚nach rückwärts‘ untersucht, sondern zugleich auch eine neue Volkskultur in ihrem Entstehen dokumentiert werden. Exemplarisch für die geisteswissenschaftliche Deutung des Ersten Weltkrieges ist die Betonung der „schöpferische Kraft“ des Krieges bei dem Historiker Paul Herre:

> [D]er Krieg ist nicht nur der furchtbare Vernichter, der erbarmungslos über das Dasein der Erdgeborenen dahinschreitet, sondern er ist auch die schöpferische Kraft, von deren grausigem Walten neue Lebensströme fließen. [...] [I]m großartigst natürlichen Sinne ist er selbst kulturschaffend.[39]

In der Wahrnehmung der zeitgenössischen Wissenschaftler zerstörte der Krieg also nicht nur Kultur, sondern schuf auch neue, kriegseigene kulturelle Erscheinungen, die sogenannte Kriegskultur. „Unter allen Geisteswissenschaften aber hat die *Volkskunde*“, so schrieb Otto Maußer, der Leiter der *Sammlung Soldatensprache* im Bayerischen Wörterbucharchiv 1917, „die Aufgabe, die vielfältigen Er-

---

37 Meier: *Das deutsche Soldatenlied im Felde* (wie Anm. 24), S. 4.

38 *Mitteilungen des Verbandes deutscher Vereine für Volkskunde.* Nr. 22, Juni 1916, S. 28f.

39 Paul Herre: *Zeitalter der nationalen Kriege.* In: K. Weule, E. Bethe, B. Schmeidler, A. Doren, P. Herre: *Kulturgeschichte des Krieges.* Leipzig/Berlin 1916 (Aus Natur und Geisteswelt 561), S. 93–115, hier S. 115. Vgl. dazu auch Johler: *Der Krieg, der Feind und die Volkskunde* (wie Anm. 29), S. 44ff.

scheinungen des Krieges […] selbst zu beobachten und zu sammeln."[40] Es sei ihre „wissenschaftliche und nationale Pflicht", so führte er bereits ein Jahr zuvor aus, diese neuen Erscheinungsformen als ein „Denkmal des Gefühlslebens" des deutschen Volkes der Nachwelt zu erhalten.[41]

Dem kam der Verband deutscher Vereine für Volkskunde nach, indem er seine Sammlungen zur Soldatischen Volkskunde initiierte und zudem kleinere Kriegssammlungen innerhalb der Regionalvereine – etwa in Form von Feldpostsammlungen – anlegte. Dass mit der Soldatischen Volkskunde der Fokus vor allem auf die Kriegskultur des Heeres gelegt wurde, liegt vermutlich in der Konzentration der sichtbaren kulturellen und mentalen Neuerungen innerhalb dieser sich rasch entwickelnden sozialen Sonderkultur. Zudem hatte das deutsche Weltkriegsheer, welches sich vornehmlich aus Wehrpflichtigen rekrutierte, den Vorteil, dass es sich in den militärisch-omnipräsenten Kriegszeiten als pars pro toto für die gesamte deutsche Bevölkerung deuten ließ. Besonders John Meier vertrat diese Auffassung vom Soldatenstand als Abbild des Volkes en miniature: Das Heer fungiere als Sammelbecken von Menschen unterschiedlicher Generationen, die aus allen Regionen des Reiches stammten und gänzlich verschiedenen sozialen Schichten angehörten. Das Aufeinandertreffen und die Vermischung dieser unterschiedlichen Menschen innerhalb des Soldatenstandes führe zu einer Auflösung der sozialen Gruppierungen und einem starken Gemeinschaftsgefühl,[42] so Meier, womit er – sei es bewusst oder unbewusst – *den Soldaten* dem zeitgenössischen naiven Volksbegriff gleichsetzte. Als Folge ihres ideologisch aufgeladenen Verständnisses vom Soldatenstand vermuteten die Wissenschaftler einen kulturellen Transformationsprozess, der auf diese ideale Weise sonst nicht zu beobachten sei. Die Entwicklung von Volksliedern, denn zu ihnen zählte Meier das Soldatenlied,[43] vollzog sich daher im Heer nicht nur wesentlich schneller, sondern ihre Dokumentation war zudem empirisch einfacher und vollständiger nachweisbar als zu Friedenszeiten.

---

40 Otto Maußer: *Der Liederbestand bairischer Truppen im Weltkrieg (1916).* In: Bayerische Hefte für Volkskunde. Nr. 4 (1917), S. 57–136, hier S. 57. Hervorhebung im Original.

41 Maußer: *Deutsche Soldatensprache* (wie Anm. 24), S. 73 und S. 78. Ihren Doppelcharakter einerseits als nationales Denkmal und andererseits als künftige wissenschaftliche Quelle teilten die volkskundlichen Kriegssammlungen mit fast allen deutschen Weltkriegssammlungen. Vgl. Brand: *Kriegssammlungen im Ersten Weltkrieg*, S. 214 ff. (wie Anm. 2).

42 Vgl. Meier: *Das deutsche Soldatenlied im Felde* (wie Anm. 24), S. 5f. und S. 39.

43 Vgl. ebd., S. 43.

Die Kriegssammlungen im Deutschen Volksliedarchiv

Eingebettet in diesen Kontext der wissenschaftlichen Erforschung der Kriegskultur entstanden 1914 und 1915 die beiden Weltkriegssammlungen des Deutschen Volksliedarchives. Als Ausdrucksform einer kriegseigenen populären Kultur wurde so auch die vermeintlich formalästhetisch minderwertige Kriegslyrik zur wissenschaftlichen Quelle erhoben. Der Mensch – und vor allem der Soldat – habe „den unwiderstehliche[n] Drang, […] allem, was ihn bewegt, im Liede Ausdruck zu geben", so Meiers Grundannahme,[44] mit der er die populäre Kriegslyrik als Spiegel der Volksmentalität und somit als würdigen Forschungsgegenstand der Volkskunde etablierte. Die Frage nach der künstlerischen Qualität dieser Lyrik stellte sich für das Volksliedarchiv im Gegensatz zu den großen Kriegssammlungen der deutschen Bibliotheken hingegen nicht. Vielmehr lag das Augenmerk auf der vermeintlichen Authentizität dieser zeitgeistgeprägten Lieder und Gedichte – schienen doch sowohl das Soldatenlied, welches von Angehörigen des Weltkriegsheeres rezipiert und im Idealfall sogar von diesen selbst verfasst oder dem aktuellen Geschehen angepasst wurde, als auch die kurzlebige Zeitungslyrik, verfasst von oftmals unbeholfen wirkenden Gelegenheitsdichtern, direkt dem ‚Volksmund' entsprungen zu sein. Eine Aufnahme und Weiterentwicklung einzelner Werke dieser Kriegskultur im Rahmen einer breiteren öffentlichen Rezeption erschien durchaus wahrscheinlich. Das im Kreis der Soldaten gesungene Lied und die Zeitungslyrik waren somit potenzielle Volkslieder.

In einem Schreiben an das Kuratorium der (Preußischen) Wissenschaftlichen Gesellschaft vom Dezember 1915 betont Meier, wie sehr die Kriegssammlungen an die regulären Forschungsaufgaben des Volksliedarchives anknüpften:

> Der Krieg stellt uns sodann auch neue Aufgaben. Schon von Beginn an haben wir die in Zeitungen, Zeitschriften und Büchern erschienenen Kriegsgedichte gesammelt, um der Möglichkeit, dass einige von ihnen vom Volksmund aufgenommen und weiter gesungen würden, Rechnung zu tragen. Weiter haben wir durch eine Umfrage festzustellen gesucht, welche Rolle das Soldatenlied bei unsern Feldgrauen draussen spielt, welche Lieder sie vor allem und bei welchen Gelegenheiten sie sie singen. […] Material zu sammeln, um die Bedeutung des Soldatenliedes für unsere Soldaten festzustellen und nach dieser Rechnung ein Bild von den geistigen Aeusserungen und Bedürfnissen unserer Soldaten zu gewinnen. [sic][45]

---

44 John Meier: *Das Soldatenlied im Felde.* In: Mein Heimatland. Badische Blätter für Volkskunde, ländliche Wohlfahrtspflege, Denkmal- und Heimatschutz, Heft 2–4 (1915), S. 61–75, hier S. 61.

45 Brief Meiers an das Kuratorium der (Preußischen) Wissenschaftlichen Gesellschaft vom 18.12.1915. DVA Allgemeine Korrespondenz 37a, 1915.

Dass durch eine flächendeckende und unselektive Aufnahme jeglicher lyrischer Kriegsprodukte die beiden Sondersammlungen zu enormem Umfang anschwollen, stellte für Meier und seine Mitstreiter anders als bei den Bibliothekssammlungen kein Problem dar, sondern wurde als Garantie für eine umfassende Erfassung und spätere objektive Auswertung begrüßt. Denn „nur die Masse", so Meier, könne „die Subjektivität des Berichteten dämpfen."[46] Da die Kriegssammlungen einen enormen Gewinn für die Forschung versprachen, scheute das Deutsche Volksliedarchiv weder Kosten noch Mühen, um ihren Ausbau zu gewährleisten. Ein Blick in die beiden Sammlungen *Soldatenlied* und *Kriegspoesie*, ihren expliziten Gegenstand und ihre Praxis vermag diese positivistisch-affirmative Sammelleidenschaft Meiers als Vertreter der zeitgenössischen Wissenschaft zu veranschaulichen.

Die *Sammlung Soldatenlied*

Die *Sammlung Soldatenlied* fungierte zwischen 1915 und 1918 als Aushängeschild des Deutschen Volksliedarchives und besaß neben der klassischen empirischen Volksliedsammlung die höchste Priorität. Als Teilbereich der oben ausführlich beschriebenen Soldatischen Volkskunde, dem Prestigeprojekt des Verbandes deutscher Vereine für Volkskunde während des Krieges, erreichte die *Sammlung Soldatenlied* vor allem in den Jahren 1915 und 1916 eine sehr breite Präsenz in den volkskundlichen Fachzeitschriften sowie in der populären Presse.[47] Damit repräsentierte die Sammlung das gesamte Deutsche Volksliedarchiv in der Öffentlichkeit.

Bereits im März 1915 veröffentlichte der Gesamtverband eine Umfrage über die „Rolle d[es] Volks- und Soldatenlied[es] im jetzigen Kriege".[48] Im darauffolgenden Jahr wurde die *Sammlung Soldatenlied* zu einer systematischen empirischen Sammlung von Soldatenliedern nach Text und Weise erweitert. Dieser inhaltliche Ausbau der Sammlung vollzog sich im Rahmen der Gründung der Soldatischen Volkskunde im Gesamtverband; gleichzeitig wurde mit *Das deutsche Soldatenlied im Felde* auch die erste Bearbeitung des eingegangenen Materials durch John Meier veröffentlicht. So erreichte die mediale Präsenz des Projektes *Sammlung Soldatenlied* 1916 ihren Höhepunkt.

---

46 Brief Meiers an den Grafen von Klinckowstroem, einen Förderer der Volksliedforschung aus München, vom 22.07.1915. DVA Allgemeine Korrespondenz 37a, 1915.

47 Neben der Veröffentlichung der Umfrage in der Fachpresse und in Feldzeitungen erschienen auch eine Reihe von Rezensionen zu Meiers *Das deutsche Soldatenlied im Felde* in diversen deutschen Tageszeitungen.

48 Brief Meiers an den Grafen von Klinckowstroem (wie Anm. 46).

Mit Verschiebung des Schwerpunktes von der Untersuchung der Gesangssituation auf das Zusammentragen von konkreten Soldatenliedbelegen glich Meier die Sondersammlung *Soldatenlied* seiner gängigen Praxis bei der Volksliedforschung an, in der ebenfalls Liedtexte und Melodien direkt vom Liedrezipienten aufgezeichnet wurden. Auch methodisch blieb die *Sammlung Soldatenlied* eng angelehnt an die reguläre Volksliedsammlung des Deutschen Volksliedarchives: Ein sorgfältig ausgearbeiteter Fragebogen wurde verfasst, in welchem das Liedrepertoire und die Gesangssituation der im Feld gesungenen Lieder erfragt wurde.[49] Mithilfe dieses Fragebogens, der in Fach- und Feldzeitungen publiziert wurde, appellierte Meier direkt an seine potenziellen Gewährsmänner, die Soldaten.

Die Sammlung umfasst bis heute die Antwortschreiben von 799 Gewährsmännern. Diese Antwortschreiben bestehen zum Großteil aus Briefen von Heeresangehörigen, in denen der Fragebogen beantwortet wird und denen zudem oftmals Niederschriften von Texten und Melodien einzelner Soldatenlieder beigelegt sind.[50] Die Soldatenbriefe der *Sammlung Soldatenlied* enthalten daher auch insgesamt 604 Liedbelege von Soldatenliedern des Ersten Weltkrieges.[51] Für die Volksliedforschung, die seit jeher der mündlichen Überlieferung eine maßgebliche Rolle zuschrieb, war der authentische empirische Beleg von Interesse. So wurden denn auch die Gewährsleute im Fragebogen aufgefordert, die ihnen bekannten Lieder nur so wiederzugeben, wie sie tatsächlich in ihrem Umfeld gesungen würden: „Aus dem Gedächtnis notieren, nicht aus Büchern abschreiben!"[52]

Mit der „grosse[n] nationalen Aufgabe" des Sammelns der Soldatenlieder war das Ziel verbunden, nach Friedensschluss ein Liederbuch „für Heer und Volk" herauszugeben[53] und so ein „allgemeingültiges Bild" des Soldatenliedes im Weltkrieg

---

49 Der Fragebogen wurde im Zuge der Ausweitung der Sammlung 1916 überarbeitet und erweitert. Siehe Abbildung 1 und Abbildung 2 des Aufsatzes *Soldatenlieder als Volkslieder – Volkslieder als Soldatenlieder. John Meier und das deutsche Soldatenlied* in diesem Band (S. 193ff.).

50 Auf eine inhaltliche Beschreibung der Antwortschreiben oder eine kritische Einschätzung der Sammelpraxis soll an dieser Stelle nicht weiter eingegangen werden. Vgl. dazu den Aufsatz *Soldatenlieder als Volkslieder – Volkslieder als Soldatenlieder* in diesem Band.

51 Die insgesamt 373 verschiedenen Lieder und ihre in der *Sammlung Soldatenlied* überlieferten Variationen wurden 1981 von Reinhard Olt in einer Edition herausgegeben. Vgl. Reinhard Olt: *Krieg und Sprache. Untersuchungen zu deutschen Soldatenliedern des Ersten Weltkrieges.* Teil 2. Gießen 1981.

52 Frage 15 des Fragebogens zur Sammlung deutscher Soldatenlieder (1916). Siehe Abbildung 2 des Aufsatzes *Soldatenlieder als Volkslieder – Volkslieder als Soldatenlieder. John Meier und das deutsche Soldatenlied* in diesem Band (S. 194f.)

53 Brief Meiers an die Kriegsamtsstelle des Stellvertretenden Generalkommandos Karlsruhe vom 2.4.1917. DVA Allgemeine Korrespondenz 2, 1917.

zeichnen zu können.[54] Neben solch plakativen Formulierungen im Sprachduktus der Kriegszeit, mit denen die Aufrufe, Besprechungen und Erläuterungen der Volkskundler in den Printmedien gespickt waren, unterstrich ebenfalls die enge Zusammenarbeit mit den Stellvertretenden Generalkommandos und den Schriftleitungen der Feldzeitungen den national-patriotischen Charakter des Unternehmens. Darüber hinaus erhob man den wissenschaftlichen Anspruch, am Beispiel der langfristigen Entwicklung und Rezeption der Soldatenlieder das Fortleben der Kriegskultur in Friedenszeiten zu dokumentieren. Denn das Soldatenlied schien ein kriegskulturelles Beispiel par exellence zu sein, in welchem sich durch die „Umwertung aller Werte" nicht nur zeige, „wie altes neu belebt wurde",[55] sondern sich durch um- oder neugedichtete Lieder auch die schöpferische Kraft des Krieges voll entfalte. Somit stellte das Soldatenlied eine „erfreuliche Erscheinung des Soldatenlebens" dar, die „ganz besonders anziehend für den Volkskundler" war, „weil es uns keinen Beharrungszustand zeigt, sondern lebendige Bewegung."[56]

Am Beispiel des Soldatenliedes erhoffte sich Meier also, idealtypisch die Entstehung, Verbreitung und Veränderung – sprich die Entwicklung – von Liedern im Kontext mündlicher Überlieferung dokumentieren und erforschen zu können. Denn, so das Fazit einer Rezension zu Meiers *Das deutsche Soldatenlied im Felde*, „[w]as jetzt der Feldgraue singt, singt in seltener Einheit das gesamte deutsche Volk."[57] Dementsprechend sorgfältig wurde das Material im Volksliedarchiv aufbereitet, wie es 1918 im Bericht der *Sammlung der deutschen Soldatenlieder* in den *Mitteilungen* des Gesamtverbandes hieß:

> Das Material ist vollständig von uns katalogisiert. Wir besitzen gebrauchsfertige Kataloge der sämtlichen Strophenanfänge, der Reime der einzelnen Strophen und der Herkunft der einzelnen Lieder. Ein Schlagwortkatalog ist in Vorbereitung.[58]

Die hohen Erwartungen an den wissenschaftlichen Wert der Sammlung spiegeln sich in Meiers energischer, vielfach kosten- und zeitintensiver Werbung wider: Mehrere tausend Exemplare des Fragebogens wurden ins Feld gesandt, ein er-

---

54 So Karl Helm, einer der Mitentwickler der ersten Version des Fragebogens zur Sammlung deutscher Soldatenlieder, in seiner Rezension zu Meiers *Das deutsche Soldatenlied im Felde*. Karl Helm: *John Meier. Das deutsche Soldatenlied im Felde*. In: Hessische Blätter für Volkskunde VX (1916), S. 148–150, hier S. 148.

55 Ebd.

56 Ebd.

57 Weltzien: *Das deutsche Soldatenlied im Felde* [Rezension]. In: DVA S 0198.

58 *Mitteilungen des Verbandes deutscher Vereine für Volkskunde*. Nr. 26, August 1918, S. 34. Die erwähnten Kataloge sind heute nicht mehr erhalten und auch der geplante Schlagwortkatalog wurde nach Kriegsende vermutlich nicht mehr in Angriff genommen.

schöpfender Briefverkehr mit den Gewährsmännern geführt und Vorträge und Aufsätze verfasst, mit denen Meier die *Sammlung Soldatenlied* in der Öffentlichkeit präsentierte.[59]

Die *Sammlung Kriegspoesie*

Die *Sammlung Kriegspoesie* war sicherlich ein weniger prominentes Beispiel für die wissenschaftliche Dokumentation der Kriegskultur im Ersten Weltkrieg. Dennoch stellt sie die vielleicht am konsequentesten verfolgte Kriegssammlung der deutschen Volkskunde dar, denn sie wurde durchgängig von August 1914 bis Dezember 1918 geführt. Bereits am 12. August, nicht einmal zwei Wochen nach Kriegsausbruch, beauftragte Meier das *Berliner Literarische Bureau* mit der Lieferung von in Zeitungen publizierten „Volkslieder[n] und aus Anlass des Krieges gedichtete[n] Lieder[n]".[60]

Dieser Auftrag ist in zweierlei Hinsicht bemerkenswert: Einerseits legte Meier damit den Grundstein zur ersten Sondersammlung des Deutschen Volksliedarchives, welche „alle Kriegspoesie und Kriegsvolkslieder, deren [wir] habhaft werden können", beinhalten sollte.[61] Damit etablierte er die populäre Zeitungslyrik explizit als Sammelgegenstand, noch bevor sich das Ausmaß der von anderen Kriegssammlern beklagten Lyrikschwemme überhaupt abzeichnen ließ. Im Rahmen der Volksliedforschung wurde die Kriegspoesie kategorisch als Ausdruck der zeitspezifischen Mentalität und daher als Bestandteil einer umfassenden Kriegskultur definiert. Andererseits lässt Meiers sofortiges Einschalten eines Zeitungsausschnittbüros als auswärtiger Dienstleister darauf schließen, dass er die spezifische Medienbezogenheit der Gattung Kriegslyrik unmittelbar erkannte. Dieses Bewusstsein teilte er mit den Initiatoren der großen öffentlichen Kriegssammlungen, die besonders die „in der Hauptsache vollkommen neue[n] Typen", die neben das „gewohnte Schrifttum" traten, als Sammelgegenstand bevorzug-

---

59 *Das Soldatenlied im Felde,* Meiers erste Bearbeitung des Materials der *Sammlung Soldatenlied,* erschien 1915 in der *Badischen Heimat* (wie Anm. 44). Die monographische Werbeschrift *Das deutsche Soldatenlied im Felde* von 1916 (wie Anm. 24) ging zurück auf einen Vortrag, den John Meier am 23.02.1916 an der Universität Freiburg gehalten hatte. Des Weiteren publizierte er 1917 den kurzen Aufsatz *Vom deutschen Soldatenlied im Felde* in der Beilage zur Kriegszeitung der 7. Armee (Nr. 206, 14.01.1917, S. 1f.).

60 Brief Meiers an das Berliner Literarische Bureau vom 12.08.1914. DVA Allgemeine Korrespondenz 111, 1914.

61 Brief Meiers an Hanns Bächthold vom 12.08.1914. DVA Allgemeine Korrespondenz 111, 1914.

ten.[62] Im Rahmen der regulären Volksliedforschung wurden zwar durchaus auch gedruckte Liedbelege im Volksliedarchiv gesammelt und ausgewertet, doch handelte es sich dabei vornehmlich um Liederbücher, Flugschriften oder Musikalien. Die systematische Durchforstung der Massen- und Tagespresse nach Lyrik sowie die damit verbundene Zusammenarbeit mit einem kommerziellen außenstehenden Zeitungsausschnittbüro blieb auch in den folgenden Jahrzehnten eine Besonderheit in der Arbeitsweise des Volksliedarchives.

Bereits im allerersten *Bericht über die Sammlung deutscher Volkslieder* von 1915 stellte Meier die *Sammlung Kriegspoesie* vor:

> Als sich zu Beginn des Krieges die dichterische Tätigkeit in weiten Kreisen des Volkes steigerte und in den Zeitungen eine Menge von Liedern Gebildeter und Ungebildeter veröffentlicht wurde, die bald ins Feld zu unseren Truppen drangen und auch in der Heimat sich verbreiteten, glaubte der Leiter des Archivs diese Poesie sammeln und katalogisieren zu sollen. Mußten wir doch mit der Möglichkeit rechnen, daß eine Anzahl dieser Lieder volksläufig wurde und in den Liederschatz des Volkes eindrang. [63]

Den publizierten populären Kriegsgedichten wurde somit die Qualität potenzieller „Kunstlieder im Volksmunde" zuerkannt[64] – Autorenlyrik, welche durch eine weite Verbreitung einen volksliedartigen Charakter annahm oder, um Meiers oben zitierte Formulierung zu verwenden, „volksläufig" wurde. Eine Unterscheidung zwischen Lied und Lyrik wurde entsprechend dem damaligen Verständnis von Lyrik als prinzipiell singbaren Versen nicht getroffen, vermutete man doch mit dem Übergang der „Individualpoesie [...] zur Collectivpoesie"[65] einhergehende Vertonungen und Kontrafakturen. Mit dem Sammeln der Zeitungslyrik verfolgte Meier demnach die bestehenden Ziele des Volksliedarchives, indem er eventuelle spätere Volkslieder in ihrem Entstehen als Gelegenheitsgedicht „von Anfang an" dokumentierte.[66] Diese Zielsetzung setzte das beständige Sammeln voraus, womit die *Sammlung Kriegspoesie* nicht nur die gesamte Zeitspanne des Krieges abzudecken vermochte, sondern durch die gleichbleibende Intensität, mit der sie vom Deutschen Volksliedarchiv betrieben wurde, auch eine Kontinuität besitzt, welche die Sammlungen der Soldatischen Volkskunde entbehren müssen.

---

62 Walther Schulze: *Kriegssammlungen.* In: Zentralblatt für Bibliothekswesen (35) 1918, S. 15–26, hier S. 16.

63 *Bericht über die Sammlung deutscher Volkslieder, April 1914–April 1915* (wie Anm. 8), S. 34f.

64 So der Titel einer Studie Meiers vom 1909. John Meier: *Kunstlieder im Volksmunde. Materialien und Untersuchungen.* Halle 1909.

65 Ebd., S. XVI.

66 *Bericht über die Sammlung deutscher Volkslieder, April 1914–April 1915* (wie Anm. 8), S. 35.

Doch erst diese Kontinuität ermöglicht die Dokumentation von Entwicklungen innerhalb des Sammelgegenstandes ,populäre Kriegslyrik'.

Populär war die Zeitungslyrik nicht nur wegen ihrer Verbreitungsform durch das Massenmedium Zeitung, sondern auch aufgrund ihrer Autorengruppe. Zwar finden sich auch überregional bekannte Autoren wie Julius Bab oder Rudolf Herzog wieder, doch gerade in der zweiten Kriegshälfte und in Regionalzeitungen publizierten viele dilettantische Autoren, die damals wie heute kaum in Anthologien vertreten sind und keinerlei überregionale Bekanntheit erreichten. Bei den Gedichten der *Sammlung Kriegspoesie* handelt es sich somit oftmals um Gelegenheitsgedichte von Patrioten, von Schulkindern, von Soldaten oder von Frauen, die Themen ihres Kriegsalltages lyrisch umsetzten. Von einem einförmigen Stimmungsbild kann daher trotz der einheitlichen Publikationsform im Medium Zeitung, das sich während des Krieges permanent in einem Spannungsfeld von Zensur und Propaganda bewegte, keine Rede sein.

Ob Meier im August 1914 abschätzen konnte, welche Massen an Lyrik dieser Krieg hervorbringen sollte, sei dahingestellt. Durch das Abonnement beim *Berliner Literarischen Bureau* trafen zu einem Preis von 20 Mark pro Quartal monatlich regelmäßig mehrere Hundert „Zeitungsausschnitte betr. Kriegslieder" im Deutschen Volksliedarchiv ein.[67] Dabei handelt es sich um in diversen Zeitungen erschienene Kriegsgedichte, die ausgeschnitten und je auf einen vorgefertigten sogenannten *fiche* geklebt wurden. Auf jedem *fiche* wurde maschinenschriftlich oder per Stempel die jeweilige Zeitung nebst dem Erscheinungsdatum angegeben. Das *Berliner Literarische Bureau* versprach „täglich eine grosse Anzahl von Zeitungen und Zeitschriften" auszuwerten[68] – de facto bestand ihr Sortiment aus etwa 80 verschiedenen Blättern.[69] Neben den großen Blättern mit überregionaler Verbreitung wie der Berliner *Täglichen Rundschau*, der Breslauer *Schlesischen Zeitung* oder dem *Neuen Berliner Tagblatt* waren mit der *Zeitung der X. Armee* und der *Liller Kriegs-Zeitung* auch zwei Feldzeitungen im Repertoire vertreten. Der Großteil der Ausschnitte stammte hingegen tatsächlich aus kleineren Lokal-

---

67 Vgl. Abonnementbestätigung des *Berliner Literarischen Bureaus* an das Deutsche Volksliedarchiv vom 17.8.1914. DVA Allgemeine Korrespondenz 111, 1914.

68 Ebd.

69 Zeitungsausschnittsagenturen oder Pressebüros waren bereits seit der Jahrhundertwende auch in Deutschland ein weit verbreitetes Instrument der Informationsbeschaffung und -analyse. Ihr Werbeversprechen, mit ihren Zeitungsausschnitten die gesamte Printmedienlandschaft abzudecken, erfüllte freilich keines von ihnen. Mit einem Repertoire von ca. 80 verschiedenen Blättern wird das Berliner Literarische Bureau im Durchschnitt gelegen haben. Vgl. Anke te Heesen: *cut and paste um 1900*. In: *cut and paste um 1900. Der Zeitungsausschnitt in den Wissenschaften*. Hg. von ders. Berlin 2003, S. 20–38, hier S. 23ff.

zeitungen aus dem gesamten deutschsprachigen Raum, vom *Breslauer General-*
anzeiger über das *Mannheimer Tageblatt* bis zur *Neuen Augsburger Zeitung.*

Die abonnierten Zeitungsausschnitte machen bis heute den Großteil der *Samm-*
lung Kriegspoesie aus, aber das Deutsche Volksliedarchiv fügte der Sammlung
auch selbst Ausschnitte aus Zeitungen, vor allem regional-badischen, sowie handschriftliche Liedaufzeichnungen hinzu. Die Gedichtbelege wurden im Deutschen
Volksliedarchiv sorgfältig nach Incipit geordnet und in einem doppelten Zettelkatalog nach Autoren und Gedichtanfängen katalogisiert.[70] Im Laufe des Krieges
wuchs die Sammlung so auf geschätzt 14.000 Einzelbelege an, die in 35 Archiv-
kartons verwahrt wurden. Welche große Herausforderung die alltägliche Bearbeitung dieser Massenquelle darstellte, verdeutlichen die wiederholten Klagen der
drei Schreibkräfte, „dass die Katalogzettel für den Katalog der Kriegspoesieen
ausgegangen sind, sodass die Arbeit daran nicht weitergeführt werden kann, obwohl noch ein grosser Posten Kriegsgedichte zu katalogisieren ist."[71]

Obwohl die Arbeit an der *Sammlung Kriegspoesie* viel Zeit und Aufmerksamkeit
in Anspruch nahm, fand sie in der offiziellen Berichterstattung des Volksliedarchives nur am Rande Erwähnung. Abgesehen von der oben zitierten knappen
Vorstellung des Projektes im ersten Jahresbericht des Volksliedarchives folgten in
den folgenden Jahren nur beiläufige Hinweise auf den Fortschritt der Katalogisie-
rungsarbeiten; Äußerungen zur Bedeutung oder zu künftigen Forschungsvorha-
ben fehlen komplett.[72] Die *Sammlung Kriegspoesie* war zu Kriegszeiten sicherlich
keine aufmerksamkeitserregende Attraktion des Deutschen Volksliedarchives –
zudem brachte es ihre Zielsetzung, Kriegslieder in ihrem „Urtext"[73] zu dokumentieren, mit sich, dass ihr wissenschaftlicher Wert erst mit dem Übergang dieser
Kriegskultur in die Volkskultur zu Tage treten würde. Ihre Bedeutung für die
Wissenschaft würde die Sammlung so erst in der mittelbaren Zukunft erhalten.
Doch Meiers Hoffnung, dass das ein oder andere dieser Gedichte ‚volksläufig'
werden könnte, erfüllte sich nach dem verlorenen Krieg nicht.

---

70 Vgl. *Bericht über die Sammlung deutscher Volkslieder, April 1914–April 1915* (wie Anm. 8),
S. 35. Der Incipitkatalog zur *Sammlung Kriegspoesie* ist heute noch vollständig im Deutschen Volksliedarchiv erhalten. Vom Autorenkatalog sind die Buchstaben A bis Tz vorhanden.

71 Brief von Martha Lamey, Meiers Sekretärin, an Meier vom 1.9.1916. DVA Allgemeine Korrespondenz 214, 1916.

72 Im *Bericht über die Sammlung deutscher Volkslieder, April 1916–April 1918.* [sic!] Freiburg
1918 wurde etwa nur darauf verwiesen, dass der Katalog nun endlich fertiggestellt sei und
„ständig auf dem Laufenden" gehalten werde. Bis April 1918 umfasste er ca. 22.000 Zettel.
Ebd., S. 18.

73 Meier: *Kunstlieder im Volksmunde* (wie Anm. 64), S. XVI.

Die vergessene Kriegskultur: Die Sammlungen nach Kriegsende

Das Deutsche Volksliedarchiv nahm sich ab 1914 jener lyrischen Erscheinungsformen der kriegsspezifischen Kultur an, auf die andere Sammler innerhalb ihrer Gesamtdokumentation des ‚großen Krieges' getrost verzichten zu können glaubten. Ungeachtet ihrer ästhetischen Einschätzung fiel das Sammeln populärer Kriegslyrik aufgrund ihrer kulturellen Bedeutung für die wissenschaftliche Volkskunde von vornherein in den Zuständigkeitsbereich des Volksliedarchives, so dass die beiden Sondersammlungen *Kriegspoesie* und *Soldatenlied* in seinem regulären Forschungsbereich verortet wurden und insgesamt kaum eine Abweichung von der sonstigen volkskundlichen Sammelpraxis aufwiesen. Weder wurde eine neue Methodik noch eine neue Fragestellung für die Kriegssammlungen entwickelt: Sowohl das Sammeln und die Aufbereitung publizierter Lieder und Gedichte als auch die großangelegte Erhebung empirischer Liedbelege wurden im Rahmen der regulären Volksliedsammlung schon zuvor betrieben. Auch inhaltlich waren die Kriegssammlungen fest in den Kontext der zentralen Aufgabenstellung des Archives eingebettet, nämlich der Dokumentation und wissenschaftlichen Untersuchung von ‚liedbiologischen' Prozessen, wie es damals hieß. Gemeint war in den Fällen der Kriegslyrik und des Soldatenliedes demnach die Genese von Individualleistungen zu Volksliedern und deren Weiterentwicklung. Obwohl Meier und seine Mitstreiter folglich keineswegs Neuland betraten, als sie die Kriegssammlungen anlegten, kam es dennoch nie zu der stets geplanten Auswertung dieser Massenquellen nach Kriegsende. Eingelagert in den Magazinräumen des Volksliedarchives blieben die Sammlungen stattdessen jahrelang unberührt und gerieten zunehmend in Vergessenheit.

Ein Grund für die ausgebliebene Rezeption der volkskundlichen Kriegssammlungen, für die die Sammlungen *Kriegspoesie* und *Soldatenlied* Pate stehen, mag vor allem in ihrem ideologischen Zuschnitt gelegen haben. Denn so problemlos sich die Sammlungen *Kriegspoesie* und *Soldatenlied* ansonsten auch in die Sammel und Arbeitspraxis des Volksliedarchives integrieren ließen, stellten sie doch durch ihren direkten Kriegsbezug immer ein kleines Kuriosum innerhalb der sonstigen Bestände dar. Die Annahme einer kriegseigenen Kultur und die Wahrnehmung der kriegerischen Auseinandersetzungen als große Chance für wissenschaftliche Untersuchungen verdeutlichen die rein affirmative, kritiklose Kriegswahrnehmung der deutschen Volkskundler zwischen 1914 und 1918.[74] Die Ver

---

[74] Mit ihrer national-affirmativen Kriegswahrnehmung und der Verklärung des Krieges als Ende einer von tatenloser Dekadenz bestimmten Vorkriegzeit vertraten die Volkskundler ganz die gängigen Ansichten der zeitgenössischen Eliten. Vgl. dazu Helmut Fries: *Die große Katharsis. Der Erste Weltkrieg aus der Sicht deutscher Dichter und Gelehrter.* Konstanz 1991

klärung der Bevölkerung zu einer Kriegsvolksgemeinschaft, des Heeres zu einem Volk en miniature oder allgemein einer rein positiv gewerteten ‚schöpferischen Kraft des Krieges' zeigt ihre ideologische Gebundenheit auf. Ausschließlich die kulturellen Produkte des Krieges „als weitere Variante der Produktivität des Volkes, veredelt durch die Weihen des patriotischen Ereignisses", standen im Interesse ihrer Forschung.[75] Auf diese Weise fand eine totale ‚Verwissenschaftlichung' des Krieges statt, die blind war für das Leid, welches der Krieg in der Bevölkerung verursachte, und für die zunehmende Kritik an der offiziell propagierten Kriegsideologie. Euphorisch sammelte man so die Materialflut, ohne jedoch neue, kritische Fragestellungen zu entwickeln, welche tatsächliche Wahrnehmungsmuster des Krieges im ‚Volk' hätten aufzeigen können.[76] Somit waren die vorhandenen Fragestellungen derart patriotisch aufgeladen, dass sie bedingungslos an den Sieg der Mittelmächte gekoppelt waren. Durch die Niederlage im November 1918 wurden die Fragen der Volkskunde nach der Fortentwicklung der soldatisch geprägten, bejahend-patriotischen Kriegskultur ad absurdum geführt, womit auch das sorgfältig in Kriegssammlungen angehäufte Material seine Legitimation verlor und die geplanten Bearbeitungen ausblieben.[77]

Entsprechend skeptisch steht die neuere Forschung den wissenschaftlichen Bemühungen der zeitgenössischen Volkskunde gegenüber. „Die Volkskunde hat sich im Ersten Weltkrieg auf diese Quellen gestürzt, freilich ohne produktiven oder argumentativen Gewinn daraus zu ziehen", resümiert Gottfried Korff.[78] In Bezug auf das Deutsche Volksliedarchiv trifft diese Einschätzung sicherlich in vollem Umfang zu: Zwar bezog Meier die Zeitung als Vermittler von Volkskultur für die *Sammlung Kriegspoesie* mit ein, doch wurden im Volksliedarchiv in so großem Umfang anschließend nie wieder Erzeugnisse der Massenmedien gesammelt.[79] Auch inhaltlich zog Meier keinen Gewinn aus den Kriegssammlun-

---

und Kurt Flasch: *Die geistige Mobilmachung. Die deutschen Intellektuellen und der Erste Weltkrieg. Ein Versuch.* Berlin 2000.

75 Vgl. Eva Zwach: *Deutsche und englische Militärmuseen im 20. Jahrhundert. Eine kulturgeschichtliche Analyse des gesellschaftlichen Umgangs mit Krieg.* Diss. Marburg 1997. Münster 1999, S. 22.

76 Ebd.

77 Vgl. Reinhard Johler: *Kriegserfahrung in den Humanwissenschaften. Die Volkskunde und der große Krieg.* In: *Kriegserfahrungen. Krieg und Gesellschaft in der Neuzeit. Neue Horizonte der Forschung.* Hg. von Georg Schild und Anton Schindling. Paderborn u. a. 2009 (Krieg in der Geschichte Bd. 55), S. 179–196, hier S. 193.

78 Gottfried Korff: *Vorwort.* In: *KriegsVolksKunde. Zur Erfahrungsbildung durch Symbolbildung.* Hg. von dems. Tübingen 2005, S. 9–30, hier S. 20.

79 Im Gegensatz dazu attestiert Johler der Volkskunde als Gesamterscheinung eine methodische Erweiterung durch die Erfahrung des „Seriell-Technischen" der Quellen während des

gen: Das geplante Liederbuch, das aus dem Material der *Sammlung Soldatenlied* entstehen sollte, wurde niemals in Angriff genommen und da keines der Gedichte aus der *Sammlung Kriegspoesie* sich zum Volkslied entwickeln wollte, taugte die Sammlung nicht, um „das zu Grunde liegende Individuallied" eines bekannten volksläufigen Liedes „herzustellen".[80] Fortan wurden die Bemühungen um die Dokumentation der Kriegskultur in sämtlichen Publikationsorganen totgeschwiegen. Dass die Existenz einer solchen Kriegskultur dennoch in den Kreisen der einstigen volkskundlichen Sammler im Stillen fortlebte, zeigt ihr Wiederaufblühen als *Kriegsvolkskunde* im Zweiten Weltkrieg – nun unter dem gänzlich anderen Vorzeichen des Nationalsozialismus. Wenn auch mit wesentlich weniger Elan als 1914 bzw. 1916 bemühte sich auch Meier im Deutschen Volksliedarchiv darum, Folgesammlungen zum *Soldatenlied* und zur *Kriegspoesie* anzulegen,[81] die nach 1945 freilich noch tiefer als 1918 in den Magazinräumen verschwanden.

Eines der selbsterklärten Ziele des Volksliedarchives in der Zeit zwischen 1914 und 1918 war es, jene populäre Kriegslyrik zu sammeln und für die Wissenschaft zu bewahren, auf die man sonst, „was unverzeihlich sein würde, ganz […] verzichten"[82] müsste. Tatsächlich ist der Erhalt der ‚minderwertigen' Massenlyrik emsigen Sammlern wie Meier zu verdanken, wenn auch die so entstandenen Sammlungen heute das Augenmerk vom Sammelgegenstand zusehends auf den gesellschaftlichen und wissenschaftlichen Umgang mit Krieg in den Kreisen der Sammler selbst lenken.

Vor dem Verschwinden konnte das Deutsche Volksliedarchiv mit seinen Sammlungen umfangreiche Teile der populären Kriegslyrik des Ersten Weltkrieges bewahren, nicht aber vor dem Vergessen. Die Kriegssammlungen vermochten die großen Hoffnungen, mit denen sie einst initiiert wurden, nicht zu erfüllen und führten zu einer späteren Distanzierung von den einstigen Großprojekten: Weder in seiner Jubiläumsschrift *Der Verband deutscher Vereine für Volkskunde. Sein Werden und Wirken 1904–1944* von 1944[83] noch in seinem resümierenden Auf-

---

Ersten Weltkrieges. Vgl. Johler: *Kriegserfahrungen in den Humanwissenschaften* (wie Anm. 77), S. 194.

80 Meier: *Kunstlieder im Volksmunde* (wie Anm. 64), S. XVII.

81 „Wie im Weltkriege haben wir auch jetzt im Einvernehmen und mit Unterstützung des Oberkommandos der Wehrmacht […] eine Sammlung des deutschen Soldatenliedes unternommen", heißt es im *Achtzehnten Bericht über die Sammlung deutscher Volkslieder. April 1940–1941*, S. 22. Beide Sammlungen sind bis heute im Deutschen Volksliedarchiv vorhanden.

82 *Mitteilungen des Verbandes deutscher Vereine für Volkskunde.* Nr. 26, August 1918, S. 1.

83 Meier: *Der Verband deutscher Vereine für Volkskunde* (wie Anm. 7).

satz *Das Deutsche Volksliedarchiv in Freiburg*,[84] den Meier 1953 kurz vor seinem Tod schrieb, werden die Kriegssammlungen des Deutschen Volksliedarchives auch nur mit einem Wort erwähnt.

---

84 John Meier: *Das Deutsche Volksliedarchiv in Freiburg*. In: Staatsanzeiger für Baden-Württemberg. Jg. 2 (1953), Nr. 39.

Nicolas Detering

Sammeln und Verbreiten
Gedichtanthologien im Ersten Weltkrieg

I. Einleitung

Angesichts der Fülle von lyrischen Neuerscheinungen im Ersten Weltkrieg bietet die *Gedichtanthologie* dem Literaturhistoriker eine gelegene Möglichkeit, durch die Masse intellektuell oft wenig ansprechender Texte notwendige Schneisen zu schlagen, gleichsam die Zeitgenossen selbst schon das Quellenkorpus erstellen zu lassen und somit zeitgenössische Selektionskriterien – wenn auch nicht unhinterfragt – als Ausgangspunkt zu übernehmen.[1] Auf ausführlichere definitorische Erörterungen soll hier verzichtet werden, unter ‚Anthologie' verstehe ich eine Auswahlsammlung von größtenteils bereits andernorts gedruckten Gedichten verschiedener Verfasser.[2]

---

1 Vgl. einführend Günter Häntzschel: *Die deutschsprachigen Lyrikanthologien 1840 bis 1914. Sozialgeschichte der Lyrik des 19. Jahrhunderts.* Wiesbaden 1997 (Buchwissenschaftliche Beiträge aus dem deutschen Bucharchiv München 58). Zu Gedichtanthologien im Ersten Weltkrieg liegt bislang allein der Beitrag von Thomas Taterka: *‚Der Deutsche Krieg im Deutschen Gedicht'. Die deutsche Weltkriegslyrik und ihr Begleiter Julius Bab.* In: Krieg und Literatur 5 (1999), S. 5–20 vor. Für die Forschung zum Ersten Weltkrieg weniger ergiebig sind die Ausführungen bei Roderich Wais: *Soziale Rollenbilder in populären deutschen Lyrikanthologien des 19. und frühen 20. Jahrhundert.* Diss. Berlin TU 1973 und Doris Haneberg: *Deutschsprachige Anthologien aus den Jahren 1906–1953. Voraussetzungen und Auswirkungen von nationalsozialistischer Kulturpolitik.* Diss. Berlin 1988. Zur ‚Mythologie' der Deutschen im späten Kaiserreich auf Grundlage von Anthologien vgl. Wulf Wülfing, Karin Bruns und Rolf Parr: *Historische Mythologie der Deutschen 1789–1918.* München 1991, S. 112–210.

2 Vgl. zur Theorie der Anthologie Joachim Bark: *Zwischen Hochschätzung und Obskurität. Die Rolle der Anthologien in der Kanonbildung des 19. Jahrhunderts.* In: *Autoren damals und heute. Literaturgeschichtliche Beispiele veränderter Wirkungshorizonte.* Hg. von Gerhard P. Knapp. Amsterdam 1991 (Amsterdamer Beiträge zur neueren Germanistik 31/33), S. 441–457 und Dietger Pforte: *Die deutschsprachige Anthologie. Ein Beitrag zu ihrer Theorie.* In: *Die deutschsprachige Anthologie. Bd. 1: Ein Beitrag zu ihrer Theorie und eine Aus-*

Bereits in der politischen Publizistik nach dem deutsch-französischen Krieg und der Reichsgründung 1870/71 spielte die patriotische Kriegsgedichtanthologie eine zentrale Rolle für die Popularisierung deutscher Lyrik.[3] Rund sechzig Anthologien verzeichnet eine einschlägige Bibliographie allein für den Zeitraum 1840 bis 1914,[4] wobei ein Großteil der Sammlungen in den 1870er-Jahren erschien und ausdrücklich kriegsapologetische oder legitimatorische Funktion übernahm.[5] Auch im Ersten Weltkrieg darf die Anthologie als eine der wirksamsten Distributionsformen von Kriegslyrik gelten, erfüllt sie doch zum einen – anders als die selbständige Publikation von Gedichten eines einzelnen Autors – die Kanalisierungsfunktion redaktioneller Vorauswahl, ermöglicht einen raschen Überblick, bietet ein Prisma unterschiedlicher, in Ton und Wirkabsicht freilich meist ähnlicher Stimmen zur Zeit und trägt so zur Verbreitung und Popularisierung von wenigen, dafür bekannteren Texten bei; zum anderen suggeriert sie durch ihre Kanonisierungsleistung – anders als Zeitungen, Zeitschriften und Flugblätter – eine längere Halbwertszeit der präsentierten Auswahl, verspricht eine Zusammenstellung bemerkenswerter, aus der gesichteten Masse herausragender Texte, die auch über die stürmische Begeisterung der ersten Kriegstage hinaus Geltung beanspruchen dürfen und es verdienen, sich als literarische Zeugnisse der Zeitenwende zu etablieren. Die anthologische Katalysator- und Speicherfunktion, ihre Doppelintention von Verbreitung und Bewahrung, von Popularisierung und Archivierung reagiert auf die für die Weltkriegsideologie typische Gemengelage von emphatischer Kollektivbegeisterung und reflexiver Selbsthistorisierung.

Bei allen unleugbaren Vorteilen von Gedichtanthologien als Quellengrundlage wirft die Beschränkung auf nur eine Publikationsform der Kriegslyrik allerdings auch Generalisierungsprobleme auf: Anthologien enthalten in der Regel Gedichte, die an anderem Ort schon einmal publiziert wurden; sie selegieren also Texte,

---

wahlbibliographie des Zeitraums 1800–1950. Hg. von Joachim Bark und Dietger Pforte. Frankfurt a. M. 1970 (Studien zur Philosophie und Literatur des neunzehnten Jahrhunderts 2), S. XII–CXXIV sowie ders.: *Zum Forschungsstand.* In: *Bibliographie der deutschsprachigen Lyrikanthologien 1840–1914.* Teil 1: *Bibliographie.* Hg. von Günter Häntzschel. Unter Mitarbeit von Sylvia Kucher und Andreas Schumann. München u. a. 1991, S. 3–9 und Jörg Schönert: *Die populären Lyrik-Anthologien in der zweiten Hälfte des 19. Jahrhunderts. Zum Zusammenhang von Anthologiewesen und Trivialliteraturforschung.* In: Sprachkunst 9 (1978), S. 272–299.

3   Vgl. Hasko Zimmer: *Auf dem Altar des Vaterlands. Religion und Patriotismus in der deutschen Kriegslyrik des 19. Jahrhunderts.* Frankfurt a. M. 1971 (Germanistik 3), S. 71–151.

4   *Bibliographie der deutschsprachigen Lyrikanthologien* (wie Anm. 2), passim.

5   Vgl. Angelika Menne: *Einigkeit und Unité. Die Legitimation politischer Vorgänge mit lyrischen Mitteln in den deutschen und französischen Kriegsgedichten von 1870–71.* Diss. Berlin 1980.

die bereits durch andere Herausgeber, Verleger oder Verfasser vorselegiert sind. Das bedeutet zum einen, dass sie literarische Entwicklungstendenzen nur mit Verspätung registrieren, zum anderen, dass sie in jedem Falle nur die ‚Spitze des Eisbergs' erfassen. Zum Dritten interpretieren sie ihre Auswahl durch die bloße Zusammenstellung eines Textes mit anderen Texten, durch das Anordnungsprinzip der Texte und schließlich durch Präsentationsstrategien – von der publizistischen Aufmachung bis zu editorischen Kommentaren und Paratexten – und lenken die Rezeption der dargebotenen Auswahl.[6] Die Interpretation der Einzeltexte ist umgekehrt aber Voraussetzung für eine eingehende Interpretation der gesamten Anthologie, denn sie setzt sich ja aus ihnen zusammen; Einzeltext und Anthologiekontext stehen also in einem reziproken Deutungsverhältnis zueinander.

Dieses Verhältnis will ich im Folgenden für die Kriegsgedichtanthologie des Ersten Weltkriegs in vier Schritten umreißen. Erstens skizziere ich Selektionskriterien, Wirkabsichten und Ordnungsprinzipien der Anthologien in den ersten Kriegsmonaten 1914; zweitens widme ich mich den publizistischen Präsentationsstrategien von Aufmachung, Preisen und Auflagenhöhe. Der dritte und der vierte Abschnitt verfahren diachron und widmen sich Wandlungsdynamiken der Gedichtanthologie seit 1915: Der zu beobachtende Diversifikationsprozess der dargebotenen Auswahl korreliert, so meine These, mit einem Wandel des Selektionskriteriums von Professionalität – im technischen Sinne verstanden als sichere Beherrschung metrischer wie rhetorischer Konventionen – zu ‚Erlebnis'-Authentizität: Statt die immer gleichen, bereits etablierten Autoren und Texte zu variieren, konzentrieren sich Anthologien nun auf dilettantische, aber erfahrungsbasierte Gedichte der Frontsoldaten oder ihrer Angehörigen. Die unleugbare Abnahme der Gesamtpublikationsmenge und die zunehmende Fokussierung auf das frontsoldatische und zivile ‚Opfer', so meine zweite These, ist hingegen nicht notwendig Kennzeichen einer umfassenden Pazifierung der Kriegsliteratur. In Anthologien finden sich auch in späteren Kriegsjahren noch vorbehaltlose Kriegsaffirmation und literarische Heroisierungen des Opferns und Durchhaltens.

Für diese Studie wurden rund hundertdreißig Kriegsgedichtanthologien eingesehen; die Auswertung beruht allemal auf Autopsie. Ausgeschlossen wurden solche Gedichtsammlungen, die ausschließlich ältere, vor Kriegsausbruch veröffentlichte Lyrik enthält. Das Korpus wurde erstellt auf Grundlage der jüngst von Thomas F. Schneider besorgten Bibliographie des Schrifttums zum Ersten Weltkrieg zwi-

---

6   Pforte: *Die deutschsprachige Anthologie* (wie Anm. 2), S. LXXVIIIf.

schen 1914 und 1939.[7] Zusätzlich wurden die Kataloge der Staatsbibliothek Berlin, der Staats- und Universitätsbibliothek Hamburg, der Universitätsbibliothek Freiburg im Breisgau und des Deutschen Volksliedarchivs in Freiburg ausgewertet. Noch immer kann das Korpus keineswegs Vollständigkeit beanspruchen, der Eindruck hat sich aber verfestigt, dass zumindest sämtliche auflagenstarken oder wirkmächtigen Sammlungen berücksichtigt sind und dass die Auswahl repräsentativ ist.

II. Selektion, Ordnung und Deutung der lyrischen Massenproduktion im Herbst 1914

Ein Großteil der Anthologien im Ersten Weltkrieg wird durch meist lediglich einige Zeilen oder ein bis zwei Seiten umfassende Vorworte eingeleitet, welche die Lesererwartung steuern und erste Rezeptionshaltungen nahelegen. Der Herausgeber umreißt darin meist knapp die Notsituation des Krieges, aus der heraus seine Sammlung ihre Berechtigung findet, und skizziert die Selektionskriterien, die seiner Auswahl zugrunde liegen. Oft formuliert er dabei eine doppelte Zielsetzung: Zum einen gilt es, die deutsche Sicht auf Kriegsursachen und -ziele darzustellen und zu popularisieren, die Vaterlandsliebe zu stärken und zu Heldenhaftigkeit im Kampf wie an der ‚Heimatfront‘ aufzurufen; zum anderen aber möchten die Anthologien die poetischen Reflexionen der vaterländischen Begeisterung, des neu gewonnenen Einheitsgefühls, des entbehrungsreichen Lebens in den Schützengräben sowie des heldenhaften Kämpfens der Frontsoldaten auch dokumentieren und für die Nachwelt festhalten. Die Gedichtanthologie bewegt sich mit dieser doppelten Zielsetzung zwischen zwei Tendenzen publizistischen ‚Dienstes am Vaterland‘, nämlich der *Propagation,* der Verbreitung[8] von lyrischen Texten und ihnen zugrunde liegenden Argumentationsmustern sowie der Erfahrungs- wie Verhaltens*dokumentation.*

---

7   Nämlich *Die Autoren und Bücher der deutschsprachigen Literatur zum Ersten Weltkrieg 1914–1939. Ein bio-bibliographisches Handbuch.* Hg. von Thomas F. Schneider, u. a. Göttingen 2008 (Schriften des Erich-Maria-Remarque-Archivs 23). Vgl. zu Problemen dieser Bibliographie die scharfe Rezension von Lucia Hacker: *[Rezension zu] Thomas F. Schneider u. a. (Hg.): Die Autoren und Bücher der deutschsprachigen Literatur zum Ersten Weltkrieg 1914–1939* […]. In: Zeitschrift für Germanistik 20/1 (2010), S. 240–242.

8   Mit Klaus Vondung vermeide ich den Begriff ‚Propaganda‘ als Bezeichnung für die publizistische Kriegsbegeisterung 1914, weil das Gerundium einen organisierten Aktivismus suggeriert; stattdessen verwende ich den Begriff ‚Propagation‘, vgl. Klaus Vondung: *Propaganda oder Sinndeutung?* In: *Kriegserlebnis. Der Erste Weltkrieg in der literarischen Gestaltung und symbolischen Deutung der Nationen.* Hg. von Klaus Vondung. Göttingen 1980, S. 11–37, hier S. 13f.

Viele Anthologisten beginnen ihre Vorworte mit der Beteuerung deutscher Unschuld am Kriegsausbruch.[9] Deutschland sei – nach dem Kaiserwort vom 31. Juli 1914 „Man drückt uns das Schwert in die Hand" – zum Krieg gezwungen worden. Der Grund für den Krieg liege „allein" in „Albions Neid", denn „England, diese Brutstätte des Hochmutes und der Eigensucht hat es nicht mehr ertragen, daß unser Land blühte und glücklich war", wie ein Herausgeber mutmaßt.[10] Erste Aufgabe des Kriegsdichters ist somit, diese Sachverhalte aufzuklären und die ‚wahren' Gründe für den Kriegsausbruch bekannt zu machen bzw. durch die Kraft seines Wortes den Kampfeswillen und ‚Zorn' der Deutschen zu befeuern. Einige Anthologien widmen sich daher ausschließlich der Diffamierung des englischen „Hauptfeindes"[11] und seiner vermeintlichen Machenschaften,[12] viele Anthologien enthalten aber zumindest einen Unterabschnitt zur Feindcharakterisierung oder gruppieren mehrere Gedichte, die sich mit der angeblichen englischen und (mit Abstrichen) russischen und französischen Kriegsschuld beschäftigen.[13]

---

9   Zu dem im Folgenden vorausgesetzten, nicht näher explizierten Komplex der ‚Ideen von 1914' vgl. aus der umfangreichen Literatur nur die jüngeren Darstellungen von Steffen Bruendel: *Volksgemeinschaft oder Volksstaat. Die „Ideen von 1914" und die Neuordnung Deutschlands im Ersten Weltkrieg*. Berlin 2003, Kurt Flasch: *Die geistige Mobilmachung. Die deutschen Intellektuellen und der Erste Weltkrieg. Ein Versuch*. Berlin 2000 und Helmut Fries: *Die große Katharsis. Der erste Weltkrieg in der Sicht deutscher Dichter und Gelehrter*. Bd. 1: *Die Kriegsbegeisterung von 1914. Ursprünge – Denkweisen – Auflösung*. Konstanz 1994.

10 *Schildgesang. Lieder und Skizzen vom Weltkrieg. Gesammelt von S[ebastian] Wieser. Mit acht Kunstbeilagen*. München 1915 [2./3. Aufl.], S. 3f. Zu dem gleichen Urteil kommt der anonyme Herausgeber der Sammlung *Deutsche Kriegslieder entstanden bei Ausbruch und während des Weltkrieges 1914. Gesammelt und abgedruckt zum Besten des Roten Kreuzes*. Chemnitz 1914, S. 4. Er resümiert: „O ‚perfides Albion' – willst du ewig in der Geschichte diesen Ehrentitel tragen?"

11 So Arnold Schröer: *Zur Charakterisierung der Engländer*. [Bonn] 1915, S. 8.

12 Zum Beispiel *Wehe dir, England! Die Dichtungen der Zeit*. Hg. von Heinrich Oellers. Leipzig 1915 [2. Aufl.], *Deutsche Lieder zu Schutz und Trutz in ernster Zeit und Feldpostbriefe im Weltkriege 1914–1915 gegen Franzosen, Engländer und Russen*. Hg. von Kurt Egloff und Ernst Egloff. Berlin-Steglitz 1915, *Deutsche Zorngedichte gegen England. Ins Englische übersetzt von Werner Kuhlmann. Poems of German Wrath against England. English version by Werner Kuhlmann*. Leipzig 1915.

13 So z. B. das Kapitel *Unsere Feinde* (S. 113–153) in: *Des Vaterlandes Hochgesang. Eine Auslese deutscher und österreichischer Kriegs- und Siegeslieder*. Hg. von Karl Quenzel. Leipzig 1914.

Zweitens unternehmen die Anthologisten in ihren Sammlungen den Nachweis, dass sich durch die „heilige Not"[14] des Krieges die deutsche „Volksseele in ihrer leidenschaftlichen und sittlichen Entrüstung"[15] offenbart habe. Viele Sammlungen wollen „ein Bild des deutschen Geistes in den ersten Wochen des großen Krieges geben", behaupten, dass die „leidenschaftliche Begeisterung, die überall erwachte, […] ihren notwendigen Ausdruck in einer Kriegs- und Vaterlandsdichtung" finde.[16] Sie bezeuge, so der Prager Universitätsprofessor Adolf Hauffen noch 1916, die „Wiedergeburt unseres Volkstums" und stelle somit einen Kernbestandteil der „sittliche[n] Idee des Weltkrieges" dar, durch den sich „diese Erneuerung und Vereinheitlichung" vollzogen habe.[17] Der Gedankengang beruht auch auf der Annahme, gerade die schiere Quantität der Lyrikproduktion als Beweis für die Kollektivität des ‚Geistes', dürfe als Ausdruck für die überindividuelle Vaterlandsbegeisterung gelten. Gerade die Anonymität und Gleichförmigkeit der Kriegslyrik beweise, dass man sich bei Kriegsausbruch von der Subjektivität und ‚Dekadenz' der *Fin-de-Siécle*-Lyrik entfernt habe.

Mit der „Erneuerung der alten Volkspoesie",[18] wie ein anderer Anthologist schreibt, ist aber auch ein Argument für die These einer spezifisch ‚deutschen Wesenheit' gewonnen, in der sich Kriegertum und Künstlertum seit jeher verbunden hätten. „Seit Arndt und Körner gesungen und zugleich dreingehauen haben, ist ein Jahrhundert vergangen", fasst der Herausgeber einer 1914 erschienenen und passend mit *Leier und Schwert* betitelten Sammlung zusammen,[19] aber „[d]as deutsche Volk mit seinem Kampfesmut und seinem zarten dichterischen Empfinden ist das gleiche geblieben. Auch heute glänzen Schwert und Leier eng verschwistert, auch heute tönt unter dem klirrenden Schwertschlag der Gesang der Barden".[20] Die plötzliche Flut von lyrischen Neuerscheinungen zum Krieg ist für viele Anthologisten Bestätigung dafür, dass das deutsche Volk sich durch den

---

14 *Poesie des Krieges. Zum Besten der Kriegsfürsorge.* Hg. von Alfred Biese. Berlin 1915, S. 12.

15 Ebd., S. 24. Als „Äußerungen der deutschen Volksseele" interpretiert auch Karl Wehrhan die Kriegslyrik, vgl. *Letzte Grüße. Volksdichtungen in Nachrufen auf unsere gefallenen Helden.* Hg. von Karl Wehrhan. Leipzig 1915, S. 5.

16 *Der heilige Krieg. Gedichte aus dem Beginn des Kampfes.* Hg. von Reinhard Buchwald. Jena 1914 (Tat-Bücher für Feldpost 1), S. 89.

17 *Kriegslieder deutschböhmischer Dichter. Zweite Reihe.* Hg. von Adolf Hauffen. Mit einer Darstellung über die Kriegslyrik der Gegenwart, vornehmlich in Deutschböhmen. Prag 1916 (Sammlung gemeinnütziger Vorträge 452/456), S. 3.

18 *Der heilige Krieg* (wie Anm. 16), S. 89.

19 *Leyer und Schwert* war der Titel einer 1814 postum erschienenen Gedichtsammlung Theodor Körners.

20 *Leier und Schwert 1914. Eine Auswahl aus den im Hamburger Fremdenblatt erschienenen Kriegsliedern.* Hamburg 1914, S. 5.

Kriegsausbruch auf die eigene zugleich martialische und poetische Identität habe rückbesinnen können.

Zu der Popularisierungsfunktion fügt sich eine zweite Zielsetzung der Anthologisten. Der Eindruck, einer weltgeschichtlichen Epochenwende beizuwohnen, und die Vorstellung, dass nun eine Zeit der Läuterung und der Bewährung begonnen habe, führten zur Ausbildung eines vielgestaltigen und umfassenden Dokumentationseifers, einer ‚Sammelwut‘, in der noch die geringste Marginalität akribisch archiviert wurde.[21] Die für den Ersten Weltkrieg typische Tendenz zur Selbsthistorisierung zeigte sich bereits zu Kriegsbeginn darin, dass Archivare und Privatleute eine Fülle von ‚Kriegssammlungen‘ gründeten, in denen die Publikationsfülle sorgfältig geordnet und katalogisiert wurde. Das Phänomen wurde noch während des Krieges selbst Gegenstand von journalistischer Darstellung und wissenschaftlicher Erforschung.[22]

Vor diesem Hintergrund ist auch die häufige Motivationsäußerung der Anthologieherausgeber zu verstehen, man wolle angesichts der historischen Tragweite der Geschehnisse lyrische Dokumente sammeln und für die Nachwelt festhalten. Die Gegenwartsarchivierung beschränkte sich allerdings zunächst nicht nur auf die Frontsoldaten, sondern auch die einheitsstiftende Augustbegeisterung schien als Ereignis von historischem Ausmaß dokumentierenswert. In verschiedenen Variationen betonen die Herausgeber in ihren Vorworten daher, dass sie die „Begeisterung der jetzigen großen Zeit möglichst lange festzuhalten"[23] wünschen, damit sie „eine feste Mahnung [werde], einer solchen Zeit würdig zu bleiben".[24] So wie Julius Bab durch seine Auswahl den „innerste[n] Lebenskern des handelnden Volkes" sichtbar machen möchte, indem die präsentierten Gedichte

---

21 Vgl. Christophe Didier: *Die Spuren des Krieges sammeln*. In: *1914–1918. In Papiergewittern. Die Kriegssammlungen der Bibliotheken* […]. Hg. von Christophe Didier und Christian Baechler. Paris und Strasbourg 2008, S. 16–28 und Susanne Brandt: *Kriegssammlungen im Ersten Weltkrieg. Denkmäler oder Laboratoires d'histoire*. In: *Keiner fühlt sich hier mehr als Mensch … Erlebnis und Wirkung des Ersten Weltkriegs*. Hg. von Gerhard Hirschfeld, Gerd Krumeich und Irina Renz. Essen 1993 (Schriften der Bibliothek für Zeitgeschichte, N. F. 1), S. 241–259.

22 Albert Buddecke: *Die Kriegssammlungen. Ein Nachweis ihrer Einrichtungen und ihres Bestandes*. Oldenburg 1917, S. 3f. Vgl. auch die einige Jahre nach Kriegsende entstandene Studie von Albert Paust: *Die Kriegssammlung der Deutschen Bücherei*. Leipzig 1922 und den Beitrag von Aibe-Marlene Gerdes: *Populäre Kriegslyrik als Sammelgegenstand* in diesem Band.

23 *Lieder der Deutschen aus den Zeiten nationaler Erhebung. Freiheitskrieg 1806–1815, Werden des Reichs 1840–1871, Weltkrieg 1914–1915*. Zusammengestellt und erläutert von Otto Eduard Schmidt. Leipzig 1915 [3. Aufl.], S. III.

24 *Des Vaterlandes Hochgesang* (wie Anm. 13), S. 6.

„zeugen für das, was die Deutschen empfanden und wollten in der Stunde, da eine Welt gegen sie aufbäumte",[25] setzen sich auch andere Sammler zum Gebot, „ein bleibendes Denkmal für unsere Helden"[26] zu schaffen, das „vaterländische Fühlen und Denken zu bewahren und zu pflegen",[27] um die historische Wegmarke der deutschen ‚Erneuerung' langfristig der Vergessenheit zu entziehen. „[S]eit den Mobilmachungstagen habe ich alles, dessen ich habhaft werden konnte, gesammelt", schreibt Alfred Biese, und daraus habe er versucht, „das nach [s]einer Meinung in erster Linie für die Zukunft Bleibende aus der Fülle herauszuheben".[28]

Fiel das Bestreben, die Begeisterung des ‚Augusterlebnisses' festzuhalten, mit der Propagation bellizistischer Lyrik zunächst zusammen, öffnete sich mit dem bald einsetzenden Interesse an der akribischen Dokumentation frontsoldatischer Kriegserfahrung eine neue Zweckbestimmung der Gedichtanthologie (siehe unten, Abschnitt IV.). Auch die Verlage erkannten bald das Verkaufspotential von mehr oder minder authentischen Zeugnissen in Lyrik oder Prosa und stellten ihr Programm entsprechend um.[29] In Vor- und Nachworten zu diesen Sammlungen betonen die Herausgeber ihre Intention, „lebensvolle Bilder aus allen Phasen des Kampfes, des Siegens und Sterbens, wie auch des Treibens hinter der Front" zu bieten, also die frontsoldatische Erfahrung zu dokumentieren.[30] So soll etwa „von der Stimmung der feldgrauen Kameraden beim Auszug und beim Angriff, im Granatenfeuer und im Ruhequartier ein schlichtes, deutsches Zeugnis"[31] gegeben, ein „Denkmal den Gefallenen"[32] oder der kämpfenden Jugend gesetzt werden. In dieser Funktion sind die Gedichtanthologien den Feldpost- und Liedersammlungen oder auch den Kriegsausstellungen zu vergleichen.[33]

---

25 *Aufbruch und Anfang.* Ausgewählt von Julius Bab. Berlin 1914 (Der deutsche Krieg im deutschen Gedicht 1914 1), S. 3.

26 *Deutsche Heldenlieder. Gedichte aus dem Kriegsjahr 1914.* Berlin [1914].

27 *Hoch Kaiser und Reich.* Hg. von Gustav Falke. Hamburg 1915 (Kriegsdichtungen 1), S. 3.

28 *Poesie des Krieges* (wie Anm. 14), S. 22.

29 Vgl. Nicolas Beaupré: *Frontliteratur des Ersten Weltkrieges. Entstehung eines literarischen Phänomens im Kontext des Krieges (Deutschland, Frankreich 1914–1920).* In: Krieg und Literatur 9 (2003), S. 69–84, hier S. 73f.

30 *Das deutsche Schwert. Kriegsgedichte aus den Jahren 1914-15-16.* Gesammelt u. hg. von Dr. E. C. H. Peithmann, Pastor. Bad Schmiedeberg 1918, S. 189.

31 *Feldsoldatensang in Flandern. Aus der Liller Kriegszeitung.* Lille 1916, S. 5.

32 *Krieg in Flandern. Gedichte von Soldaten der 4. Armee.* Stuttgart/Berlin 1917 (Kriegsbuch der 4. Armee 1), S. 7.

33 Für Untersuchungen zur Masse der Feldpostsammlungen vgl. Bernd Ulrich: *Die Augenzeugen. Deutsche Feldpostbriefe in Kriegs- und Nachkriegszeit 1914-1933.* Essen 1997 (Schriften der Bibliothek für Zeitgeschichte, N. F. 8). Zu Kriegsausstellungen und zur

Dem Wunsch nach literarischer Selbstvergewisserung in ‚großer Zeit' entsprechen schließlich auch die suggestiven Versuche, die neuere Weltkriegsdichtung in den bestehenden Kanon paradigmatischer Texte, v. a. der Vaterlandslyrik aus dem frühen 19. Jahrhundert, zu integrieren. Die Lyrik der Befreiungskriege war im späten Kaiserreich zum elementaren Bestandteil der deutschen Erinnerungskultur avanciert. Verschiedene Anthologien hatten eine feste Auswahl patriotischer Texte als Kerndokumente deutscher Identität kanonisiert, so etwa die Anthologie von Maximilian Schmitz, *Dichter der Befreiungskriege,* die zuerst 1898 und dann in neuen Auflagen und erweitertem Umfang 1902, 1905, 1907 und 1909 erschien, oder die Gedenkfeiersammlung von Robert Franz Arnold und Karl Wagner *Achtzehnhundertneun. Die politische Lyrik des Kriegsjahres* (1909).[34] Diese Tendenz der Vorkriegsanthologie verstärkte sich zu Beginn des Ersten Weltkrieges. Durch die Zusammenstellung neuerer Texte mit älteren suggerierte man ihre Vergleichbarkeit und interpretierte die Gedichte als Manifestationen eines gleichförmigen ‚deutschen Wesens', das nach jahrhundertelanger ‚Volksentwicklung' im Ersten Weltkrieg zur Erfüllung komme.

Zwei Strategien der teleologischen Anordnung von älteren und neueren Texten sind denkbar: die Rubrizierung bestimmter Texte und Autoren als „[p]rophetische Stimmen"[35] und die suggestive Chronologisierung von Kriegsgedichten. Besonders prägnantes Beispiel für die erste Strategie ist die Aufnahme von Emanuel Geibels *Einst geschieht's* (1859), das nicht wenige Anthologien als Mottogedicht führen und dessen dunkler Beschwörung einer einstigen deutschen Rache für „Schmach" – einer deutschen „Läutrungsglut des Weltenbrandes", wie

---

Selbstmusealisierung der Frontsoldaten vgl. Christine Beil: *Der ausgestellte Krieg. Präsentationen des Ersten Weltkriegs 1914–1939.* Tübingen 2005 sowie Susanne Brandt: *Vom Kriegsschauplatz zum Gedächtnisraum. Die Westfront 1914–1940.* Baden-Baden 2000 (Düsseldorfer kommunikations- und medienwissenschaftliche Studien 5), S. 75–101.

34 *Dichter der Befreiungskriege. Gedichte von Arndt, Körner, Schenkendorf, Rückert, Stägemann, Uhland u. a.* Mit Einleitung und Erläuterungen hg. von Maximilian Schmitz. Paderborn 1898 und *Achtzehnhundertneun. Die politische Lyrik des Kriegsjahres.* Hg. von Robert Franz Arnold und Karl Wagner. Wien 1909. Weitere Beispiele wären *Die vaterländische Dichtung der deutschen Einigungskämpfe. Für Schule und Haus.* Hg. von Maximilian Schmitz. Münster 1913, *Dichter der Freiheitskriege.* Für den Schulgebrauch und Privatlektüre bearbeitet von Adolf Genius. Münster 1904 oder *Die Dichtung der Befreiungskriege.* Auswahl von Julius Ziehen. Mit Rauchs Grabdenkmal der Königin Luise. Dresden 1896.

35 So ein Abschnittstitel in *Leier und Schwert* (wie Anm. 20). Auch *Das deutsche Schwert* (wie Anm. 30) enthält eine Sektion zu „Prophetische[n] Dichter[n], die auf den Weltkrieg hingewiesen haben".

es bei Geibel heißt, – man teleologische Prospektionskraft zusprach.[36] Mit Karl Fischers *Zu Schutz und Trutz* (1914) liegt eine ganze Sammlung ‚prophetischer‘ Gedichte in loser Reihenfolge vor, die der Herausgeber auch kommentiert: Von Johann Wilhelm Ludwig Gleims Fabel *Der Löwe und die drei Tiger* z. B. behauptet Fischer, sie entspreche „dem, was wir heute erleben, im Anfange (und hoffentlich auch im Schluß!) so auffallend, als ob das Gedicht jetzt gedichtet wäre".[37] Die bekannte Fabel handelt von drei Tigern, die aus Raffgier einen schlafenden Löwen überfallen wollen; der Löwe bemerkt aber die Vorbereitungen und erwürgt einen der Tiger, noch bevor er auf die Intrige schwören kann, kommt somit dem Angriff zuvor und schlägt die anderen Tiger in die Flucht. Fischer spielt mit dem Abdruck und Kommentar offensichtlich auf die militärstrategische Prämisse u. a. des Schlieffen-Plans an, man müsse einen ohnehin ‚unvermeidlichen‘ Krieg gegen die Triple Entente besser rasch und offensiv führen, bevor die russische Aufrüstung, mit dessen Vollendung man für 1916 rechnete, einen deutschen Sieg unmöglich mache.[38]

Chronologisch ordnet hingegen Otto Eduard Schmidts Sammlung *Lieder der Deutschen aus den Zeiten nationaler Erhebung* (3. Aufl. 1915) ihre Textauswahl. Sie erschien zuerst 1895, dann in zweiter Auflage 1909 mit eingeschränktem Fokus auf die „Freiheitskriege 1806–1815" und dem „Werden des Reichs 1840–1871". In der dritten Auflage 1915 kommen nun immerhin rund fünfzig von hundertfünfunddreißig Seiten dem neuen Abschnitt „Weltkrieg 1914–1915" zu. Die einzelnen Abschnitte sind untergliedert, mit Überschriften versehen und werden eingeleitet von Schmidt, der durch die kommentierte Präsentation der Gedichte ein lineares Narrativ deutscher Volksentwicklung von 1806 bis 1915 konstruiert. Auf Gedichte „Aus der Zeit der Sehnsucht und der vorbereitenden Taten 1850–1868" und „Aus der Zeit der Erfüllung 1870/71" – gemeint sind vor

---

36 Geibels Gedicht findet sich u. a. in *Deutsche Kriegsklänge 1914/15. Feldpostausgabe. Erstes Heft.* Ausgewählt von Johann Albrecht, Herzog zu Mecklenburg. Leipzig 1915 [3. Aufl.], *Zu Schutz und Trutz. Eine Sammlung ernster und heiterer Kriegsdichtungen in Poesie und Prosa geeignet zum Vortrag an Volksbildungs- und Unterhaltungsabenden, sowie als Lesestoff.* Hg. von Karl Fischer. Leipzig 1914, *Deutsche Kriegslieder* (wie Anm. 10), *Deutsche Kriegslieder.* Leipzig [1914] und *Der Kaiser rief! Kriegslieder und Gedichte.* Hg. von Emmy von Winterfeld-Warnow. Berlin 1914, dort unter dem bezeichnenden Titel „Ein Prophetenwort".

37 *Zu Schutz und Trutz* (wie Anm. 36), S. 54.

38 Vgl. zu dieser Vorstellung als *Self-fulfilling Prophecy* Wolfgang J. Mommsen: *Der Topos vom unvermeidlichen Krieg. Außenpolitik und öffentliche Meinung im Deutschen Reich im letzten Jahrzehnt vor 1914.* In: *Bereit zum Krieg. Kriegsmentalität im wilhelminischen Deutschland 1890–1914. Beiträge zur historischen Friedensforschung.* Hg. von Jost Dülffer und Karl Holl. Göttingen 1986, S. 194–224.

Zehn gegen Einen, in Waffenschein;
Wer bleibt uns treu? Unser Gott allein!
Die Erde zuckt, und der Himmel flammt;
Schwert, nun tu dein heiliges Amt,
Schwert aus der Scheide!

Abbildung 1: Illustration zu Isolde Kurz' *Schwert aus der Scheide* (1914/15).
Aus: *Schwert aus der Scheide! Balladen und Lieder vom Weltkrieg.*
Mit Zeichnungen von Prof. Cissarz. Cöln am Rhein 1915 [2. Aufl.]
(Schaffsteins Blaue Bändchen 71), S. 7

allem die Gedichte Geibels und Ferdinand Freiligraths – folgen unmittelbar die Texte aus „Deutschlands Erneuerung im Weltkriege".[39]

Ähnlich suggestiv ist beispielsweise die Sammlung *Das Eiserne Kreuz im Spiegel deutscher Dichtung. 1813, 1870, 1914* (1915), die in ihrer Parallelsetzung der Eisernes-Kreuz-Dichtung aus Kernjahren der nationalistischen Erinnerungspolitik

---

39 Vgl. *Lieder der Deutschen* (wie Anm. 23). Einen ähnlichen Erzählstrang bietet die Sammlung *Dich will ich preisen, Vaterland. Deutscher Heldensang 1813 bis 1914.* Hg. von Paul Friedrich und Albert Ritter. Berlin und Leipzig 1914, in der die deutsche Nationalgeschichte seit 1813 im Spiegel ihrer Gedichte fünfteilig präsentiert wird: „Für Freiheit und Vaterland", „Vorahnung" (sic!), „Durch Kampf zur Einheit", „Das einige Deutschland" und schließlich, beim Ersten Weltkrieg angelangt, „Um Freiheit und Macht".

impliziert, dass Heldentum und Bewährung als wesenhaft deutsche Tugenden auch 1914 noch bestehen.[40] Wie die Beispiele zeigen, diente das Sammeln von Kriegslyrik nicht allein dazu, die Ideologeme der Augustpublizistik zu popularisieren, sondern Anthologien sollten die lyrischen Spiegelungen der deutschen ‚Erneuerung‘, Bewährung und Verteidigung auch dokumentieren, archivieren und sie bereits in den interpretativen Rahmen nationalteleologischer Heilserwartung einfügen.

III. Aufmachung, Preise, Auflagenhöhe. Publizistische Profilstrategien

Obwohl die Ursprünge der sogenannten ‚Blütenlese‘, des Florilegiums, deutlich älter sind, erlebt die Publikationsform der Anthologie doch erst im 19. Jahrhundert ihren Höhepunkt. Verbreiteter noch als Lyrikeditionen einzelner Verfasser, kanalisierten die Gedichtsammlungen wesentlich die Wahrnehmung und Rezeption von Lyrik im ‚bürgerlichen‘ Jahrhundert,[41] in dessen Verlauf allerdings ein „Trivialisierungsprozess" zu konstatieren ist: Gefälligere, liedhaftere und inhaltlich eindimensionale Muster setzten sich durch, je deutlicher die Anthologie den Gedichtmarkt quantitativ dominierte.[42] Auch die äußere Präsentation veränderte sich im letzten Drittel des 19. Jahrhunderts, farbige Illustrationen gewannen an Raum, die Preise stiegen[43] und Folio-Ausgaben verstärkten „die Tendenz, Bildung zum Besitz zu machen".[44]

Dieser Trend erfährt einen klaren Bruch durch den Ausbruch des Ersten Weltkriegs. Stattdessen dominieren im Herbst 1914 billige und schnelle Produktionsweisen, hohe Auflagen und niedrige Preise. Dabei spiegelt sich die Doppelintention von Verbreitung und Bewahrung, die viele Herausgeber in ihren Vorworten formulieren, grundsätzlich auch in der Ausstattung, der Auflage und dem Preis der Gedichtanthologie. Besonders deutlich wird das im Falle der 1915 in vier Heften erschienenen Anthologie *Deutsche Kriegsklänge 1914/1915,* ausgewählt von Johann Albrecht, Herzog zu Mecklenburg. Die Hefte erschienen in drei verschiedenen Ausgaben, in einer Feldpostausgabe für vierzig Pfennig, lose gebunden und billig kartoniert – diese Ausgabe liegt mir vor –, einer „Buchausgabe in steifem Pappband" für eine Mark und zwanzig Pfennig sowie drittens in einer

---

40 *Das Eiserne Kreuz im Spiegel deutscher Dichtung. 1813, 1870, 1914.* Leipzig 1915 [2. Aufl.].

41 Vgl. Häntzschel: *Die deutschsprachigen Lyrikanthologien* (wie Anm. 1), S. 6f.

42 Ebd., S. 125.

43 Andreas Schumann: *Die Preise der Anthologien.* In: *Bibliographie der deutschsprachigen Lyrikanthologien* (wie Anm. 2), S. 29–32, hier S. 31.

44 Bark: *Zwischen Hochschätzung und Obskurität* (wie Anm. 2), S. 445.

Abbildung 2: Text-Bild-Verknüpfung in Weltkriegsanthologien.
Aus: *Es gilt! Deutsche Kriegs-Lieder und Gedichte 1914–1915.*
Von W. Herbert, O. Kernstock, L. Sommer, C. Hesa,
H. Volker etc. München 1915, S. 53

„numerierte[n] Liebhaberausgabe auf Büttenpapier mit eigenhändigem Namenszug Sr. Hoheit des Herzogs Johann Albrecht zu Mecklenburg versehen, 15 M[ark]“.[45] Deutlich bewegen sich die drei verschiedenen Ausgaben zwischen dem Wunsch nach weiter Verbreitung der Texte auch ‚im Felde‘ und dem Ausdruck überzeitlicher Monumentalisierung durch limitierte Prachtexemplare, deren Prä-

---

45 *Deutsche Kriegsklänge 1914/15* (wie Anm. 36), o. S. Ein ähnliches Beispiel liegt vor mit *1914. Das Kriegsliederbuch.* Hg. von Eugen Müller. Zum Besten der National-Stiftung für die Hinterbliebenen der im Kriege Gefallenen. Leipzig 1914 [2. Aufl.], das zum doppelten Preis von zwei Mark auch „in Halbpergament“ zu kaufen war.

sentationsform freilich im Widerspruch steht zu dem reichlich vulgären Chauvinismus der dargebotenen Textauswahl.

Die meisten Anthologien der ersten Kriegswochen beschränken sich hingegen auf das Ziel schneller und weiter Verbreitung. Fast alle sind im Oktav- bis Sedezformat hergestellt, Folioausgaben fehlen ganz. Ihr Umfang geht selten über hundert Seiten hinaus, meist bewegen sie sich zwischen dreißig und hundertzwanzig Seiten. Die Sammlungen sind häufig lediglich broschiert oder kartoniert und locker zusammengeheftet; nur rund ein Drittel der Bücher ist 1914 mit Festeinband versehen und zielt damit auf längere Haltbarkeit. Ihr Anteil nimmt gegenüber nur broschierten oder gehefteten Anthologien im Laufe des Krieges leicht, aber nicht signifikant zu (1915 sind rund vierzig Prozent der Gedichtanthologien mit Festeinband versehen, 1916 fünfunddreißig, 1917 siebenunddreißig Prozent).

Sehr wenige Anthologien enthalten Illustrationen – auch hierin widerspricht die Produktion im Ersten Weltkrieg der Tendenz des späten 19. Jahrhunderts. Ein Grund hierfür mag die Notwendigkeit zu schneller Publikation als Reaktion auf neueste Kriegsentwicklungen gewesen sein, die aufwändigere Buchschmuckgestaltung nicht zuließ. Ausnahmen sind u. a. die kleinformatigen *Orplidbücher* des Berliner Junckerverlags, in deren Reihe beispielsweise die Anthologien *Kaserne und Schützengraben* (1914) und *Neue Kriegslieder* (1914) mit Zeichnungen von Oscar Nerlinger bzw. Willi Geiger ausgestattet wurden, die allerdings keinen erkennbaren Bezug auf die Textauswahl nehmen.[46] Text-Bild-Verknüpfungen wie die eindrücklichen Illustrationen zu *Es gilt!* (1915) oder *Schwert aus der Scheide!* (1915) (siehe Abbildungen 1 und 2) sind selten.[47]

Neben ihrer illustrativen Reduktion spricht vor allem die Auflagenhöhe der Anthologien für den Wunsch nach schneller Absetzbarkeit. Allein in den wenigen Monaten von August bis Dezember 1914 erlebten viele Sammlungen gleich mehrere Auflagen und erreichten Absatzhöhen, welche die Bezeichnung ‚Bestseller‘

---

46 *Kaserne und Schützengraben. Neue Kriegslieder. Zweiter Teil.* Zeichnungen von Oscar Nerlinger. Berlin-Charlottenburg 1914 (Orplidbücher 14) und *Neue Kriegslieder.* Mit Zeichnungen von Willi Geiger. Berlin-Charlottenburg 1914 (Orplidbücher 12). Beide Ausgaben waren allerdings auch in einer auf dreihundert Exemplare limitierten Vorzugsausgabe „auf echtem Büttenpapier in grösserem Format" (*Neue Kriegslieder,* o. S.) für fünf Mark zu haben, verfolgten also tendenziell das Ziel der Dauerhaftigkeit.

47 *Es gilt! Deutsche Kriegs-Lieder und Gedichte 1914–1915.* Von W. Herbert, O. Kernstock, L. Sommer, C. Hesa, H. Volker etc. München 1915 und *Schwert aus der Scheide! Balladen und Lieder vom Weltkrieg.* Mit Zeichnungen von Prof. Cissarz. Cöln am Rhein 1915 [2. Aufl.] (Schaffsteins Blaue Bändchen 71).

rechtfertigen.[48] Felix Schloemps *Liebe und Trompetenblasen* wurde beispielsweise im Herbst 1914 dreimal aufgelegt,[49] Sebastian Wiesers *Schildgesang* war nach Angabe des Herausgebers zwischen Dezember 1914 und Januar 1915 innerhalb von acht Wochen ausverkauft.[50] Wie hoch eine Auflage ist, lässt sich allerdings oft nur vage bestimmen und variiert stark von Verlag zu Verlag.[51] Eine durchschnittliche Anthologie scheint zwischen zehn- und zwanzigtausend Exemplaren in zwei bis drei Auflagen abgesetzt zu haben, eine im Vergleich erstaunlich hohe Zahl. Das Gros der Anthologien von 1914 und 1915 erscheint in etwa zehn- bis zwölftausend Exemplaren.[52] Das abnehmende Interesse der Leserschaft an Kriegsgedichten (s. u., Abschnitt IV.) lässt sich auch in der Höhe der Auflagen ablesen. So wird Gustav Falkes Anthologie-Reihe *Kriegsdichtungen* in den ersten drei Heften mit einer Auflage von zehntausend Stück herausgegeben; ab Mitte 1915 und dem vierten Heft *Zu Wasser und zu Lande* sinkt die Auflage auf fünftausend Stück.[53] Allerdings existieren auch Gegenbeispiele. Selbst eine vermeintlich so zeitspezifisch-kurzlebige Sammlung wie Heinrich Oellers *Wehe dir England* (zuerst 1914) erfährt noch 1916 eine dritte Auflage;[54] die meisten Anthologien verringern ihre Auflagenhöhe nicht und absatzstarke Sammlungen erscheinen auch noch nach 1915/16.

---

48 Vgl. Donald Ray Richards: *The German Bestseller in the 20th Century. A Complete Bibliography and Analysis 1915–1940.* Bern 1968 (German Studies in America 2). Richards verzeichnet auch Bücher mit Auflagen von zwanzigtausend Stück. Anthologien fehlen bei ihm ohne Erklärung fast ganz. Die zeitgenössische Studie von Walter Goetz: *Deutschlands geistiges Leben im Weltkrieg.* Gotha 1916 (Perthes' Schriften zum Weltkrieg 11), S. 35f. nennt schon Bücher mit Absätzen von über achttausend Stück ‚Bestseller‘.

49 *Liebe und Trompetenblasen. Lustige Soldaten- und Kriegslieder aus alter und neuester Zeit.* Hg. von Felix Schloemp. Mit vielen, zum Teil farbigen Bildern von Fritz Wolff. München 1914.

50 *Schildgesang* (wie Anm. 10).

51 Richards Vorschlag, eine Auflage mit etwa tausend Exemplaren festzulegen (vgl. *The German Bestseller* [wie Anm. 48], S. 11–36), ist für Anthologien im Weltkrieg sicher zu niedrig veranschlagt.

52 So die Sammlungen *Der heilige Krieg* (wie Anm. 16), *Deutsches Herz, verzage nicht! Vaterlandslieder aus großer Zeit.* Hg. von K[arl] Budde. Jena 1914 (Kriegslieder fürs deutsche Volk mit Noten 4) oder *Aus großer Zeit. Eine Auswahl der Kriegslyrik des Jahres 1914.* Hg. von Adolf Gengenbach und Viktor Gengenbach. Mannheim 1914 u. v. m.

53 *Zu Wasser und zu Lande.* Hg. von Gustav Falke. Hamburg 1915 (Kriegsdichtungen 1914/1915 4). Ähnliches gilt für die im Eugen-Diederichs-Verlag erschienene Reihe *Kriegslieder fürs deutsche Volk mit Noten.* Ab der siebten Folge – *Musketier seins lust'ge Brüder. Alte liebe Soldatenlieder.* Hg. von Fritz Jöde. Jena 1914 – verringert sich die Auflagenhöhe von zehntausend auf siebentausend.

54 *Wehe dir, England!* (wie Anm. 12).

Auch preislich setzen die meisten Anthologien auf rasche Absetzbarkeit.[55] Johann Albrechts Prachtausgabe für fünfzehn Mark ist im Vergleich unerhört teuer; die meisten Anthologien bewegen sich preislich zwischen dreißig Pfennig und einer Mark. Sehr günstig sind z. B. die schmalen und broschierten *Gedichte zum Vortrag an vaterländischen Volksabenden* (1914) oder Demetrius Schrutz' Sammlung *Vaterland. Gedichte aus dem Kriegerleben* (1914), die für zehn Pfennig zu kaufen waren; die umfangreicheren und pappgebundenen Anthologien wie z. B. Bieses *Poesie des Krieges* (1915) kosteten meist knapp über eine Mark, hier z. B. eine Mark und zwanzig Pfennig.[56] Viele Anthologien versuchten ihren Absatz zu erhöhen, indem sie Staffelpreise bei Massenbestellungen anboten, so z. B. die mit zehn Pfennig pro Einzelexemplar ebenfalls sehr günstige Anthologie von Reinhold Braun, *Deutsche Frauen – Deutsche Treue!* (1916), die zehn Stück für fünfundachtzig Pfennig anbot, hundert Stück gar für nur sieben Mark und fünfzig Pfennig.[57]

Die bei den gewährten Sonderkonditionen angestrebte Gewinnmaximierung sollte allerdings nicht den Herausgebern oder dem Verlag zugutekommen: Fast alle Anthologien explizieren auf dem Titel oder in ihren Vorworten, dass der Gewinn wohltätigen Organisationen wie dem *Roten Kreuz*[58] oder der *Nationalstiftung für die Hinterbliebenen der im Krieg Gefallenen* zufließen werde.[59] Vage Angaben wie,

---

55 Die Preise der Anthologien entnehme ich entweder entsprechenden Hinweisen auf dem Titelblatt, Verlagshinweisen in anderen Anthologien oder den Angaben in „Hinrichs' Halbjahrskatalog", dem *Deutschen Bücherverzeichnis. Eine Zusammenstellung der im deutschen Buchhandel erschienenen Bücher, Zeitschriften und Landkarten* der Jahre 1911 bis 1914 und 1915 bis 1920.

56 *Gedichte zum Vortrag an vaterländischen Volksabenden*. Berlin 1914f. (Volksschriften zum Großen Krieg 14/15), *Vaterland. Gedichte aus dem Kriegerleben. Für's deutsche Volk gesammelt*. Hg. von D[emetrius] Schrutz. Bonn 1914, *Poesie des Krieges* (wie Anm. 14).

57 *Deutsche Frauen – Deutsche Treue! Gedichte aus dem Weltkrieg*. Hg. von Reinhold Braun. Berlin 1916 (Volksschriften zum Großen Krieg 82/83).

58 Dem Roten Kreuz spenden ihren Reinertrag z. B. *Kriegsgedichte und Kriegslieder 1914*. Hg. von Hugo Hertwig. Kötzschenbroda bei Dresden 1914, *Deutsche Kriegslieder* (wie Anm. 10), *Neue deutsche Kriegsgedichte 1914*. Dresden 1914, u. v. m.

59 Unter anderem wollen hier spenden die Sammlungen *Der tapfere Seehas. Soldatengedichte dreier Kriegsjahre des 6. Badischen Infanterie-Regiments Kaiser Friedrich III. Nr. 114*. Zum 50jährigen Bestehen des Regiments hg. vom Regiment. Konstanz 1917 (Die Zeitbücher 82), *Der Krieg. Ein Flugblatt mit Beiträgen von Elsa Asenieff, Richard Dehmel, Herbert Eulenberg* […]. Berlin-Wilmersdorf o. J. und *Eine Kriegsgabe deutscher Künstler*. Hg. von Helmut Wocke. Leipzig 1916.

dass der Gewinn „zum Besten unserer Krieger"[60] verwendet werde oder „für das Ostheer bestimmt"[61] sei, sind ebenso anzutreffen wie die sehr konkreten Hinweise, von der Sammlung profitiere das „Caritashaus, Wien VII. [...] für die Zwecke der Speisung von solchen Personen, die durch den Krieg arbeitslos geworden [...]. Von dem Erträgnis der ersten Ausgabe konnten täglich rund 200 Personen durch neun Monate gespeist werden".[62] Eine derart konkrete Angabe der karitativen Funktion von Gedichtanthologien bleibt freilich Einzelfall.

Der Hinweis auf die wohltätige Verwendung des Gewinns ließ die Sammel- und Dichtungstätigkeit als altruistischen Dienst am Vaterland erscheinen und stellte somit einen wichtigen Bestandteil der Rezeptionslenkung dar: Der Eindruck sollte verstärkt werden, in diesem Krieg verzichteten alle auf ihren Teil zugunsten des Vaterlandswohls, das eben sei der in den Texten selbst beschriebene sittlich-kathartische Effekt des Krieges. Auch die Reduzierung von Äußerlichkeiten, die augenscheinliche Dominanz billiger Aufmachung, des Provisorischen und unter Zeitdruck Hergestellten erklärt sich aus dieser Wirkabsicht.

IV. Zum Wandel anthologischer Selektionskriterien ab 1915

Seine Ursache mag der schon von Zeitgenossen vielfach notierte Rückgang der Gedichtpublikationen nicht allein in der Ernüchterung über die schleppende Kriegsentwicklung haben, sondern auch in der seit Herbst 1914 allgemein laut werdenden Kritik an der Qualität der Kriegsdichtung. „Zu der Masse [an Publikationen] steht der Kunstwert in einem empfindlichen, aber natürlichen Missverhältnis", moniert der Literaturkritiker Richard Weißenfels 1915, denn „wir haben heute im allgemeinen keine große deutsche Originalpoesie, wie wir sie vor 100 Jahren hatten".[63] Über die Gründe ist man zwar uneins – die einen machen den „überstarke[n] Subjektivismus"[64] verantwortlich, andere betonen, die „Unkunst" der zeitgenössischen Kriegsdichtung liege darin, dass der Krieg Deutschland „aufgezwungen" sei und „dem Tiefsten unserer Seele fern" liege,[65]

---

60 *Feldgraue Lieder. Kriegs- und Siegeslieder von 1914/1915.* Im Auftrag des „Kaiser-Wilhelm-Dank" [...] gesammelt und hg. von Robert Gersbach. Berlin 1916 [4. Aufl.].

61 *Hindenburg-Gedichte.* Hg. von Paul Arras. Bautzen 1915, o. S.

62 *Weltbrand 1915. Kriegspoesie.* Hg. von Raimund Fürlinger. Wien 1915 [3. Aufl.], o. S.

63 Richard Weißenfels: *Deutsche Kriegslieder und vaterländische Dichtung. Erweiterte Vorträge mit Lieder-, Sach- und Personen-Verzeichnis.* Göttingen 1915, S. 45.

64 Jug. [i. e. Johannes von Guenther]: *Kriegslyrik von heute.* In: Hochland. Monatsschrift für alle Gebiete des Wissens/der Literatur & Kunst 12/7 (1915), S. 125–127, hier S. 125.

65 Friedrich Märker: *Deutsche Kriegsdichtung.* In: Hochland. Monatsschrift für alle Gebiete des Wissens/der Literatur & Kunst 13/4 (1915), S. 497–499, hier S. 499.

wieder andere machen gar den mangelnden Abstand frontsoldatischer Dichter zum Kriegsgeschehen verantwortlich.[66] Einig ist man sich aber darin, dass nicht nur der Kriegsverlauf enttäusche, sondern auch seine Reflexion in der Literatur, dass der erwünschte Erneuerungsschub mithin ausgeblieben sei.

Bei Gesamtrückgang der Abfassung und Veröffentlichung von Gedichten in Zeitungen, Zeitschriften und selbständigen Lyrikbänden registrierte der Buchmarkt insgesamt weniger Bedarf an anthologischer Überschau; die Verkaufszahlen der Anthologien gingen zurück, Verlage gaben daher auch weniger Anthologien in Auftrag. Während in dem von mir erstellten Korpus die Anzahl veröffentlichter Anthologien im zweiten Kriegsjahr sogar von einundvierzig (1914) auf fünfundvierzig (1915) leicht ansteigt – hier ist die medienspezifische ‚Verspätung' anthologischer Publikationssichtung und der Wunsch nach historisierender Rückschau auf die ersten Kriegswochen in Anschlag zu bringen –, geht die Anzahl für 1916 schon um die Hälfte zurück; insgesamt stammen fast siebzig Prozent der erfassten Gedichtsammlungen aus den ersten eineinhalb Kriegsjahren. Für 1917 und 1918 finde ich lediglich fünfzehn bzw. sieben Anthologien (siehe Grafik 1).

Neben der Rückläufigkeit ihrer Gesamtmenge und ihrer Auflagenzahlen prägt die Entwicklung der Weltkriegsanthologie auch ein Diversifikationsprozess der dargebotenen Auswahl. Anthologien der erste Kriegsmonate 1914 und 1915 sind nicht allein deswegen so gleichförmig, weil sämtliche Texte die gleichen Themen behandeln, sondern weil sie tatsächlich in der Regel die gleichen Texte und Autoren enthalten. Aus einer größeren Anzahl von Texten auszuwählen, die Menge von Erscheinungen zu sichten und zu verengen, einige wenige Autoren zu kanonisieren, sind Grundfunktionen jeder Anthologie.[67] Der von zeitgenössischen Beobachtern oft gestellte Befund, die Kriegslyrik im Herbst 1914 werde zum Großteil von unbekannten oder anonymen Dilettanten geschrieben, trifft daher für Anthologien zunächst nur in eingeschränktem Maße zu. Im Gegenteil verfestigt sich bei Durchsicht dieser Distributionsform schnell der Eindruck eines relativ fest umrissenen Kanons von zwanzig bis dreißig Verfassern, deren Lyrik sehr deutlich dominiert. Es sind fast allesamt Berufsdichter, die entweder schon vor

---

66 Walter V. Hollander: *Die Entwicklung der Kriegsliteratur*. In: Die neue Rundschau 1916, S. 1274–1279, hier S. 1276 schreibt: „Nur wer von Tornister und Tod unbeschwert den Krieg sieht, nur wem nicht das Blut des Nebenmannes das Gesicht verdunkelt, nur wer nicht Schlamm und Regen am eigenen schmutzigen Leibe erfuhr, nur der vermag den Krieg als Kunstwerk sehn, aus dem Krieg ein Kunstwerk zu bilden. Das Gewicht von Gewehr, Stiefel und Gestank drückt so scharf in die Masse hinein, daß es schwer ist, über sie hinwegzusehn." Kommentare dieser Art sind allerdings 1916 ungewöhnlich und widersprechen meinem Befund der Erlebnisprivilegierung seit 1915.

67 Vgl. Pforte: *Die deutschsprachige Anthologie* (wie Anm. 2), S. LX–LXIX.

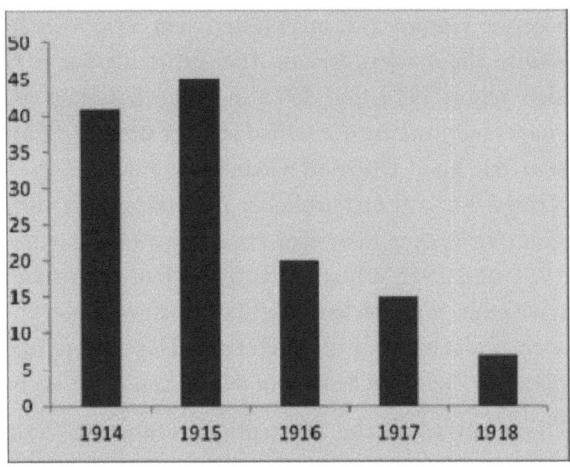

Grafik 1: Abnahme der Publikationsanzahl von Anthologien im Verlauf des Krieges. N = 128

dem Krieg bekannt waren, spätestens aber durch den Krieg und danach zu hoher Bekanntheit gekommen sind. Einige besonders prominente Dichter – z. B. Ferdinand Avenarius, Richard Dehmel, Gustav Falke, Cäsar Flaischlen, Walter Flex, Gerhart Hauptmann, Ernst Lissauer, Richard Nordhausen, Rudolf Presber, Rudolf Alexander Schröder, Hermann Sudermann, Max Bewer und Paul Warncke – erhielten vom Kaiser den Roten Adler-Orden für ihre literarischen Kriegsdienste.[68] Diese Autoren – zu ergänzen wären neben einigen anderen etwa Heinrich Lersch, Hermann Löns, Richard Schaukal, Ina Seidel, Isolde Kurz, Viktor und Clara Blüthgen, Karl Rosner, Max Bewer, Rudolf G. Binding – waren sicher keine Dilettanten, sondern oftmals bereits Gegenstand literaturwissenschaftlicher Monographien und ausführlicher Besprechungen in Literaturkritik und germanistischen Darstellungen zur zeitgenössischen Lyrik.

Mit der Aufnahme von Lyrik bekannterer Namen verband sich meist die Absicht anthologischer Selbstprofilierung – die Verfassernamen sollten den literarischen Anspruch der Sammlung und die explizite Zweckbestimmung, das Monumentale, Bleibende aus der Menge der Neuerscheinungen herauszukristallisieren, gewähren. Bekannte Namen mussten hier als sicheres Qualitätsmerkmal gelten. In fünfundsechzig Prozent der 1914 erschienenen Gedichtanthologien in meinem

---

68 Die Verleihung wurde beileibe nicht nur als Ehre empfunden. Gerhart Hauptmann notiert in sein Tagebuch, er fühle sich durch die Auszeichnung „tiefst und wahrhaft gedemütig[t]“, vgl. Gerhart Hauptmann: *Tagebücher 1914 bis 1918*. Hg. von Peter Sprengel. Berlin 1997, S. 85. Auch Richard Dehmel empörte sich über das „Barbarentum“ der Regierung in „der Einschätzung geistiger Verdienste“, vgl. Richard Dehmel: *Zwischen Volk und Menschheit. Kriegstagebuch*. Berlin 1919, S. 180 und S. 193.

Korpus kommt z. B. mindestens ein Text von Richard Dehmel vor, in fast der Hälfte allein sein *Lied an Alle*. Ernst Lissauers *Haßgesang gegen England* findet sich schon 1914 und 1915 in einundzwanzig verschiedenen Sammlungen, Gerhart Hauptmanns *Reiterlied* in über dreißig. Schnell bildete sich ein Kernbestand von ein paar Dutzend Gedichten aus, die in Anthologien der ersten beiden Kriegsjahre mit erstaunlicher Zuverlässigkeit vertreten sind: Hugo Zuckermanns *Österreichisches Reiterlied* etwa (in zwanzig von insgesamt sechsundachtzig für 1914 und 1915 erfassten Anthologien), Hermann Löns' *Deutsches Matrosenlied* (siebzehn von sechsundachtzig), Alfred Kerrs *Es geht eine Schlach*t (zehn/sechsundachtzig), Rudolf Herzogs *Das eiserne Gebet* (zehn/sechsundachtzig) und Herzogs *Zwischen Metz und den Vogesen* (elf/sechsundachtzig).

Diese anthologische „Rezeptionsverengung"[69] der Massenproduktion auf eine kleinere Anzahl kanonischer Verfasser und populärer Texte bricht mit Rückgang der Lyrikhochkonjunktur nach 1915 ab, wie die Belegentwicklung der Texte einiger bekannter Autoren erweist (siehe Grafik 2[70]). Gedichte von Gustav Schüler z. B. kommen 1916 nur noch in vier Anthologien (von zwanzig) vor, 1917 gar nur in zwei (von fünfzehn). Ähnlich verhält es sich mit den Texten Ludwig Thomas oder Ernst Lissauers. Stattdessen diversifiziert sich das Bild für die Jahre 1915 bis 1917 erheblich: Texte unbekannterer Autoren, von Ehefrauen, Müttern, von Frontsoldaten und ihren Angehörigen stehen hier im Vordergrund.

Der Grund für die fortschreitende Diversifizierung der in Anthologien aufgenommenen Autoren liegt im Wandel anthologischer Selektionskriterien: Statt etablierter Namen und literarischer Professionalität – verstanden als handwerkliche Beherrschung der Form und Rückgriff auf den tradierten Anspielungsschatz – zählt nun die *Authentizität* des Kriegserlebnisses, die Wahrhaftigkeit ihres ‚Zeugnisses'. Die Texte der unmittelbar Betroffenen an der Front und Heimatfront gewinnen an Bedeutung und werden in wachsendem Umfang redaktionell inszeniert. Bereits zu Beginn 1915 hatte z. B. der Herausgeber Conrad Höfer nicht allein „ein starkes Nachlassen der dichterischen Produktion" konstatiert, sondern auch eingeräumt, „für [seine] Auswahl" sei „die Form nicht allein maßgebend" gewesen, wie „die Aufnahme des Nachrufes einer Mutter [… zeige], der der Schmerz eine Tiefe des Gefühls verleiht, die fast antik anmutet".[71] Zudem biete seine Anthologie „in der Hauptsache Schlachtgedichte aus dem Felde, aber [sie]

---

69 So der Begriff bei Bark: *Zwischen Hochschätzung und Obskurität* (wie Anm. 2), S. 443.

70 Für 1918 ist das Korpus hier mit nur sieben Anthologien, von denen allein drei sich vorrangig mit der Lyrik der ersten Kriegsjahre befassen, sehr schmal. Auswertungen müssten ein verzerrtes Bild ergeben.

71 *Sieg oder Tod. Neue Kriegsgedichte.* Hg. von Conrad Höfer. Jena 1915 (Tat-Bücher für Feldpost 6), S. 98.

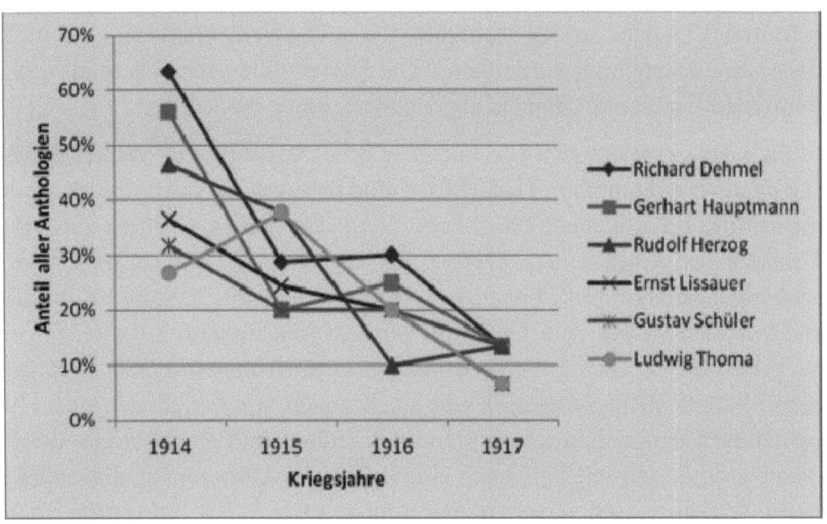

Grafik 2: Kanonisierung und Diversifikation

betont noch mehr die Stimmung der Winterwochen: *Das Durchhalten*".[72] Auch in anderen Anthologien beeilt man sich zu versichern, dass die gesammelten Texte

> nicht am Schreibtisch entstanden und nicht im Klubsessel erdacht [seien], sondern jedes Gedicht [...] bis in die letzte Zeile hinein *erlebt* [sei]: im Trommel- und Massenfeuer der französischen und englischen Geschütze, in kühnem Sturmangriff und zäher Abwehr; im ungestümen Vormarsch des Bewegungskrieges und in den langen, schlaflosen Sommer- und Winternächten des Stellungskrieges.[73]

Ausdrücklich wird nun das Erlebnis-Paradigma über den ästhetischen Wert der Texte gestellt und viele Sammlungen bekräftigen das neue Selektionskriterium in Vor- und Nachworten durch apologetische *captatio*-Formeln. Der Herausgeber der Sammlung *Im Schützengraben* (erschienen zu Weihnachten 1916) schreibt etwa, man möge verzeihen, dass „[d]er Hand[,] die eben noch den Kolben umfasste, Geschosse schleppte oder Zügel führte, [...] wenn sie die Feder ergreift, wohl auch einmal holperige Verse mit unterlaufen" können.[74] Die Anthologie des *Landsturm* (1915) wird noch deutlicher: Die bei ihm versammelten Verse sollten „NICHT als künstlerische Leistungen" betrachtet werden, „sondern als Lebenszeugnisse aus dem Krieg. Es sind im wahrsten Sinn Gelegenheitsdichtungen, [...]

---

72 Ebd. (Hervorhebung im Original durch Sperrung).

73 Vorwort zu *Der tapfere Seehas* (Anm. 59), S. 5 (Hervorhebung im Original durch Sperrung).

74 Vorwort zu *Im Schützengraben. Eine Sammlung von Gedichten aus der Feldzeitung der 54. Infanterie-Div.* o. O. 1916, S. 3.

primitive Versuche in der Mehrzahl, die einzig dem Wunsch, Erlebtes zu schildern, ihre Entstehung verdanken." Die Lieder sollen hier allein als „Spiegel der deutschen Volksseele" dienen, als Zeugnisse einer großen Zeit.[75]

Erstens konzentriert sich die anthologische Auswahl seit Winter 1914/15 verstärkt auf sentimentalere Gedächtnis- und Trauerlyrik statt offensive Jubel- oder Sturmrufe. Enthält das „Trostbrevier" *An den frühen Gräbern unserer Helden. Stimmen der Klage und Erhebung aus Dichter- und Denkermund*[76] noch ausschließlich ältere Lyrik, bieten die Sammlungen von Rudolf Krauß (*Deutscher Heldentod. Gedichte vom Opfermut im Feld und daheim 1914/1915*)[77] und Karl Wehrhan (*Letzte Grüße. Volksdichtungen in Nachrufen auf unsere gefallenen Helden*)[78] bereits allein zeitgenössische Dichtungen von Gefallenen und Hinterbliebenen. Den bangenden und hoffenden Familien und Angehörigen der Frontsoldaten widmet sich seit 1915 auch eine Reihe von Anthologien, die deutlich didaktische Wirkabsichten vertreten. Sammlungen wie *Stilles Heldentum im Weltkrieg 1914/1915. Blüten deutschen Frauengemüts zum Kriegskranz gewunden* (1915),[79] *Deutsche Frauen in eiserner Zeit. Kriegslieder* (1915)[80] oder *Deutsche Frauen – Deutsche Treue! Gedichte aus dem Weltkrieg* (1916)[81] propagieren eine kritiklos-quietistische Haltung der ‚deutschen Frau', die durch ihren Opferwillen, ihre stille Trauer und Ergebenheit einen ähnlich wichtigen Beitrag zum Krieg leiste wie die Ehemänner und Söhne an der Front. Nicht nur das Versenden von Liebesgaben oder der Kriegsdienst als Lazarett-Schwester diene dem Wohle des Vaterlan-

---

75 Eugen Tannenbaum: *Vorrede*. In: *Landsturm. Lieder von der Front*. Mit Zeichnungen von Wilhelm Wagner. Berlin-Charlottenburg 1915 (Orplidbücher 15), S. 5. Auch andere Sammlungen konzedieren, dass der „ästhetische Gesichtspunkt nicht […] berücksichtigt" ist (*Dichtergrüße toter Helden. Eine Sammlung von Kriegsgedichten gefallener Soldaten*. Hg. von Bruno Grabinski. Hildesheim 1917, o. S.) oder dass „die Form auch nicht immer gemeistert ist" (*Feldsoldatensang in Flandern* [wie Anm. 31], S. 5).

76 *An den frühen Gräbern unserer Helden. Stimmen der Klage und Erhebung aus Dichter- und Denkermund*. Ein Trostbrevier gesammelt von Hermann Gilow. Berlin 1915.

77 *Deutscher Heldentod. Gedichte vom Opfermut im Felde und daheim 1914/1915*. Hg. von Rudolf Krauß. Stuttgart 1915.

78 *Letzte Grüße* (wie Anm. 15).

79 *Stilles Heldentum im Weltkrieg 1914/1915. Blüten deutschen Frauengemüts zum Kriegskranz gewunden*. Berlin 1915. Auch die Studie von Rektor [Friedrich?] Völker: *Die deutsche Mutter in unserer Zeit*. Berlin 1915 (Volksschriften zum großen Krieg 45) enthält dreizehn Gedichte.

80 *Deutsche Frauen in eiserner Zeit. Kriegslieder*. Gesammelt und ausgewählt von Karl Kuhls. Potsdam 1915.

81 *Deutsche Frauen – Deutsche Treue!* (wie Anm. 57).

des, so der Tenor der aufgenommenen Texte, sondern auch die Erduldung von Schmerz und Trauer angesichts der Verluste.

Zweitens – und ebenfalls seit 1915, verstärkt aber seit 1916 – erscheint eine Reihe von lyrischen Regimentsmemoiren und Schützengrabenberichten. Das Selektionskriterium der Kriegsteilnahme betonen sie mit unverkennbarem Pathos, etwa in den Sammlungen *Feldgraue Dichter* (1916) oder *Deutschlands Söhne im Weltkriege* (1917).[82] Sie konzentrieren sich auf ein bestimmtes Regiment,[83] einen Einsatzort[84] oder biographische Gemeinsamkeiten der frontsoldatischen Verfasser, sammeln z. B. Gedichte jugendlicher oder gefallener Soldaten oder gar ausschließlich von Lehrern verfasste Lyrik.[85] Mit Bruno Grabinskis 1917 veröffentlichten *Dichtergrüßen toter Helden* liegt z. B. eine den Soldatentod stark idealisierende und durch ausführliche Paratexte inszenierende Auswahl von frontsoldatischen Texten vor, welche dem „*Andenken*" gefallener Soldaten dienen und „Aufschluß über das Seelenleben der Gefallenen" geben möchte.[86]

Um die Echtheit des Erlebnisses zu unterstreichen, werden Verfassernamen von Frontdichtung deswegen seit Kriegsbeginn mit möglichst genauen Angaben zu ihrem militärischen Rang, ihrem Einsatzort oder der Situation, dem ‚Erlebnis', auf welches das Gedicht rekurriert, versehen. Das reicht von einem lapidaren „im Felde" über Zusätze wie „Hauptmann d. R." oder „Unteroffizier" bis zu Spezifizierungen in der Art „Bruno Frank [Warneton, unweit Ypern, 15.11.1914]",[87]

---

82 Vgl. *Deutschlands Söhne im Weltkriege. Eigene Gedichte und Aufsätze unserer Feldgrauen.* Gesammelt von Ernst Lohmann. Bad Nassau 1917 (Kraft zum Siege! 11), *Feldgraue Dichter. Kriegsdichtungen unserer Soldaten.* Hg. von Bogdan Krieger. Berlin 1916 (Unterm Eisernen Kreuz 55/56) und die frühe Sammlung *Kriegs-Lieder unserer Feldgrauen. Kriegspoesie nach bekannten Melodien entstanden in großer Zeit.* Deutschlands tapfern Kriegern dargebracht von Paul Schröder. Leipzig 1914

83 Zum Beispiel *Der tapfere Seehas* (wie Anm. 59), *Im Schützengraben* (wie Anm. 74) oder *Kriegslieder des XV. Korps 1914–1915 von den Vogesen bis Flandern.* Berlin 1915.

84 Unter anderem *Krieg in Flandern* (wie Anm. 32) und *Feldsoldatensang in Flandern* (wie Anm. 31).

85 Zum Beispiel *Aus dem Seelenleben dreier jungen Helden.* Hg. von Berthold Schulze. Berlin 1917 (enthält allerdings größtenteils Prosa), *Das Erlebnis unserer jungen Kriegsfreiwilligen. Nach den Feldpostbriefen, Tagebüchern, Gedichten und Schilderungen jugendlicher Kriegsfreiwilliger aus der Sammlung des „Deutschen Bundes für Erziehung und Unterricht".* Hg. von Willi Warstat. Gotha 1916 und die Sammlung *Das deutsche Herz. Kriegsgedichte deutscher Lehrer 1914–1915.* Hg. von H[ermann] Döhler. Berlin 1916, in der der Abschnitt „Wir siegen oder sterben!" (S. 209–295) allein Gedichte aus dem Ersten Weltkrieg aufweist.

86 *Dichtergrüße toter Helden* (wie Anm. 75), o. S. [Vorwort]. Hervorhebung im Original Sperrsatz.

87 Bruno Frank: *Der neue Ruhm.* In: *Sieg oder Tod* (wie Anm. 71), S. 63f.

„Leutnant F. M. Gedichtet am 5. September 1914, früh 7 Uhr im Schützengraben bei B…"[88] oder „Geschrieben zu Watermolenhoek, auf Wache im Schützengraben gegen den Feind, Engländer und Franzosen, in der Nacht vom 7. zum 8. Dezember 1914".[89]

Paratexte können ein Gedicht, seine Entstehungsbedingungen oder seinen Weg zur Publikation auch narrativ kontextualisieren und den Text somit als besonders authentisches Dokument aus der Mitte des Kampfgeschehens inszenieren. Über die Situierung des Gedichts *Festigkeit* weiß Herausgeber Bogdan Krieger beispielsweise zu berichten, hier dichte „Hauptlehrer Berthold Cappenberg, gefallen am 27. Aug. 1914 bei Erstürmung einer Höhe hinter Sedan".[90] Das Gedicht beginnt mit den Versen „Weg mit allem Sehnen und Suchen! / Hei, springt an ihr feurigen Renner! / Waffengeklirr und Schreien und Fluchen, / Eiserne Zeit braucht eiserne Männer!" Ein anderes Gedicht wurde angeblich „Von einem Landwehrmann auf dem Wege zum Kriegsfeld gedichtet";[91] Fritz von Unruhs *Bajonette zur Hand und die Kehlen frei* bekommt den Zusatz „Vor der Erstürmung der Marne-Stellungen, nachts 2 Uhr"[92] und zu Unruhs *Das Lied der Schlacht* zitiert Julius Bab die *Berliner Zeitung am Mittag* vom September 1914 mit den Angaben:

> Der Dichter und Ulanenoffizier, der sich in Frankreich das Eiserne Kreuz erkämpft hat und soeben zum Oberleutnant befördert worden ist, sendet uns aus den Kampftagen bei Reims, auf einer Karte in Eile hingeschrieben – ‚Ich muß nun zu Pferd, adio!' fügt er hinzu – folgendes Gedicht […].[93]

Andere Paratexte versuchen, den Text selbst zu vergegenständlichen und Präsenzeffekte zu erzeugen, indem sie die Überlieferungsgeschichte des Textträgers narrativieren. Meist verwenden sie dabei die Erzählfiguration eines verstorbenen Verfassers, dessen Gedicht von seinen Kameraden dem Vergessen entrissen und, oft auf kuriose Weise, der Öffentlichkeit überbracht wurde. „Ein in Frankreich gefallener Soldat verfaßte dieses Gedicht", lautet da z. B. eine Variante aus dem Herbst 1914,

---

88 F. M.: *Morgenrot!* In: *Feldgraue Dichter* (wie Anm. 82), S. 58f.

89 P. H.: *Flandrische Nächte.* In: *Das Zweite Jahr. Kriegsgedichte der Täglichen Rundschau.* Mit einem Geleitwort von Gustav Manz. Berlin 1915, S. 38.

90 Berthold Cappenberg: *Festigkeit.* In: *Feldgraue Dichter* (wie Anm. 82), S. 39.

91 Anon.: *Heil Deutschland und Heil Österreich!* In: *Weltbrand 1914* (wie Anm. 62), S. 22.

92 Fritz von Unruh: *Bajonette zur Hand und die Kehlen frei.* In: *Das deutsche Lied 1914. Eine Auslese deutscher und österreichischer Kriegsdichtung.* Hg. von Reinhold Braun und Wilhelm Müller-Rüdersdorf. Leipzig 1914, S. 94.

93 Fritz von Unruh: *Das Lied der Schlacht.* In: *„Zwischen den Schlachten".* Ausgewählt von Julius Bab. Berlin 1914 (Der deutsche Krieg im deutschen Gedicht 1914 2), S. 29.

[e]s ist wohl in der Vorahnung kommenden Todes vor der Schlacht entstanden. Nur dem Umstande, daß den Rock des Gefallenen ein anderer verwundeter Kamerad an sich nahm, ist es zu danken, daß das ergreifende Gedicht der Vergessenheit entrissen wurde. Es wurde durch einen im Lazarett von Andernach untergebrachten Verwundeten der dortigen „Volkszeitung" zum Abdruck zugesandt.[94]

Wieder andere Paratexte beschreiben, wie Leipziger Landsturmmänner „mit französischen Lettern in einer französischen Druckerei" ein Gedicht in einer eigens hergestellten Feldzeitung in den Druck bringen;[95] ein Text wird von Kameraden gemeinsam in Andenken an einen gefallenen Freund gedichtet und mit großer Geste einer Zeitung überreicht.[96] Der um Ausschmückungen wenig verlegene Anthologieherausgeber Bruno Grabinski berichtet von dem Fall des Feldwebel-Leutnants Max Berthold Vanselow, der „nach Erhalt des Eisernen Kreuzes folgendes stimmungsschöne Gedicht" verfasste. Grabinski fügt hinzu:

> Für dies Gedicht erhielt Vanselow vom Kaiser dessen Bild mit der handschriftlichen Widmung: „Dem Dichter des Argonnenwaldes zur Erinnerung – Wilhelm." Am Tage nach Erhalt des Bildes fiel Vanselow im Gefechte. Der Regimentskommandeur ordnete an, daß an dem Grabkreuze aus Argonnenholz auch das prächtige Gedicht angebracht werde.[97]

---

94 Anon.: *Der sterbende Soldat*. In: *Reimchronik des großen Krieges. Ernste und heitere Verse von schwäbischen, badischen, bayrischen […] Dichtern*. Hg. von Wilhelm Widmann. I. Teil: *Volkstümliche Gedichte und Lieder zu den Kriegsereignissen vom August bis Dezember 1914*. Stuttgart 1914, S. 71–73, hier S. 73.

95 Ostwald: *Dem Andenken der gefallenen Kameraden*. In: *Des Vaterlandes Hochgesang* (wie Anm. 13), S. 83. Der Text findet sich mit anderem Paratext auch in *Das zweite Jahr* (wie Anm. 89), S. 31, *Schwert aus der Scheide* (wie Anm. 47), S. 74 und *Deutscher Heldentod* (wie Anm. 77), S. 86f. sowie anonym in *Unsere Helden!* Hg. von Gustav Falke. Hamburg 1915 (Kriegsdichtungen 1914 2), S. 41 und *Ich weiß einen Lindenbaum stehen. Neue Kriegslieder*. Jena 1915 (Kriegslieder fürs deutsche Volk mit Noten 9), S. 8.

96 Soldaten der 6. Komp. Inf.-Rgt. 107: *Spielmanns Tod*. In: *Landsturm* (wie Anm. 75), S. 93f. Ebenfalls in *Deutsche Kriegslieder 1914–1915*. Hg. und eingeleitet von Dr. Carl Busse. Bielefeld und Leipzig 1915 (Aus den Tagen des großen Krieges), S. 119. Mit ausführlicherem Paratext findet es sich in *Deutsche Kriegsdichtung aus dem Weltkrieg*. Hg. von Konrad Menzel. Leipzig 1917 (Deutsche Schulausgaben 115), S. 77, *Des Vaterlandes Hochgesang* (wie Anm. 13), S. 77f., *Schwert aus der Scheide* (wie Anm. 47), S. 43f. und *Jeder Stoß ein Franzos! Neue Kriegslieder*. Jena 1914 (Kriegslieder fürs deutsche Volk mit Noten 6), S. 24f. sowie, unter der Verfasserangabe „Soldat Berndt Hüfner", in *Deutscher Heldentod* (wie Anm. 77), S. 21f., *Zu Wasser und zu Lande* (wie Anm. 53), S. 31 und *Nun laßt die Rosse traben! Neue Kriegslieder*. Jena 1915 (Kriegslieder fürs deutsche Volk mit Noten 11), S. 19f.

97 Max Vanselow: *„Mein Eisern' Kreuz."* In: *Dichtergrüße toter Helden* (wie Anm. 75), S. 12.

Mag der Wahrheitsgehalt solcher Ausführungen auch füglich bezweifelt werden, machen sie doch neugierig auf das nachstehende Gedicht, evozieren den Leseeindruck unmittelbarer Transparenz für das reale Kriegserlebnis und verleihen dem Text eine Aura des Dabeigewesenen, Echten, Gegenständlichen.

Durch das Kriterium des authentischen ‚Erlebnisses' ließ sich die anfängliche Orientierung an einer Hand von bekannten Autoren und Texten kaum aufrecht erhalten, nahm man nun doch implizit an, je unbekannter der Autor sei, desto authentischer sei der Text. Wie die Beispiele zudem zeigen, nehmen auch Anthologien der späteren Kriegsjahre bevorzugt Texte auf, die bereits 1914 und 1915 verfasst wurden; allerdings selegieren sie meist andere Texte als Sammlungen des ersten Kriegsjahrs.

Auch 1917 und 1918 erscheinen jedoch Anthologien, die die bellizistischen Gedichte aus den Augusttagen wieder abdrucken und sie – mal kontrastiv, mal komplementär – neben neuere Lyrik aus der zweiten Kriegshälfte stellen. Dass Sammlungen wie Felix Marquarts 1917 erschienene *Sieges- und Friedensklänge aus großer Zeit* oder Walter Heynens 1918 publizierte *Deutsche Kriegsgedichte* noch immer ein *Deutsches Trutzlied 1914*[98] oder ein *Reiters Abschied*[99] darbieten, unbekümmert mit Cäsar Flaischlens *Deutschem Weltkrieg* eröffnen und mit Heinrich Lerschs *Volk* schließen,[100] belegt jedenfalls nicht allein die anhaltende Wirkung der offensiven Kriegsbegeisterung in manchen Bevölkerungskreisen, sondern verweist auch auf die zeitgenössische Tendenz zum bilanzierenden Rückblick. Was sich nicht als Ausdruck heroischen Erlebens, opfervoller Entbehrung und bestandener Bewährungsprobe deuten ließ, konnte dabei als lyrisches Zeugnis ‚wirklich empfundener' Augustbegeisterung zumindest rückwirkend authentisiert werden.

V. „Komm, stolzer Friede ..."
Friedenssehnsucht in Gedichtanthologien nach 1914

Schon 1916 erschien mit Franz Pfemferts Auslese der *AKTIONS*-Lyrik eine dezidiert pazifistische Sammlung von Kriegsgedichten. Im letzten Kriegsjahr 1918 wurden gleich zwei deutlich kriegskritische Anthologien publiziert, nämlich René Schickeles *Menschliche Gedichte im Krieg* und Salomon Steinbergs *Lyrisches Be-*

---

98   Wilhelm Büring: *Deutsches Trutzlied 1914*. In: *Sieges- und Friedensklänge aus großer Zeit*. Gesammelt vom Reichstagsabgeordneten Felix Marquart. Leipzig 1917, S. 11.

99   Fritz Droop: *Reiters Abschied*. In: ebd., S. 13.

100   So in *Deutsche Kriegsgedichte. Eine Auswahl aus den Jahren 1914–1918*. Für die Maximilian-Gesellschaft besorgt von Walter Heynen. Offenbach a. M. (Jahresgabe 1917) 1918, S. 1–3 und S. 62f.

kenntnis.[101] Beide Sammlungen erschienen in Zürich – in der schweizerischen „winzigen Insel mitten im Blutmeer"[102] – und erhoben den Anspruch, intellektuell und ästhetisch anspruchsvolle lyrische Friedensforderungen zu verbreiten, eine literaturpolitische Agenda, die sich mit der großen kommunistischen Lyrikauswahl *Kameraden der Menschheit* (1919) nach dem Krieg fortsetzte.[103]

Bereits seit 1915 waren subtilere Gedichte erschienen, die sich von der chauvinistischen Feindkarikierung der Augustlyrik deutlich absetzen und mitunter sogar Verbrüderungswünsche formulieren. Ein gutes Beispiel bietet das Gedicht *Die Gefangenen*, geschrieben im Juli 1915 von dem Gefreiten Striedinger, in dem der Sprecher in Polen einen Zug russischer Kriegsgefangener beobachtet. Ihre Gesichter scheinen ihm zunächst fremd, „stumpf und blöde / Blickten sie mit Gleichmut drein", bis plötzlich eine Mutter ihren Sohn unter den Gefangenen erkennt und ihn „[s]chluchzend [...] umfangen" hält, „[s]eine Hände kosend streichelnd". Der Sprecher liest nun erneut in den russischen Gesichtern und denkt bei sich: „Keiner fremd mir, alle Menschen; / Jeder dachte seiner Mutter".[104] Ähnlich appellieren auch einige Schützengräbengedichte an die stellungsübergreifende Verbundenheit des Menschlichen. *Die Flöte* des österreichischen Neuromantikers Franz Karl Ginzkey beispielsweise beschreibt, wie sich in den Klang einer deutschen Ziehharmonika eine „[f]reundliche Flöte aus Feindesland" hinein-

---

101 Vgl. *Die AKTIONS-Lyrik, 1914–1916. Eine Anthologie*. Hg. von Franz Pfemfert. Berlin-Wilmersdorf 1916, *Lyrisches Bekenntnis. Zeitgedichte*. Hg. von Salomon D. Steinberg. Zürich 1918 (Schweizerische Bibliothek 5) und *Menschliche Gedichte im Krieg*. Hg. von René Schickele. Zürich 1918 (Europäische Bibliothek 3).

102 *Lyrisches Bekenntnis* (wie Anm. 101), S. 6 [i. e. „Vorwort"].

103 *Kameraden der Menschheit. Dichtungen zur Weltrevolution. Eine Sammlung*. Hg. von Ludwig Rubiner. Potsdam 1919. Ausdrücklich schließt der Kommunist Rubiner übrigens die im Weltkrieg so beliebte Lyrik der Arbeiterdichter mit dem Argument aus, sie hätten sich „vom Kriegskapitalismus zu jeder Art lyrischer Aktion gegen die verblutende Menschheit hündisch verräterhaft mißbrauchen" lassen, vgl. ebd., S. 174.

104 Gefreiter Striedinger: *Die Gefangenen*. In: *Feldgraue Dichter* (wie Anm. 82), S. 69f. Ähnlich beschreibt auch Alfred Kerr in *Begegnung* eine Verbrüderung zwischen Deutschen und Franzosen. Nach Wochen ähnlicher Leiden an der Front – die Soldaten sind „krank und hundematt" und frieren „im Höhlenhaus" – gibt der Holsteiner einem Franzosen ein Zeichen, sie treffen sich „[z]wischen den Linien" und drücken sich „leis einen Bruderkuß" auf, worauf sie gemeinsam schweigend „[d]achten an Weib und Kinder zu Haus". Vgl. Alfred Kerr: *Begegnung*. In: *„Die lange Schlacht"*. Ausgewählt von Julius Bab. Berlin 1915 (Der deutsche Krieg im deutschen Gedicht 1914 5), S. 33. Fast identisch heißt es auch bei Oskar Philipp: *Soldatengrab*. In: *Das deutsche Schwert* (wie Anm. 30), S. 148f. an den französischen Feind gerichtet: „Morgens auf unserm Grab / Liegt frischer Tau; / Nicht wahr – da denkst auch du / An Kind und Frau ...?"

mischt und „endlich ein Tänzchen in Saus und Braus" wagt, bevor sie wieder verklingt.[105] Ginzkeys Gedicht schreibt einerseits die nationaltypologischen Klischees der Augustlyrik fort: Den „feindlichen Fuchsbau" sieht er „[i]ngrimmerfüllt bis an den Rand", „gierig" durchtasten dort „[ä]ugende Büchsen" die Nacht; den Flötenklang karikiert er unter Aufruf der stereotypen Diffamierung angeblicher französischer Affektiertheit zunächst als „geziert und galant" und hört ihn sich „vor der Harmonika" „verneig[en]". Andererseits schließt der Text mit dem melancholischen Hinweis darauf, dass in den gemeinsamen Tönen deutscher und französischer Musik „auf eine Spanne Zeit / [...] Menschlichkeit zu Menschlichkeit" gesprochen habe. In der Überlagerung von Feindkarikatur und Humanitätsemphase offenbart sich die Spannung zwischen dem Glauben an die Kriegsnotwendigkeit und der Einsicht in die Universalität menschlicher Erfahrung von Leid und Sehnsucht.

Dieser frontsoldatische Grundkonflikt liegt auch den zahlreichen Reflexionen über das Töten des Feindes zugrunde. Dem Sprecher in Max Barthels *Der Feind* beispielsweise „brennt" „das Gewissen", weil er „viel Tote" zu verantworten hat. Den Feind spricht er mit „Bruder, Bruder" an und bittet ihn, ihm zu „vergeben, / Daß ich deine Welt zerbrach".[106] Eindrücklicher noch erscheint die Frage dem Katholiken Heinrich Lersch, der sich in einem Alptraum aus der Menschengemeinschaft „verstoßen" glaubt, die anthropomorphisierten Straßen, Häuser, Wälder gegen sich wüten sieht und „alle Kreatur in Heulen und Stöhnen" aufschreien hört: „Deine Hand glänzt von Bruderblut!"[107] Die Genesis-Anspielung auf Kains Mord an Abel wird durch apokalyptische Visionen erweitert, wenn den „Meere[n] von Blut die Heere der toten Soldaten" enttauchen, „aufschreiend mich packend". Eine besondere Wendung liegt in dem Vorwurf an den Sprecher „Du besangst dein Töten und Morden", vielleicht ein Hinweis darauf, dass Lerschs kriegsaffirmative Texte der ersten Kriegsmonate ihn zu diesem Zeitpunkt bereits reuten. Auch Lerschs Gedicht *Brüder* berichtet schließlich von der Erkenntnis einer universalen Gleichheit der Menschen. Der Sprecher begräbt einen „fremde[n] Kamerad", der schon lange „vor unserm Drahtverhau" liegt, weil er ihn irrtümlich zunächst für seinen Bruder gehalten hat. Der Text schließt: „Es irr-

---

105   Ginzkeys Gedicht findet sich in vielen Gedichtanthologien, u. a. in *Die heilige Wehr.*
       Deutsche Kriegslyrik der Gegenwart. Hg. von Karl Jakubczyk. Freiburg 1917, S. 65, *Kriegslieder deutschböhmischer Dichter* (wie Anm. 17), und *Feinde ringsum.* Hg. von Gustav
       Falke. Hamburg 1915 (Kriegsdichtungen 5), S. 13. Ich zitiere aus *Vom Rhein zur Donau.*
       Kriegsdichtungen und Soldatenlieder aus Österreich und Deutschland. Ausgewählt von Dr.
       Karl Kobald. Wien 1916, S. 162f.

106   Max Barthel: *Der Feind.* In: *Deutsche Kriegsgedichte* (wie Anm. 100), S. 48.

107   Heinrich Lersch: *Verstoßen.* In: *Immer noch.* Ausgewählt von Julius Bab. Berlin [1917]
       (Der deutsche Krieg im deutschen Gedicht 1914 10), S. 43f.

ten meine Augen. – Mein Herz, du irrst dich nicht: / Es hat ein jeder Toter des Bruders Angesicht."[108]

Frontsoldatische Fraternisierungsbilder – obschon sie bereits seit 1914/15 erscheinen und auch bei Kriegsende noch Einzelfälle bleiben – präfigurieren pazifistische Zusammenschlüsse wie den Friedensbund der Kriegsteilnehmer (gegründet 1919) und prägen auch den Geist der Völkerbundgründung (1920). Doch auch in zivilistischer Lyrik werden mitunter Forderungen nach allgemeinmenschlichem Zusammenschluss verlautbart. Konrad Falkes *Wir glauben* etwa ruft schon 1917 die „Völker zu friedlichem Bund" auf.[109] Pazifistische Visionen von ewigem Frieden und Völkerverständigung entwirft auch Alfons Petzold in *Der lange Krieg* und imaginiert eine „friedenumrauscht[e], durchsungen[e] Stunde", „[i]n der über fremdes und eigenes Land / Die Menschen sich reichen die Hände zum ewigen Bunde."[110] Obgleich also nicht erst seit dem zweiten und dritten Kriegsjahr Rufe nach Frieden laut werden, lässt sich die literarische Entwicklung – zumindest für die Distributionsform der Anthologie – kaum als einheitlich-linearer Pazifizierungsprozess beschreiben. Artikulationen lyrischer Friedenssehnsucht werden stattdessen häufig schon durch Nachbargedichte im unmittelbaren Anthologiekontext konterkariert. So folgt z. B. in Peithmanns Anthologie *Das deutsche Schwert* (1918) auf Friedrich Ulmers *Friedensehnsucht*, das in dem flehentlichen „O Gott im Himmel, gib uns Frieden!" – einer allusiven Abwandlung des *Agnus-Dei*-Schlusses *dona nobis pacem* – endet,[111] noch auf der gleichen Seite Calibans (i. e. Richard Nordhausen) *Die zurückgenommene Front 1918*, in dem es heißt „Der Feind ist stark – doch um so stolzer / Der Endsieg über solchen Feind!"[112] Selbst Julius Babs *Immer noch* (1918), immerhin das elfte Heft des bei Kriegsende längst kriegsüberdrüssigen Anthologisten,[113] enthält zwar äußerst eindringliche Beschreibungen der Kriegsgräuel und in der Botschaft völ-

---

108   Heinrich Lersch: *Brüder*. In: *Die heilige Wehr* (wie Anm. 105), S. 38 und *Deutsche Kriegslieder 1914/1916*. Hg. und eingeleitet von Carl Busse. Bielefeld und Leipzig 1916 [3. Aufl.] (Aus den Tagen des großen Krieges), S. 84. Ähnlich klingen auch Erich Neumann: *Zwei Gräber*. In: *Feldgraue Dichter* (wie Anm. 82), S. 60f. und Alfons Petzold: *Vor einem gemeinsamen Soldatengrab*. In: *Immer noch* (wie Anm. 107), S. 36, wo es heißt: „Einst grimme Feinde in Haß und Spott, / [...] Sind sie nun treue Brüder in Gott / Und loben hymnend die Ewigkeit".

109   Konrad Falke: *Wir glauben*. In: *Lyrisches Bekenntnis* (wie Anm. 101), S. 46.

110   Alfons Petzold: *Der lange Krieg*. In: *„Immer noch"* (wie Anm. 107), S. 3.

111   Friedrich Ulmer: *Friedensehnsucht*. In: *Das deutsche Schwert* (wie Anm. 30), S. 168.

112   Caliban: *Die zurückgenommene Front 1918*. In: ebd., S. 168f.

113   Vgl. Elisabeth Albanis: *German-Jewish Cultural Identity from 1900 to the Aftermath of the First World War. A Comparative Study of Moritz Goldstein, Julius Bab and Ernst Lissauer*. Tübingen 2002, S. 185–195.

lig eindeutige lyrische Kriegskritik, aus der besonders die Texte Walter Hasenclevers und Paul Zechs hervorstechen. Daneben nimmt Bab aber auch z. B. den humorvoll gemeinten Text *Das deutsche Friedensangebot* eines gewissen „Peter" (Ps., zuerst im Berliner *Der Tag* abgedruckt) auf, in dem der deutsche Michel als „Sieger" „[z]um Friedenshaus im Träumeland" schreitet und die Hand bietet: „Will einer jetzt / Ihm seine Hand versagen – – / Dem wird sie abgeschlagen." Und nur eine Seite darauf lässt Bab Hans Friedrich Blunck, den späteren Präsidenten der NS-Reichsschrifttumskammer,[114] verkünden, man wolle, nachdem die Feinde angeblich ein deutsches Friedensangebot abgelehnt hätten, „[e]inmal zum weltzerstörenden Werke / Noch durch die blutende Nacht [...] gehn!" Eine einheitliche politische ‚Linie' lässt sich in Babs Anthologie also nicht erkennen, die Widersprüchlichkeit pluraler Stimmen wird geduldet, ja zum Prinzip gemacht.

Und was wäre schließlich von dem Friedenswunsch des Oberleutnants Hermann Banzhaf *Zum Frühjahr 1916* zu halten, der ein Kriegsende zwar herbeisehnt, aber zu Bedenken gibt:

> Noch aber ist das eine uns beschieden,
> treu in der Wacht, im Kampfe zäh zu sein;
> und träumen wir in tiefer Brust vom Frieden,
> so soll es unser deutscher Friede sein;
> [...] stark, unzerstörbar lebt in unsern Herzen
> ein Wunsch, ein Wille: *Unseres Volkes Sieg!*[115]

Dieser Wunsch – Richard Nordhausen bringt ihn auf die Formel „Gib Frieden, Gott, doch gib den Sieg vorher, / Den wir um unsrer Kinder willen brauchen!"[116] – entspricht der verbreiteten Forderung nach einem deutschen ‚Siegfrieden' anstelle des unzureichenden ‚Verzichtfriedens' ohne deutsche Annexionen. „So führen wir den harten / Krieg durch die Zeit. / Auf guten Frieden warten / Wir hiebbereit", lautet Alexander von Gleichen-Rußwurms Forderung nach *Unser[em] Frieden.*[117] Eine „deutsche[] Mutter" gibt nur wenige Seiten weiter in der gleichen Sammlung zu bedenken, dass der künftige Frieden „des Blutes wert [sein müsse], das ihm geflossen ist. / Wir wollen keinen Frieden / aus Angst und Not und

---

114 Vgl. zu Blunck, einem häufig anthologisierten Weltkriegsdichter, W. Scott Hoerle: *Hans Friedrich Blunck. Poet and Nazi Collaborator, 1888–1961.* Bern u. a. 2003 (Studies in Modern German Literature 97). Bluncks Kriegsteilnahme und -lyrik werden leider nur *en passant* besprochen, vgl. S. 48–50.

115 Hermann Banzhaf: *Zum Frühjahr 1916.* In: *Krieg in Flandern* (wie Anm. 32), S. 71–73.

116 Richard Nordhausen: *Doch gib den Sieg vorher ...* In: *Immer noch* (wie Anm. 107), S. 4.

117 Alexander von Gleichen-Rußwurm: *Unser Frieden.* In: *Das zweite Jahr* (wie Anm. 89), S. 19.

Jammer!"[118] Und Ilse Franke, um ein letztes Exempel anzuführen, ruft im ersten Vers eines Textes den „stolze[n] Friede[n]" herbei und beschwört diesen mit dem Paarreim „Die Zukunft unser! Aus der blutigen Saat / Wächst deutscher Glaube: treue, deutsche Tat!"[119] Der Wunsch nach einem *stolzen* Frieden, das war doch wohl eine Friedenssehnsucht, die sich so eng mit der unumstößlichen Überzeugung eines deutschen Sieges verknüpfte, dass genuine Kriegsüberdrüssigkeit und triumphalistische Erwartung kaum unterschieden werden können.

Natürlich gilt der Einwand, dass uns für die letzten beiden Kriegsjahre 1917 und 1918 nur wenige Anthologien vorliegen, welche neuere Lyrik abdrucken, dass also die ausbleibende ‚Wende‘ womöglich auf einem Quellenproblem beruht. Der Befund bleibt dennoch widersprüchlich: Zweifellos artikulieren manche Stimmen Friedenssehnsucht. Texte, die allerdings prononciert pazifistisch argumentieren, ein deutsches Friedensangebot oder gar die Völkervereinigung advozieren, erscheinen nur vereinzelt und in ausgewählten, politisch ambitionierten Sammlungen. Und noch im Frühjahr 1918 verdammen andere, wie Richard Dehmel oder Alfred Döblin, mit scharfen Worten jegliche Friedensbestrebungen.[120] Obschon man somit vielleicht immerhin von einem heterogenen Eindruck sprechen kann, den die Kriegslyrik in späteren Jahren hinterlässt – eine ‚Wende‘ in Richtung Kriegskritik und Pazifismus findet nicht statt, spiegelt sich zumindest nicht in der in Anthologien veröffentlichten Lyrik.

VI. Ausblick

Die Bedeutung der Kriegsdichtung für Kriegserinnerung und -deutung brach um 1918 mitnichten ab. Die Zäsuren der Novemberrevolution, des Waffenstillstands und der Friedensverträge von Versailles gaben neuen Anlass zur resümierenden Gesamtschau. Das zwölfte und letzte Heft von Babs Reihe *Der deutsche Krieg im deutschen Gedicht*, *Das Ende*, erschien erst 1919, ebenso wie die hauptsächlich Kriegsdichtung enthaltenden kommunistischen und expressionistischen Sammlungen *Kameraden der Menschheit* von Ludwig Rubiner und *Menschheitsdämme-*

---

118 Von einer deutschen Mutter: *Frieden – ?* In: ebd., S. 48.

119 Ilse Franke: *Komm, stolzer Friede …* In: *Deutsche Kriegslieder 1914/1916* (wie Anm. 108), S. 166. Vgl. genauso in der gleichen Sammlung Paul Wegners: *Wann –?* In: ebd., S. 95: „Deutschland muß siegen, Feindland verderben! / *Dann* wird Frieden sein!"

120 „Jede Stimme muß verstummen, die auch nur ein Wort äußert, das nicht Krieg ist. Verflucht soll der sein, der das Wort Frieden […] in den Mund nimmt", schreibt Döblin im Februar 1918 in der *Neuen Rundschau*. Zitiert nach Fries: *Die große Katharsis* (wie Anm. 9). Bd. 2: *Euphorie – Entsetzen – Widerspruch. Die Schriftsteller 1914–1918*. Konstanz 1995, S. 61.

rung von Kurt Pinthus.[121] In der Weimarer Republik wurde eine Fülle von Weltkriegsanthologien publiziert, von denen Kurt Kläbers *Der Krieg* (1929) nur die
bekannteste ist,[122] und weit vor Remarques 1928 veröffentlichtem Bestseller *Im
Westen nichts Neues* bemühten sich pazifistische Sammler und Herausgeber um
die Durchsetzung einer kriegskritischen Literatur.[123]

Einen veritablen Popularitätsschub erfuhren die Kriegsdichtung und ihre Anthologie im Nationalsozialismus, wo der Erste Weltkrieg in den Mittelpunkt litera-
turpolitischer Erinnerungskultur rückte. Obwohl das Phänomen seit Beginn der
NS-Forschung bekannt ist, hat erst die jüngere Forschung versucht, sich der nationalsozialistischen Ideologisierung des Ersten Weltkriegs systematisch zu nähern.[124] Kriegsgedichte böten hierbei eine geeignete Quelle: Die völkisch-national
orientierte Germanistik in der späten Weimarer Republik und im Nationalsozialismus erhob besonders die Lyrik gefallener Soldaten als Ausdruck des deutschen
„Volksschicksals"[125] zu ihrem bevorzugten Gegenstand[126] und ließ das Thema für
die bundesrepublikanische Germanistik als politisch belastet erscheinen. Weltkriegsanthologien und -lesebücher erschienen unter nationalsozialistischer Buch-

---

121 Vgl. *Das Ende.* Hg. von Julius Bab. Berlin 1919 (Der deutsche Krieg im deutschen Gedicht
      1914 12), *Menschheitsdämmerung. Ein Dokument des Expressionismus.* Hg. von Kurt
      Pinthus. Berlin ³⁴2006 [1919] (Rowohlts Klassiker der Literatur und der Wissenschaft.
      Deutsche Literatur 4) und *Kameraden der Menschheit* (wie Anm. 95).

122 Vgl. *Der Krieg. Das erste Volksbuch vom großen Krieg.* Hg. von Kurt Kläber. Berlin, Wien
      und Zürich 1929.

123 Vgl. z. B. *Stimmen der Völker zum Krieg.* Hg. von Eugen Leviné. Berlin 1924 (Malik-
      Bücherei 7), *Von menschenersonnenem Leid. Pazifistische Gedichte.* Hg. von Hans Rudolf.
      Stuttgart 1920 [?], *So war der Krieg. Ein pazifistisches Lesebuch.* Hg. von Salomon D.
      Steinberg. Zürich 1919.

124 Publiziert wurden die umfangreichen Ergebnisse einer Düsseldorfer Tagung zum Thema
      ‚Nationalsozialismus und Erster Weltkrieg' im Jahr 2010, i. e. *Nationalsozialismus und
      Erster Weltkrieg.* Hg. von Gerd Krumeich. Essen 2010 (Schriften der Bibliothek für Zeit-
      geschichte, N. F. 24). Dass es sich bei dem Themenkomplex erstaunlicherweise um eine
      „große Forschungslücke" (S. 12) handelt, konstatieren sowohl der Herausgeber in seiner
      Einführung (S. 11–20) als auch der britische Hitlerbiograf Ian Kershaw in einem Vorwort
      (S. 7–10, v. a. S. 7).

125 Vgl. Wilhelm Westecker: *Volksschicksal bestimmt den Wandel der Dichtung.* Berlin 1941
      (Schriftenreihe der NSDAP 3), S. 10.

126 Um nur wenige Beispiele ausschließlich zur Kriegslyrik zu nennen: Helmut Hoffmann:
      *Mensch und Volk im Kriegserlebnis. Dargestellt an typischen deutschen Dichtungen aus der
      Zeit des Weltkrieges.* Berlin 1937, Hermann Pongs: *Krieg als Volksschicksal im deutschen
      Schrifttum. Ein Beitrag zur Literaturgeschichte der Gegenwart.* Stuttgart 1934 und Ernst
      Jirgal: *Die Wiederkehr des Weltkrieges in der Literatur.* Wien und Leipzig 1931.

marktsteuerung in Masse.[127] Sie kanonisierten eine Anzahl bestimmter Autoren, die inzwischen systemkonform waren (Will Vesper, Ina Seidel, Hans Friedrich Blunck, Heinrich Lersch, Franz Karl Ginzkey, Heinrich Zerkaulen u. v. m.) oder deren Texte sich als nationalsozialistisch *avant la lettre* deuten ließen (man denke hier nur an den Kult um die Frühverstorbenen Walter Flex, Hermann Löns oder Gerrit Engelke). Den vielfältigen ‚Karrierewegen' von Weltkriegsdichtern und ihren Texten im Dritten Reich nachzugehen, gehört daher zu den dringlicheren Aufgaben einer historisch orientierten Kriegslyrikforschung.[128]

---

127 Vgl. z. B. *Krieg und Dichtung. Soldaten werden Dichter – Dichter werden Soldaten. Ein Volksbuch.* Hg. von Kurt Ziesel. Wien 1940, *Wie die Pflicht es befahl. Worte unserer Weltkriegsdichter.* Hg. von Mathes Ziegler. Berlin 1940 [³1941], *Die Trommel schlug zum Streite. Deutsche Gedichte vom Weltkrieg.* Hg. von Wilhelm Westecker, München 1938, *Feldgraue Ernte. Der Weltkrieg im Gedicht.* Ausgewählt und hg. von Karl Rauch. Berlin 1935 und *Deutsche Dichtung im Weltkrieg* 1914–1918. Hg. von Ernst Volkmann 1934 (Deutsche Literatur in Entwicklungsreihen. Reihe: Politische Dichtung 8).

128 Vgl. für Ansätze neuerdings Nicolas Beaupré: *Die „Mannschaft" und die Neuerfindung des „Frontdichters" des Ersten Weltkriegs.* In: *Nationalsozialismus und Erster Weltkrieg* (wie Anm. 124), S. 111–126.

Michael Fischer

Soldatenhumor und Volkspoesie?
Eisenbahnwaggon-Aufschriften im Ersten Weltkrieg

Phänomen

Im Zusammenhang mit der Mobilmachung im August 1914 wurden die an die Front abfahrenden Züge[1] mit Sprüchen und Bildern versehen, welche Siegeszuversicht, Patriotismus, kecken Mut und die Überlegenheit über den Feind demonstrieren sollten. Einige dieser mit Kreide angebrachten Verse entwickelten sich zu ,geflügelten Worten', etwa der Spruch „Jeder Schuss ein Russ, jeder Stoß ein Franzos, jeder Tritt ein Brit". Dieser Vers wurde im Ersten Weltkrieg vielfach verbreitet; er fand sich auf Bildpostkarten wieder (vgl. Abbildung 1), diente als Titel einer 1914 erschienenen Kriegslieder-Sammlung, wurde als Lied bzw. Kanon vertont[2] und war namensgebend für Kinderspielzeug.[3] Kurt Ahnert fragte, ob es einen Deutschen gebe, der das „Verschen" nicht gelernt hätte.[4] Julius Bab, Literaturkritiker und zeitgenössischer Experte für Kriegslyrik, meinte sogar, der Schlagreim sei „ziemlich das einzige, was wirklich tief ins Volk gedrungen ist."[5]

1 Zur Sachgeschichte vgl. Andreas Knipping: *Eisenbahnen im Ersten Weltkrieg*. Freiburg 2004, S. 38–48; *Das deutsche Feldbahnwesen*. Erster Band: *Die Eisenbahnen zu Kriegsbeginn*. Berlin 1928, S. 1–48.

2 Vgl. etwa: *Jeder Schuß ein Ruß! Neue Kriegslieder*. Jena 1914; *Landwehrlied. Jeder Schuß ein Russ'*. Musik von Hermann Krome. [Text] von Axel Delmar. Ausg. für 1 od. 2 Singstimmen u. Klavier. Berlin 1914. Ein Kanon auf den Text „Jeder Schuß ein Ruß" ist abgedruckt in: *Die große Zeit 1914. Volks- und Soldatenlieder*. Hg. von Wilhelm Heß. Solingen 1914, S. 32. Vier Bildpostkarten mit der Parole sind enthalten in: *Historische Bildpostkarten*, http://www.bildpostkarten.uni-osnabrueck.de (Abruf: Januar 2011).

3 *Das neue Schießspiel: Jeder Schuss ein Russ'*. Der Artikel wurde in Berlin hergestellt. Vgl. (mit Abbildung): Adolf Spamer: *Der Krieg, unser Archiv und unsere Freunde. Ein Aufruf des Volkskundearchivs des Bayerischen Vereins für Volkskunst und Volkskunde in München*. In: Bayerische Hefte für Volkskunde 2 (1915), Heft 1, S. 1–72, hier S. 17f.

4 *Fröhliche Heerfahrt! 600 lustige Aufschriften an Eisenbahnwagen*. Während der Mobilmachung gesammelt von Kurt Ahnert. Nürnberg [1915], S. 52.

5 Julius Bab: *Die deutsche Kriegslyrik 1914–1918. Eine kritische Bibliographie*. Stettin 1920, S. 27.

Ob es sich jedoch bei den Waggonaufschriften der ersten Kriegsmonate um ein Massenphänomen gehandelt hat, wer die Schreiber waren und ob diese aus eigener Initiative gehandelt haben – all dies ist weitgehend unbekannt. Leichter zu erheben sind die Strategien der Sammler und Anthologisten, die sich aus verschiedenen Gründen um eine Dokumentation dieser Sprüche und Wagenaufschriften bemühten. Schließlich gibt es eine ganze Reihe von Bildzeugnissen, welche mit Aufschriften und Zeichnungen versehene Eisenbahnwagen zeigen. Welcher Quellenwert diesen Bildern zukommt, wird später zu diskutieren sein. Hier genügt zunächst die Feststellung, dass die Sprüche wie die Zeichnungen zeitgenössisch als Zeugnisse soldatischen Humors sowie als patriotische Volkspoesie gesammelt, beworben und verbreitet wurden.

Bisher wurde dieser Form der Lyrik oder politisch motivierter ‚Spruchdichtung‘[6] in der Forschung nur wenig Beachtung geschenkt, zumeist im Zusammenhang mit der (angeblichen) Begeisterung zu Kriegsbeginn.[7] Neuerdings weist jedoch Charlotte Heymel in ihrer Arbeit *Touristen an der Front*[8] auf die enge Verbindung zwischen Eisenbahnwaggon-Aufschrift, Kriegserlebnis und Reiseerfahrung hin: Der Truppentransport sei im August 1914 als Aufbruch, Abenteuer oder als romantisch verklärte „Fröhliche Heerfahrt“ erlebt worden.[9] Heymel sieht einen Bezug zum *Wandervogel;* das Fahrtmotiv dieser bürgerlich-antibürgerlichen Bewegung sei für den Krieg adaptiert worden.[10] Ebenso wichtig sei die Verknüpfung von „Wandern und Kämpfen als urdeutschem Trieb“.[11] Die Gebildeten hätten den Krieg als kollektiven Menschheitsaufbruch, als eine lang ersehnte Kulturerneuerung begrüßt.[12] In den Eisenbahnwaggon-Aufschriften verdichteten sich diese Gedanken: Aufschriften wie „Nach der Sommerfrische“, „Eilgut nach Paris“ oder „Wiedersehen auf dem Boulevard“ dokumentieren das den Krieg verharmlosende Beschreibungsmuster „Krieg als Reise“.[13] Das sich in anderen Versen

---

6 Der Begriff ‚Spruchdichtung‘ ist der Mediävistik entlehnt und wird hier nur in analoger Bedeutung gebraucht.

7 Vgl. etwa: Jeffrey Verhey: *Der „Geist von 1914“ und die Erfindung der Volksgemeinschaft.* Hamburg 2000, S. 176f.

8 Charlotte Heymel: *Touristen an der Front. Das Kriegserlebnis 1914–1918 als Reiseerfahrung in zeitgenössischen Reiseberichten.* Berlin 2007.

9 Vgl. den Titel der Anthologie von Ahnert: *Fröhliche Heerfahrt! 600 lustige Aufschriften an Eisenbahnwagen* (wie Anm. 4).

10 Heymel: *Touristen an der Front* (wie Anm. 8), S. 40.

11 Ebd., S. 52.

12 Ebd., S. 53f.

13 Ebd., S. 55. – Vgl. das Gedicht *Deutsche Heerfahrt* von Leo Sternberg (in: *Deutsche Kriegs-Psalmen. Die Kriegslieder unserer Zeit nach ihrer religiös-sittlichen Bedeutung gesichtet und geordnet von Otto Clorius.* Leipzig [1915], S. 170f.).

Abbildung 1: „Jeder Schuss, ein Russ" – Wohlfahrtskarte
zum Besten des Roten Kreuzes, nicht gelaufen

ausdrückende Sendungsbewusstsein und das damit verbundene Überlegenheitsgefühl lässt zugleich an Kreuzzugsmotive denken.

Sammler und Herausgeber der Eisenbahnwaggon-Aufschriften

Die Aufschriften auf Eisenbahnwaggons wurden mit Kriegsbeginn von unterschiedlichen Personengruppen zum Teil direkt von den Wagen abgeschrieben,
gesammelt und publiziert.[14] Idealtypisch lassen sich dabei patriotische, unterhaltende und dokumentierende Absichten unterscheiden, d. h. die Sammlungen

---

14   Die früheste nachweisbare Publikation erschien bereits im August-September-Heft des Jahres 1914 (Jg. 15, Nr. 8 und 9) der Zeitschrift *Der Pfälzerwald* (Dr. Albert Becker: *Am Zweibrücker Bahnhof Anfang August 1914,* S. 130; Hugo Frick: *Kriegshumor. Aufschriften an Eisenbahnwagen von Truppentransporten*, S. 132–136).

wollten die Vaterlandsliebe und den Kampfesmut befördern, zur Entspannung und Erheiterung der Soldaten beitragen bzw. die Äußerungen der Kämpfenden als volkskundlich und historisch bedeutsam ausweisen. Dass diese Sammeltätigkeit lediglich ein ‚Sport' oder die Folge einer ‚Sammelwut' darstellte, wurde dabei entschieden zurückgewiesen.[15] Die Sammler und Anthologisten stellten vielmehr die Ernsthaftigkeit und Notwendigkeit ihrer Bemühungen heraus.

Die wichtigsten Quellen für die Eisenbahnwaggon-Aufschriften stellen die in den ersten Kriegsjahren veröffentlichten Anthologien dar. Quellenwert haben dabei einerseits die in diesen Sammlungen abgedruckten Sprüche und Gedichte, andererseits die beigegebenen Paratexte, welche die Aufschriften im Gesamten oder im Einzelnen deuteten und die Lektüre lenken wollten.

Mindestens vier solcher Anthologien sind im Deutschen Reich erschienen.[16] Trotz der Unterschiede im Detail war bei allen Massenwirksamkeit beabsichtigt. Schon vom äußeren Erscheinungsbild und der inhaltlichen Struktur her handelte es sich bei den vier Anthologien nicht um Sammlungen, die zuerst wissenschaftlich-volkskundliche Interessen bedienen wollten. Soweit erkennbar, wurden die Herstellung und der Vertrieb dieser vier Drucke nicht durch Verbände, Vereine oder staatliche Organisationen unterstützt; ihnen haftete daher kein offizieller bzw. offiziöser Charakter an (was durch die Zusammenarbeit mit militärischen Stellen oder der Eisenbahnverwaltung denkbar gewesen wäre). Erschienen sind die Sammlungen als reguläre Verlagserzeugnisse, zum Teil dienten sie karitativen Zwecken.

1. Anthologie von Hubert Grimme (1914)

Bereits im ersten Kriegsjahr 1914 brachte Hubert Grimme seine Schrift *Mit Ernst und Scherz in den Krieg. Eisenbahnaufschriften aus der Zeit der ersten Truppenbeförderung* heraus.[17] Der 1865 geborene Grimme war von Beruf Orientalist und Sprachwissenschaftler. Insofern hatte der Herausgeber zunächst kein enges berufliches Interesse an der Verbreitung seiner Anthologie, sondern ein eher patriotisches und dokumentarisches. Unter anderem sollten die Sprüche für die Nachge-

---

15 Frick: *Kriegshumor* [1914] (wie Anm. 14).

16 Für Österreich sind zu nennen: *Erinnerung an das Kriegsjahr 1914. Verse, welche an den Waggons der in Hallein durchfahrenden Militärzüge nach dem Kriegsschauplatze geschrieben standen.* Hg. von Marie Tische. Hallein 1914; *Kriegspoesie und Soldatenwitz. Gesammelt bei den Mobilisierungszügen 1914 (Anschriften an den Wagen der Militärzüge).* Linz 1914.

17 *Mit Ernst und Scherz in den Krieg. Eisenbahnaufschriften aus der Zeit der ersten Truppenbeförderung.* Gesammelt und herausgegeben zum Besten des Roten Kreuzes von H. Grimme. Münster 1914.

borenen von Nutzen sein, wie er in einem fiktiven Dialog zwischen einem „Sammler" und einem „Kritiker" erklärt.[18] *Mit Ernst und Scherz in den Krieg* – eine deutliche Anspielung auf die Reise- und Heerfahrtmotivik – wurde in Münster beim renommierten Verlag Aschendorff „zum Besten des Roten Kreuzes" angeboten. Der Preis betrug 30 Pfennige. Das vierzigseitige Heft war offenbar erfolgreich: Noch im Jahr 1914 konnte die vierte und fünfte Auflage vorgelegt werden.[19]

2. Anthologie von Carl Müller (1914)

Das nur 16 Seiten umfassende Heft *Deutsche Soldaten-Art gekennzeichnet in Sprüchen und Versen an den Wagen der Truppentransportzüge bei Beginn des Weltkrieges 1914*[20] ist gleichfalls im ersten Kriegsjahr herausgekommen.[21] Angeboten wurde es für 20 Pfennige; ähnlich wie die Anthologie von Grimme diente sie einem wohltätigen Zweck („zum Besten des Roten Kreuzes und der allgemeinen Liebestätigkeit"[22]). Die Anthologie wurde von der Hofbuchhandlung Oskar Bonde in Altenburg verlegt, damals Residenzstadt des Herzogtums Sachsen-Altenburg. Der letztgenannte Umstand ist deshalb bedeutsam, weil sich der Herausgeber Carl Müller auf dem Titelblatt selbstbewusst als „Herzoglicher Hoftraiteur" vorstellte. Allerdings erschien der Druck *Deutsche Soldaten-Art* noch in einer zweiten, nur geringfügig geänderten Ausgabe. In dieser bezeichnet sich der Herausgeber nicht als Hoflieferant, sondern verweist lediglich auf sein Unternehmen, die „Altenburger Zahnbürsten-Industrie". Ob die beiden Ausgaben unterschiedlichen Zwecken dienten (etwa im Rahmen einer betrieblichen Werbetätigkeit für die genannte Firma) oder ob dem Herausgeber im Nachhinein der Verweis auf seine Zahnbürsten-Fabrik doch zu lapidar vorkam, muss Spekulation

---

18 Grimme: *Mit Ernst und Scherz in den Krieg* [1914] (wie Anm. 17), S. 4.

19 Nachweis: Karlsruher Virtueller Katalog (http://kvk.ubka.uni-karlsruhe.de). Eingesehen wurde die „zweite und dritte Auflage".

20 *Deutsche Soldaten-Art gekennzeichnet in Sprüchen und Versen an den Wagen der Truppentransportzüge bei Beginn des Weltkrieges 1914*. Gesammelt und herausgegeben zum Besten des Roten Kreuzes und der allgemeinen Liebestätigkeit von Carl Müller, Herzoglicher Hoftraiteur, Altenburg S.-A. o. J. – Ein sonst identischer Druck erschien unter dem geringfügig abweichenden Titel: *Deutsche Soldaten-Art* [...] von Carl Müller, Altenburger Zahnbürsten-Industrie [...].

21 Das vorangestellte Gedicht (Müller: *Deutsche Soldaten-Art* [1914] [wie Anm. 20], S. 2) stammt laut Fußzeile aus dem *Kladderadatsch Nr. 32*. Diese Ausgabe ist am 9. August 1914 herausgekommen, das Gedicht steht dort auf Seite 2 (Digitalisiert unter: http://www.ub.uni-heidelberg.de/helios/digi/kladderadatsch.html). Im *Gesamtverzeichnis des deutschsprachigen Schrifttums (GV) 1911–1965* (hg. von Reinhard Oberschelp. Bd. 92. München 1979, S. 239) wird die Anthologie auf 1914 datiert.

22 Müller: *Deutsche Soldaten-Art* [1914] (wie Anm. 20), Titelseite.

bleiben. Vielleicht schämte er sich umgekehrt auch für den Ausdruck „Hoftraiteur" – ein Gallizismus, der während des Krieges übel ins Ohr fiel.

3. Anthologie von Karl Wehrhan (1915)

Die dritte Anthologie erschien im Jahr 1915 im Leipziger Verlag Wilhelm Heims unter dem Titel *Gloria, Viktoria! Volkspoesie an Militärzügen. 200 Wagenaufschriften.*[23] Gesammelt und herausgegeben wurde sie von Karl Wehrhan, einem Lehrer und Volkskundler, der in Frankfurt am Main tätig war.[24] Der Preis betrug 25 Pfennige.[25] Seiner vierzigseitigen Schrift hatte der Verfasser eine achtseitige Einleitung vorangestellt. Damit unterscheidet sich diese Publikation von den anderen, die lediglich ein- bis zweiseitige Vorworte aufweisen. Wehrhan ist auch der einzige, der sich zur poetischen Form der Aufschriften äußert, ein Umstand, der uns später noch beschäftigen wird. Von seiner Schrift lässt sich nur eine Auflage bibliographisch nachweisen, allerdings sind Ausgaben mit dem zusätzlichen Vermerk „4. bis 10. Tsd." bzw. „11. bis 15. Tsd." herausgekommen.[26]

4. Anthologie von Kurt Ahnert (1915)

Ohne Jahresangabe ist schließlich der Titel *Fröhliche Heerfahrt! 600 lustige Aufschriften an Eisenbahnwagen* von Kurt Ahnert herausgekommen.[27] Das Erscheinungsdatum lässt sich aufgrund der veränderten und erweiterten fünften Auflage (die wiederum undatiert erschienen ist) indes leicht ermitteln: Das erneut abgedruckte Vorwort der ersten Auflage ist auf den 15. Februar 1915 datiert, das Vorwort der dritten Auflage auf den 15. Juni 1915. Das Buch erfreute sich also einer regen Nachfrage; innerhalb von vier Monaten waren zwei Neuauflagen notwendig geworden. Mit 600 enthaltenen Sprüchen und Versen und 121 Seiten Umfang (erste Auflage) stellt die Anthologie von Ahnert die umfangreichste Sammlung dar. Sie erschien zunächst im Verlag G. Ahnert, Nürnberg-Dutzendteich, später im Burgverlag, ebenfalls in Nürnberg-Dutzendteich. Der Herausgeber erhob mit seiner Sammlung den Anspruch auf Vollständigkeit; das Buch ent-

---

23 *Gloria, Viktoria! Volkspoesie an Militärzügen.* 200 Wagenaufschriften gesammelt mit Einleitung und Anmerkungen herausgegeben von Karl Wehrhan. Leipzig 1915.

24 Vgl. im Internet: *Lexikon Westfälischer Autorinnen und Autoren 1750–1950.* http://www.lwl.org/literaturkommission/alex/index.php?id=00000003&archive_id=000000 76&author_id=00002411&layout=2 (Abruf 27. Januar 2012).

25 Vgl. *Gesamtverzeichnis des deutschsprachigen Schrifttums (GV) 1911–1965.* Hg. von Reinhard Oberschelp. Bd. 142. München 1981, S. 161.

26 Nachweis: Karlsruher Virtueller Katalog. http://www.ubka.uni-karlsruhe.de/kvk.html (Januar 2011).

27 Ahnert: *Fröhliche Heerfahrt!* (wie Anm. 4).

halte „alle bekannt gewordenen gehaltvolleren [!] Verschen".[28] Eine Besonderheit von Ahnerts Anthologie stellt darüber hinaus die Beigabe von „4 Kunstblättern" (Titelzusatz) dar, welche auf vier einseitig bedruckten Seiten fünf Abbildungen mit beschrifteten Personen- bzw. Güter-/Viehwagen zeigen.

Hervorgegangen ist die Sammlung von Ahnert aus einzelnen Heftchen mit je 100 Aufschriften.[29] Diese Heftchen sind als „Feldbriefausgabe" zu je 15 Pfennig erschienen und wurden auch dann noch separat vertrieben, als die Anthologie mit 600 Aufschriften vorlag. Der Herausgeber warb damit, dass von diesen Heftchen „weit über 100.000 Stück ins Feld geschickt" worden seien.[30] Im ersten Heft rief Kurt Ahnert die Leser dazu auf, „weitere Beiträge zu dieser Sammlung" an ihn einzuschicken.[31] Zugleich ließ er eine Zuschrift aus dem „Armeehauptquartier" vom 18. November 1914 einrücken. In diesem Schreiben dankt der „Herr Oberbefehlshaber" für die übersandte Sammlung, verbunden mit der Versicherung: „Mit ihrer Verbreitung als Liebesgabe wird den Soldaten gewiß Freude bereitet."[32]

Die Anthologisten legten großen Wert darauf, dass die von ihnen gesammelten Sprüche, Verse und Zeichnungen authentisch seien. Kurt Ahnert verwies dabei auf „mehrere tausend Zuschriften aus allen Teilen Deutschlands und Oesterreichs, sowie aus dem Felde".[33] Darüber hinaus stand auf dem Umschlagtitel zu lesen, die Aufschriften seien „während der Mobilmachung gesammelt" worden.[34] Hier wird also die Authentizität durch die Form und den frühen Zeitpunkt der Überlieferung hergestellt. Andere Herausgeber verwiesen darauf, sie hätten selbst die Aufschriften von den Wagen abgeschrieben. Hubert Grimme bemerkt:

> An jedem Eisenbahnzuge, der in den letzten Wochen über die Schienen rollte, standen sie [die Aufschriften] in Menge zu lesen. In Eile, so gut es ging, habe ich von vielen Tausen-

---

28 Ebd., Vorwort, o. S.

29 Vgl. *Gesamtverzeichnis des deutschsprachigen Schrifttums* (wie Anm. 25), Bd. 2. München 1976, S. 237.

30 Ahnert: *Fröhliche Heerfahrt!* (wie Anm. 4), S. [122], Werbeanzeige. Tatsächlich trägt das erste Heft den Aufdruck „100. Tausend" (vgl. *Fröhliche Heerfahrt! 100 heitere Soldatengedichte an Eisenbahnwagen.* 1. Folge. Gesammelt von Kurt Ahnert. Nürnberg-Dutzendteich o. J. – Das eingesehene Exemplar aus dem Deutschen Volksliedarchiv [Sign.: V 4/40] umfasst neben diesem Heft noch zwei andere; dort fehlen allerdings die Titelblätter).

31 Ahnert: *Fröhliche Heerfahrt!* (wie Anm. 4), S. 22.

32 Ebd.

33 Ebd., Vorwort, o. S.

34 Dieser Hinweis findet sich nur auf dem Umschlag; er fehlt im Haupttitel der Anthologie.

den einige wenige abgeschrieben; dasselbe taten freundliche Helfer in Frankfurt, Ober-
lahnstein, Freiburg und anderswo.[35]

Das Sammeln der Eisenbahnwaggon-Aufschriften ging demnach in ähnlicher
Weise vonstatten wie die zeitgenössische Volkslied- und bald beginnende Solda-
tenlied-Dokumentation: Über ein Netzwerk von Informanten wurden die Belege
an eine Zentrale übermittelt.[36] Ob mit dem Ortsnamen „Freiburg" das 1914 neu-
gegründete Deutsche Volksliedarchiv bzw. dessen Initiator John Meier gemeint
ist, muss offen bleiben.[37]

Grimme spricht auch davon, dass er dem gesammelten Quellenkorpus „ein wenig
Sichtung und Ordnung" angedeihen ließ.[38] Die Anthologisten sammelten eben
nicht nur, sondern selektierten, gruppierten und kommentierten. Dabei wurden
– leider uns unbekannte – Maßstäbe angelegt. Wie soll man etwa die bereits zitierte Formulierung von Ahnert verstehen, er habe alle „gehaltvolleren Verschen"
vollständig aufgenommen?[39] Auch der Hinweis, dass jenes Material, welches sich
für das Buch „aus irgend einem Grunde nicht eignete", dem „Archive des Vereins
für bayrische Volkskunde, München" übergeben worden sei, bleibt rätselhaft.[40]
Vermutlich handelte es sich jedoch bei den ausgesonderten Aufschriften um anstößige Verse und Sprüche, die entweder nicht patriotisch und voller Siegeszuversicht waren oder frivol, beleidigend und geschmacklos daherkamen. Aus anderen Quellen kennen wir vereinzelt solche Elaborate, etwa „Alle Russen werden

---

35 Grimme: *Mit Ernst und Scherz in den Krieg* [1914] (wie Anm. 17), S. 3.

36 Zur frühen Sammel- und Publikationstätigkeit des Deutschen Volksliedarchivs vgl. Michael
Fischer: *Rekonstruktion und Dekonstruktion. Die Edition „Deutsche Volkslieder mit ihren
Melodien" (1935–1996) und die Online-Publikation „Populäre und traditionelle Lieder. His-
torisch-kritisches Liederlexikon" (2005ff.)*. In: Lied und populäre Kultur/Song and Popular
Culture. Jahrbuch des Deutschen Volksliedarchivs 54 (2009), S. 33–48.

37 In der Korrespondenz des Deutschen Volksliedarchivs (1914/1915) konnte Hubert Grimme nicht als Korrespondenzpartner ausgemacht werden.

38 Grimme: *Mit Ernst und Scherz in den Krieg* [1914] (wie Anm. 17), S. 3.

39 Ahnert: *Fröhliche Heerfahrt!* (wie Anm. 4), Vorwort, o. S.

40 Ebd. – Leider konnte diese Sammlung nicht mehr aufgefunden werden. Eine Nachfrage
beim Rechtsnachfolger (Bayerischer Landesverein für Heimatpflege e. V.) des *Bayerischen
Vereins für Volkskunst und Volkskunde* (von Ahnert nicht ganz korrekt zitiert) blieb erfolg-
los.

Abbildung 2: „Hurra!" Lachende Soldaten auf einer Propagandapostkarte,
gelaufen, 14. März 1915

kastriert" oder „Hängt die Schnapsjuden auf".[41] Im Deutschen Volksliedarchiv
hat sich der Spruch „Gesucht eine Französin / Für den täglichen Gebrauch"
handschriftlich erhalten,[42] der ebenso wenig gesellschaftsfähig war wie die deftige
Aufschrift: „Den Russen müssen wir den Hintern blompieren [plombieren] /
Und das Mundwerk mit Rizinus schmieren".[43]

---

41 Helmuth von Gerlach in seinem Buch *Die große Zeit der Lüge*, zit. nach: Knipping: *Eisen-
    bahnen im Ersten Weltkrieg* (wie Anm. 1), S. 48.
42 Deutsches Volksliedarchiv, Freiburg i. Br., Sign. S 0197.
43 Deutsches Volksliedarchiv, Freiburg i. Br., Sign. A 108111. Der Vers wurde laut Beleg im
    hessischen Friedberg von einem Pfarrer „am Bahnhof" aufgezeichnet.

Wissenschaftliche Sammlungen

Wenigstens zum Teil waren die Sammlungen von Eisenbahnwaggon-Aufschriften wissenschaftlich und das heißt volkskundlich motiviert.[44] Die Literaturwissenschaft hatte sich für diese Form der Gelegenheitsdichtung nicht interessiert, vermutlich deshalb, weil sie den ästhetischen Anforderungen an ‚Dichtung' nicht genügen konnte. Zu den wissenschaftlichen Sammlungen – die freilich patriotische Zielsetzungen nicht aus-, sondern einschlossen – gehört beispielsweise der Kleinbestand an Waggonaufschriften im Deutschen Volksliedarchiv (Freiburg i. Br.). Er umfasst 46 handbeschriebene Notizzettel mit entsprechenden Versen, den anthologischen Druck „Deutsche Soldaten-Art" von Carl Müller[45] sowie Belege aus empirischer Sammlungstätigkeit mit den Signaturen A 108096 bis A 108134.[46] Dieser Bestand wurde im Zusammenhang mit den Weltkriegssammlungen des Deutschen Volksliedarchivs angelegt, die hauptsächlich Kriegspoesie (etwa 14.000 Gedichte aus Zeitungen) und Material zu Soldatenliedern umfasst (Briefe als Reaktion auf eine groß angelegte Umfrage).[47] Die Bedeutung dieses Kleinbestandes zu den Eisenbahnwaggon-Aufschriften liegt deshalb nicht auf inhaltlicher, sondern auf forschungsgeschichtlicher Ebene: Die Sammlung dokumentiert das Bemühen, möglichst flächendeckend Äußerungen der „Soldatenart", wie es damals hieß, zu dokumentieren.[48]

Das wissenschaftliche Interesse an diesen Aufschriften erlahmte – im Gegensatz zu den anthologischen Bemühungen – nicht mit dem Kriegsfortgang bzw. dem Kriegsende. Ganz im Gegenteil, noch im Jahr 1928 startete die *Sudetendeutsche*

---

44 Vgl. den Sammlungsaufruf und die erste Deutung der Phänomene durch den Volkskundler Spamer: *Der Krieg, unser Archiv und unsere Freunde* [1915] (wie Anm. 3).

45 Deutsches Volksliedarchiv, Freiburg i. Br., Sign. S 0197.

46 Die Verse wurden in Gießen und Friedberg gesammelt; zum Teil wurden sie jedoch auch aus Zeitungen entnommen (*Frankfurter Zeitung, Gießener Anzeiger*). Vgl. hierzu die Sammelmappe *Soldatensprüche und -reime* (Gruppe XIa) der Lieddokumentation des Deutschen Volksliedarchivs. – Vereinzelt finden sich Eisenbahnwaggon-Aufschriften in der Sammlung Kp (Kriegspoesie).

47 Sammlung Sl. Die in den Zusendungen enthaltenen Lieder und Verse wurden in der Zwischenkriegszeit zu den Signaturen A 106413–109416 verarbeitet (vgl. im Deutschen Volksliedarchiv: *Zugangsverzeichnis A*, S. 169, Eintrag vom 24. März 1930).

48 Der Verband deutscher Vereine für Volkskunde und mit ihm das 1914 gegründete Deutsche Volksliedarchiv legten etliche Sammlungen zur sogenannten Soldatischen Volkskunde an. Vgl. Reinhard Johler: *Kriegserfahrungen in den Humanwissenschaften. Die Volkskunde und der Große Krieg*. In: *Kriegserfahrungen. Krieg und Gesellschaft in der Neuzeit. Neue Horizonte der Forschung*. Hg. von Georg Schild und Anton Schindling. Paderborn 2009, S. 179–196. Vgl. ferner in diesem Band den Beitrag von Aibe-Marlene Gerdes zu den Weltkriegssammlungen im Deutschen Volksliedarchiv.

Zeitschrift für Volkskunde eine Umfrage, die folgendermaßen formuliert war: „Wer erinnert sich an Waggonaufschriften zur Zeit des Weltkrieges (z. B. Jeder Schuß ein Ruß. Alle Serben müssen sterben, König Peter, der Trompeter, der kommt später)".[49] Bis in das Jahr 1929 gingen bei der Zeitschrift verschiedene Einsendungen ein.[50] Leider wurden – wie in der Umfrage gefordert – nur einzelne Texte mitgeteilt, so dass diese volkskundliche Sammeltätigkeit keinen weiteren Aufschluss über die Autoren bzw. Schreiber und ihre Motivation oder die Umstände der Anbringung gibt.

Autoren der Eisenbahnwaggon-Aufschriften

Sowohl in den zeitgenössischen Äußerungen als auch in der Forschungsliteratur zum Ersten Weltkrieg werden als Autoren und Schreiber der Eisenbahnwaggon-Aufschriften pauschal ‚Soldaten' (bzw. zum Militärdienst Einberufene) ausgemacht. Die Sammler stellen die Kreideaufschriften in der Regel als spontane und ungeplante Äußerungen soldatischen Gemüts dar. Wir erfahren nicht, ob sich Gebildete oder eher Ungebildete als Autoren bzw. Schreiber betätigten, Angehörige der Mannschaftsdienstgrade oder Offiziere. Eine solche Differenzierung war wohl auch nicht erwünscht, weil die Sprüche die Einheit der Truppe und des Volkes belegen sollten.

So betonte Hubert Grimme in dem bereits erwähnten fiktiven Dialog zwischen einem Kritiker und einem Sammler, wie „gleichgesinnt alle ihre Verfasser waren".[51] Zwar stammten die Waggonaufschriften in der Hauptsache von Ungebildeten und enthielten viel „Kasernenton", aber sie bezeugten die Einigkeit des deutschen Volkes (das kurzerhand mit den Soldaten gleichgesetzt wird) in „Heldenlust", Vaterlandsliebe und „grimmigem Hasse".[52] Selbst wenn „Nörgler" feststellten, dass die Soldaten keine „große[n] Poeten waren", so sollten sie in ihnen doch „wenigstens Propheten erkennen, die den Gang des Weltschicksals besser vorhersahen als alle Diplomaten und politischen Wettermacher."[53]

Ungeachtet dieser Stilisierung zeigen viele Elaborate, dass die Aufschriften durchaus bürgerliche Bildung voraussetzen, etwa wenn die Autoren bzw. Schreiber Verse klassischer Autoren parodierten. Als Beispiel lässt sich ein Spruch anführen, der nach Schillers Gedicht *Würde der Frauen* (1795) geformt wurde:

---

49 *Sudetendeutsche Zeitschrift für Volkskunde.* Hg. von Dr. Gustav Jungbauer. Prag 1928, S. 124.

50 Vgl. ebd., 1928, S. 164; 1929, S. 34, S. 75f.

51 Grimme: *Mit Ernst und Scherz in den Krieg* [1914] (wie Anm. 17), S. 3.

52 Ebd., S. 3f.

53 Ebd., S. 4

Ehret die Frauen!
Sie flechten und weben
uns Kriegern Rosen
ins irdische Leben![54]

Eine andere Kreide-Inschrift spielte mit Goethes *Lied des Harfners* und formulierte treuherzig: „Alle Schuld rächt sich auf Erden: / Frankreich muß westfälisch werden."[55] Ebenso bezeichnend ist die Zitation der Eingangsverse aus dem Gedicht *Aufruf* von Theodor Körner („Frisch auf, mein Volk, / Die Flammenzeichen rauchen"[56]), die Vertrautheit mit der politischen Lyrik des frühen 19. Jahrhunderts voraussetzt. Auf einen solchen Bildungsschatz konnten damals nur Gymnasiasten und Studenten zurückgreifen und damit lediglich eine Minderheit der deutschen Männer.

Solche Verse und Zeichnungen lassen darüber hinaus bereits aus formalästhetischen Gründen (Beherrschung von Sprache und Metrik, zeichnerische Qualität[57]) den Schluss zu, dass sich Gebildete an den Aufschriften beteiligten, wenn sie nicht sogar – um es mit einem schiefen Bild anzudeuten – federführend waren. Möglicherweise standen für die Kreide-Aufschriften weitere wichtige Vorbilder zur Verfügung, nämlich spöttische Tafelaufschriften in der Schule, und mehr noch die Wanddekorationen in universitären Karzern.[58] Hier war zugleich ein zentrales Vorbild für die wirksame, karikaturenhafte Bild-Text-Kombination gegeben. In diese Richtung weist auch eine weitere Quelle, die zunächst keinen Bezug zu Eisenbahnwaggon-Aufschriften aufweist, nämlich ein handschriftliches Erinnerungsbuch eines Lehrers. In diesem sind Sprüche und Reime seiner Kollegen am Lehrerseminar Bederkesa enthalten. Im August 1914 trugen die jungen

---

54 Ahnert: *Fröhliche Heerfahrt!* (wie Anm. 4), S. 95.

55 Ebd., S. 57.

56 Ebd., S. 14.

57 Wehrhan: *Gloria, Viktoria! Volkspoesie an Militärzügen* [1915] (wie Anm. 23), S. 7 verweist auf die „nicht wenig künstlerische Fertigkeit verratende[n] Zeichnungen". Im Gegensatz hierzu sieht Spamer einen „primitiven Expressionismus" walten, „wie wir ihn sonst an den Arbeiterzeichnungen der kalkverstrichenen Fenster von Neubauten studieren können" (Spamer: *Der Krieg, unser Archiv und unsere Freunde* [1915] [wie Anm. 3], S. 9).

58 Vgl. hierzu etwa Hans Günther Bickert, Norbert Nail: *Marburger Karzer-Buch. 15 Kapitel zum Universitätsgefängnis und zum historischen Studententum.* Marburg 1989. – Wenige Jahre vor dem Ersten Weltkrieg ist erschienen: *111 Jahre akademischer Holzschnitzkunst oder Freiburger Carcer- und Bankpoesie. Ein Buch der Freude für große Geister.* Freiburg 1911.

Abbildung 3: Zeichnung eines beschrifteten Eisenbahnwaggons,
Bildpostkarte, nicht gelaufen

Männer ähnliche Verse ein, wie sie auch auf den Waggons zu finden waren, etwa „Russische Gänse – Französischer Sekt! – Deutsche Hiebe – wie das schmeckt!"[59]

Für eine rege Beteiligung gebildeter Kreise an den Aufschriften spricht noch ein weiterer Umstand: Wie bereits angedeutet, wurden die Verse, Sprüche und Zeichnungen zeitgenössisch als Ausdruck einer schichtenübergreifenden Kriegsbegeisterung gewertet bzw. als solche propagiert. Diese Begeisterung war allerdings, wie neuere Forschungen zeigen, Teil einer medial erzeugten Wahrnehmung, welche den Kriegsbeginn zu einem einheitlichen „Augusterlebnis" verklärte und bereits im Herbst des Jahres 1914 zum Mythos erhob.[60] Die Wirklichkeit sah jedoch vielgestaltiger aus: Es waren nämlich in erster Linie die jungen, gebildeten und städtisch geprägten Männer, die begeistert in den Krieg zogen oder sich gar freiwillig meldeten,[61] während die älteren Gebildeten – Historiker, Philosophen, Theologen, Intellektuelle und Künstler – den Krieg propagierten und le-

---

59 Heinz Lemmermann: *Kriegserziehung im Kaiserreich. Studien zur politischen Funktion von Schule und Schulmusik 1890–1918.* Bd. 2. Lilienthal/Bremen 1984, S. 833 (Abbildung) und 836 (Transkription).

60 Vgl. hierzu: Verhey: *Der „Geist von 1914" und die Erfindung der Volksgemeinschaft* (wie Anm. 7).

61 Ebd., S. 167–175.

gitimierten.[62] Andere Schichten, ungebildete, ländliche, waren skeptischer; sie zeigten zwar Ergriffenheit und Interesse an den politisch-militärischen Vorgängen, aber keine „Begeisterung". Überträgt man diesen Befund auf die Eisenbahnwaggon-Aufschriften, wird die These weiter gestützt, dass es vor allem Gymnasiasten, Studenten und Akademiker gewesen sind, die zur Kreide griffen und patriotische, kriegsbegeisterte Sprüche oder Zeichnungen auf den Wagen anbrachten. Die Sammler und Anthologisten gehörten ohnehin der Bildungsschicht an.

Wenn überhaupt in den zeitgenössischen Quellen über die Anbringung von Aufschriften an Militärzügen berichtet wird, erscheint diese Situation idealisiert und propagandistisch eingefärbt (vgl. die Zeichnungen auf den Abbildungen 1 bis 3). Karl Wehrhan schildert besonders farbenfroh:

> Taschentücher winkten, Rufe erschollen, Gesang ertönte, wo sich in schier endlosen Wagenreihen ein Militärzug hinter dem andern nach Osten und Westen bewegte, zusammengestellt aus den laub-, blumen- und fahnengeschmückten Wagen, in denen unsere braven Feldgrauen mit lachendem Gesicht am Fenster standen oder in offenem Viehwagen malerisch im Stroh lagen, so froh, als ob es zum fröhlich-hochzeitlichen Reigen gehe. […] Aber nicht nur durch den Blumen- und Wimpelschmuck kam Farbe und Leben in die Einförmigkeit des kriegerischen Bildes der Militärzüge; einen besonders fröhlichen und hellen Ton mischten die leuchtenden Kreideinschriften und Zeichnungen hinein.[63]

Der Anthologist hatte keine Scheu vor Übertreibungen; dass die Soldaten im Zug nicht nur gelacht haben, sondern auch „malerisch im Stroh lagen", wirkt komisch und nicht gerade glaubwürdig. Aber es soll wohl an das Ideal einer ländlichen Einfachheit erinnern; der Aufenthalt im Viehwagen entspricht in etwa dem Heulager auf einer Wanderung. Für das konkrete Zustandekommen der Aufschriften beruft sich Wehrhan auf einen nicht näher bezeichneten Zeitungsbericht. Demnach habe „ein echter Hamburger Junge" – wieder eine Stilisierung des Schlichten und Bodenständigen – durch seinen Humor die Kameraden begeistert. Bevor dieser Soldat in den Zug einstieg, will er aber „ers mol mien'n Wogen dekorier'n!"[64] Mit Kreide malt er dann „ungelenke Buchstaben" auf den Zug, etwa den Vers „De Russen un de Serben, / De haut wi to Konserven".[65]

Der Rückgriff auf das Plattdeutsche und der Hinweis auf die ungelenke Schrift sind genau kalkuliert: Der junge Soldat soll als Angehöriger des gemeinen Volkes ausgegeben werden, nicht etwa als Gebildeter. Nicht umsonst nannte Karl

---

62 Vgl. Kurt Flasch: *Die geistige Mobilmachung. Die deutschen Intellektuellen und der Erste Weltkrieg. Ein Versuch.* Berlin 2000.

63 Wehrhan: *Gloria, Viktoria! Volkspoesie an Militärzügen* [1915] (wie Anm. 23), S. 3f.

64 Ebd., S. 8.

65 Ebd.

Wehrhan seine Sammlung im Untertitel „Volkspoesie an Militärzügen".[66] Ähnlich wie bei der damals verbreiteten „Produktionstheorie" bei Volksliedern[67] wird insinuiert, dass das gesamte Volk schöpferisch bzw. dichterisch tätig sei und sich in den Elaboraten der Volkscharakter ausdrücke. Der Einzelne tritt dahinter zurück; seine Namenlosigkeit ist Programm.

Themen

Die Themen der Aufschriften lassen sich mit den Stichwörtern Patriotismus, Siegeszuversicht, Kampfeswille und Abwertung der Gegner umreißen. In der Sprache der Propaganda werden die Inhalte wie folgt umschrieben:

> Für Deutschland und Deutschtum, insbesondere für den höchsten Führer der Deutschen, für unsern Kaiser, spricht sich echteste Treue, größte Verehrung, kindliche Anhänglichkeit aus. Jeder Vers zeigt, wie sehr man auf die Feinde erpicht ist, wie man an sie heran will, um ‚deutsch mit ihnen zu reden'. In allen Aufschriften kommt zuversichtlicher Mut, unerschütterliches Vertrauen, unbedingte Siegeszuversicht, entflammter Mannesmut, kriegerisches Draufloswollen, kernige Urwüchsigkeit, ursprüngliche Kraft, großer Glaube an die gerechte Sache, starke Hoffnung auf die Zukunft Deutschlands zum Ausdruck.[68]

In anderer Weise wird das Themenspektrum der publizierten Eisenbahnwaggon-Aufschriften durch die von den Anthologisten gewählten Rubriken angedeutet. Bei Karl Wehrhan finden sich Kapitelüberschriften wie „Gottvertrauen", „Zeppelin", „Einzelne Landsmannschaften", „Die Feinde im allgemeinen", „England" oder „Rußland".[69] In der Anthologie von Hubert Grimme sind Titel zu lesen wie „Deutschland über alles!", „Feinde ringsum!", das ironische „Nette Brüder!" bzw. „Wir fahren mit der Eisenbahn!".[70] Einen ähnlichen Befund bietet die Sammlung von Kurt Ahnert, welche im Inhaltsverzeichnis „Grüße an Frankreich", Sprüche und Verse der „Reserve und Landwehr" oder auch „Anschriften auf erbeuteten belgischen und französischen Eisenbahnwagen" ankündigt.[71] Im Hinblick auf die

---

66 Ebd., Titel.
67 Vgl. hierzu: Wilhelm Schepping: *Lied- und Musikforschung.* In: *Grundriss der Volkskunde. Einführung in die Forschungsfelder der europäischen Ethnologie.* Hg. von Rolf W. Brednich. 3., überarbeitete und erweiterte Auflage Berlin 2001, S. 595f. – John Meier, der Gründer des Deutschen Volksliedarchivs in Freiburg, machte sich allerdings für die „Rezeptionstheorie" stark.
68 Wehrhan: *Gloria, Viktoria! Volkspoesie an Militärzügen* [1915] (wie Anm. 23), S. 5.
69 Ebd., S. 11, 17, 19, 21, 28, 30.
70 Grimme: *Mit Ernst und Scherz in den Krieg* [1914] (wie Anm. 17), S. 5, 12, 17, 33.
71 Ahnert: *Fröhliche Heerfahrt!* (wie Anm. 4), Inhaltsverzeichnis, o. S.

von allen Sammlern und Anthologisten hervorgehobene heitere Stimmung der Aufschriften meinte Karl Wehrhan:

> Ein solch strahlender Frohsinn unserer ins Feld ziehenden Krieger, eine solch frohgemute Laune kann sich nur bei Männern finden, die mit voller Überzeugung von der Gerechtigkeit der guten Sache, mit echtem wahren Gottvertrauen in den Befreiungskampf hinausziehen.[72]

Das soll heißen: Die Gutgelauntheit bezeugt das reine Gewissen der Krieger; der Gemütszustand der Soldaten lässt nach dieser Lesart einen Rückschluss auf die ethische und politische Berechtigung des Krieges zu. Die Heiterkeit legt aber nicht nur Zeugnis über den Seelenzustand der Soldaten ab, sondern hat auch einen definierten Zweck: Die „oft derben Äußerungen unserer Soldatenheiterkeit" hätten

> in jenen schweren Tagen der Truppenbewegungen manchem bedrückten Gemüt das Tor zum fröhlichen Lachen, zur heiteren Miene wieder geöffnet, sie haben frohe zuversichtliche Stimmung geschaffen, und solche Stimmung ist halber Sieg.[73]

Anders ausgedrückt: Der angebliche oder tatsächliche Humor der Soldaten und dessen Publikation in Anthologien stellt ein Mittel der psychologischen Kriegsführung dar und wird als Kontrapunkt zu etwaigen defätistischen Äußerungen eingesetzt. Bei der Auseinandersetzung mit den ‚Feinden' fällt auf, dass diese lächerlich gemacht werden sollen. Offenbar war man der Auffassung, man müsse die deutschen Kriegsgegner weder sozial und kulturell noch politisch und militärisch ernstnehmen. Die Verächtlichmachung diente aber ebenso der Angstbewältigung, dem Abbau von psychischem Stress. Die Aufschriften, die sich auf ausländische Mächte beziehen, arbeiten mit Stereotypen: Frankreich ist von einer überfeinerten Zivilisation angekränkelt, darüber hinaus frech und hochmütig, in England regieren Geld und Neid, während in Russland der Wodka (zeitgenössisch ‚Wutki' genannt) alle Sinne betäubt. Eine Zuspitzung erfährt der Spott entweder durch die Verwendung des Kollektivsingulars[74] oder durch die Projektion der Feindstereotype auf die jeweiligen Staatsoberhäupter bzw. obersten Repräsentanten dieser Länder:

---

72 Wehrhan: *Gloria, Viktoria! Volkspoesie an Militärzügen* [1915] (wie Anm. 23), S. 4.

73 Ebd., S. 4f.

74 Victor Klemperer schrieb in *LTI. Notizbuch eines Philologen* (16. Aufl. Leipzig 1996, S. 225), der Kollektivsingular sei keine Erfindung des Dritten Reichs: „Im Volkslied, in der historischen Ballade, auch noch in der volkstümlichen Soldatensprache des ersten Weltkriegs heißt es mit Vorliebe: der Russe, der Brite, der Franzos."

Mit dem Franzos
Ist nichs los;
Mit Nikolaus
Ist's jetzt schon aus.[75]

Ein sauberes Quartett:

Der Serbe liebt den Königsmord,
Der Russe bricht sein Ehrenwort,
Und lügen kann der Poincaré
Mit gleichem Glanz wie Mister Grey.[76]

Zuweilen verbinden sich die Feindmarkierungen mit dezidierten ‚Kulturkrieg'-Parolen:

Zar, in deinem Lande
Ist es eine Affenschande,
Wir kommen, euch zu kultivieren
Und gründlich zu desinfizieren.[77]

Die Botschaft derartiger Verse wurde im Laufe des Weltkriegs durch Bildpostkarten unterstrichen, welche insbesondere Russland und die Russen in aggressiver Form abwerteten. Sie wurden als arm, hungernd, verlaust oder als Säufer dargestellt.[78]

Formen

In poetischer Hinsicht können bei den Aufschriften Einzeiler – oft auch als Ausrufe bzw. Aufforderungen formuliert –, gereimte und metrisch gebundene Zwei- bis Vierzeiler sowie umfänglichere Gedichte unterschieden werden. Letztere sind selten; die Wände von Eisenbahnwaggons eigneten sich nicht zum Beschreiben mit längeren Texten. Gattungstheoretisch lassen sich die gereimten Aufschriften der Kasuallyrik zuordnen, von ihrer Verwendung und publizistischen Verbreitung her der Trivallyrik, wobei mit diesem Begriff weniger auf die ästhetische Qualität abgehoben wird, sondern auf die Bedingungen der Produktion und Rezeption derartiger lyrischer Gebilde.

---

75 Ahnert: *Fröhliche Heerfahrt!* (wie Anm. 4), S. 47.

76 Ebd., S. 51. – Raymond Poincaré war französischer Staatspräsident (1913–1920), Edward Grey britischer Außenminister (1905–1916).

77 Ebd., S. 34.

78 Vgl. die Beispiele in: Hans Weigel, Walter Lukan, Max D. Peyfuss: *Jeder Schuss ein Russ, jeder Stoss ein Franzos. Literarische und graphische Kriegspropaganda in Deutschland und Österreich 1914–1918.* Wien 1983.

Für die einzeiligen Formen sind folgende Beispiele typisch: „Parole: Gott mit uns!", „Parole: Drauf und durch!", „Auf zur Bärenjagd nach Rußland!", „Franzosen lauft! Der Michel kommt!", „Belgien deutsche Provinz" oder „Wilhelm II., Kaiser von Europa!"[79] Wie ersichtlich sind diese Ausrufe sprachlich schlicht und stellen Aussagen, Aufforderungen oder Wünsche dar. Allerdings gab es auch raffiniertere Einzeiler, etwa die auf Großbritannien gemünzte Wendung „John Bull – Bull John".[80] Die Anthologisten ergänzten sicherheitshalber das Wort „Bouillon", um den Sprachwitz – der durch die Vermischung von deutscher und französischer Aussprache des englischen Begriffs entsteht – kenntlich zu machen.[81] Andere Verse spielten mit Doppeldeutigkeiten, so der Einzeiler „D-Zug nach Paris – zuschlagspflichtig"[82] oder der Vers „,Gebet' vor der Schlacht",[83] weniger ein Aufruf, den Allmächtigen anzurufen (Gebét), sondern eher ein Appell, „Liebesgaben" für die Soldaten zu spenden (Gébet). In jeder Hinsicht schlicht ist das von Kurt Ahnert als „das kürzeste Gedicht der Weltliteratur" bezeichnete: „Serb, sterb!"[84] Von ähnlicher Prägnanz ist die zweizeilige Kleinform: „Ziele richtig! / Das ist wichtig."[85]

Die zwei- bis vierzeiligen Aufschriften bevorzugen Reim und ein festes Versschema. Karl Wehrhan sah eine Ähnlichkeit zwischen diesen gereimten Aufschriften und den „Volksliedern und Spielreimen unserer Kinder".[86] Dies gelte bereits für die Veranlassung des Dichtens: Die Kinder brächten dasjenige ins Wort, „was sie jeweilig begeistert, bewegt und anregt".[87] Das gleiche gelte für die Erwachsenen, die sich mehr mit den „öffentlichen Angelegenheiten" beschäftigten, als man für gewöhnlich annehme.[88] In der Regel seien diese lyrischen Produkte jedoch „Eintagspoesie" und schnell wieder vergessen.[89] Aber durch die be-

---

79 Grimme: *Mit Ernst und Scherz in den Krieg* [1914] (wie Anm. 17), S. 24–26.

80 „John Bull" war eine Personifikation des Königreichs Großbritannien; diese Figur hat nichts mit dem gleichnamigen englischen Komponisten und Virginalisten (†1628) zu tun.

81 Ahnert: *Fröhliche Heerfahrt!* (wie Anm. 4), S. 89 kommentiert eine andere Fassung mit der Bemerkung: „Sehr gut in norddeutscher Aussprache macht sich das hübsche Wortspiel: Aus John-Bull – machen wir Bull-John (Bouillon)."

82 Ebd., S. 5.

83 Ebd., S. 22.

84 Ebd., S. 50.

85 Grimme: *Mit Ernst und Scherz in den Krieg* [1914] (wie Anm. 17), S. 23.

86 Wehrhan: *Gloria, Viktoria! Volkspoesie an Militärzügen* [1915] (wie Anm. 23), S. 5. – Karl Wehrhan hat sich mit dem Kinderspiel und -lied ausführlich beschäftigt, vgl. ders.: *Frankfurter Kinderleben in Sitte und Brauch, Kinderlied und Kinderspiel*. Wiesbaden 1929.

87 Wehrhan: *Gloria, Viktoria! Volkspoesie an Militärzügen* [1915] (wie Anm. 23), S. 6.

88 Ebd.

89 Ebd.

Abbildung 4: Fotografie, auf der Rückseite handschriftlich datiert: „31. Okt. 1914"

sonderen, politisch wie emotional aufrüttelnden Ereignisse sei eine große Zahl von Gedichten entstanden, „die treffender als alle Untersuchungen den psychologischen Zustand des einzelnen, der verschiedenen Bevölkerungsgruppen und des ganzen Volkes kennzeichnen."[90] Wehrhan verweist auf die Technik des Parodierens, auf die „zum Teil alten Reime mit ihrem neuen Inhalt".[91] Das „am festesten erscheinende überlieferte uralte Volksgut" sei durch die erschütternden Kriegsereignisse „nicht starr genug", um „einer solchen Einwirkung und Veränderung zu entgehen."[92]

Zur Versstruktur stellt Wehrhan fest, dass es nur wenige reine Reime gebe, etwa „Russ' – Schuß" oder „Brit' – Tritt".[93] Ergänzend verweist der Anthologist auf humorvolle Bildungen, beispielsweise „sterbien – Serbien" oder „Japs – Klaps".[94] Die sprachlichen bzw. ästhetischen Unzulänglichkeiten stellen für den Sammler keinen Mangel dar, vielmehr verweist er auf die dadurch erzielte Heiterkeit. Selbst bloße Assonanzen oder Nonsens-Reime erfreuten die Soldaten.[95] Im Zusammenhang mit der Form der Aufschriften verweist Wehrhan ferner auf die

---

90 Ebd.
91 Ebd.
92 Ebd.
93 Ebd., S. 7.
94 Ebd.
95 Ebd.

„Vorliebe des Volkes für Doppelbegriffe und Wortspiele".[96] Als Beispiele führt er Ausdrücke für den „Schießbedarf" an, etwa „Wichse", „Gift", „Juckpulver", „Hülsenfrüchte" etc.[97] Die Tatsache, dass diese Begriffe den Kriegsalltag und das Mordhandwerk verharmlosen, wird von ihm verschwiegen.

Liedparodien und Liedanklänge

Wie soeben gezeigt wurde, machte Karl Wehrhan auf die Verbindung zwischen den Eisenbahnwaggon-Aufschriften und literarischen Vorlagen aufmerksam. „Weil manche dieser Aufschriften im Reim und in anderer Weise sich an bestimmte Vorbilder anlehnen, muten sie uns so vertraut an", meinte er.[98] Zu diesem Spiel mit bekannten Vorlagen gehörte das Zitieren und Parodieren von Liedern. Leo Sternberg hebt in seinem Gedicht *Deutsche Heerfahrt* darauf ab, wenn er schreibt:

> Auf bekränzten Kanonen,
> auf den Dächern von liederbeschriebnen Waggonen,
> aus denen die staunenden Köpfe der Pferde schaun,
> fahren wir helmeschwenkend durch die deutschen Gaun.[99]

Eine Durchsicht der Anthologien zeigt, dass die Liedparodien und -anklänge zahlenmäßig zwar eine Minderheit darstellen, allerdings dennoch prominent in allen Sammlungen vertreten sind. Hubert Grimme bot seinen Lesern sogar eine eigene Rubrik mit der Überschrift „Nach berühmten Mustern".[100]

Freilich wurden von den unbekannten Autoren der Eisenbahnwaggon-Aufschriften nicht immer ganze Strophen parodiert, sondern oft nur der charakteristische Beginn. Zuweilen finden sich auch bloße Liedanklänge, die jedoch stets leicht zu entschlüsseln waren. Wie für die gesamte Parodie- bzw. Kontrafaktur-Praxis gilt auch hier: Die Neubearbeitung lebt von der Bekanntheit des Originals, nur so entsteht die beabsichtigte Wirkung. Bemerkenswert ist, dass die gesamte Breite des damals bekannten Liedrepertoires berücksichtigt wurde: vom patriotischen Lied über das Volks- und Kirchenlied bis hin zu Schlagern und zum Operettenlied. Das Parodieren bestimmter Texte lässt auch erkennen, welche Lieder 1914 populär waren – zumindest im Kreis derer, welche die Aufschriften verfassten und an den Waggons anbrachten.

---

96   Ebd.
97   Ebd.
98   Ebd.
99   In: Clorius: *Deutsche Kriegs-Psalmen* [1915] (wie Anm. 13), S. 170.
100   Grimme: *Mit Ernst und Scherz in den Krieg* [1914] (wie Anm. 17), S. 34–37.

1. Patriotisches Lied

Es ist wenig überraschend, dass während der Mobilmachung patriotische Lieder eine große Rolle spielten. Entsprechend wurden auch die Waggons mit solchen Liedaneignungen bzw. -zitaten geschmückt. Als Wagenaufschrift dienten beispielsweise folgende Verse, die dazu aufriefen, sich freiwillig zum Kriegsdienst zu melden. Sie gehen auf das gleichbeginnende Lied von Ernst Moritz Arndt aus dem Zeitalter der Befreiungskriege zurück:

> Der Gott, der Eisen wachsen ließ,
> Der wollte deutsche Helden.
> Wer jetzt noch einer werden will,
> Der muß sich schleunigst melden.[101]

Einer großen Beliebtheit erfreute sich die Veränderung des Liedrefrains „Lieb Vaterland, magst ruhig sein", welcher der *Wacht am Rhein* (Max Schneckenburger) entnommen ist.[102] Das Lied mit dem charakteristischen Beginn „Es braust ein Ruf wie Donnerhall" entstand im Zusammenhang mit der Rheinkrise 1840 und richtete sich dezidiert gegen Frankreich. Einen Höhepunkt der Rezeption erfuhr es im Kontext mit dem deutsch-französischen Krieg 1870/71, so dass der kriegerische Beiklang nicht nur durch den Text, sondern auch durch die Liedverwendung gegeben war. Auf Eisenbahnwagen war beispielsweise der martialische Spruch zu lesen:

> Lieb Vaterland magst ruhig sein,
> Wir hauen alles kurz und klein.[103]

Andere Versionen lauteten:

> Lieb Vaterland, magst ruhig sein:
> Wir hauen alle feste drein.
> Drum, Weiber, werd't nicht bang;
> Es dauert ja nicht lang.[104]

> Lieb Vaterland, magst ruhig sein:
> In 14 Tagen ist Frankreich dein.[105]

---

101 Ahnert: *Fröhliche Heerfahrt!* (wie Anm. 4), S. 1.

102 Vgl. hierzu: Franz Magnus Böhme: *Volksthümliche Lieder der Deutschen im 18. und 19. Jahrhundert*, Leipzig 1895, S. 3f.; Theo Mang, Sunhilt Mang: *Der Liederquell. Die schönsten Volkslieder aus Vergangenheit und Gegenwart. Ursprünge und Singweisen*, Wilhelmshaven 2007, S. 412f.

103 Ahnert: *Fröhliche Heerfahrt!* (wie Anm. 4), S. 8.

104 Grimme: *Mit Ernst und Scherz in den Krieg* [1914] (wie Anm. 17), S. 34.

105 Ebd.

> Lieb Vaterland, magst ruhig sein:
> Die Landwehr, die geht mutig drein.[106]

Oder:

> Lieb Vaterland, magst ruhig sein:
> Die Deutschen haben immer Schwein.[107]

Auf den Liedbeginn bezog sich der folgende Vers:

> Es braust ein Ruf wie Donnerhall,
> Durch Frankreich durch nach Portugal.[108]

Ebenfalls in den historischen Kontext der Rheinkrise 1840 gehört das Liedzitat:

> Sie sollen ihn nicht haben
> Den freien deutschen Rhein![109]

Der Text stammt von Nikolaus Becker; wieder ist die antifranzösische Stoßrichtung klar, auch wenn im Text nur von einem unbestimmten „sie" die Rede ist.

Mit dem bereits 1830 entstandenen patriotischen Lied *Ich bin ein Preuße, kennt ihr meine Farben?* spielt der folgende Vers, der laut Ahnert auf einem erbeuteten belgischen Eisenbahnwagen zu lesen stand:

> Ich bin ein Deutscher,
> Kennt ihr meine Farben?
> Nicht laufen will ich mehr im alten Kleid,
> Ich schäme mich, daß meine Krieger starben
> Durch Frankreichs Haß und Englands Niederträchtigkeit.[110]

Ein (regionales) Vaterlandslied wurde bei dem folgenden Vers aufgegriffen:

> Aus Schleswig-Holstein, meerumschlungen,
> fahren mit drei lust'ge Jungen.[111]

Freilich wird mit diesem Spruch, der laut Ahnert „leichtherzig" klingt,[112] keine Feindmarkierung vorgenommen oder die eigene nationale Identität gestärkt: Hier geht es lediglich um die regionale Herkunft dreier übermütiger Soldaten.

---

106 Ebd.

107 Ebd., S. 35.

108 Ahnert: *Fröhliche Heerfahrt!* (wie Anm. 4), S. 52.

109 Ebd., S. 69. – Vgl. Böhme: *Volksthümliche Lieder der Deutschen* (wie Anm. 102), S. 21.

110 Ebd., S. 99. – Vgl. Böhme: *Volksthümliche Lieder der Deutschen* (wie Anm. 102), S. 17.

111 Ebd., S. 58. – Vgl. Böhme: *Volksthümliche Lieder der Deutschen* (wie Anm. 102), S. 21f. Der Beginn der Vorlage lautet: „Schleswig-Holstein, meerumschlungen, deutscher Sitte hohe Wacht".

112 Ebd.

Politischer ist die Aussage von Infanteristen, die von Belgien nach Ostpreußen transportiert wurden. Sie greifen eine Zeile aus dem *Deutschlandlied* auf und schreiben im Hinblick auf ihre Transportroute: „Von der Maas bis an die Memel".[113]

2. Volkslied

Zahllose Sprüche und Verse greifen auf das Repertoire damals gängiger Volks- und Studentenlieder zurück. Aus *Der Mai ist gekommen* von Emanuel Geibel bzw. *Wem Gott will rechte Gunst erweisen* von Joseph von Eichendorff wurden die Aufschriften:

> Der Krieg ist gekommen,
> Die Deutschen schlagen aus,
> Da bleibe, wer Lust hat,
> Mit Sorgen zu Haus.[114]

> Wem Gott will rechte Gunst erweisen,
> Den läßt er jetzt nach Frankreich reisen.[115]

> Wem Gott will rechte Gunst erweisen,
> Den schickt er in den Völkerkrieg,
> Damit er kann der Welt beweisen,
> Daß nur dem Deutschen bleibt der Sieg.[116]

Liebeslieder wurden zu zynischen Hassgesängen verändert:

> Kein Feuer, keine Kohle kann brennen so heiß,
> wie Kruppsche Kanonen, von denen niemand was weiß![117]

Die Hoffnung auf ein Wiedersehen drückt sich im folgenden Vers aus:

> Liebchen ade,
> Scheiden tut weh!
> Wenn England genommen,
> Wir wiederum kommen.[118]

---

113 Ebd., S. 19. – Vgl. Böhme: *Volksthümliche Lieder der Deutschen* (wie Anm. 102), S. 1; Mang: *Der Liederquell* (wie Anm. 102), S. 417ff.

114 Ahnert: *Fröhliche Heerfahrt!* (wie Anm. 4), S. 18. – Vgl. Böhme: *Volksthümliche Lieder der Deutschen* (wie Anm. 102), S. 384f.; Mang: *Der Liederquell* (wie Anm. 102), S. 85f.

115 Ebd., S. 24. – Vgl. Böhme: *Volksthümliche Lieder der Deutschen* (wie Anm. 102), S. 381f.; Mang: *Der Liederquell* (wie Anm. 102), S. 229.

116 Müller: *Deutsche Soldaten-Art* [1914] (wie Anm. 20), S. 10.

117 Ahnert: *Fröhliche Heerfahrt!* (wie Anm. 4), S. 76. – Vgl. Mang: *Der Liederquell* (wie Anm. 102), S. 331f.

118 Ebd., S. 90.

Heute denkt man bei diesen Versen zunächst an das Lied *Winter, ade! Scheiden tut weh* von Heinrich Hoffmann von Fallersleben (1835), allerdings gibt es auch ein älteres Liebeslied aus dem frühen 19. Jahrhundert, das mit „Liebchen ade" oder „Schätzchen ade" beginnt.[119] Möglicherweise kannte der Schreiber diese Vorlage. Parodiert wurde ebenso das Kinderlied *Maikäfer, flieg:*

> Flieg Kugel, flieg,
> Du hilfst uns gut im Krieg,
> Du hilfst uns gut im Belgierland,
> Antwerpen ist bald überrannt,
> Flieg, Kugel, flieg.[120]

> Zeppelin flieg!
> Hilf uns im Krieg!
> Fliege nach Engelland,
> Engelland wird abgebrannt.
> Zeppelin flieg![121]

Der Kontrast zwischen dem friedlichen Kinderlied und seinen Parodien ist scharf, allerdings heißt es schon in der Vorlage „Maikäfer, flieg! Dein Vater ist im Krieg!"[122]

Andere Aufschriften bezogen sich auf Lieder, die bestimmte Städte bzw. Flüsse besangen. Hier änderten die Autoren die Topographie: Aus dem elsässischen Straßburg wurde das belgische Lüttich, aus der ostdeutschen Saale die französische Seine:

> O Lüttich, o Lüttich, du wunderschöne Stadt,
> darinnen ward gefangen
> manch' belgischer Soldat.[123]

> An der Seine grünem Strande,
> Haust 'ne ganz gemeine Bande,
> Der das große Maul zu stopfen
> Und die Hosen auszuklopfen
> Deutschlands Söhne ziehen aus.

---

119 Mang: *Der Liederquell* (wie Anm. 102), 115f.

120 Ahnert: *Fröhliche Heerfahrt!* (wie Anm. 4), S. 97. – Bei Spamer: *Der Krieg, unser Archiv und unsere Freunde* [1915] (wie Anm. 3), S. 10 ist dieser Vers als Geschützinschrift überliefert.

121 Grimme: *Mit Ernst und Scherz in den Krieg* [1914] (wie Anm. 17), S. 37.

122 Vgl. Mang: *Der Liederquell* (wie Anm. 102), S. 688f.

123 Ahnert: *Fröhliche Heerfahrt!* (wie Anm. 4), S. 45. – Vgl. Mang: *Der Liederquell* (wie Anm. 102), S. 348f.

Abbildung 5: Fotografie, auf der Rückseite handschriftlich datiert: „31. Okt. 1914"

Fürchterlich wird es dort tagen,
Wenn die 3er Jäger jagen.[124]

Bemerkenswert ist – insbesondere im Hinblick auf die vermuteten Autoren der Aufschriften – die Umarbeitung des Studentenliedes *'s gibt kein schöner Leben als Studentenleben*, welche die soldatische Existenz als eine Fortführung der studentischen ansieht:

Es gibt kein schön'res Leben
als Soldatenleben,
wie es uns Kaiser Wilhelm schuf.

Nach Franzosen laufen,
tüchtig mit ihnen raufen,
ist ein göttlich herrlicher Beruf.[125]

Ebenfalls unter Studenten verbreitet war das Lied *Als die Römer frech geworden*, ein Text aus der Feder des Schriftstellers Victor von Scheffel. In humorvoller Weise wird dabei die Schlacht im Teutoburger Wald besungen und der

---

124 Ahnert: *Fröhliche Heerfahrt!* (wie Anm. 4), S. 74. – Vgl. Böhme: *Volksthümliche Lieder der Deutschen* (wie Anm. 102), S. 393f.; Mang: *Der Liederquell* (wie Anm. 102), S. 171f.

125 Ahnert: *Fröhliche Heerfahrt!* (wie Anm. 4), S. 63. – Vgl. *Allgemeines Deutsches Kommersbuch*. Ursprünglich herausgegeben unter musikalischer Redaktion von Friedrich Silcher und Friedrich Erk. 91.–95. Auflage. Lahr o. J. [um 1910], S. 269f.

Hermannsmythos aktualisiert. In einer Eisenbahnwaggon-Aufschrift aus Österreich wird das Lied jedoch gegen Russland gewandt:

> Als die Russen frech geworden,
> Zogen sie gen Oest'reichs Norden,
>
> Da kam die Landwehr, und nicht faul,
> Stopft sie ihnen ihr loses Maul.[126]

Als Kuriosum sei noch der Zweizeiler erwähnt:

> Eisen, Stahl und Marmor bricht,
> Nur die deutsche Landwehr nicht.[127]

Wüsste man nicht, dass Drafi Deutscher seinen Erfolgstitel *Marmor, Stein und Eisen bricht, aber unsere Liebe nicht* erst 1965 vorgelegt hat, könnte man in dem Landwehr-Vers eine militaristische Schlagerparodie erkennen. Allerdings wurde hier lediglich ein älterer Albumvers parodiert: „Eisen, Stahl und Marmor bricht, aber unsere Freundschaft nicht". Dieser Spruch findet sich öfters auf Reservistika (Pfeifen, Tassen, etc.).[128]

Bemerkenswert ist, dass die meisten der hier vorgestellten Eisenbahnwaggon-Aufschriften auf Lieder zurückgehen, die im *Allgemeinen Deutschen Kommersbuch* enthalten sind.[129] Auch wenn die fraglichen Lieder ohnehin zu Beginn des 20. Jahrhunderts allgemein bekannt gewesen sein dürften, erhärtet dieser Befund die These, dass die Urheber der Aufschriften vornehmlich in einem akademisch-studentischen Umfeld zu suchen sind.

3. Kirchenlied

Der Erste Weltkrieg wurde von den zeitgenössischen Eliten – nicht nur von den Theologen – nationalreligiös gedeutet. Dabei spielte einerseits das enge Bündnis zwischen Protestantismus und Monarchie eine Rolle, andererseits aber die Vorstellung, dass die Nation und das Deutsche Reich von Gott geheiligt seien. Auf-

---

126 Ahnert: *Fröhliche Heerfahrt!* (wie Anm. 4), S. 115. – Vgl. Böhme: *Volksthümliche Lieder der Deutschen* (wie Anm. 102), S. 65f.; *Allgemeines Deutsches Kommersbuch*, S. 565f.; Mang: *Der Liederquell* (wie Anm. 102), S. 481ff.

127 Ahnert: *Fröhliche Heerfahrt!* (wie Anm. 4), S. 82.

128 Internetrecherche (Angebote auf Versteigerungsplattformen, 29. Januar 2011).

129 *Allgemeines Deutsches Kommersbuch* (wie Anm. 125), S. 14f. (*Der Gott, der Eisen wachsen ließ*), S. 32f. (*Es braust ein Ruf wie Donnerhall*), S. 93f. (*Sie sollen ihn nicht haben*), S. 58ff. (*Ich bin ein Preuße, kennt ihr meine Farben?*), S. 89f. (*Schleswig-Holstein, meerumschlungen*), S. 22f. (*Deutschland, Deutschland über alles*), S. 313f. (*Der Mai ist gekommen*), S. 372f. (*Wem Gott will rechte Gunst erweisen*), S. 451f. (*Kein Feuer, keine Kohle*).

grund dieser Voraussetzungen griffen die Eisenbahnwaggon-Aufschriften auf religiöse Sprachmuster, insbesondere religiöse Lieder und Kirchenlieder, zurück.

Als erstes Beispiel sei ein dreigliedriger Spruch angeführt, den angeblich Kaiser Wilhelm II. seinem Hofprediger auf ein ihm geschenktes Bild gesetzt hatte. Später zierte dieser Vers einen Eisenbahnwaggon:[130]

> Wer auf Gott vertraut
> und feste um sich haut,
> der hat auf keinen Sand gebaut.[131]

Versteckt klingt hier die erste Strophe von *Wer nur den lieben Gott lässt walten* an, eine Dichtung, die Georg Neumark im 17. Jahrhundert geschaffen hat und die als Kirchenlied bis in die Gegenwart gesungen wird. Der Bezugsvers lautet: „Wer Gott dem Allerhöchsten traut, der hat auf keinen Sand gebaut."[132]

Im Rahmen der nationalreligiösen Propaganda spielte von Beginn des Weltkrieges bis zu seinem Ende der Lutherchoral *Ein feste Burg ist unser Gott* eine wichtige Rolle.[133] Entsprechend vielfältig sind die Waggonaufschriften:

> Deutschland singt den ersten Vers:
> Ein feste Burg ist unser Gott,
> Ein gute Wehr und Waffen.
> Frankreich singt den zweiten Vers:
> Mit unsrer Macht ist nichts getan,
> Wir sind gar bald verloren.[134]

---

130 Karsten Brand: *Sturmumbraust. Stimmungsbilder vom Ausbruch des Weltkrieges 1914.* Leipzig und Hamburg 1916, S. 112.

131 Ahnert: *Fröhliche Heerfahrt!* (wie Anm. 4), S. 15.

132 Zu diesem Lied vgl. Mang: *Der Liederquell* (wie Anm. 102), S. 1155; Michael Fischer: *Wer nur den lieben Gott läßt walten* (2007). In: *Populäre und traditionelle Lieder. Historisch-kritisches Liederlexikon* (www.liederlexikon.de/lieder/wer_nur_den_lieben_gott_laesst_walten/). Dort findet sich auch eine Liedpostkarte aus dem Ersten Weltkrieg, welche die erste Strophe des Liedes als Illustration einer Familienszene abbildet.

133 Vgl. Mang: *Der Liederquell* (wie Anm. 102), S. 1081ff.; Michael Fischer: *Ein feste Burg ist unser Gott* (2007). In: *Populäre und traditionelle Lieder. Historisch-kritisches Liederlexikon* (www.liederlexikon.de/lieder/ein_feste_burg_ist_unser_gott/). Abbildung 2 zeigt dort eine Propagandakarte aus dem Kriegsjahr 1917. Vgl. ferner: Michael Fischer: *Vom Reformationslied zum nationalprotestantischen Symbol. Der Choral „Ein feste Burg ist unser Gott" in musikalischen Bearbeitungen des 19. Jahrhunderts.* In: *Music and the construction of national identities in the 19th century.* Hg. von Beat A. Föllmi, Nils Grosch und Mathieu Schneider. Baden-Baden & Bouxwiller 2010, S. 225–240. – Vgl. in diesem Band den Beitrag von Michael Fischer zum Lutherlied „Ein feste Burg ist unser Gott".

134 Ahnert: *Fröhliche Heerfahrt!* (wie Anm. 4), S. 27.

In Variation (verbunden mit dem Lutherlied *Aus tiefer Not schrei ich zu dir*):

Der Deutsche singt:	Ein feste Burg ist unser Gott,
	Ein gute Wehr und Waffen.
Der Russe singt:	Mit uns'rer Macht ist nichts getan,
	Wir sind gar bald verloren.
Der Franzose singt:	Aus tiefer Not schrei' ich zu dir;
	Wir kriegen immer Wichse.[135]

Diese Liedaneignung wird ebenso in einer kürzeren Form überliefert:

Des Deutschen Gebet: Ein' feste Burg ist unser Gott.
Des Franzosen Gebet: Mit unsrer Macht ist nichts getan.[136]

Einen wichtigen Bezugspunkt bildete die dritte Strophe des Lutherchorals mit dem Beginn „Und wenn die Welt voll Teufel wär". Diese Strophe wurde umgeformt zu:

Und wenn Frankreich voll Teufel wär,
Wir fürchten uns doch nimmermehr![137]

Und wenn die Welt voll Russen wär',
Voll Serben und Franzosen,
Wir fürchten uns doch nicht so sehr.
Wir zieh'n ihnen stramm die Hosen.[138]

Und wenn die Welt voll Russen wär'
Und wollten uns gar verschlingen,
So marschierten wir doch auf Petersburg
Und würden es gewinnen.[139]

Weniger den Inhalt als die Form nimmt auf:

Und wenn der zweite Wilhelm kommt,
Und klopft nur auf die Hose,
Dann läuft die ganze Trugarmee,
Britt', Russe und Franzose.[140]

---

135 Grimme: *Mit Ernst und Scherz in den Krieg* [1914] (wie Anm. 17), S. 37.
136 Müller: *Deutsche Soldaten-Art* [1914] (wie Anm. 20), S. 10.
137 Ahnert: *Fröhliche Heerfahrt!* (wie Anm. 4), S. 28.
138 Grimme: *Mit Ernst und Scherz in den Krieg* [1914] (wie Anm. 17), S. 35.
139 Ebd.
140 Ebd.

Das protestantische, aber nationalistisch verstandene „Schutz- und Trutzlied"[141] ist laut Kurt Ahnert „kurz zusammengefasst" in dem Spruch:

> Und wenn die Welt voll Russen wär',
> Voll Serben und Franzosen,
> So fürchten wir uns nicht so sehr,
> Wir hau'n sie auf die Hosen,
> Und wenn die Not noch größer ist,
> So ist sie doch zu tragen:
> Ein feste Burg ist unser Gott!
> Drum laßt uns nicht verzagen.[142]

Interessant ist die Aneignung des *Te Deum*-Gesanges „Großer Gott, wir loben dich". Im Gegensatz zu Luthers *Ein feste Burg ist unser Gott* war dieses Lied zu Beginn des 20. Jahrhunderts in beiden Konfessionen verbreitet, allerdings weniger in gottesdienstlichen Büchern als in Militärgesangbüchern.[143]

Ein Schreiber hat die erste Strophe in folgender Weise umgeformt:

> Grosser Gott wir loben dich,
> Herr wir Deutschen sind die Stärksten,
> Vor uns neigt die Erde sich
> Und bewundert unsere Stärke.[144]

Hier wird nicht in einem nationalreligiösen Sinne Gott um den Sieg gebeten oder religiös begründete Zuversicht vorgetragen, sondern die Vorlage zu einem Selbstlob umgeformt. Eine solche – aus religiöser bzw. kirchlicher Sicht blasphemische – Veränderung eines Kirchenliedes kam im Ersten Weltkrieg jedoch selten vor, zumindest wurden solche Sprüche nicht publiziert. Es ist sicher kein Zufall, dass der zitierte Beleg nur handschriftlich überliefert ist.

---

141   Die im Zusammenhang mit *Ein feste Burg ist unser Gott* oft gebrauchte Formel verwendet etwa Richard Friedrich in seiner *Predigt nach der deutschen Mobilmachung, gehalten am 2. August 1914*. Dresden 1914, S. 8.

142   Ahnert: *Fröhliche Heerfahrt!* (wie Anm. 4), S. 48.

143   Vgl. etwa: *Feldgesangbuch für die evangelischen Mannschaften des Heeres*. München 1914, S. 36f. (freundlicher Hinweis von Dr. Christiane Schäfer, Interdisziplinärer Arbeitskreis Gesangbuchforschung, Universität Mainz).

144   Deutsches Volksliedarchiv, Freiburg i. Br., Sign. S 0197. Zu dem zugrundeliegenden Lied vgl. Michael Fischer: *Großer Gott wir loben dich. Ausführlicher Kommentar zur Liedgeschichte* (Februar 2006/Juli 2007). In: Populäre und traditionelle Lieder. Historisch-kritisches Liederlexikon. Für das Deutsche Volksliedarchiv hg. von Eckhard John u. a. www.liederlexikon.de/lieder/grosser_gott_wir_loben_dich/liedkommentar.pdf

4. Schlager / Oper / Operette

Parodiert wurden nicht nur patriotische Gesänge sowie Volks- und Kirchenlieder, sondern gleichfalls zeitgenössische Schlager oder Texte aus Operetten und Opern.[145] Dieser Befund lässt erneut einen Rückschluss auf die Autoren und Schreiber der Eisenbahnwaggon-Aufschriften zu und einen bildungsbürgerlichen, städtischen Hintergrund vermuten. Zwar muss damit keine intimere Kenntnis des jeweiligen Musiktheaters verbunden sein; aber doch der Umgang mit populärer Musik der Zeit. Adolf Spamer vermutete sogar, dass zum „Militär eingezogene Berufsmusiker und Artisten" einige dieser „Kriegsumdichtungen von Gassenhauern veranlaßt" haben.[146] Zu Beginn des 20. Jahrhunderts wurden solche Schlager und Lieder allerdings aus ästhetischen, pädagogischen und politischen Gründen scharf kritisiert.[147] So leitet auch Kurt Ahnert eine Waggonaufschrift mit folgender Bemerkung ein:

> Fremdgeistigem Operettengewächs, das nun hoffentlich auch seine Krallen aus dem Leben des deutschen Volkes läßt, wird leider noch die unverdiente Ehre [zuteil], an deutschen Truppenwagen zu stehen, doch ist es wenigstens etwas verbessert:

> Liebliche kleine Dingerchen,
> Die werden von uns in die Flinte gesteckt,
> Drückt man hernach mit dem Fingerchen,
> Liegt stets ein Franzose hingestreckt.[148]

Grund für die Vorbehalte von Ahnert war der Umstand, dass das fragliche Lied auf die Operette *Die Kinokönigin* (1913) von Jean Gilbert zurückgeht. Ob der Anthologist den deutschen Komponisten (eigentlicher Name: Max Winterfeld) irrtümlich als Franzosen einstufte, ist unklar. Vermutlich hielt er das gesamte Genre für ‚französisch‘ und damit für verdammenswert.[149] Ungeachtet solcher kulturkritischer Vorbehalte und antifranzösischer Stimmungen erfreuten sich Schlager größter Beliebtheit und wurden entsprechend parodiert. Dazu gehörte auch der Titel *Die Männer sind alle Verbrecher*. Dieser stammt aus der 1913 in Berlin ur-

---

145   Zum populären Musiktheater im Ersten Weltkrieg vgl. in diesem Band den Beitrag von Carolin Stahrenberg.

146   Spamer: *Der Krieg, unser Archiv und unsere Freunde* [1915] (wie Anm. 3), S. 8.

147   John Meier, der Gründer des Deutschen Volksliedarchivs, sprach beispielsweise abschätzig von „Operetten- und Tingel-Tangel-Liedern" (*Bericht über die Sammlung deutscher Volkslieder. April 1914–April 1915. Erstattet vom Volksliedausschuß des Verbandes deutscher Vereine für Volkskunde. Freiburg 1915*, S. 7).

148   Ahnert: *Fröhliche Heerfahrt!* (wie Anm. 4), S. 25.

149   Zu Jean Gilbert vgl. die verfügbaren Autoren-Informationen im Internet unter: www.felix-bloch-erben.de (Abruf 10. Februar 2011).

aufgeführten Posse *Wie einst im Mai* von Walter Kollo.[150] Die Waggonaufschriften hierzu lauteten:

> Die Serben sind alle Verbrecher,
> Ihr Land ist ein finsteres Loch,
> Die Russen sind noch viel schlechter,
> Aber Dresche kriegen sie doch.[151]

> Die Russen sind alle Verbrecher,
> Die Engländer fehlen bloß noch.
> Die Franzosen sind auch nicht viel besser,
> Aber Keile, aber Keile kriegen sie doch.[152]

> Die Russen sind alle Verbrecher,
> Die Russen gehören ins Loch,
> Die Engländer sind noch viel frecher:
> Drum verhau'n, drum verhau'n wir sie doch.[153]

Adolf Spamer verwies darauf, dass „Versionen solcher neuer Operettenschlager" oft gesungen wurden und ebenso oft als Waggonaufschriften Verwendung fanden.[154]

Gleichfalls der sogenannten „leichten Muse" verbunden war ein Spruch, welcher durch die Operette *Die Fledermaus* von Johann Strauß (1874 uraufgeführt) populär geworden ist:

> Lustig ist, wer vergißt,
> Was nicht mehr zu ändern ist.[155]

Eine andere Anspielung auf eine Oper lautete: „Jetzt wird der Zar wieder Zimmermann".[156] Hier wurde der Titel von Albert Lortzings Oper *Zar und Zimmermann* (1837 uraufgeführt) politisch umgemünzt. Die unbekannten Autoren griffen ebenso auf Mozarts *Don Giovanni* (1787 uraufgeführt) zurück und schrieben:

---

150 Zu Walter Kollo vgl. die verfügbaren Autoren-Informationen im Internet unter: www.felix-bloch-erben.de (Abruf 10. Februar 2011).

151 Ahnert: *Fröhliche Heerfahrt!* (wie Anm. 4), S. 52.

152 Müller: *Deutsche Soldaten-Art* [1914] (wie Anm. 20), S. 12.

153 Grimme: *Mit Ernst und Scherz in den Krieg* [1914] (wie Anm. 17), S. 36.

154 Spamer: *Der Krieg, unser Archiv und unsere Freunde* [1915] (wie Anm. 3), S. 8.

155 Grimme: *Mit Ernst und Scherz in den Krieg* [1914] (wie Anm. 17), S. 36. – Der Vers „Glücklich ist, wer vergisst, was nicht mehr zu ändern ist" stammt allerdings ursprünglich nicht aus der *Fledermaus*, sondern ist älteren Ursprungs. Vgl. etwa: [Johann M. Braun:] *Sechs Tausend deutsche Sprüchwörter und Redensarten.* Stuttgart 1840, S. 36.

156 Müller: *Deutsche Soldaten-Art* [1914] (wie Anm. 20), S. 13.

Reich mir die Hand mein Leben,
komm auf mein Schloß mit mir.[157]

Beigegeben war eine Zeichnung, die einen Soldat zeigt, der den Zar an einer Leine zu einem Schloss „Wilhelmshöhe" führt. Der Name des Schlosses wiederum war eine Anspielung auf die Gefangenschaft Napoleons III. Dieser wurde im Zusammenhang mit dem deutsch-französischen Krieg 1870/71 dort unter Arrest gestellt.

Bildzeugnisse

Neben den ungedruckten und gedruckten schriftlichen Quellen haben sich zahlreiche Bildzeugnisse erhalten, zum einen kommerziell hergestellte und vertriebene Bildpostkarten, welche beschriftete Eisenbahnwaggons zeigen (Abbildungen 1 bis 3), zum anderen Fotografien (Abbildungen 4 bis 6). Diese Abbildungen wurden an Angehörige als persönlicher Gruß verschickt und dienten der privaten Erinnerung. Heute stellen diese Bildzeugnisse wertvolle historische Quellen dar: Sie zeigen einerseits, wie die Aufschriften ausgesehen haben, andererseits belegen sie die propagandistische Funktion der Kreideaufschriften und ihre Verbildlichung. Dokumentarischer bzw. ‚authentischer' Charakter dürfte jedoch den wenigsten Bildzeugnissen zukommen, jedenfalls ist Vorsicht angebracht. Andreas Knipping konnte in seinem 2004 erschienenen Buch *Eisenbahnen im Ersten Weltkrieg* sogar dezidierte Fälschungen nachweisen. Dabei wurden die Waggonaufschriften durch Retuschen erst im Fotolabor aufgebracht.[158]

Eine Besonderheit stellt die Anthologie von Kurt Ahnert dar, weil sie insgesamt vier Bildtafeln mit fünf Fotografien enthält. Die Abbildungen zeigen drei beschriftete Vieh- bzw. Güterwagen und zwei beschriftete Personenwagen, wobei sich Ahnert um eine enge Verzahnung von Text- und Bildzeugnissen bemühte. So wird die Abbildung zwischen Seite 32 und 33 mit folgender Bemerkung kommentiert: „Die unrühmlichen Machenschaften des Zaren und des Mister Grey geißelt stark witzig ein gut gelungenes Bild."[159]

Danach wird die Zeichnung kurz beschrieben und die Aufschrift wiedergegeben:

Der Zar schwört mit zwei Fingern.
Als Begleitwort: Das ist der Zar,
Der schwört und 's ist nicht wahr.

---

157 Ahnert: *Fröhliche Heerfahrt!* (wie Anm. 4), S. 37.

158 Vgl. die beiden Abbildungen in Knipping: *Eisenbahnen im Ersten Weltkrieg* (wie Anm. 1), S. 43. Bei den beiden Karten handelte es sich um Verlagserzeugnisse.

159 Ahnert: *Fröhliche Heerfahrt!* (wie Anm. 4), S. 53.

Abbildung 6: aus Ahnerts Anthologie *Fröhliche Heerfahrt,* zwischen S. 32 und 33

Grey schwört mit vier Fingern:
Als Begleitwort: Dieses ist der Grey,
Der schwört und lügt dabei.[160]

Indirekt zu den Bildzeugnissen, welche Eisenbahnwaggon-Aufschriften dokumentieren oder in einem Zusammenhang zu diesen stehen, zählen jene Ansichts-
karten, die entsprechende Verse und Sprüche losgelöst vom Thema Eisenbahn
bzw. Mobilmachung darbieten. Hierzu gehören Karten mit dem Vers „Jeder
Schuss ein Russ" oder solche, welche die Liedzeile „Lieb Vaterland, magst ruhig
sein" wiedergeben.[161] Offenkundig stießen diese Grußbotschaften auf Nachfrage;
sie wurden gekauft und verschickt – wobei nicht davon auszugehen ist, dass jede
Motivwahl eine bewusste ideologische Botschaft transportieren sollte.[162]

---

160 Ebd.

161 Vgl. hierzu: Sabine Giesbrecht: *Deutsche Liedpostkarten als Propagandamedium im Ersten
Weltkrieg.* In: Lied und populäre Kultur/Song and Popular Culture. Jahrbuch des Deutschen Volksliedarchivs 50/51 (2005/2006), S. 55–97.

162 Zum Spektrum derartiger Visualisierungen und den engen Zusammenhang zwischen
Bild und Text vgl. Spamer: *Der Krieg, unser Archiv und unsere Freunde* [1915] (wie
Anm. 3).

Gedichte

Die Eisenbahnwaggon-Aufschriften stellen nicht nur einen Teilbereich populärer Kriegslyrik im Ersten Weltkrieg dar, sondern wurden selbst wieder Gegenstand von Dichtung. Zwei lyrische Texte zeigen, wie das historische Ereignis der Mobilmachung und der Kriegsbeginn mit seinen Truppenbewegungen literarisiert worden ist. Versuchten die Anthologisten durch Sammlung, Selektion und Publikation der Aufschriften die Monumentalisierung des Geschehens zu erreichen, wird hier bereits durch die Form und mit dem damit einhergehenden Anspruch eine Ästhetisierung und damit Distanzierung vom realen Geschehen vollzogen.

Julius Bab, bekannt als Literaturkritiker und Herausgeber von Kriegslyrik, publizierte sein Gedicht *Die Wagen* zunächst in der Zeitschrift *Die Hilfe* vom 20. August 1914. Danach nahm er es in seine Sammlung *Der Deutsche Krieg im Deutschen Gedicht* auf.[163] In diesem Text wird zu Beginn eine Szene beschrieben, die wie eine Versifizierung der Waggondarstellungen mit ihren lustigen Aufschriften und gutgelaunten, übermütigen Soldaten erscheint:

> Vor meinem Fenster seit vierzehn Tagen
> rollten die Wagen, die Wagen, die Wagen.
> Außen von Kreide ein lust'ges Geschmier:
> ‚Nikoläuschen, nu kommen wir!' –
> ‚Luxusexpreßzug Lübben – Paris.' –
> ‚Serbien muß sterbien!' – ‚Schieß, Karlchen, schieß!'

In der zweiten Strophe erinnert Bab an die Lieder, welche von den Soldaten gesungen wurden:

> Innen die Burschen zu Haufen sich drängten,
> schrien und sangen und grüßten und schwenkten:
> ‚Grüß die Berliner!' – ‚Adieu, Grunewald!' –
> ‚O du mein Deutschland …' – ‚Muß i denn …' – ‚O wie bald …'[164]

Diese optimistische Tonlage wird aber nicht beibehalten. Der Dichter erinnert im Folgenden an den Tod und an die bald eintretende Stille:

> Aber seit gestern ist Stille geworden.
> Schwer auf den Schienen schreiten die Posten.
> Züge rollen von Westen und Osten,
> aber kein Lärm mehr von mutigen Horden.
> Leer und erleichtert rattern die Achsen.
> Noch stehn die Wände voll lustiger Zeichen;

---

163 *1914. Der Deutsche Krieg im Deutschen Gedicht. 1. „Aufbruch und Anfang".* Ausgewählt von Julius Bab. Berlin 1914, S. 52f.
164 Ebd., S. 52.

aber die Kreide will schon verbleichen,
Bilder und Schrift stehn verwischt und verwachsen.[165]

Diejenigen, die gestern noch *O du mein Deutschland!* sangen, „gehn nun auf bangen, / steil überm Tode hinführenden Pfaden".[166] Die Eisenbahnzüge „rasseln" endlos und tragen

Frachten unendlich und nimmer zu fassen –
Frachten unendlichen Schicksals – die Wagen![167]

Mit dieser resignativen Feststellung endet das Gedicht. Affirmativer kommt ein Text von Heinrich Lersch daher, der im Ersten Weltkrieg als ‚Arbeiterdichter' bekannt wurde. Sein Gedicht heißt *Der deutsche Soldat.* Es geht dabei um die Heroisierung des einzelnen, ungenannten und unbekannten Kämpfers:[168]

Es rauscht ein Truppenzug den Schienenstrang hinan.
Ein stolzes Brausen der Lokomotiven:
Zum Kampf und Siege führt euch unsre Bahn.
‚Zur Schlacht, zur Schlacht!' die jungen Kehlen riefen.
Die Sprüche an den Wänden sahn mich an;
mir stieg das Blut aus allen Herzenstiefen,
als ich die halbverwischte Inschrift sah:
[,]Hoch! Von der Heimat in den Tod. Hurra!'[169]

Der Sprecher des pathetischen Gedichts möchte dem Schreiber „in Ehrfurcht [...] die Hände küssen", weil er „in frohem Stolz" sein Leben opfern will „und heiter lächel[t] diesem heilgen Müssen."[170] In Anspielung auf religiöse Topoi heißt es: „Du zwangst den Tod, noch eh er dich bezwang".[171] Christologische und soteriologische Redeweisen aufgreifend, dichtet Lersch:

---

165 Ebd., S. 52f.
166 Ebd., S. 53.
167 Ebd.
168 Julius Bab kommentierte: „In jenem Gedicht, das im Eisenbahnrhythmus hinbraust, wächst der Soldat, der mit Kreide an die Wagenwand schrieb: ‚Hoch! Von der Heimat in den Tod. Hurra!' zu einer Gesamtgestalt des ganzen deutschen Heeres auf." (Heinrich Lersch: *Herz, aufglühe dein Blut! Gedichte im Krieg.* Jena 1916, S. 5). Bab hatte das Gedicht zuvor als „ernster Vorspruch" in das Heft *1914. Der Deutsche Krieg im Deutschen Gedicht. 7. „Soldatenlachen". Ausgewählt von Julius Bab.* Berlin [circa 1916], S. 5f. aufgenommen.
169 Lersch: *Herz, aufglühe dein Blut!* [1916] (wie Anm. 168), S. 20.
170 Ebd.
171 Ebd. – Die starke religiöse Ausrichtung von Lerschs Lyrik ist bereits den Zeitgenossen aufgefallen. Julius Bab schreibt im Vorwort zur Gedichtausgabe *Herz, aufglühe dein Blut!,* das Religiöse sei ihm „die tiefste, die alles bewegende, den Stoff lösende, die Form bilden-

Tod ist dir Sieg und nicht des Schicksals Rute!
Unsterblichkeit dir, wenn dir Tod geschah![172]

Wenn der „Sieger" wieder in die Heimat fährt, will der Sprecher das

> […] Lied verändert klingen lassen:
> Aus Not und Tod als Sieger seid ihr da:
> Aus Not und Tod zur Heimat. Hoch! Hurra![173]

Damit endet das Gedicht, kontrafaktisch zur Realität, Hunderttausende erreichten ihre Heimat nicht mehr. Aber auch die Berufung auf ein namen- und scheinbar grundloses „Schicksal" (Julius Bab) verschleiert die Gegebenheiten: Gewaltet haben 1914 nicht anonyme Mächte oder ein unbestimmbares Los, sondern die europäischen Herrscher, ihre Regierungen und das Militär. Immerhin war Bab fähig, den sich schon im ersten Kriegsmonat abzeichnenden Ernst anzudeuten und einem unkritischen Hurra-Patriotismus vorsichtig entgegenzutreten.

---

de Kraft" (Lersch: *Herz, aufglühe dein Blut!* [1916] [wie Anm. 168], S. 2). Vgl. Otto Herpel: *Die Frömmigkeit der deutschen Kriegslyrik.* Gießen 1917, passim.

172 Ebd. – Vgl. etwa 1 Kor 15,54f.: „Wenn aber dies Verwesliche wird anziehen die Unverweslichkeit, und dies Sterbliche wird anziehen die Unsterblichkeit, dann wird erfüllt werden das Wort, das geschrieben stehet: Der Tod ist verschlungen in den Sieg. Tod, wo ist dein Stachel? Hölle, wo ist dein Sieg?"

173 Lersch: *Herz, aufglühe dein Blut!* [1916] (wie Anm. 168), S. 20.

Aibe-Marlene Gerdes

Soldatenlieder als Volkslieder – Volkslieder als Soldatenlieder
John Meier und das deutsche Soldatenlied

Die *Sammlung Soldatenlied* im Deutschen Volksliedarchiv

> Mit allen guten Geistern unseres Volkes hat auch das deutsche Lied unser Heer ins Feld begleitet. Selbst der Tagesbericht unseres Hauptquartiers hatte seiner begeisternden Wirkung zu gedenken. Es verdient künftigen Geschlechtern im Einzelnen aufbewahrt zu werden, welche Rolle das deutsche Lied im großen deutschen Kriege gespielt hat [...].[1]

Mit diesen Worten begann 1915 die Volksliedkommission des Verbandes deutscher Vereine für Volkskunde ihre erste Umfrage zum deutschen Soldatenlied im Ersten Weltkrieg. Die Durchführung dieser empirischen Sammlungsaktion zum Soldatenlied übernahm das Deutsche Volksliedarchiv in Freiburg unter der Leitung des Germanisten John Meier, der zugleich den Posten des Ersten Vorsitzenden des Gesamtverbandes bekleidete.

Das Ziel der empirischen Umfrage war es zunächst, festzustellen, „welche Rolle das Soldatenlied bei unseren Feldgrauen draussen spielt, welche Lieder sie vor allem und bei welchen Gelegenheiten sie sie singen."[2] Dazu wurde im März 1915 der erste Fragebogen verfasst, in dem mit anfänglich zwölf Fragen die „lebendigen" Liedbestände im Heer ermittelt werden sollten (Abbildung 1). Da die Umfrage klar an die im Feld stehenden Soldaten gerichtet war, wurde der Fragebogen nicht nur in den volkskundlichen Fachzeitschriften, sondern mit Unterstützung der Stellvertretenden Generalkommandos vor allem in Armee- und Feldzeitungen publiziert, darunter die *Champagne-Kriegszeitung*, die *Zeitung der 2. Armee*, die *Deutsche Lodzer Zeitung*, die *Liller Kriegszeitung* oder die *Zeitung der*

---

1 Fragebogen des Deutschen Volksliedarchives zur Rolle des deutschen Soldatenliedes von 1915. Abbildung 1.

2 So Meier in einem Schreiben an die (Preußische) Wissenschaftliche Gesellschaft vom 18.12.1915. DVA Allgemeine Korrespondenz 37a, 1915.

4. Armee.[3] Die enge Zusammenarbeit des Volksliedarchives mit den militärischen Stellen zeigte sich auch darin, dass sich die Schriftleitungen der Feldzeitungen – so etwa mit der *Liller Kriegszeitung* auch eine der auflagenstärksten Feldzeitungen des Krieges – bereit erklärten, die Zuschriften in Empfang zu nehmen und an das Deutsche Volksliedarchiv weiterzuleiten.[4]

Die etwas schwammige Bezeichnung des Untersuchungsgegenstandes mal als ‚Soldatenlied‘ und – wie im Fragebogen – mal als ‚deutsches Lied‘ bzw. ‚Volkslied‘ erklärt sich aus Meiers Definition von ‚Soldatenlied‘: Er verstand darunter sämtliches Liedgut, das freiwillig von den Soldaten gesungen wurde. Ausgehend von der Feststellung, „daß der Soldat nur das singt, was er wirklich fühlt", betrachtete Meier das Lied als Ausdruck der in der Masse der Soldaten „pulsierenden gemeinschaftlichen Empfindungen".[5] Für die Rolle eines solchen emotionalen „Ventil[s]"[6] seien prinzipiell alle Lieder geeignet, so dass für Meier ein textlicher Bezug zum Krieg oder zum Soldatendasein nicht zwingend erforderlich war. Zur Gattung der Soldatenlieder konnten also auch die alten Lieder der „Friedenssoldaten", vaterländische und religiöse sowie Volks- oder Heimatlieder gehören.[7] Singanlässe und die Stimmung unter den Soldaten beeinflussten sich gegenseitig, so Meier, und führten dazu, dass verschiedene Lieder ausgewählt und wiederum der Kriegssituation angepasst würden.[8] „Unsere Soldatenlieder sind [...]", so Meiers programmatische These, „Volkslieder und unterliegen ihren Entwicklungsgesetzen."[9]

Wenn ab dem März 1915 die Rolle des Liedes im Krieg untersucht werden sollte, beabsichtigte man damit schlicht auch, am Beispiel der Soldatenlieder aktuelle

---

3   In den *Mitteilungen des Verbandes deutscher Vereine für Volkskunde.* Nr. 22, Juni 1916, werden neben 18 volkskundlichen Zeitschriften auch zehn Feldzeitungen mit der jeweiligen Nummer angegeben, in denen die zweite, überarbeitete Fassung der Umfrage abgedruckt wurde (S. 25). Eine so detaillierte Auflistung liegt für den Abdruck des ersten Fragebogens von 1915 nicht vor, doch weist die enge Zusammenarbeit des Deutschen Volksliedarchives mit den Schriftleitungen der verschiedenen Feldzeitungen darauf hin, dass in den meisten Fällen schon vorheriger Kontakt bestand.

4   Ebd., S. 24.

5   John Meier: *Das deutsche Soldatenlied im Felde,* Straßburg 1916, S. 14 und S. 4.

6   Ebd., S. 6.

7   Ebd., S. 7, S. 14 und S. 22.

8   Eine detaillierte Auseinandersetzung mit den unterschiedlichen Definitionen von ‚Volkslied‘ und ‚Soldatenlied‘ zur Zeit des Ersten Weltkrieges, besonders auch bei Meier, nimmt Olt vor. Reinhard Olt: *Krieg und Sprache. Untersuchungen zu deutschen Soldatenliedern des Ersten Weltkrieges.* Teil 1. Gießen 1981, S. 55–63.

9   Meier: *Das deutsche Soldatenlied im Felde* (wie Anm. 5), S. 43.

Mit allen guten Geistern unseres Volkes hat auch das deutsche Lied unser Heer ins Feld begleitet. Selbst der Tagesbericht unsres Hauptquartiers hatte seiner begeisternden Wirkung zu gedenken.

Es verdient künftigen Geschlechtern im Einzelnen aufbewahrt zu werden, welche Rolle das deutsche Lied im großen deutschen Kriege gespielt hat; für den Feldzug der Jahre 1870/71 liegen darüber nur unzureichende Mitteilungen vor.

Wir wären daher aufrichtig dankbar, wenn besonders folgende Punkte ins Auge gefaßt und uns Mitteilungen über das Beobachtete gemacht würden:

1. Welche Soldaten= und allgemeinen Volkslieder, welche volkstümlichen und Kunstlieder werden im Felde überhaupt gesungen, welche mit besondrer Vorliebe?

2. Werden bei besonderen Truppengattungen oder besonderen Truppenteilen gewisse Gesänge des allgemeinen Liederschatzes bevorzugt, haben sie besondere, nur ihnen eigene Lieder?

3. Wurden landschaftlich, stammlich begründete Unterschiede bemerkt?

4. Sind im Laufe des Feldzuges Veränderungen, Vermischungen im Lieder= bestande beobachtet worden, etwa ein Neuauftauchen oder Sichausbreiten bestimmter Lieder, Wandern eines einzelnen Liedes von einem Truppen= teile zum andern u. dgl.?

5. Bei welcher Gelegenheit wird vorzüglich gesungen?

6. Sind etwa bestimmte Tätigkeiten regelmäßig von bestimmten Liedern begleitet?

7. Welche Rolle spielt im besonderen das religiöse, welche das gehobene vaterländische Lied (Deutschland über alles, Wacht am Rhein u. ä.)? Welche Lieder dieser Art, wann und wo werden sie gesungen?

8. Wer sind die Sänger? Einzelne (welchen Bildungsgrades?) oder die Gesamtheit? Verteilt sich etwa der fortlaufende Text und der Kehrreim auf Einzelne und die Gesamtheit?

9. Sind an Worten und Weisen bekannter Lieder auffällige Eigentümlich= keiten, vielleicht auch Veränderungen während des Feldzuges beobachtet worden?

10. Was konnte über Neudichten von Liedern durch Feldzugsteilnehmer beobachtet werden?

11. Hat sich der Gesang irgendwo sprachlich, musikalisch, sachlich aus Feindes= land etwas angeeignet?

12. Welche Rollen spielen geschriebne oder gedruckte Liederbücher beim Singen und Verbreiten der Lieder?

Gütige Mitteilungen erbitten wir an das „Deutsche Volksliedarchiv" in Freiburg i. Br.

Abbildung 1: Fragebogen des Deutschen Volksliedarchives zur Rolle des deutschen Soldatenliedes, 1915

Sammlung deutscher Soldatenlieder

Mit allen guten Geistern unseres Volkes hat auch das deutsche Lied unser Heer ins Feld begleitet. Es ist eine nationale Pflicht, seine Lieder künftigen Geschlechtern zu erhalten und zu zeigen, welch hohe Bedeutung sie im Kampfleben des Soldaten haben. Wir haben deshalb eine Sammlung der im gegenwärtigen Kriege gesungenen Soldatenlieder unternommen, die aber nur dann ein richtiges Bild geben kann, wenn alle mithelfen, die es können. Helfen auch Sie mit, indem Sie uns Lieder aufzeichnen und so gut als möglich die folgenden Fragen beantworten.

Freiburg i. Br. Juni 1916.   Deutsches Volksliedarchiv.

1. Welche Lieder werden bei Ihrem Truppenteil gesungen? (Die erste Zeile mitteilen und die mit besonderer Vorliebe gesungenen Lieder unterstreichen.)

2. Haben Sie beobachtet, daß einzelne Lieder ausschließlich bei Ihrem Truppenteil gesungen wurden? Welche Lieder sind das?

3. Haben gewisse Waffengattungen (Inf., Art., Kav., Pion., Masch.-Gew.-Komp., Telegraphentruppen, Armierungsbataillone und andere) besondere, ihnen eigene Lieder, die nur sie oder wenigstens sie vor allem singen? Welche Lieder sind das?

4. Fiel Ihnen auf, daß gewisse Lieder, die Sie aus der Heimat oder der Garnison kannten, im Felde nicht gesungen wurden? Wurden dafür im Felde Lieder gesungen, die Sie vorher nicht kannten? Welche Lieder waren das?

5. Haben Sie bemerkt, daß Leute, die aus verschiedenen Gegenden stammten, auch verschiedene Lieder sangen? Oder die gleichen Lieder mit verschiedenem Wortlaut oder verschiedener Melodie? Welche Lieder waren das, und worin bestanden die Abweichungen?

6 Werden zu Anfang des Feldzugs gesungene Lieder jetzt nicht mehr gehört? Sind neue Lieder aufgetaucht? Konnten Sie beobachten, auf welchem Wege diese zu Ihnen kamen? Bemerkten Sie, daß Lieder Ihres Truppenteils zu andern Truppen wanderten oder umgekehrt?

7. Welche Lieder werden mit Vorliebe auf dem Marsche gesungen?

Abbildung 2: Fragebogen des Deutschen Volksliedarchives
zur Sammlung deutscher Soldatenlieder, 1916

Haben bekannte Lieder einen andern Takt und eine veränderte oder ganz neue Melodie, wenn sie beim Marschieren gesungen werden? Welche Lieder sind das, und worin bestehen die Abweichungen?

8. Wer waren gewöhnlich die Sänger? Mehr ältere oder jüngere Leute? Mehr die Studierten? Mehr Städter und Arbeiter oder Leute vom Lande? Ist der Gesang, wenn von der Gesamtheit gesungen wird, gewöhnlich einstimmig oder zweistimmig oder mehrstimmig?

9. Konnten Sie an Worten oder Singweisen Ihnen bekannter Lieder auffällige Eigentümlichkeiten beim Singen beobachten (z. B. Wiederholungen einzelner Worte oder Zeilen, Einschieben eines Kehrreims, Abänderungen der Melodie und dergleichen)? Sind diese Eigentümlichkeiten erst im Kriege entstanden?

10. Werden die eigentlich vaterländischen Lieder, wie „Die Wacht am Rhein", „Deutschland über alles" und andere, häufig gesungen oder nur bei bestimmten Anlässen (Auf dem Marsch? Bei Sturmangriffen? Bei Siegesnachrichten? An Bierabenden?)? Welche vaterländischen Lieder sind besonders beliebt?

11. Werden religiöse Lieder, Choräle und dergleichen öfter auch außerhalb des Gottesdienstes und der Andachten gesungen? Und bei welchen Gelegenheiten? Mehr vom einzelnen oder auch von der Gesamtheit? Welche Lieder sind das? Welche religiösen Lieder sind besonders beliebt?

12. Konnten Sie beobachten, daß Lieder von Feldzugsteilnehmern gedichtet wurden? Welchem Stande gehörten die Dichter an? Haben vielleicht mehrere Leute zusammen ein Lied gedichtet?

13. Haben sich in der Truppe aufgekommene, von einzelnen Leuten gedichtete Lieder weiter verbreitet und wie weit (z. B. nur im Unterstand, oder im Regiment oder noch weiter?)? Welche Lieder sind das?

14. Haben Sie bemerkt, daß während des Aufenthaltes in Feindesland Lieder der einheimischen Bevölkerung auch von unsern Soldaten gesungen oder in irgendwelcher Weise nachgeahmt werden? Sind etwa fremde Sprachbrocken in deutsche Lieder aufgenommen worden? Oder singt die heimische Bevölkerung in Feindesland (Kinder, Erwachsene) deutsche Lieder? Oder nach deutschen Singweisen Lieder in ihrer Landessprache?

15. Wenn es Ihnen die Verhältnisse irgendwie gestatten, bitten wir Worte, und wenn möglich auch Singweisen der Ihnen bekannten im Felde gesungenen Lieder aufzuzeichnen und an das Deutsche Volksliedarchiv in Freiburg i. Br. einzusenden. (Aus dem Gedächtnis notieren, nicht aus Büchern abschreiben!)

Volksliedforschung zu betreiben. Wie beim Volkslied generell suchte man gezielt nach möglichen Entwicklungsprozessen, nach Spuren von Um- und Zersingen im soldatischen Liedgut. Entsprechend zielten die Fragen des Fragebogens auf das Liedrepertoire (Nr. 1, 7), den Gesangskontext (Nr. 5, 6), die genaue Zusammensetzung der Sängerschaft (Nr. 2, 3, 8), die Veränderung von Liedtexten und -melodien (Nr. 4, 9, 10, 11) sowie die Verbreitung einzelner Lieder (Nr. 4, 11, 12). Nach Liedtexten und Melodien wurde damals noch nicht gefragt. Dennoch nahm Meier schon während dieser ersten Phase der Untersuchung immer wieder persönlichen Kontakt zu den Gewährsleuten auf und bat sie, bestimmte der von ihnen erwähnten Lieder in Wort und Weise aufzuzeichnen und einzuschicken.[10]

In der Praxis wurde somit ein Sammeln von Liedbelegen der Soldatenlieder schon lange praktiziert, als Meier und seine Mitstreiter im Sommer 1916 den ersten Fragebogen vom Vorjahr um- und ausarbeiteten und nun „die Sammlung des Soldatenliedes gegenüber den Fragen nach der Rolle" des Liedes an die erste Stelle rückten.[11] Im erweiterten zweiten Fragebogen (Abbildung 2), der ab Juni 1916 in Fach- und Feldzeitungen erschien, und den sogenannten ‚Liebesgabensendungen‘ des Volksliedarchives an Feld- und Lazarettbüchereien beigelegt wurde, forderte man die Gewährsleute nun explizit auf, ganze Lieder mit Texten und Melodien einzusenden:

> Wenn es Ihnen die Verhältnisse irgendwie gestatten, bitten wir Worte, und wenn möglich auch Singweisen der Ihnen bekannten im Felde gesungenen Lieder aufzuzeichnen und an das Deutsche Volksliedarchiv in Freiburg i. Br. einzusenden. [...][12]

Der Fragebogen wuchs nun auf fünfzehn Fragen und fast den doppelten Umfang an. Die Zielrichtung der Fragen veränderte sich, abgesehen von der Bitte, auch ganze Lieder einzusenden, nicht. Die einzelnen Fragen wurden nun jedoch sehr viel detaillierter formuliert und mit einer ganzen Reihe von potenziellen Antwortmöglichkeiten versehen. Die Volkskundler erhofften sich durch diese Hinweise auf bestimmte Teilbereiche ausführlichere und gezieltere Antworten, nahmen damit zugleich aber auch bewusst deren Lenkung und Beeinflussung in Kauf. Die Frage (Nr. 8, 1915) „Wer sind die Sänger? Einzelne (welchen Bildungs-

---

10 Eine solche Nachfrage Meiers vom August 1918 wurde als unzustellbar an das Deutsche Volksliedarchiv zurückgesandt und ist damit als Teil der *Sammlung Soldatenlied* erhalten geblieben (DVA Sl 521). Die Briefe, welche nach der Beantwortung des Fragebogens von den gleichen Gewährsleuten eintrafen, bestätigen, dass diese persönliche Kontaktpflege das im Deutschen Volksliedarchiv gängige Verfahren darstellte.

11 Brief Meiers vom 18.3.1916 an Prof. Panzer, der seinerzeit den ersten Fragebogen entworfen hatte. DVA Allgemeine Korrespondenz 214, 1916.

12 Fragebogen *Sammlung deutscher Soldatenlieder* des Deutschen Volksliedarchives von 1916, siehe Abbildung 2.

grades) oder die Gesamtheit?" wurde so etwa zu (Frage Nr. 8, 1916) „Wer waren gewöhnlich die Sänger? Mehr ältere oder jüngere Leute? Mehr die Studierten? Mehr Städter und Arbeiter oder Leute vom Lande?" erweitert.

Diese Umgestaltung des Fragebogens ging einher mit der Initiierung der *Soldatischen Volkskunde* innerhalb des Verbandes deutscher Vereine für Volkskunde im Sommer 1916.[13] Der Ausbau der Umfrage zu einer umfangreichen Sammlung des Soldatenliedes fand also zu einem Zeitpunkt statt, an dem auch andernorts etliche neue volkskundliche Kriegssammlungen entstanden und beworben werden mussten.

John Meiers *Das deutsche Soldatenlied im Felde*

In diesen Kontext einer groß angelegten und empirisch ausgerichteten *Soldatischen Volkskunde* fällt die Publikation *Das deutsche Soldatenlied im Felde* von John Meier. Darin wertet er die ersten 142 Einsendungen aus, also jenes Antwortmaterial, das bis zum Sommer 1916 im Deutschen Volksliedarchiv eingegangen war und fortan die *Sammlung Soldatenlied* bildete. *Das deutsche Soldatenlied im Felde* beruht auf einem Vortrag, den Meier kurz zuvor an der Universität Freiburg gehalten hatte,[14] und vermischt wissenschaftliche und populäre Herangehensweise an das Soldatenlied, was zweifellos in seiner Verortung innerhalb der neuen wissenschaftlichen Auseinandersetzung des Gesamtverbandes mit dem Weltkrieg begründet liegt. Nur wenige Monate später erschienen in der gleichen Reihe, *Trübners Bibliothek,* die vom Verband deutscher Vereine für Volkskunde herausgegebenen Bändchen *Deutscher Soldatenbrauch und Soldatenglaube* von Hanns Bächtold und *Deutsche Soldatensprache* von Otto Maußer.[15] Damit wurden alle drei Teilprojekte der neuen *Soldatischen Volkskunde* – das Soldatenlied, die Soldatensprache und das Soldatische Brauchtum und der Glauben – der Öffentlichkeit vorgestellt und zugleich auch ihre jeweiligen Fragebögen publiziert. In erster Linie also erfolgte die Herausgabe dieser Büchlein schlicht zu Werbe-

---

13 Siehe dazu den Aufsatz *Populäre Kriegslyrik als Sammelgegenstand. Die Kriegssammlungen des Deutschen Volksliedarchives* in diesem Band.

14 Vgl. *Mitteilungen,* Nr. 22, Juni 1916 (wie Anm. 3), S. 25. Bereits ein Jahr zuvor veröffentlichte Meier in der volkskundlichen Zeitschrift *Mein Heimatland* einige Beispiele von Soldatenliedern in Text und Melodie, die er den Zuschriften der Gewährsmänner der *Sammlung Sl* entnahm. John Meier: *Das Soldatenlied im Felde.* In: Mein Heimatland. Badische Blätter für Volkskunde, ländliche Wohlfahrtspflege, Denkmal- und Heimatschutz. Heft 2–4 (1915), S. 61–75.

15 Hanns Bächtold: *Deutscher Soldatenbrauch und Soldatenglaube.* Straßburg 1917. Otto Maußer: *Deutsche Soldatensprache. Ihr Aufbau und ihre Probleme.* Straßburg 1917.

zwecken für die neuen volkskundlichen empirischen Sammlungen des Verbandes deutscher Vereine für Volkskunde zum Thema Krieg.

Wie auch die anderen beiden Bände erfüllte Meiers *Das deutsche Soldatenlied im Felde* damit eine doppelte Funktion: Zum einen sollte das Soldatenlied als Forschungsgegenstand, der im Rahmen der *Soldatischen Volkskunde* und mithilfe des überarbeiteten Fragebogens weiter ausgebaut werden sollte, den Verbandsmitgliedern und besonders den Geldgebern als wissenschaftlich bedeutsam und ertragreich präsentiert werden. Zum anderen aber wollte Meier mit der Publikation seiner ersten Ergebnisse zugleich die Soldaten als Gewährsmänner der Sammlung dazu animieren, sich an der neuen Umfrage zu beteiligen.[16] Dazu wurde *Das deutsche Soldatenlied im Felde* beispielsweise auch als Liebesgabe an zahlreiche Lazarettbüchereien geschickt, da besonders die Verwundeten Zeit und Muße zum Ausfüllen des Fragebogens besaßen: „[B]esonders Genesungskompagnien eignen sich sehr gut zum Sammeln."[17]

Die zahlreichen – übrigens durchweg positiven – Rezensionen zum Buch endeten allesamt mit einem erneuten Aufruf zur Teilnahme an der Umfrage. Die Rezension *Aus der Lebensgeschichte des heutigen Soldatenliedes* eines ungenannten Verfassers etwa wurde im Juli 1916 unverändert in zahlreichen deutschen Tageszeitungen wie der *Deutschen Tageszeitung* in Berlin, den *Hamburger Nachrichten* oder dem *Lübecker Generalanzeiger* abgedruckt.[18] Besonders häufig aber erschienen kurze Rezensionen in Feldzeitungen, die ebenfalls stets mit dem Appell schlossen, die Leser möchten sich an der Umfrage beteiligen. Oftmals war ein Hinweis auf das Werk Meiers verbunden mit dem erstmaligen Abdruck des überarbeiteten Fragebogens in den Feldzeitungen.[19] In der Beilage zur *Kriegszeitung der 7. Armee* vom 14. Januar 1917 machte „auf Wunsch der Schriftleitung" sogar Meier selbst auf die Umfrage, die Sammlung der Soldatenlieder und sein Büchlein aufmerksam. Am Beispiel von Marschliedern, denen neue Kehrreime

---

16 Meier habe versucht, so hieß es 1916 in den *Mitteilungen* des Verbandes, „aus den vielen einzelnen Zügen ein Gesamtbild des Soldatenliedes im Felde zusammenzusetzen, in der Hoffnung, daß diese Darstellung möglichst zahlreiche weitere Antworten hervorrufe." *Mitteilungen*, Nr. 22, Juni 1916 (wie Anm. 3), S. 25.

17 Brief Meiers vom 23.5.1916 an einen Hauptmann, der die *Sammlung Sl* unterstützte, indem er den Fragebogen unter seinen Soldaten weiterverteilte. DVA Allgemeine Korrespondenz 214, 1916.

18 Eine Reihe von Rezensionen zu Meiers *Das deutsche Soldatenlied im Felde* befindet sich in der Sammlung S 0198 im DVA.

19 In den *Mitteilungen*, Nr. 26, August 1918 (wie Anm. 3) (S. 32), führt das Deutsche Volksliedarchiv sechzehn Feldzeitungen auf, in denen der überarbeitete Fragebogen bis 1918 erschienen war.

hinzugefügt wurden, hob er „nur einen besonderen Punkt heraus [...], der vielleicht etwas Interesse bietet."[20] Sowohl das Thema dieser um- und zersungenen Marschlieder als auch die dort aufgeführten Beispiele finden sich genauso im *Deutschen Soldatenlied im Felde* wieder. Indem sich Meier in der Feldzeitung direkt an seine Gewährsmänner, die Soldaten selbst, wandte und ihnen Beispiele dafür lieferte, wie er mit dem Material arbeitete, gab er ihnen zugleich zu verstehen, welche Arten von Antworten für seine wissenschaftlichen Untersuchungen von Interesse waren. Weniger konkret, doch ähnlich anschaulich wie in den in Klammern gesetzten Antwortoptionen im zweiten Fragebogen wurden die Gewährsmänner so darauf hingewiesen, was für Antworten man sich im Deutschen Volksliedarchiv erhoffte.

Das von ihm selbst gewählte Beispiel der um- und zersungenen Soldatenlieder zeigt exemplarisch, inwieweit sich Meiers Fokus tatsächlich auf die ‚klassische' Volksliedforschung, insbesondere auf die von ihm entwickelte ‚Rezeptionstheorie', konzentrierte. Eines der unter den Soldaten des Ersten Weltkrieges verbreitetsten Lieder war Ludwig Uhlands *Der gute Kamerad*.

Dem aus den antinapoleonischen Befreiungskriegen stammenden Lied von der Trauer über einen gefallenen Kameraden hängten die Weltkriegssoldaten nun gleich zwei neue Kehrreime an: *Gloria Viktoria* und *Die Vöglein im Walde* (Abbildung 3). Beide standen inhaltlich im Kontrast zum *Guten Kameraden* und stellten eine ironische Brechung von sentimentalen Gefühlsregungen dar; ein Phänomen, das Meier in den Soldatenliedern des Weltkrieges häufig beobachtete.[21] Wie alle Sänger von Volksliedern übten auch die Soldaten, so Meier, ihr „Herrenrecht an Wort und Weise" aus und schöben „refrainartige Zeilen" aus anderen Liedern ein.[22] In der Entwicklung von Volksliedern komme es häufig vor, „daß einzelne Verse ganzer Lieder sich aus ihnen lösen und zu Kehrreimen erstarren."[23] Auch das oben genannte Beispiel wertete Meier ganz in Manier der Volksliedforschung aus und stellte Überlegungen an, aus welchen anderen Liedern die Teile dieser beiden Kehrverse entnommen sein könnten.[24] Den Liedinhalten hingegen widmete er vergleichsweise wenig Aufmerksamkeit und führte sie in den meisten Fällen schlicht auf „Situationsähnlichkeit und wörtliche An-

---

20 John Meier: *Vom deutschen Soldatenlied im Felde*. In: Beilage zur Kriegszeitung der 7. Armee. Nr. 206, 14.1.1917, [S. 1–2].

21 Vgl. Meier: *Das deutsche Soldatenlied im Felde* (wie Anm. 5), S. 55.

22 Ebd., S. 46 und S. 50. Vgl. auch John Meier: *Kunstlieder im Volksmunde. Materialien und Untersuchungen*. Halle 1906, S. XI ff.

23 Meier: *Das deutsche Soldatenlied im Felde* (wie Anm. 5), S. 53.

24 Vgl. ebd., S. 60ff.

klänge" zurück.[25] Auch die Funktion dieser eingeschobenen Kehrreime beschränkte er vornehmlich auf die Verlängerung des Liedes während des Marschierens.[26]

Betrachtet man heute diese erste Auswertung der Umfrageergebnisse, die Meier mit *Das deutsche Soldatenlied im Felde* anstellte, fällt zunächst auf, dass er dem Soldatenlied durchaus eine kommunikative Aufgabe zusprach, indem er es als emotionales Ventil der Sänger wertete. Doch die Gefühle und Stimmungen, die er in den Liedern verarbeitet sah, deutete Meier fast ausnahmslos positiv.[27] Dies mag zwar auch daran liegen, dass er für *Das deutsche Soldatenlied im Felde* nur die ersten Einsendungen berücksichtigte, es sich bei seinem ausgewerteten Material also möglicherweise um Zuschriften aus der Zeit anfänglicher Kriegsbegeisterung handelt. Dass diese ersten 143 Zuschriften jedoch durchweg von Kriegseuphorie geprägt sind und Themen wie Heimweh, Friedenssehnsucht oder Spott über die eigene Situation noch nicht vorkommen, lässt sich bei einem Blick in die Briefe jedoch keineswegs bestätigen. Vielmehr wird durch Meiers Vorgehensweise die rein affirmative Kriegseinstellung der Volkskunde sichtbar, die jegliche kritische Fragestellung zum Kriegsgeschehen und zum Erleben der Soldaten von vornherein ausblendete und sich stattdessen begeistert auf die neuen kulturellen Erscheinungsformen des Krieges stürzte.[28]

Hierin liegt sicherlich eines der größten Mankos der *Sammlung Soldatenlied*: Sowohl die Umfrage als auch die Sammlung der Soldatenlieder waren ein äußerst patriotisches und zudem regierungsnahes Unternehmen des Deutschen Volksliedarchives, das als Institution ebenfalls eher kulturkonservative Zwecke verfolg-

---

25 Ebd., S. 56.

26 Ebd., S. 50.

27 Dass Meier die im Lied ausgedrückten „Gefühls- und Stimmungszustände [der Soldaten] fast ausnahmslos im Positiven angesiedelt sieht", kritisiert schon Olt. Vgl. Olt: *Krieg und Sprache*, Bd. 1 (wie Anm. 8), S. XXI.

28 Zur ideologischen Einstellung der deutschen Volkskunde zum Ersten Weltkrieg vgl. Reinhard Johler: *Der Krieg, der Feind und die Volkskunde.* In: *Zwischen Krieg und Frieden. Die Konstruktion des Feindes. Eine deutsch-französische Tagung.* Hg. von Reinhard Johler, Freddy Raphael, Claudia Schlager, Patrick Scholl, Tübingen 2009, S. 37–68 und ders.: *Kriegserfahrungen in den Humanwissenschaften. Die Volkskunde und der Große Krieg.* In: *Kriegserfahrungen. Krieg und Gesellschaft in der Neuzeit. Neue Horizonte der Forschung.* Hg. von Georg Schild, Anton Schindling (Krieg in der Geschichte Bd. 55), Paderborn u. a. 2009, S. 179–196. Auch Eva Zwach attestiert den Fragestellungen der volkskundlichen Untersuchungen im Ersten Weltkrieg „eine vollkommene Ignoranz gegenüber dem Grauen des Krieges und den Realitäten des Technikkrieges". Eva Zwach: *Deutsche und englische Militärmuseen im 20. Jahrhundert. Eine kulturgeschichtliche Analyse des gesellschaftlichen Umgangs mit Krieg.* Münster 1998, S. 22.

Abbildung 3: *Ich hatt' einen Kameraden.*
Aus: John Meier: *Das deutsche Soldatenlied im Felde.* Straßburg 1916, S. 61f.

te. Das Volksliedarchiv wurde zu einem Großteil von der Badischen und der Preußischen Regierung finanziert und arbeitete, wie oben aufgezeigt, gerade im Falle der *Sammlung Soldatenlied* eng mit den Stellvertretenden Generalkommandos und den Schriftleitungen der Feldzeitungen zusammen. Es darf daher vermutet werden, dass die Soldaten sich in ihren Antwortschreiben mit kritischen oder sogar negativen Äußerungen aus diesem Grund eher zurückhielten.

Das Liedrepertoire in der *Sammlung Soldatenlied*

Eine Untersuchung des Repertoires der eingesandten Lieder vermag diese Annahme zu verdeutlichen: Von welchen Liedern berichteten die Soldaten in ihren Briefen?

Vor allem die erste Frage des Fragebogens, sowohl in der ersten als auch in der erweiterten zweiten Fassung, zielte darauf, das im Feld gesungene Liedrepertoire der deutschen Soldaten zu ermitteln. In ihren Antwortschreiben listen die meisten Einsender die Titel oder die Incipits der entsprechenden bei ihnen gesungenen Lieder auf. Ganze Liedtexte werden hier also nicht genannt. Der Unteroffizier Joseph Fellner etwa führte ganze 64 Lieder auf, die in seinem Regiment gesungen würden:

Frage I. Gesungen werden folgende Lieder: „Jch hatt einen Kameraden. – „Reiters Morgenlied." (Morgenrot, Morgenrot) [–] „Auf, auf zum Kampf". – „Weihelied".– (Stimmt an mit hellem …) [–] „Wacht am Rhein". – „Deutschland, Deutschland über alles. – „Beharrlich!" (O Deutschland hoch in Ehren). – „Wie ein stolzer Adler schwingt sich …". [–] „Mein Bayerland. („Das schönste Land in …) [–] „Hipp, hipp, Hurra! (Lasset tönen laut den frohen) [–] „Wenn die Soldaten durch die Stadt marschieren. – Setzt zusammen die Gewehre. – Wenn wir marschieren, ziehn wir zum deutschen Tor hinaus. – Drei Lilien. – Nun ade, wir müssen Abschied nehmen. – Heimat, o Heimat, bald muss ich dich verlassen. – Gelübde (Jch habe mich ergeben …) [–] Musketier seins lust'ge Brüder. – Deutsche Flaggenlied. – Strömt herbei ihr Völkerscharen … [–] O Strassburg, o Strassburg. – Steh ich in finstrer Mitternacht … [–] Wehe, dass wir scheiden müssen. – Horch, was kommt von draussen rein? [–] Frisch auf ihr Brüder der Infanterie. – Schatz mein Schatz, reise nicht so weit. – Es welken alle Blätter. – Ach wie fällt es mir so schwer – Muss i denn, muss i denn … [–] Nach der Heimat möchte ich wieder nach dem teuren Vaterort. – Morgen muss mein Schatz verreisen … [–] Meiner Fahne gilt das Lied … [–] Es war einmal eine Müllerin ein wunderschönes Weib. – Leb wohl mein Bräutchen schön, ich muss zum Kampfe gehen … [–] Die Gärtnersfrau. (Müde kehrt ein Wandersmann zurück") [–] Bei Sedan wohl auf den Höhen … [–] Ein Eisern Kreuz („Ein eisern Kreuz, wie prächtig hängt's …") [–] Das Vaterhaus. (Es blinket so freundlich in der Ferne …) [–] Abschied. („Heute scheid ich, morgen wandre ich, keine Seele weint …") [–] Soldatenlied. („Ins Städtchen rückt das Bataillon mit Trommelschlag.") [–] Mariechen. („Mariechen sass träumend am Strand im Gras lag schlummernd ihr Kind …") [–] Nicht weit von Württemberg und Baden. – Das holde Röschen. („Soll ich dir mein Liebchen nennen, Rosa heisst das holde Kind …") [–] Seemannslos. (Stürmisch die Nacht u. die See geht noch …") [–] Kriegers Tod. („Wann die Abendglocken klangen … [–] Napoleon, du Schustergeselle. – Vater ich rufe dich. – Was hört man denn neues vom Kriege, Was hört man bei jetziger Zeit? – Als Frankreich die Fackel des Krieges entzunden, da war ja ganz Deutschland … [–] Das Heidegrab. („Was stellen sich die Soldaten auf, was eilt das Volk …") [–] Ei Schatz, warum so traurig … [–] Aufm Wasa grasa d'Hasa. – Lippe-Detmold. (Lippe-Detmold eine wunderschöne Stadt …") [–] Wohlauf, die Luft geht frisch und rein, wer lange sitzt muss rosten … [–] Jetzt geh i ans Brünnele, trink aber net … [–] Heideröslein. („Sah ein Knab ein Röslein steh'n. [–] Lindenbaum. („Am Brunnen vor dem Tore, da steht [–] Niederländische[s] Dankgebet. („Wir treten zum Beten …") [–] Wohlauf,

Kameraden, aufs Pferd aufs Pferd." [–] Die traurigen Buam. – Regimentsmarie. – Ein Wächterlein wohl auf dem Türmlein. – Matrosenlied.[29]

Eine solche bunte Mischung aus patriotischen, soldatischen, religiösen, Kunst- und Volksliedern findet sich bei den meisten Beschreibungen des Liedrepertoires wieder. Insgesamt werden bei der Beantwortung der ersten Frage viele Kontra- fakturen genannt und auffällig viele Heimatlieder, ebenso etliche Lieder, die das Soldatenleben im Allgemeinen, nicht aber den gegenwärtigen Krieg direkt thema- tisieren.

Während diese gängige Art, die erste Frage zu beantworten – nämlich Titel oder Incipits hintereinander aufzulisten – eine schier unüberschaubare Menge an im Feld gesungenen Liedern dokumentiert, enthält die *Sammlung Soldatenlied* mit insgesamt 799 Antwortschreiben bzw. Einsendungen hingegen nur 604 Liedbele- ge, bei denen der vollständige Liedtext und teilweise die Melodie wiedergegeben wurde. Erst ab Juni 1916 wurde in der überarbeiteten Fassung des Fragebogens in Frage 15 explizit dazu aufgefordert. Diese ‚vollständig‘ dokumentierten Lieder innerhalb der Sammlung wurden 1980 von Reinhard Olt ausgewertet und sorg- fältig ediert.[30] Unter diesen 604 Liedern befinden sich 281, die nur durch eine Gewährsperson belegt werden, 39 Lieder wurden zweimal, 23 dreimal einge- sandt.[31] Insgesamt enthält die *Sammlung Sl* demnach vergleichsweise wenige Lie- der, die durch mehrfache Nennung als weit verbreitet angesehen werden dürfen: Bei den mit 12 bzw. 11 Belegen am häufigsten genannten Liedern handelt es sich um das später sehr populär gewordene Lied vom *Argonnerwald* und das Lied *Heimat, o Heimat, ich muß dich verlassen,* in dem ein Soldat in den Krieg zieht und sich von Heimat und Familie verabschiedet.[32] Etwas abgeschlagen folgen vier Lieder in achtfachem Beleg. Unter ihnen – immerhin den am dritthäufigsten ein- gesandten Soldatenliedern – findet sich das Lied von der *Regimentsmarie.* Auch der oben zitierte Gewährsmann Fellner führt dieses Lied auf. Da er, wie er schreibt, „von diesen letzten 3 Liedern den dazugehörigen Text bis jetzt noch in keinem Liederbuch gefunden habe, u. gerade diese Lieder sehr viel gesungen werden", gibt er auch den Text aller ihm bekannten sechs Strophen der *Regimentsmarie* wieder (linke Spalte; rechte Spalte: Varianten):

---

29 DVA Sl 162. Zuschrift des Unteroffiziers Joseph Fellner, 1. Bayr. Inf. Regt. 10. Komp. vom 07.04.1916.

30 Reinhard Olt: *Krieg und Sprache* (wie Anm. 8), Bd. 2.

31 Die folgenden quantitativen Angaben zu den 604 mit Text und Melodie belegten Soldaten- liedern werden übernommen von Olt. Vgl. ebd., Bd. 1, S. 13f.

32 Die edierten Texte dieser Lieder finden sich bei Olt: Ebd., Bd. 2, unter den Nummern 14 und 151.

Mein Regiment, mein Vaterland,
Meine Mutter hab' ich nie gekannt,
Mein Vater starb schon früh im Feld.
Ich steh' alleine auf der Welt.

Wenn's Regiment früh ausmarschiert,
Der Tambour seine Trommel rührt,
Tausch ich mit einem Fürsten nicht,
Wer lebt denn glücklicher als ich?

Marie, Marie, so heißt der Nam',
Den ich vom Regiment bekam.
Mein ganzes Leben lasse ich
Für's Regiment, Schatz auch für dich!

So kommet alle her zu mir,	*Seis Offizier, seis Grenadier,*
Gemeiner und auch Unteroffizier,	*Ein jeder liebt um seine Manier.*
Ich reiche jedem meine Hand	*Drum reich' ein jeder mir die Hand*
Und sterbe für mein Vaterland.	*Ich sterb' allein für's Vaterland.*[33]

Den Artilleristen, den mag ich nicht,
Weil er den Mädchen viel verspricht.
Ein stolzer Einser soll es sein,
Dem schenke ich mein Herz allein.

Und wenn ich einst gestorben bin,	*Und wenn ich einst gestorben bin,*
So setzt man mir 'nen Grabstein hin:	*Dann schreibt auf meinen Grabstein hin:*
Auf diesem soll geschrieben sein,	*Sie war das Mädchen von der Artillerie,*
Hier ruht Mariechen, so ganz allein.[34]	*Die ließ sich ficken von der Infanterie.*[35]

Eigentlich müsste die *Regimentsmarie* ein Beispiel des Soldatenliedes ganz nach Meiers Geschmack gewesen sein: Die acht Einsendungen legen nahe, dass es sich um ein recht verbreitetes Lied handelte, obwohl es, wie der eben zitierte Gewährsmann Fellner berichtete, kaum in Liederbüchern zu finden war. Zudem weisen alle acht Überlieferungen unterschiedliche Varianten des Textes auf, die *Regimentsmarie* war also mündlich überliefert, vielgestaltig und ‚zersungen‘. Somit war doch das Lied prädestiniert, um an ihm die Prozesse der mündlichen Veränderungen, Spuren der Wandlung eines Liedes durch das von Meier proklamierte ‚Herrenrecht‘ des Volkes an Text und Melodie, aufzuzeigen. Dennoch

---

33 Variante eines anderen Einsenders. DVA Sl 400.

34 DVA Sl 162 (wie Anm. 29). Die Zuschrift, die von Olt als Grundlage für seine Edition genutzt wurde, stammt vom Lt. d. Res. Rüpker, II. Ers. Inf. Reg. 46. DVA Sl 446. Die edierte Version der *Regimentsmarie* findet sich bei ihm unter der Nr. 242, dort werden ebenfalls alle anderen abweichenden Einsendungen in ihrem Wortlaut aufgeführt.

35 Variante eines anderen Einsenders. DVA Sl 259.

wird die *Regimentsmarie* von ihm an keiner Stelle erwähnt. Dies wird vor allem an ihrem Inhalt gelegen haben, denn das Lied handelt von einer Frau, die den Soldaten wie eine Marketenderin auch sexuell zu Diensten steht. In diesem Lied wird also aus der Perspektive einer Frau die Sexualität der Soldaten thematisiert. Die hier exemplarisch zitierten zwei von Fellners Fassung abweichenden Varianten der vierten und der sechsten Strophe zeigen, dass dabei auch derbere Ausdrücke verwendet wurden.[36] Die an der Umfrage teilnehmenden Soldaten trauten sich demnach durchaus, auch zotige und vulgärsprachliche Liedtexte einzusenden – Sexualität war kein Tabuthema.

An anderer Stelle wertete Meier „gelegentliche Derbheiten" in Volksliedtexten sogar als Zeichen von Authentizität, vor denen man „nicht zurückschrecken" dürfe und sie „ruhig in Kauf" nehmen solle.[37] „Unsere Feldgrauen sind keine unmündigen Kinder und das Heer keine Kleinkinderbewahrungsanstalt", und so empfahl er einem nassauischen Pastor, der ein Heftchen mit *Nassauischen Heimatliedern* herausgeben wollte, „den Soldaten nicht nur ein Surragat [sic], sondern das ihnen gewohnte Lied [zu] geben".[38]

Diese theoretische Ablehnung jeglicher inhaltlicher Selektion stand jedoch in einem krassen Widerspruch zu Meiers tatsächlicher Handhabung des Problems, die eine klare qualitative Auswahl und somit inhaltliche Bewertung des Materials zeigt. Einem Oberstleutnant, der Meier im Rahmen der Umfrage zum Soldatenlied „Randglossen" mit offenbar politisch oder moralisch zweifelhaftem Inhalt zuschickte, antwortete er überheblich:

> Ich habe mich zu meiner Verwunderung überzeugen müssen, dass die Leute an der Front [...] noch viel überflüssige Zeit haben. Dass ich mich zu der Sache äußere, werden Sie nicht erwartet haben. Ich habe Besseres zu tun.[39]

---

36   Zum derb-sexuellen Gehalt der Soldatenlieder des Ersten Weltkrieges vgl. Aibe-Marlene Gerdes: *Der Soldat, der Engel und die Hure. Frauenbilder im Soldatenlied des Ersten Weltkrieges.* In: *Jahrbuch Musik und Gender* 2012, S. 67–89. Eine detaillierte Auseinandersetzung mit dem erotischen und sprachlich derben Gehalt der Soldatenlieder des Ersten Weltkrieges nahm 1921 Heinz Hermann Schrecker vor. Derselbe: *Die Erotik im Soldatenlied.* Diss., München 1921.

37   Brief Meiers an den Herausgeber der *Nassauischen Heimatlieder* vom 1.6.1915 (DVA Allgemeine Korrespondenz 37a, 1915). Der Pastor hatte sich in seinem vorherigen Schreiben an Meier anscheinend für teilweise anstößige Ausdrücke in den von ihm ausgewählten Liedern entschuldigt.

38   Ebd.

39   Brief Meiers an einen namentlich nicht näher genannten Oberstleutnant vom 11.10.1916 (DVA Allgemeine Korrespondenz 214, 1916). Die leider nicht näher bestimmten „Rand-

Angesichts solcher Äußerungen verwundert es also nicht, dass in der Publikation *Das deutsche Soldatenlied im Felde* keine Lieder angesprochen werden, die wie die *Regimentsmarie* auch nur ansatzweise anstößig waren oder gar kritische Stimmen enthielten.

Kritische Äußerungen in den gesammelten Liedern beschränken sich zumeist auf eine ironische Darstellung der Lebensverhältnisse an der Front, in denen mal über das Wetter, mal über die schlechte Verpflegung oder über Ungeziefer geklagt wurde.[40] Themen wie Verwundung oder die Angst vor dem Tod kamen in den Liedern zwar auch vor,[41] waren aber vergleichsweise selten und wurden häufig durch die von Meier als typisch beschriebene Selbstironie gebrochen. So authentisch und volksnah Meier seine Sammlung zum Soldatenlied auch wahrnahm und durch die Bearbeitung in *Das deutsche Soldatenlied im Felde* zu präsentieren suchte, war sie dennoch stark durch seine Selektion geprägt.

Die Antwortschreiben

Das deutsche Soldatenlied im Felde erschien im Sommer 1916 und berücksichtigte nur die ersten 143 Zuschriften. Der Großteil der Antwortschreiben erreichte das Deutsche Volksliedarchiv allerdings erst in den folgenden Monaten und Jahren. Seinen Zweck als Werbeaufruf erreichte Meiers Publikation daher durchaus: In den Monaten nach seiner Veröffentlichung stieg die Anzahl der eingehenden Briefe an, und auch die Verbreitung des überarbeiteten zweiten Fragebogens führte zwischen Herbst 1916 und Frühling 1917 zu einigen Dutzend Antworten.

Insgesamt liefen Antwortschreiben von 799 verschiedenen Gewährsmännern im Deutschen Volksliedarchiv ein. Ihrem Eingang entsprechend wurden die Signaturen chronologisch vergeben. Schickte ein Soldat mehrmals Material, so wurden die Folgebriefe seiner Signatur zugeteilt und zusätzlich mit a, b, c etc. versehen. Das Volksliedarchiv führte eine handschriftliche Liste aller Einsender, der Anzahl ihrer Briefe und dem jeweiligen Datum des Poststempels.[42] Die Auswertung dieser Liste führt zu dem Ergebnis, dass ca. 260 Antwortschreiben bis Sommer 1916 auf den ersten und danach ca. 300 auf den zweiten Aufruf eingingen. Insgesamt stellte das Jahr 1916 mit mehr als 320 Einsendungen den Höhepunkt der Sammelaktion zum Soldatenlied dar. In den folgenden Jahren, 1917 und 1918, stieß die Umfrage mit ca. 80 bzw. ca. 60 Briefen auf wesentlich geringere Resonanz.

---

glossen" wurden der *Sammlung Soldatenlied* entsprechend Meiers Reaktion nicht einverleibt.

40 Vgl. Olt: *Krieg und Sprache* (wie Anm. 8), Bd. 2, S. 168ff.

41 Vgl. ebd., S. 192ff.

42 Ebd.

Aus der großen Zahl von Einsendungen (ca. 200 Stück), die das Deutsche Volksliedarchiv 1919 erreichten, darf hingegen nicht auf einen Anstieg des Interesses nach Kriegsende geschlossen werden: Tatsächlich beendete das Deutsche Volksliedarchiv mit Kriegsende seine eigenen Bemühungen, führte die *Sammlung Sl* aber passiv fort. Die Bayerische Wörterbuchkommission, die ebenfalls Mitglied im Verband deutscher Vereine für Volkskunde war und seit jeher eng mit dem Volksliedarchiv zusammenarbeitete, initiierte selbst eine Textsammlung von Soldatenliedern und überließ ihr Material 1919 dem Volksliedarchiv zur Abschrift.[43] Ebenso verfuhr auch der Münchner Germanist Artur Kutscher, der ebenfalls während des Krieges Text- und Liedbelege von Soldatenliedern gesammelt hatte.[44] Insofern liefern knapp 200 der 799 Zuschriften[45] zwar Informationen über das Soldatenlied während des Krieges, enthalten Texte von Soldatenliedern und wurden schon von den Zeitgenossen in die *Sammlung Soldatenlied* integriert, sind aber keine eigentlichen Antwortschreiben auf die Umfrage seitens des Verbands deutscher Vereine für Volkskunde.[46] Im Hinblick auf den zeitlichen Ablauf ist zu konstatieren, dass der Großteil der Antworten des Fragebogens, welche den Hauptteil und das Herzstück der *Sammlung Sl* ausmachten, in den Jahren 1915, 1916 und der ersten Hälfte des Jahres 1917 einlief.

Je länger der Krieg also dauerte, desto weniger stieß der Aufruf zur Sammlung von Soldatenliedern auf Resonanz. Inhaltliche Unterschiede oder gar Entwicklungen sind kaum auszumachen. Jenes Material, das nach Meiers erster Auswertung der Sammlung in *Das deutsche Soldatenlied im Felde* eingeschickt wurde, unterschied sich auch deswegen inhaltlich vergleichsweise wenig von den ersten

---

43 Einige wissenschaftliche Untersuchungen des Soldatenliedes der unmittelbaren Nachkriegszeit basieren auf dem Quellenkorpus der *Soldatenliedkommission* der *Bayerischen Wörterbuchkommission*. So etwa Heinz Hermann Schrecker: *Die Erotik im Soldatenlied* (wie Anm. 36) und Manfred Hausmann: *Kunstdichtung und Volksdichtung im deutschen Soldatenlied 1914/18.* Diss., Göttingen 1922.

44 Noch während des Krieges gab Kutscher einen Großteil seiner Soldatenliedsammlung als Edition heraus: *Das richtige Soldatenlied. Verse und Singweisen im Felde gesammelt von Artur Kutscher.* Berlin 1917.

45 Eine exakte Angabe zur Menge der eingegangenen Soldatenbriefe lässt sich nicht treffen, da zum einen etliche Briefe kein Datum enthalten und zum anderen oftmals nicht eindeutig festzustellen ist, ob die Briefe gezielt den Fragebogen des Deutschen Volksliedarchives beantworten oder nicht. Schon während des Krieges wurden beispielsweise Antwortschreiben auf die Umfrage an die Bayerische Wörterbuchkommission oder das Hessische Volksliedarchiv geschickt, die oftmals das Original behielten und dem Deutschen Volksliedarchiv Abschriften zukommen ließen.

46 Diese letzten ca. 200 Einsendungen aus München entsprechen den letzten ca. 200 Signaturen der *Sammlung Sl.*

Einsendungen, weil beide nur eine sehr geringe Zeitspanne trennte. Die Kriegswahrnehmung und die eingesandten Lieder der Gewährsleute, die ab dem Sommer 1916 an der erweiterten Umfrage teilnahmen, unterschieden sich kaum von denjenigen von 1915/1916, so dass auch in den letzten beiden Kriegsjahren nur vergleichsweise wenig kritische Stimmen in den Zuschriften und Liedtexten laut wurden. Die Zäsur, die das Jahr 1916 in der öffentlichen Kriegswahrnehmung in vielerlei Hinsicht – man denke an das Massensterben an der Front im Zuge der Schlacht an der Somme und den ‚Kohlrübenwinter‘ in der Heimat – darstellte, spiegelte sich in der Qualität der Liedinhalte nicht wider. Andererseits aber ließ bei der sich im Laufe des Krieges verschlechternden Stimmung und zunehmender Kriegsmüdigkeit auch das Interesse der Soldaten für patriotisch angehauchte Umfragen und Aufrufe wie der zum Soldatenlied deutlich nach.[47]

Die Gewährsmänner

Doch welche Soldaten haben überhaupt an der Umfrage teilgenommen? Hier sei das Ergebnis gleich vorweggenommen: Die Gewährsmänner der *Sammlung Sl* waren keineswegs repräsentativ für das gesamte deutsche Heer.

Reinhard Olt wertet in seiner bereits genannten Untersuchung der *Sammlung Soldatenlied* von 1980 auch die militärischen Dienstgrade und die Waffengattungen der Gewährsmänner aus.[48] Die 604 mit ganzem Text überlieferten Soldatenlieder innerhalb der *Sammlung Sl* wurden von 407 verschiedenen Gewährsmännern eingesandt. 402 dieser Zuschriften erlauben die Zuordnung des Einsenders

---

47 Das nachlassende Interesse der Soldaten an den volkskundlichen empirischen Erhebungen findet seine parallele Entsprechung in der nachlassenden Bereitschaft der Frauen an der Heimatfront, sich wie im Falle des Hessischen Kriegszeitungsarchives ehrenamtlich in den lokalen Kriegssammlungen zu engagieren oder Bilder gefallener Angehöriger für lokale Gedenktafeln zur Verfügung zu stellen. Vgl. Thomas Lange: „… *da schreibt ein Volk seine Annalen". Die Darmstädter Weltkriegssammlungen im Kontext von Kriegsvorbereitung und Kriegsmentalität.* In: *Kriegsalltage. Darmstadt und die Technische Hochschule im Ersten Weltkrieg.* Hg. von Ute Schneider und Thomas Lange. Darmstadt 2002, S. 105–145, hier S. 130 und Detlef Hoffmann: *Die Weltkriegssammlung des Historischen Museums Frankfurt.* In: *Ein Krieg wird ausgestellt. Die Weltkriegssammlung des Historischen Museums (1914-1918). Themen einer Ausstellung.* Inventarkatalog. Hg. vom Historischen Museum Frankfurt. Frankfurt 1976, S. 62–74, hier S. 64.

48 Olt: *Krieg und Sprache* (wie Anm. 8), Bd. 1, S. 4–11. Diesen Ausführungen Olts sind die folgenden Daten entnommen.

zu einer Waffengattung:[49] Bei 33 dieser Einsender handelte es sich um Zivilisten. Die absolute Mehrheit der soldatischen Einsender gehörte der Infanterie an (193), gefolgt von der Artillerie (60), den Pionieren (16), den verschiedenen Technischen Truppenteilen (16), den Sanitätstruppen (12) und den Grenadieren (10). Alle weiteren Waffengattungen lagen mit weniger als 10 Gewährsmännern weit abgeschlagen zurück. Die Flieger und die Marine waren mit jeweils nur 3 Einsendern beispielsweise deutlich unterrepräsentiert.

Hinsichtlich des Dienstgrades ist Folgendes festzustellen: 72 Einsender sind keinem Dienstgrad zuzuordnen, bei 33 Einsendern handelte es sich um Zivilisten. Die Unteroffiziere stellten die Mehrheit der Einsender (134), während höhere Offiziere (83) und Mannschaft (85) sich etwa zum gleichen Teil an der Umfrage beteiligten.[50] Die höheren Dienstgrade waren somit unter den Gewährsmännern der *Sammlung Sl* deutlich überrepräsentiert. West- und Ostfront waren hingegen ungefähr gleichermaßen vertreten.

Über die militärischen Daten der Soldaten führte das Deutsche Volksliedarchiv akribisch Buch: Name, militärischer Grad und Waffengattung wurden genau notiert und daraus später sogar ein eigener Zettelkatalog angefertigt, in welchem nachgeschlagen werden konnte, welches Lied in welchem Regiment gesungen wurde.[51] Mit seiner Hilfe sollte vermutlich der Verbreitungsweg einzelner Lieder dokumentiert werden. Auch Meier führte in *Das deutsche Soldatenlied im Felde* die genauen Daten seiner Gewährmänner an.[52] So sorgfältig diese militärischen Daten auch angegeben wurden, so lässt doch diese Art der Erfassung den zivilen Beruf und somit auch den gesellschaftlichen Stand und Bildungsgrad der Einsender außer Acht.

Die Briefe der Einsender vermögen diese Einschränkung zumindest ansatzweise auszugleichen, da viele der Gewährsmänner dort persönliche Angaben machten. Die Einsendungen weisen in der Regel einen sehr einheitlichen Aufbau auf: Zumeist beginnt der Gewährsmann seinen Brief mit einigen einleitenden Zeilen, in denen er sich direkt an John Meier wendet und einige Sätze zu seiner Person schreibt. Schließlich beantwortet er den Fragebogen unter Angabe der Ziffern der einzelnen Fragen und lässt gegebenenfalls ganze Liedtexte und eine kurze

---

49 Anstatt der heute tatsächlich 799 in der *Sammlung Sl* vorliegenden signierten Zuschriften zählt Olt nur 798 Zuschriften. Eine Auflistung der Waffengattungen und der entsprechenden Anzahl der Einsender findet sich ebd., S. 9.

50 Olt fächert die Dienstgrade noch detaillierter auf. Vgl. ebd., S. 5f.

51 Eine zeitgenössische ausführliche Liste der Gewährsmänner wurde während der Sammelaktion vom Deutschen Volksliedarchiv begonnen, sie endet jedoch mit der Zuschrift Sl 480 (DVA S 0198).

52 Vgl. Meier: *Das deutsche Soldatenlied im Felde* (wie Anm. 5), S. 64ff.

Schlussformel folgen. Aussagekräftig sind vor allem die Einleitungen: Nicht nur finden sich hier Hinweise darauf, wie die Soldaten auf die Umfrage aufmerksam wurden, sondern der Einsender charakterisiert auch häufig sein persönliches Verhältnis zum Volks- und Soldatenlied. Aus diesen Beschreibungen ergibt sich, dass sich unter den Gewährsmännern auffällig viele Lehrer, Pfarrer und Chorleiter finden – also Personen, die in ihrem zivilen Leben mit Musik zu tun hatten. Ein Vizefeldwebel beispielsweise berichtet, dass zwar nun, im April 1916, an der Ostfront kaum noch gesungen werde, man aber in früheren Unterkunftsorten „mit Männerchören ganz schöne Erfolge erzielt" und von „Leutnant Nahir, Lehrer aus München", etliche neue Lieder gelernt habe.[53] Einige, wie etwa der Leutnant d. R. Steiner, bezeichnen sich sogar als „eifrige[n] Förderer des Volksliedes".[54] Dieser großen Gruppe der Musikkundigen und -interessierten stehen die musikalischen Laien unter den Soldaten gegenüber. Wie der Fähnrich Immisch entschuldigen sie sich für ihre „kümmerliche[] Antwort":

> Hochverehrter Herr Professor! Die Beantwortung des mir von Vater übermittelten Fragebogens sende ich anbei ein. Sie ist gar dürftig. Das weiß ich wohl. Es ist ein Thema, über das ich als nicht sonderlich musikalischer Mensch nie mit Bewußtsein Beobachtungen angestellt habe. Leider habe ich auch orientierte Kameraden nicht in erreichbarer Nähe.[55]

Nur auf Vermittlung einer Autoritätsperson, wie in diesem Fall des Vaters, in anderen Fällen häufig des Pastors, nahmen diese musikalischen Laien an der Umfrage teil. Auch (Unter-)Offiziere und Lazarettärzte übernahmen gelegentlich eine vermittelnde Rolle, indem sie den Fragebogen an ihre Mannschaft bzw. Patienten austeilten, beantworteten und diese Antworten schließlich als Sammelsendung dem Deutschen Volksliedarchiv zukommen ließen.[56] Für solch eine „Vermittlung […] von Antworten" dankt das Volksliedarchiv 1916 und 1918 in den *Mitteilungen des Verbandes deutscher Vereine für Volkskunde* einer Reihe von Herren, bei denen es sich mit Mitarbeitern volkskundlicher Institutionen oder Mitgliedern der Turnbewegung, Professoren, Volksschul- und Musikschullehrern allesamt um Personen und Personengruppen handelt, die schon vor Ausbruch

---

53 DVA Sl 193. Zuschrift des Vizefeldwebels Prandstätter, III./15. bayr. Ldw. Inf. Rgt. vom 10.04.1916.

54 DVA Sl 8. Zuschrift des Leutnants d. R. E. Steiner, 15. A. K., Inf. Rgt. 143 vom 28.5.1915.

55 DVA Sl 9. Zuschrift des Fähnrichs Heinz Immisch, S. M. S. Kronprinz vom 1.6.1915.

56 So etwa DVA Sl 371. Zuschrift vom Januar 1917. Auf der Rückseite des Fragebogens wurden hier die Fragen von etlichen Soldaten beantwortet und von Privatdozent Ziemser ans Deutsche Volksliedarchiv gesandt. Ziemser war der Leiter des *Ostpreußischen Wörterbuches,* arbeitete also schon vor dem Krieg mit dem Verband deutscher Vereine für Volkskunde zusammen. Vermutlich schickte er die Umfrage an seine im Felde stehenden Bekannten.

des Krieges die Sammlungen des Deutschen Volksliedarchives aktiv gefördert hatten.[57] Einzelnen Personen wie etwa dem Lehrer Otto Schell aus Elberfeld wird in den *Mitteilungen* an unterschiedlichen Stellen für ihre Dienste gedankt; sie beteiligten sich also zeitgleich an verschiedenen volkskundlichen Sammlungen.[58]

Obwohl es auch die Aufrufe in den Feldzeitungen vermochten, zuvor unbeteiligte Soldaten zur Teilnahme an der Umfrage zu ermuntern, verdankte die *Sammlung Sl* einen großen Teil ihrer Einsendungen der aktiven Teilnahme und der Vermittlung dieser engagierten Förderer. Zugespitzt formuliert nahmen an der Umfrage zum Soldatenlied vornehmlich die gleichen Personengruppen teil wie generell bei der Volksliedsammlung. Der Soldatenstatus der Einsender trat somit offenbar häufig gegenüber zivilgesellschaftlichen Faktoren in den Hintergrund.

Die *Sammlung Soldatenlied* nach 1918

Während des Krieges äußerte Meier immer wieder sein Vorhaben, die gesamte *Sammlung Soldatenlied* abschließend auszuwerten und sogar ein Liederbuch zu erstellen, um damit „dem deutschen Heer und dem deutschen Volk eine annähernd vollständige Sammlung des deutschen Soldatenliedes im großen Weltkriege zu geben."[59] Doch wie bei allen Sammlungen der *Soldatischen Volkskunde* fand eine solche Gesamtauswertung nach der Kriegsniederlage nicht mehr statt. So blieb *Das deutsche Soldatenlied im Felde* Meiers einzige große Bearbeitung der Sammlung.

Die Idee einer systematischen Sammlung der Soldatenlieder des Ersten Weltkrieges scheint man jedoch nicht ganz verworfen zu haben, denn das Deutsche Volksliedarchiv übernahm, wie bereits gezeigt, nach Kriegsende noch große Mengen an empirischem Quellenmaterial aus den Münchener Sammlungen von Artur Kutscher und der Bayerischen Wörterbuchkommission. Eine Aufarbeitung dieses Materials fand jedoch nicht statt. Anfang der 1920er-Jahre betreute John Meier Wilhelm Schuhmacher von der Universität Heidelberg, der in der Studie *Leben und Seele unseres Soldatenliedes im Weltkrieg* als erster Außenstehender die *Sammlung Soldatenlied* auswertete.[60]

---

57 Vgl. *Mitteilungen* Nr. 22, Juni 1916, S. 23f. und *Mitteilungen* (wie Anm. 3) Nr. 26, August 1918, S. 15.

58 Vgl. ebd., S. 23.

59 Ebd., S. 26.

60 Schuhmacher war ein Schüler des an der Initiierung der *Sammlung Soldatenlied* maßgeblich beteiligten Professors Panzer an der Universität Heidelberg. Neben der *Sammlung Sl*, die Schuhmacher unter der Betreuung Meiers auswertete, griff Schuhmacher auf „eigene

Erst im Jahr 1930 wurde die archivalische Bearbeitung des Materials fortgesetzt, indem man die *Sammlung Soldatenlied* zu sogenannten A-Nummern umarbeitete. Bei den nach ihrer Signatur benannten A-Nummern handelte es sich um Liedbelege aus empirischen Erhebungen, die in den ersten Jahrzehnten des 20. Jahrhunderts vereinfachend der ‚mündlichen Überlieferung‘ zugerechnet wurden. Den Briefen der 799 Einsender sowie einigem anderen Material[61] wurden bei diesem Verfahren laut Inventarbuch 3.003 Liedbelege entnommen, die das Volksliedarchiv bis heute unter den Signaturen A 106413 bis A 109416 führt.[62] Diese A-Nummern wurden, sofern sie der *Sammlung Sl* entstammten, in der oberen rechten Ecke mit der dazugehörigen Sl-Signatur versehen und tragen fast durchgängig den Stempel „Soldatenlieder“, so dass diese Liedbelege auch in ihrer bearbeiteten Form noch immer optisch als Sondersammlung erkennbar blieben. Bei dieser Übertragung erfasste man ausnahmslos jede noch so kleine Äußerung eines Gewährsmannes zu einem Lied als einen eigenen empirischen Liedbeleg (A-Nummer). Dabei wurden auch Äußerungen zum Gesangskontext aus den Briefen zitiert, so dass die Bemerkung „bei der Artillerie wird immer gesungen“, gefolgt lediglich vom zugehörigen Liedincipit, einen eigenständigen Liedbeleg darstellte.[63]

Gegenüber der späteren sekundären Bearbeitung durch Olt, der für seine Edition lediglich die Lieder berücksichtigte, die in ihrem ganzen Text eingesandt wurden, kommt so die große zahlenmäßige Diskrepanz zwischen den ‚vollständig‘ überlieferten Liedern bei Olt und den A-Nummern der Zwischenkriegszeit zustande. Der Unteroffizier Karl Holeczek etwa schreibt in seiner Beantwortung des Fragebogens:

> Bei dem Liede: Es braust ein Ruf wie Donnerhall wird statt: Lieb' Vaterland magst ruhig sein, oft die Wiederholung so gesungen: Wir schlagen alles kurz und klein.[64]

Diesen Beleg berücksichtigte Olt in seiner Edition nicht, während das Deutsche Volksliedarchiv daraus eine A-Nummer machte.[65] Die sehr breite Definition ei-

---

Kriegserfahrungen über das Soldatenlied“ zurück. Vgl. Wilhelm Schuhmacher: *Leben und Seele unseres Soldatenliedes.* Frankfurt a. M. 1928, hier Vorwort.

61 Beispielsweise (handschriftliche) Liederbücher oder Privataufzeichnungen. Teile dieses Quellenmaterials sind enthalten in DVA S 0198.

62 Laut Vermerk im A-Nummern-Inventarbuch vom 24.3.1930 wurden die Nummern A 106413 bis 109416 für „Truppenteile im Weltkrieg 1914–1918. Soldatenlieder (früher Abt. Sl)“ vergeben. Vermutlich wurde diese Arbeit noch fortgesetzt, denn heute finden sich auch höhere Nummern als Teil der Sammlung in den Beständen.

63 DVA A 106427.

64 DVA Sl 25. Brief des Utffz. Karl Holeczek, 7. A. K., Inf. Rgt. 57 vom 11.6.1915.

65 DVA A 106458.

nes empirischen Liedbeleges war dabei keinesfalls ein Kind der Nachkriegszeit. Vielmehr wertete Meier seit jeher auch kleinere Hinweise zu Text- und Melodievariationen oder auf den Gesangskontext als gleichberechtigte wissenschaftliche Quelle. Entsprechend dieser auf der breiten Definition beruhenden Zählung berichtet das Deutsche Volkliedarchiv im August 1918, dass die Sammlung der Soldatenlieder bis dato 1.200 Nummern betrage, die auf über 7.000 Zetteln katalogisiert worden seien.[66]

Durch die Übertragung der *Sammlung Sl* zu A-Nummern wurde die Sondersammlung inhaltlich und formal in die regulären Archivbestände integriert und damit die Bearbeitung seitens des Deutschen Volksliedarchives abgeschlossen. Erst in den 1960er-und späten 1970er-Jahren erfuhr das Material eine erneute wissenschaftliche Nutzung nach Ende des Ersten Weltkrieges und dessen unmittelbarer Nachkriegszeit.

Winfried Elbers zog die Sammlung 1963 in seiner Studie über *Das Soldatenlied als publizistische Erscheinung* als „wichtigste Quellengrundlage zur Erforschung des lebendigen Soldatenliedes" heran und stellte diese „lebendigen Liedbestände" kontrastierend dem publizierten Soldatenlied gegenüber.[67] Dabei konzentriert er sich vornehmlich auf die nach seiner Rechnung rund 250 während des Ersten Weltkrieges neu entstandenen ‚lebendigen‘ Soldatenlieder.[68] Anders als Elbers, der „den Repräsentativitätscharakter der Soldatenbriefe" nicht anzweifelt,[69] ist sich Olt in seiner Studie über die Sprache im Soldatenlied der Problematik, die die Sammlung in sich birgt, durchaus bewusst.[70] Wie bereits ausgeführt, berücksichtigte er jedoch nur die 604 ‚vollständig‘ überlieferten Lieder innerhalb der Sammlung, womit unfreiwillig der Blick auf das Soldatenlied des Ersten Weltkrieges stark verkürzt wird. Denn bekannte und weit verbreitete Lieder wurden

---

66 Vgl. *Mitteilungen* Nr. 25 (wie Anm. 3), August 1918, S. 24. Der dort erwähnte Katalog über die einzelnen Liedbelege innerhalb der *Sammlung Sl* ist heute nicht mehr erhalten.

67 Winfried Elbers: *Das Soldatenlied als publizistische Erscheinung. Wege und Wirkungen der Liedpublizistik im deutschen Weltkriegsheer.* Münster 1963, hier S. 15f. und S. 123. Elbers differenziert in seiner Zitierweise die Antwortschreiben der Soldaten als Kriegsbriefe (bei ihm Kb) und als Soldatenlieder (bei ihm Sl).

68 Eine exakte Abgrenzung seines Quellenkorpus – er ergänzt die *Sammlung Sl* durch andere Angaben der Primärliteratur – nimmt Elbers jedoch nicht vor. Neben der *Sammlung Sl* zieht Elbers „kleinere[] Zeitschriftenbeiträge[]" und handschriftliche Liederbücher heran. So bleibt häufig unklar, welches Material en detail die Grundlage seiner zahlreichen und aussagekräftigen Statistiken über die inhaltliche Entwicklung des Soldatenliedes darstellen. Seinem gesamten Quellenkorpus entnimmt er insgesamt rund 250 „neue lebendige Soldatenlieder". Vgl. ebd., S. 16f.

69 Ebd., S. 15.

70 Olt: *Krieg und Sprache* (wie Anm. 8).

von den Soldaten häufig gerade nicht in Gänze notiert, sondern eher Lieder, von denen der Einsender annahm, dass sie dem Deutschen Volksliedarchiv bisher unbekannt seien. Hier sei an den Gewährsmann Fellner erinnert, der den Text der *Regimentsmarie* vollständig einschickte, da er das Lied noch in keinem Buch gesehen habe.[71] Andere Lieder zeichneten die Soldaten auf direkte Anfrage Meiers auf; in diesen Fällen erwartete Meier bei den entsprechenden Liedern vermutlich Veränderungen. Schon Wilhelm Schuhmacher kritisierte 1928, dass in der *Sammlung Sl* schätzungsweise nur etwa ein Viertel der Liedneuschöpfungen des Weltkrieges enthalten seien.[72]

Die *Sammlung Soldatenlied* als künftiger Forschungsgegenstand

Für eine weitere Untersuchung der *Sammlung Sl* erscheint es unabdingbar, die gesamte Sammlung inklusive der Antwortschreiben der Soldaten auf den Fragebogen zu berücksichtigen – und nicht nur den 604 in ganzem Text überlieferten Soldatenliedern Beachtung zu schenken. Dies schließt eine Berücksichtigung jenes Ergänzungsmaterials, das 1930 neben der *Sammlung Sl* in die A-Nummern eingeflossen ist, aber nicht auf den Umfrageergebnissen der Soldaten beruht, mit ein. Besonders eine Auswertung der gesamten unter der ersten Frage des Fragebogens aufgelisteten Liedtitel vermag in Bezug auf das Liedrepertoire des Weltkriegsheeres neue Ergebnisse zu Tage zu bringen. Die volkskundliche und germanistische Forschung zum Soldatenlied hat sich jedoch bislang viel zu sehr auf die Frage nach dem Was, nämlich welche Lieder gesungen wurden, konzentriert – die Antworten der Soldaten vermögen jedoch auch das Wie und Warum zu beantworten, indem sie Singkontexte und -anlässe ebenso thematisieren wie das Verstummen im Krieg. Äußerungen wie „Das Grabenleben macht stumm",[73] „Unsere alten Landwehrmänner [...] haben durch die strenge Pflicht, die ihnen der Krieg auferlegt u. durch das nahe Gegenüberliegen dem Feinde [...] das Singen verlernt"[74] oder „in unserer Gegend [wird] nicht viel gesungen. [...] Auf dem Marsch Waldlager–Feuerstellung hat wohl auch keiner Lust zum Singen"[75] beispielsweise sind keineswegs selten.[76] Ein ernsthafter Einbezug solcher Hinweise

---

71 DVA Sl 162 (wie Anm. 29).

72 Vgl. Schuhmacher: *Leben und Seele unseres Soldatenliedes* (wie Anm. 60), S. 136f.

73 DVA Sl 61. Brief von Leutnant d. R. Risse, 14. A. K., Inf. Rgt. 114 vom 21.12.1915.

74 DVA Sl 193 (wie Anm. 53).

75 DVA Sl 176. Brief von Unteroffizier Joseph Hufnagel, bay. Fussart. Batt. 142 vom 6.4.1916.

76 Entgegen der moderneren Forschung war John Meier durchaus sensibel für die Gesangssituation und berücksichtigte in *Das deutsche Soldatenlied im Felde,* dass in den Schützengräben fast gar nicht, dafür mehr in der Etappe gesungen wurde. Vgl. Meier: *Das deutsche Soldatenlied im Felde* (wie Anm. 5), S. 7.

vermag den bedeutenden, von Meier durchaus wahrgenommenen Aspekt der Funktion des Gesangs als Mentalitätsspiegel neu zu beleuchten und die Rolle des Liedes im Krieg zu revidieren.

Bei einer solchen Auswertung der *Sammlung Soldatenlied* muss man sich der Bedingungen, unter der diese während des Krieges angelegt wurde, jedoch immer bewusst bleiben. Als Kind ihrer Zeit handelt es sich bei der *Sammlung Sl* um eine elitäre und selbstzensierte Auswahl. Daher gilt es, die ideologische Bindung der Sammelaktion zu berücksichtigen und zugleich eine uneingeschränkte Repräsentativität der Einsender und des Materials nicht so blauäugig anzunehmen, wie dies bisher zumeist der Fall war.

Trotz aller Kritik an der Durchführung und dem Inhalt der Sammlung: Geradezu idealtypisch spiegelt die *Sammlung Soldatenlied* die Umgangsweise der Wissenschaft, aber auch der Soldaten mit dem Krieg wider. Und auch ihren Quellenwert für tatsächlich rezipiertes Liedgut und somit im wahrsten Sinne des Wortes populärer Lieder kann man ihr keinesfalls absprechen, da sie gegenüber den zeitgenössischen publizierten Liederbüchern ein ganz anderes Bild vom Soldatenlied zu zeichnen weiß. Auf diese Weise vermag die *Sammlung Sl* mit ihren vielen empirischen Belegen von Soldaten als direkten Gewährsmännern doch zu einem wesentlich ungeschminkteren Gesamtbild des Soldatenliedes des Ersten Weltkrieges beizutragen und stellt somit eine wichtige Ergänzung zur bisherigen Forschung zum Soldatenlied und zur Militärmusik dar.[77]

---

77 Das Kriegs- und Soldatenlied bis 1914 als historische Quelle untersuchen etwa Uli Otto und Eginhard König: *„Ich hatt' einen Kameraden …" Militär und Kriege in historisch-politischen Liedern in den Jahren von 1740 bis 1914.* Regensburg 1999, während die Beiträge in: *Vom hörbaren Frieden.* Hg. von Hartmut Lück und Dieter Senghaas. Frankfurt a. M. 2005 sich der klanglichen Kriegsaffirmation bzw. -ablehnung annehmen. Die Gruppenwirkung von Musik beim Militär analysieren William Hardy McNeill: *Keeping together in time. Dance and drill in human history.* Cambridge 1995, bes. S. 1–13 sowie besonders die Beiträge von Thomas Stamm-Kuhlmann, Birgit Aschmann und Michael Schramm auf der Tagung „Militär, Musik und Krieg. Musik und Massensuggestion im historischen Kontext" im Februar 2008 in Köln (Tagungsbericht vom 10.3.2008 in: http://hsozkult.geschichte.hu-berlin.de/ tagungsberichte/id=2034, Abfrage 19.4.2012).

Carolin Stahrenberg

„Der Soldate, der Soldate /
Ist der schönste Mann im ganzen Staate"
Populäre Kriegslyrik im Musiktheater
zur Zeit des Ersten Weltkriegs

Musiktheater und populäre Kriegslyrik

Das Musiktheater gehört zu den darstellenden Künsten und wurde im 20. Jahrhundert nur untergeordnet über gedruckte Libretti verbreitet. Lieder bzw. Arien sind funktional eingebunden in Bühnenwerke, ihre Texte finden sich nicht in Gedichtbänden oder Anthologien, sondern als eigener Bestandteil in Partituren, Klavierauszügen oder in Noten-Einzelausgaben. Auch scheint der Begriff Musiktheater – häufig zunächst mit der Oper assoziiert – ein Primat der Musik und somit eine Unterordnung des (oft sogar künstlerisch als minderwertig erachteten) Textes zu implizieren. Inwiefern kann und sollte man dennoch das Musiktheater in die Reflexion über populäre Kriegslyrik einbeziehen?

Anknüpfungspunkte finden sich, wenn man sich nicht primär auf die Gattung Oper konzentriert, sondern vielmehr dramaturgisch offenere Formen, wie z. B. Operette, Revue oder das mit musikalischen Nummern durchbrochene Volksstück in den Blick nimmt. Hier stellt man fest, dass ein Primat der Musik nur bedingt gilt, enthalten diese Stücke doch einen hohen Anteil gesprochenen Wortes.[1] Verfasst sind die Texte größtenteils in Prosa; im Falle der Lieder bzw. Couplets handelt es sich aber zweifelsohne um lyrische Formen. Oft sind die Lieder

---

1   Zudem kommt auch Ausstattung und Kostümen gerade bei diesem Genre große Bedeutung zu. Vgl. als grundlegende Studien zur Revue: Jens-Uwe Völmecke: *Die Berliner Jahresrevuen 1903–1913 und ihre Weiterführung in den Revue-Operetten des Ersten Weltkrieges.* Köln 1997 (Diss. Köln 1997); Franz-Peter Kothes: *Die theatralische Revue in Berlin und Wien, 1900–1938. Typen, Inhalte, Funktionen.* Wilhelmshaven 1977 sowie die dieser Arbeit zugrunde liegende, ausführlichere Dissertation: Franz-Peter Kothes: *Die theatralische Revue in Berlin und Wien 1900–1940 unter besonderer Berücksichtigung der Ausstattungsrevue. Strukturen und Funktionen.* Diss. Univ. Wien 1972. Außerdem mit einem etwas anderen zeitlichen Fokus: Wolfgang Jansen: *Glanzrevuen der zwanziger Jahre,* Berlin 1987.

zweistrophig, im Paar- oder Kreuzreim gesetzt und weisen als verbindendes Element einen musikalisch wie textlich eingängigen Refrain auf. Eine Untersuchung solcher Lyrik – also solcher Liedtexte, die einem Singspiel entstammen – erscheint im Hinblick auf ihre Bezüge zur Kriegssituation ab 1914 durchaus adäquat. Zudem wurden gerade diese Liedtexte als Formen einer „angewandten Lyrik"[2] im Sinne Otto Julius Bierbaums in hohem Maße populär: Über verschiedene Medien, wie z. B. über Notenausgaben, Grammophonplatten, Liedpostkarten, aber auch in Form von Schlagworten in Zeitungen oder auf Werbetafeln wurden sie massenhaft verbreitet. So erreichten sie nicht allein im Theater ein zahlreiches Publikum: Das Theater am Nollendorfplatz, in dem das Stück *Immer feste druff!* gespielt wurde, fasste beispielsweise 1108 Menschen, gespielt wurde z. T. zweimal am Tag vor ausverkauftem Haus. Auch außerhalb der Spielstätte und dem großstädtischen Kontext Berlins sang und hörte man die ‚Schlager' aus den neuesten Possen, Revuen, Operetten oder Volksstücken der Hauptstadt. Musikalische Schlager waren also nicht nur eine Form der „angewandten Lyrik", sondern sie waren, vielleicht sogar in höherem Maße als manch andere, ‚selbständige' Formen von Lyrik, populär. Das Einbeziehen von bekannten Musiktheaterwerken in die Reflexion über populäre Kriegslyrik kann somit zu neuen Erkenntnissen hinsichtlich der Wege der Popularisierung führen oder auch Aufschluss über die Herkunft manch anderer, in anderen Kontexten zitierter oder kontrafizierter lyrischer Formen geben (z. B. von Gedichten in Feldpostbriefen oder von Eisenbahnwaggon-Aufschriften[3]).

In einem ersten Schritt erscheint es sinnvoll, sich überblicksartig den allgemeinen Veränderungen des Musiktheaters bei Ausbruch des Ersten Weltkriegs zu nähern, um anschließend die Thematisierung des Krieges auf der Bühne eingehender zu untersuchen. Dabei zeigt sich, dass der oft zitierte ‚Hurrahpatriotismus' bzw. ein nationales Feindbild bereits vor dem Krieg angelegt ist,[4] z. B. in den Jah-

---

2   „Wir haben nun einmal die fixe Idee, es müsste jetzt das ganze Leben mit Kunst durchsetzt sein." Otto Julius Bierbaum: *Deutsche Chansons: Brettl-Lieder.* Berlin: Schuster & Löffler 1900, S. IXf.

3   Vgl. den Beitrag von Michael Fischer über die Eisenbahnwaggon-Aufschriften im vorliegenden Band.

4   Dies kann als allgemeines gesellschaftliches Phänomen um die Jahrhundertwende angesehen werden, vgl. z. B. Franz Mehrings kritische Stellungnahme *Vom Hurrahpatriotismus.* In: Die neue Zeit. Revue des geistigen und öffentlichen Lebens. 18. Jg. (1899–1900), 2. Bd. (1900), H. 33, S. 161–164, hier S. 161ff.: „Was wir jedoch schwer verstehen, das ist die widerliche Kriecherei, die das deutsche Bürgerthum bei den höfischen Festen der vorigen Woche [des Kronprinzen 18. Geburtstag] abermals bewiesen hat. […] [I]n ihnen war jener Hurrahpatriotismus so zu sagen mit Händen zu greifen, der im Deutschen Reiche leider zu einem politischen Faktor geworden ist und in der Flottenfrage sich eben verhängnisvoll ge-

resrevuen des Metropoltheaters, und sich vor allem aus den Erfahrungen des Deutsch-Französischen Krieges 1870/71 speist. Als dritter Schritt soll anhand von Beispielen aus dem Volksstück *Immer feste druff!* der Frage der Medialisierung bzw. Popularisierung einzelner Lieder aus Musiktheaterwerken nachgegangen werden, womit auch die in Frage stehende gesellschaftliche Wirksamkeit von Musiktheater-‚Schlagern‘ thematisiert wird. Das Augenmerk liegt hier auch auf dem kreativen Umgang mit der Vorlage (z. B. Textveränderungen), die oftmals eine komische, satirische Wirkung erzielen.

Kontextualisierung: Populäres Musiktheater und Erster Weltkrieg – Herausforderungen und Reaktionen

In seiner 1934 erschienenen Schrift *Der deutsche Bühnen-Spielplan im Weltkriege* untersucht Wolfgang Poensgen den „Spielplan als Spiegelbild“ der Zeit[5] und stellt eine „mit dem Weltkrieg einsetzende Politisierung der Bühnen“ fest, die für ihn „in engster Wechselbeziehung zu der Politisierung des gesamten öffentlichen Lebens überhaupt“[6] steht. In Kriegszeiten hört für ihn die Funktion der Bühnen als rein künstlerische Unternehmungen auf, und zwar weil sie „in den ‚Dienst nationaler Interessen‘ gestellt“ werden und folglich „bestimmte, von Staat und Zensur festgesetzte Aufgaben zu erfüllen“ haben.[7] Poensgen unterteilt die Kriegszeit in drei Phasen, in denen er unterschiedliche Reaktionen der Theater beobachtet: Im Spieljahr 1914/15 präge sich „als wesentliches Merkmal [...] eine bewußt nationale Haltung im Repertoire“ aus, die Poensgen mit den Worten „Nationalismus“ und sogar „Chauvinismus“ beschreibt. Als zweite Phase, in der eine Politisierung nur noch in versteckter Form vorhanden sei, weist Poensgen die Jahre von 1915 bis 1917/18 aus. Die dritte Periode fällt für ihn in das letzte Kriegsjahr: Hier beobachtet er starke pazifistische Tendenzen einer „jungen Generation“.[8]

---

nug erwiesen hat. [...] Ohne Schadenfreude, aber mit der Bitterkeit einer unerbittlichen Kritik muß man sich mit der Thatsache abfinden, daß der Hurrahpatriotismus die deutsche Bourgeoisie in allen Gliedern verseucht und sie sobald zu keinem energischen und klaren Handeln kommen lassen wird.“ Bei der *Neuen Zeit* handelte es sich um ein sozialdemokratisches Blatt.

5   Wolfgang Poensgen: *Der deutsche Bühnen-Spielplan im Weltkriege.* Berlin 1934 (Schriften der Gesellschaft für Theatergeschichte 45), S. 4.

6   Ebd., S. 173.

7   Ebd., S. 11.

8   Ebd., S. 5. Krivanec kommt in ihrer vergleichenden Studie zu einer ähnlichen Periodisierung, und zwar auf beiden Seiten der Front: Eva Krivanec: *Kriegsbühnen. Theater im Ersten Weltkrieg.* Berlin, Lissabon, Paris und Wien. Bielefeld 2012, S. 344f.

Oliver Hebestreit dagegen stellt in seinem Artikel *Musiktheater* in der *Enzyklopädie Erster Weltkrieg* eine weitgehende Normalisierung des Musiklebens ab 1915/16 fest, so dass sich dieses „kaum mehr von dem der Vorkriegszeit unterschied",[9] teilt aber Poensgens Einschätzung hinsichtlich der ersten Phase des Krieges. Martin Baumeister verzichtet in seiner Studie zum *Kriegstheater* ganz auf eine Phaseneinteilung und gliedert stattdessen thematisch, wobei er der Reaktion der Theater auf den Kriegsausbruch ein eigenes Kapitel widmet.[10]

Stichprobenartiges Gegenlesen in *Hofmeisters musikalisch-literarischen Monatsberichten* bestätigt für die Jahre 1914/15 Poensgens und Hebestreits Befund eines zunehmenden Nationalismus auch im Hinblick auf neu erschienene Musikdrucke, sowohl im Bereich der „Theatermusik" wie auch in anderen Kategorien, z. B. mit Titeln wie *Deutsche Wehr!* mit dem Textincipit „Ein neuer Ruf, wie Donnerhall" von Carl André, *Landwehrmanns Gebet vor der Schlacht* von Hans Bastyr, dem *Deutschen Kriegslied 1914* (Text: „Und wenn die Welt voll Waffen starrt") von Egon Bieber, *Immer ran an den Feind. Landwehr-Marschlied 1914* (Text: „Nun heraus aus der Scheide") von Fr. J. Eckert oder *Heil dir, Germania. Ein Kampflied* (Text: „Wir trugen schon zu lange") von Fritz Fischer.[11] Dies ist nur eine kleine Auswahl von Titeln mit nationalistischer Prägung in der Rubrik „Lieder und Gesänge, Couplets u. humoristische Soloszenen für eine Singstimme mit Pfte. [Pianoforte]", die insgesamt ein früheres Reagieren auf den Kriegsausbruch zeigt als beispielsweise die Theatermusik: Dort sind ab Oktober 1914 Werke wie *Der Kriegsberichterstatter. Bunte Bilder vom Tage* (Bruno Granichstaedten) oder *Immer feste druff!* (Walter Kollo) verzeichnet, unter den Liedern fallen jedoch bereits im August Titel wie die Sammlung *Auf in den Kampf, Germania, Gott, Kaiser, Vaterland: „Nun deutsche Schmiede hämmert"* (Leo Blech) oder *Deutsches Kriegslied v. J. 1914: „Wohlauf, all ihr Brüder, zur Fahne geschart"* (E. A. Hawacker) auf.[12] Sicherlich ist die spätere Reaktion der Theatermusik eine Folge der Abhängigkeit von Spielzeiten sowie des größeren Kompositions-, Proben- und Inszenierungsaufwandes.

---

9 Oliver Hebestreit: *Musiktheater*. In: *Enzyklopädie Erster Weltkrieg*. Hg. von Gerhard Hirschfeld, Gerd Krumeich, Irina Renz. Paderborn u. a. 2009, S. 995–997. Vgl. auch: Oliver Hebestreit: *Die deutsche bürgerliche Musikkultur im Deutschen Reich während des Ersten Weltkrieges*. In: *Von Schlachthymnen und Protestsongs. Zur Kulturgeschichte des Verhältnisses von Musik und Krieg*. Hg. von Annemarie Firme. Bielefeld 2006, S. 113–137.

10 Martin Baumeister: *Kriegstheater: Großstadt, Front und Massenkultur 1914–1918*. Essen 2005 (Schriften der Bibliothek für Zeitgeschichte, N. F. 18).

11 *Hofmeisters Musikalisch-literarischer Monatsbericht*. Leipzig, 86. Jg. (1914), Nr. 10 (Okt.), S. 202.

12 *Hofmeisters Musikalisch-literarischer Monatsbericht*. Leipzig, 86. Jg. (1914), Nr. 8 (Aug.), S. 177, 201f.

Durch den Kriegsausbruch im August 1914 sah sich das Theater u. a. mit dem Problem des Umgangs mit ausländischem Repertoire konfrontiert. Vor allem Werke französischer Autoren und Komponisten erschienen zunächst als nicht mehr tragbar. Der Deutsche Bühnenverein beschloss im Dezember 1914 ein gemäßigtes Vorgehen in dieser Frage: Werke von Komponisten aus den so genannten ‚Feindstaaten' sollten nicht mehr gespielt werden, sofern die Verfasser noch lebten und Tantiemen fällig wurden. ‚Klassische Meisterwerke' (die ja vor allem Zugstücke des Opernrepertoires darstellten) wurden jedoch weiter aufgeführt, Lücken im Repertoire vorzugsweise mit italienischen Opern gefüllt. Auch Werke Richard Wagners wurden vermehrt gespielt. Verboten allerdings waren Kompositionen zeitgenössischer Komponisten aus den ‚Feindstaaten' während der gesamten Kriegszeit nicht.[13] In den Theatern, deren Repertoire eher aus ‚volkstümlichen' Stücken und Operetten bestand, reagierte man auf den Kriegsausbruch mit aktuellen, neu komponierten Werken. Im Gegensatz zu den Opernbühnen waren Novitäten hier Normalität, man ging auch außerhalb der Kriegszeit (etwa in Form der Jahresrevuen) flexibel auf die Stimmung bzw. Befindlichkeit des Publikums ein, das sich z. B. im Metropoltheater vorwiegend aus bürgerlichen Kreisen sowie auch dem höheren Militär zusammensetzte.[14]

Aktuelle Tendenzen versuchte man aufzugreifen, so auch die anfängliche Kriegsbegeisterung gerade dieser Gesellschaftsschichten. Im Metropoltheater spielte man ab Dezember 1914 das dramaturgisch an die Jahresrevuen angelehnte Stück *Woran wir denken* (Musik: Jean Gilbert), das den Untertitel *Bunte Bilder aus großer Zeit* trug.[15] Ideologisch dem Bann von Komponisten aus ‚Feindstaaten' entsprechend, vermied man französische Begriffe wie „Revue" (und ersetzte es in diesem Fall durch „Bunte Bilder"), und der Komponist Max Winterfeld, der das Pseudonym Jean Gilbert im Jahr 1901 angenommen hatte, zeichnete jetzt wieder mit seinem deutschen Namen. Zuvor hatte man z. B. im Theater am Nollendorfplatz bereits ähnlich reagiert und ein patriotisches Stück aus deutscher Feder ins Programm genommen. Willi Kollo, der Sohn des Komponisten Walter Kollo, berichtet in seinen Memoiren vom Umgang der Intendanz mit der Situation:

> Herman Haller suchte meinen Vater auf und besprach mit ihm und dem Textdichter Willi Wolff das kommende Stück. Sie wollten den *Juxbaron* trotz des immer noch großen

---

13 Hebestreit: *Musiktheater* (wie Anm. 10), S. 996.

14 Vgl. hierzu u. a. die Studie von Marline Otte: *Jewish Identities in German Popular Entertainment, 1890–1933*. Cambridge 2006.

15 Max Winterfeld [= Jean Gilbert], Franz Arnold, Leo Leipziger, Walter Turszinsky: *Woran wir denken. Bunte Bilder aus grosser Zeit*. Berlin 1914 (Textbuch der Gesänge).

Erfolges bald absetzen und etwas Zeitgemäßes bringen. Ein Volksstück am besten, in dem sich Scherz und Ernst vermischten.[16]

Das aus diesen Überlegungen folgende *Vaterländische Volksstück* trug den martialischen Titel *Immer feste druff!*, nach einem Ausspruch des Kronprinzen Wilhelm, den dieser während der Zabern-Affäre 1913/14 in einem Telegramm geäußert haben soll.[17] Die Premiere fand am 1. Oktober 1914 statt. Als erfolgreichstes „Kriegsstück" lief es im Theater am Nollendorfplatz bis zum Sommer 1916 und erreichte 650 Vorstellungen;[18] somit sahen allein in diesem Theater bis zu 720.200 Zuschauer das Stück. Schon in der ersten Saison 1914/15 war *Immer feste druff!* immerhin auf insgesamt 339 Vorstellungen gekommen. Die ebenfalls von Walter Kollo (gemeinsam mit Willy Bredschneider) komponierte Revue *Extrablätter. Heitere Bilder aus ernster Zeit* im Berliner Theater erreichte mit knapp 300 Aufführungen im ersten Jahr ähnliche Erfolgszahlen, wurde aber dennoch nach einem Jahr Spielzeit abgesetzt.[19] *Immer feste druff!* hatte sogar an zahlreichen Theatern außerhalb Berlins großen Erfolg. Mit dem schlagwortartigen Titel knüpfte man an Vorkriegs-Traditionen wie z. B. die Jahresrevue *Donnerwetter, tadellos* aus dem Jahr 1908 an, die ebenfalls ein Kaiserwort (in diesem Fall Wilhelms II.) im Titel trug.

---

16 Willi Kollo: *„Als ich jung war in Berlin …"* Literarisch-musikalische Erinnerungen. Bearbeitet und herausgegeben von seiner Tochter Marguerite Kollo. Mainz 2008, S. 150.

17 Teilabdruck des Telegrammtextes in: Erich Eyck: *Das persönliche Regiment Wilhelms II. Politische Geschichte des Deutschen Kaiserreiches von 1890 bis 1914,* Zürich 1948, S. 668. General von Deimling, einer der Hauptbeteiligten der Zabern-Affäre, bestritt (ebenso wie der Kronprinz), dass der Ausspruch in dem Telegramm gefallen sei (Berthold von Deimling: *Aus der alten in die neue Zeit,* Berlin 1930, S. 153). Entscheidend ist in diesem Fall weniger die Authentizität der Aussage als die Wahrnehmung bzw. Zuschreibung durch die Öffentlichkeit, die sich z. B. in zahlreichen Bildpostkarten mit dem Konterfei des Kronprinzen und dem Zusatz „Immer feste druff!" zeigt (s. etwa www.bildpostkarten.uni-osnabrueck.de/displayimage.php?pos=-1576 oder http://www.bildpostkarten.uni-osnabrueck.de/display image.php?pos=-1578, Zugriff 11.11.2011). Zur Frage der Authentizität der bei Eyck und Deimling wiedergegebenen Texte vgl. Kirsten Zirkel: *Vom Militaristen zum Pazifisten. Politisches Leben und Wirken des Generals Berthold von Deimling vor dem Hintergrund der Entwicklung Deutschlands vom Kaiserreich zum Dritten Reich,* S. 143f. (Diss. Düsseldorf 2006), online publiziert: http://docserv.uni-duesseldorf.de/servlets/DerivateServlet/Derivate-3519/1519.pdf (Zugriff 10.11.2011).

18 Baumeister: *Kriegstheater* (wie Anm. 10), S. 130.

19 Der Baedecker verzeichnet für das Jahr 1910 im Berliner Theater eine Kapazität von 1.600 Sitzplätzen, was zu einer Höchstzuschauerzahl von ca. 480.000 Zuschauern führt; *Berlin und Umgebungen. Handbuch für Reisende.* Leipzig: Karl Baedeker 1910, S. 28.

Im Unterhaltungstheater zeigte sich die von Poensgen und Hebestreit für die Jahre 1915–1917 konstatierte Abwendung von evident patriotischen, nationalistischen Stücken bereits relativ früh: Schon in der Saison 1915 spielte man wieder die unpolitischere Operette. Mit Blick auf den Kriegsverlauf und die wachsenden Sorgen auch abseits der Front notierte Willi Kollo:

> Je lauter die Stimme [der Ahnung vom Kommenden] in ihnen allen sprach, desto lautstärker musste auch das Amüsement sein, das sie zum Schweigen bringen sollte [...]. Der gesamte Radau der Welt muss herhalten, um die leise Stimme in uns [...] zu übertönen.[20]

Das Metropoltheater beispielsweise spielte ab 16. Oktober 1915 Leo Falls *Die Kaiserin* (oder auch: *Fürstenliebe*)[21] und im Berliner Theater hatte *Wenn zwei Hochzeit machen* von Walter Kollo Premiere (23. Oktober 1915). Später folgten die beiden erfolgreichsten Operetten der Kriegsjahre, Kollos *Drei alte Schachteln* (6. Oktober 1917) im Theater am Nollendorfplatz und Heinrich Bertés *Dreimäderlhaus* (15. Januar 1916) im Raimund Theater in Wien. Die Berliner Erstaufführung dieses Singspiels um das Leben Franz Schuberts kam kurz darauf am Wilhelmstädtischen Theater heraus.

„Man trinkt, man scherzt, man lacht, / Wenn auch die Kanone kracht."[22] Der Krieg als Thema auf der Bühne

Deutlich nahmen die Novitäten im Unterhaltungstheater auf den Krieg Bezug. In Stücken wie *Immer feste druff!* oder *Woran wir denken* wurde die aus den Jahresrevuen übliche Rahmenhandlung, die die einzelnen Szenen zusammenhielt, der Kriegssituation angepasst, indem Einberufung, die Trennung von Geliebten oder das Soldatenleben thematisiert wurden. Dies geschah in verharmlosender oder auch patriotisch überhöhter Form – das Kriegsgeschehen wird zum vergnüglichen Spiel zwischen Gulaschkanone und Grammophon, die „Mädchen sind wie die Engelein", denn sie packen Pakete mit Liebesgaben, und als störend erscheinen in der Darstellung des Krieges auf der Bühne höchstens die Wanzen in den Matratzen:

> Doch hat man morgens ausgepennt,
> Kommt ein erhebender Moment.
> Es bläst der Trompeter: „Trara, trara,
> Die Gullaschkanone ist da!"

---

20 Kollo: *„Als ich jung war in Berlin ..."* (wie Anm. 16), S. 182.
21 Kurt Gänzl: *Leo and Richard Fall.* In: *Encyclopedia of the Musical Theatre,* online publiziert unter: http://operetta-research-center.org/main.php?task=5&cat=4&sub_cat=13&id=00238 (Zugriff 5.7.2011).
22 Winterfeld [= Jean Gilbert] u. a.: *Woran wir denken* (Textbuch) (wie Anm. 15), S. 28.

Da päpelt und futtert der Landwehrmann
Soviel er kann, 's kommt gar nicht d'rauf an.
[...]
Und haben wir den Feind besiegt,
So ist's auch abends sehr vergnügt,
Man trinkt, man scherzt, man lacht,
Wenn auch die Kanone kracht.
Es singt zum Grammophon
Dann das ganze Bataillon:
Es tönt bis morgens früh
Manch' heit're Melodie:
Platzt neben uns auch manch' Schrapnell,
Wir geh'n nicht von der Stell'.
So wechselt täglich Ernst und Spass,
Ja, ja im Krieg erlebt man was.

(*Schlager-Quodlibet* aus *Woran wir denken*, Text: Walter Turzinsky und Franz Arnold)[23]

Diese Illusion eines schmerz- und verlustfreien Krieges, der zum Erlebnis und Abenteuer stilisiert wird, musste spätestens mit dem fortschreitenden Stellungskrieg und der auch in der Heimat zunehmenden Lebensmittelknappheit als unangemessen und geschmacklos empfunden werden.[24] Zu Beginn der Kämpfe traf dieser Ton jedoch die Vorstellungen und den Unterhaltungsgeschmack des Publikums. Töten wird in den Liedern aus *Woran wir denken* zum vergnüglichen Sport („Brauch' nichts zu tun, als bloß zu schießen, / Wenn mal der Feind sein Köpfchen zeigt"[25]), Bomben zu „niedlichen kleinen Dingerchen", die den Engländern „auf den Deez" geworfen werden[26] („Kruppchen, du bist mein Augenstern"[27]) und der Schützengraben zur im zivilen Leben vermissten „sturmfreien Bude", nach der man sich nach dem Krieg zurücksehnt.[28] Nur selten wird auf die Härte des Krieges hingewiesen, nicht ohne dies sogleich mit Schuldfrage und Feindbild zu verknüpfen:

---

23 Winterfeld [= Jean Gilbert] u. a.: *Woran wir denken* (Textbuch) (wie Anm. 15), S. 28f.
24 Vgl. hierzu z. B. einen Zeitungsartikel aus dem Jahr 1916: „Von der Gefahr, die ,patriotischer' Bühnenkitsch bedeutet, zeugt die Zuschrift eines Offiziers an uns aus dem Felde. Wir sollten meinen, wenn etwas, so müßte ein solches Zeugnis die Gewissen daheim schärfen." Es folgt ein Leserbrief, der eine Vorstellung von *Immer feste druff!* thematisiert. Deutscher Wille des Kunstwarts, 29. Jg., H. 1 (Jan. 1916), S. 27f.
25 Winterfeld [= Jean Gilbert] u. a.: *Woran wir denken* (Textbuch) (wie Anm. 15), S. 33.
26 Ebd., S. 31.
27 Anspielung auf den Schlager „Puppchen, du bist mein Augenstern". Ebd.
28 Ebd., S. 33f. („Schützengrabenlied").

Jedoch nicht immer ist's so lustig hier,
Die kahle Erde ist unser Quartier,
[...]
Dass wir hier liegen in Eis und Schnee,
Wer kann dafür, wer kann dafür?
Schuld hat der Krämer dort über der See [England]
Der kann dafür, kann dafür?[29]

Auch in Walter Kollos *Immer feste druff!* werden die Kampfhandlungen verharmlost. Im weit verbreiteten Lied *Auf der Banke an der Panke* sangen Karl Gessner als Schliephake und Claire Waldoff als Minna in naivem Ton vom scheinbar lustigen Kriegsgetümmel:

[Schliephake:]	Zuerst muss der Franzose schnell
	Eins kriegen auf den Hut.
[Minna:]	Denn zieh' dem Russen ab det Fell,
	Na Junge, du hast Mut.
[Schliephake:]	Zuletzt hau ich den Englischmann
	Die Jacke mächtig voll.
[Minna:]	Wat fang' ich bloß alleene an,
	ick lieb Dir ja wie doll.[30]

An späterer Stelle wird im Stück szenisch auf den oben zitierten Vers über den „Englischmann" verwiesen, als Schliephake in einer Schlachtfeldszene, laut Regieanweisungen „rittlings auf einem Engländer" sitzend, im Takt zur Musik auf dessen Uniform schlägt,[31] ihm also die „Jacke vollhaut".

Dieses Lied wurde in Form von Grammophonplattenaufnahmen und Notenausgaben weit verbreitet und ist heute auch auf CD zugänglich.[32] Die Verharmlosung und unterschwellig propagandistische Wirkung der Äußerungen zeigt sich zusätzlich in der Kombination der Strophe mit einem unschuldigen, die Berliner Heimat heraufbeschwörenden Refrain („Warum sitzt du denn so traurig auf der Banke? / Warum trittst du mir so zärtlich auf den Fuß?"), dessen Worte auch ohne Bezug zur Kriegssituation als „Abschied von Berlin" Sinn machen.

---

29 Ebd., S. 30.

30 Walter Kollo, Hermann Haller, Willi Wolff: *Immer feste druff! Vaterländisches Volksstück mit Gesang in drei Akten (4 Bildern).* Berlin: Drei Masken 1914 (Textbuch der Gesänge), S. 17.

31 Walter Kollo, Hermann Haller, Willi Wolff: *Immer feste druff! Vaterländisches Volksstück mit Gesang in drei Akten (4 Bildern).* Berlin: Drei Masken 1914 (Klavierauszug), S. 80.

32 Z. B. Claire Waldoff: *Mensch, dir hängt 'n Zipfel 'raus. Aufnahmen von 1910–1932.* Berlin: Duo-phon-Musikverlag 2002 (Duo-phon 05293).

Glorifiziert wurde der Krieg in den Jahresrevuen bereits vor 1914, z. B. in Form von patriotischen lebenden Bildern.[33] So wurde im Jahr 1908 in der Metropol-Revue *Donnerwetter, tadellos!* im Anschluss an das Lied des Invaliden von Gravelotte, das den Sieg im deutsch-französischen Krieg 1871 verherrlichte, ein Schlachtengemälde nachgestellt, vermutlich das 1898 entstandene Bild *Schlacht bei Gravelotte – Tod des Majors von Hadeln am 18. August 1870* von Carl Röchling.[34] Auch nationalistische Stereotype sind in ihrer Art bereits vor Kriegsausbruch in den Revuen angelegt, besonders antifranzösische.[35] Schon vor 1914 finden sich, oft unter Rückbezug auf den deutsch-französischen Krieg von 1871, Verunglimpfungen des Französischen als verweichlichte, weinerliche und oberflächliche Nation, so z. B. in einer Szene über den französischen Modeschöpfer Paul Poiret aus der Revue *Die Nacht von Berlin* (1911). Poiret nimmt die Revanche für 1871 in Form von „Haute Couture"-Kreationen vor, die teuer an Berlinerinnen verkauft werden. Französische und deutsch-berlinerische Sprachbausteine werden vermischt:

> Kein Boulanger
> Und auch kein Delcassé
> Hat Deutschland so geführet an der Neese!
> Doch Poiret
> Leert ihm sein Portemonnaie
> C'est la revanche de la nation française![36]

Wandervogel-Album, Marmelade und Hering – Zur Popularisierung von Liedern aus Walter Kollos *Immer feste druff!*

Mit der Uraufführung von Kollos *Immer feste druff!* im Oktober 1914 brachte der Verlag Dreimasken nicht nur ein gedrucktes Textbuch und den Klavierauszug auf den Markt. Insgesamt wurden von elf Liedern Einzelausgaben erstellt, für die u. a. mit Liedpostkarten vom Verlag geworben wurde. Vom Walzerlied *Die Au-*

---

33 Vgl. hierzu Völmecke: *Berliner Jahresrevuen* (wie Anm. 1), S. 101–111.

34 Carl Röchling: *Schlacht bei Gravelotte – Tod des Majors von Hadeln am 18. August 1870.* Öl, Leinwand, 67 x 54 cm. Berlin, 1897, DHM, Berlin. Von der tatsächlichen Darstellung auf der Bühne hat sich meines Wissens keine Abbildung erhalten, so dass die Zuweisung des Bildes nur eine Hypothese darstellt. In den Regieanweisungen heißt es: „ein grosses lebendes Bild nach dem bekannten eine Episode aus der Schlacht von Gravelotte darstellenden Gemälde." (*Donnerwetter, tadellos,* 4. Akt, zit. nach Völmecke: *Berliner Jahresrevuen* [wie Anm. 1], S. 111).

35 Vgl. hierzu ebd., S. 99ff.

36 *Die Nacht von Berlin!,* 2. Akt, zit. nach ebd., S. 100.

gen einer schönen Frau, dem Marsch *Unser Kaiser* und dem Duett *Wenn man ein Mädchen küsst* erschienen außerdem im Februar 1915 Orchesterfassungen, was darauf hinweist, dass diese drei Stücke besonders beliebt waren. Abgerundet wurde das Verlagsangebot durch Potpourris für Klavier zu zwei und zu vier Händen.[37]

Kurz nach der Uraufführung erschienen auch verschiedene Grammophonplatten mit Aufnahmen aus *Immer feste druff!* Die meisten Einspielungen (nämlich elf) verzeichnete dabei das sentimentale Lied vom *Vergißmeinnicht,*[38] das mit seiner Abschieds- und Heldentod-Thematik einen deutlichen Bezug zum Krieg aufweist, so z. B. im Text der zweiten Strophe:

> Auf dem Kampfesfeld
> Liegt ein deutscher Held.
> Und der bleiche Mond nur treu die Totenwache hält.
> In der starren Hand
> Hält er fest umspannt

---

37 Zusammenstellung der Notenausgaben nach *Hofmeisters Musikalisch-literarischem Monatsbericht,* 86. Jg. und 87. Jg. (1914 und 1915), alle erschienen im Verlag Dreimasken: *Klavierauszug mit vollst. Text* (1914); *Textbuch der Gesänge* (1914); *Auf der Banke an der Panke.* Duett. Gs. und Klv. (1914); *Die Augen einer schönen Frau.* Duett. Gs. mit Klv. (1914), Tenor u. Salonorch. (1915), Tenor u. Blasorch. (1915); *Ein böses Weib* (Auftrittslied Schliephake). Gs. und Klv. (1914); *Marine und Zeppeline.* Marschduett. Gs. und Klv. (1914); *Sabinchen.* Duett. Gs. und Klv. (1914); *Der Soldate.* Marschduett. Gs. und Klv. (1914), Orch. (1915); *Unser Kaiser.* Marsch. Gs. und Klv. (1914), Orch. (1915); *Das Vergißmeinnicht.* Lied. Gs. und Klv. (1914); *Wenn man ein Mädchen küsst.* Duett. Gs. und Klv. (1914), Orch. (1915), Salonorch. (1915); *Dann hat die ganze Sache keinen Zweck.* Gs. und Klv. (1914); *Verklungene Lieder.* Lied. Gs. und Klv. (1914); *Großes Potpourri aus „Immer feste druff".* Klv. 4-hd. (1914); *Potpourri aus „Immer feste druff".* Klv. 2-hd. (1915).

38 *Vergißmeinnicht:* Max Kuttner, mit Orch. Beka-Record G-15895, Matr. Nr. 15895 (1914); Max Kuttner. Janus-Record 2070, Matr. Nr. 7099 (Vorderseite: *Berliner und Wiener Herzen*); Orch. mit Ref.-Chor. Homocord 15637, Matr. Nr. 15637 (1915) (Vorderseite: *Wenn man ein Mädchen küsst*); Heinrich Lohalm, mit Kl.begl. ZZ (Label unbekannt) 670, Matr. Nr. 3689 (Rückseite: *Weaner Gemüt*); Lotti Werkmeister, Paul Heidemann mit Orch.begl. Deutsche Grammophon AG, Grammophon 18124, Matr. Nr. 17712L (Vorderseite: *Die Augen einer schönen Frau*); Gesang mit Orch. Odeon 308953 (Rückseite: *Die graue Felduniform*); E. Schröter. Polyphon 16260, Matr. Nr. 21271 (Vorderseite: *Landwehrmanns Weib und Kind*); Orchester mit Refr. Gs.. Polyphon 15499, Matr. Nr. 10332b (Rückseite: *Wenn die Liebe nicht wär*); Odeon-Orch. Odeon 308905 (Vorderseite: *Auf der Banke an der Panke*); Orchester mit Refr. Gs. ZZ (Label unbekannt) 10072, Matr. Nr. 3694 (Vorderseite: *Der Soldate*); Tanzpalast-Orch. Deutsche Grammophon AG, Grammophon 13382, Matr. Nr. 18058L (Rückseite: *Die Augen einer schönen Frau*).

Noch das welke Sträußchen, das die Mutter band.
Und zu Hause manches Jahr
Da weint das Elternpaar.[39]

In der Einzelausgabe wurden beide Strophen abgedruckt. Wird das Lied allerdings auf den Refrain reduziert, wie es beispielsweise in Potpourris oder späteren Aufnahmen (z. B. auf einer CD von Walter Kollos Enkel René Kollo[40]) der Fall ist, wird die Kriegsthematik kaschiert und es verbleiben lediglich einige sentimentale, allgemeingültige Verse über das Abschiednehmen.[41] Die Lieder *Wenn man ein Mädchen küsst*[42] und *Die Augen einer schönen Frau*,[43] mit sechs bzw. sieben Einspielungen vertreten, waren auch mit vollständigem Text zeitlose Liebeslieder, sie verzeichnen also außerhalb der Bühnenhandlung keine Kriegsanklänge. Beide werden in der Bühnenfassung durch musikalische „Reminiszenzen", also Wiederaufnahmen des Themas an späterer Stelle, prominent herausgestellt. Immerhin vier verschiedene Grammophonaufnahmen ließen sich für das Lied vom *Soldate*[44] finden, das schon durch den Titel auf ein militärisches Milieu verweist.

---

39 Kollo u. a.: *Immer feste druff!* (Textbuch der Gesänge) (wie Anm. 30), S. 36.

40 Einspielung von René Kollo auf der CD *Ein Jahr, ein Tag, ein Leben.* Hamburg: Edel Entertainment 2007 (Edel Records 01 8637 2 ERE).

41 „Es blüht ein blaues Blümlein, klein und schlicht, das heißt: ‚Vergißmeinnicht', das heißt: ‚Vergißmeinnicht'. Die Mutter denkt an uns und leis sie spricht: mein Kind vergißmeinnicht, vergißmeinnicht.", Kollo u. a.: *Immer feste druff!* (Klavierauszug) (wie Anm. 30), S. 74f.

42 *Wenn man ein Mädchen küsst:* Lotti Werkmeister, Max Kuttner mit Orch. Begl. Deutsche Grammophon AG, Grammophon 18085, Matr. Nr. 17346L (Vorderseite: *Auf der Banke an der Panke*); Grete Freund, Hellmut Hallendorf, mit Orch. Begl. Deutsche Grammophon AG, Grammophon 13275, Matr. Nr. 17129L (Vorderseite: *Dann hat die ganze Sache keinen Zweck*); Gesang mit Orch. Odeon 311049 (Vorderseite: *Die Augen einer schönen Frau*); Orchester mit Refr. Gs. Homocord 15637 (Rückseite: *Vergißmeinnicht*); Lucie Bernardo, Max Kuttner. Janus-Record 2089, Matr. Nr. 7123 (Rückseite: *Waldemar und Mieze*); Orch. mit Gs (Drei Masken). Deutsche Grammophon AG. Zonophone 18025, Matr. Nr. 17135L, Labelzitat: Vaterländische „Zonophon"-Aufnahme (Rückseite: *Kriegslied*).

43 *Die Augen einer schönen Frau:* Paul Weiss, Tenor mit Orch. Homocord 15665, Matr. Nr. 15665 (5.11.1915); Gesang mit Orch. Odeon 311048 (Rückseite: *Wenn man ein Mädel küßt*); Orch. mit Refr. Gs. Beka 15950 (Rückseite: *Mädel, liebes Mädel mein*); Lotti Werkmeister, Paul Heidemann mit Orch. Deutsche Grammophon AG, Grammophon 18124, Matr. Nr. 17711L (Rückseite: *Das Vergißmeinnicht*); Tanzpalast-Orch. Deutsche Grammophon AG, Grammophon 13382, Matr. Nr. 18059L (Vorderseite: *Vergißmeinnicht*).

44 *Der Soldate:* Max Kuttner, Tenor. Janus-Record 2090, Matr. Nr. 7140 (Vorderseite: *Heimat, o Heimat*); Carl Grunow. Deutsche Grammophon AG, Grammophon 18260, Matr. Nr. 18000L (Vorderseite: *Ich glaube, da fliegt ne Taube*); Orch. mit Refr. Gs. ZZ (Label unbekannt) 10072, Matr. Nr. 3693 (Rückseite: *Vergißmeinnicht*); Claire Waldoff, Karl Gess-

Noch 1968 wurde das Stück in einer Version von Peter Kreuder auf einer LP mit historischen Aufnahmen veröffentlicht.[45] Die Einspielung mit der Originalbesetzung Claire Waldoff und Karl Gessner ist heute innerhalb von Claire Waldoff-Ausgaben ebenfalls auf CD verfügbar.[46] Auffällig ist, dass die meisten der hier besprochenen Aufnahmen, wenn sie nicht ohnehin mit einem anderen Schlager aus *Immer feste druff!* veröffentlicht wurden, mit Liedern, die Soldat und Heimat thematisieren, gekoppelt wurden (z. B. aus Gilberts *Woran wir denken*).

Die Deutsche Grammophon AG warb in der Weihnachtsnummer 1914 ihrer Hauszeitschrift *Die Stimme seines Herrn* unter der Überschrift „Die große Zeit" für die Waldoff- und andere soeben neu erschienene Aufnahmen mit patriotischen Worten, die den kommerziellen Hintergrund allerdings kaum kaschierten:

> Als in den ersten Augusttagen dieses Jahres die Kriegsfackel gegen unser deutsches Vaterland ringsumher entzündet wurde, als das unnatürliche Kleeblatt Russe, Franzmann und Brit' sich vor den niederträchtigen serbischen Fürstenmörder stellte, ihn der zu lange schon aufgeschobenen österreichischen Züchtigung zu entziehen, da lastete es wohl auf uns allen wie ein erdrückender Alp. [...] Freilich nur einen Augenblick. – Dann aber ging's mit einer in der Geschichte aller Zeiten beispiellosen Freudigkeit, Opferwilligkeit und Einigkeit, mit einer Geschlossenheit, die unsere Gegner aufs Höchste erschreckte, ans Werk. [...] Niemand soll also sein Herz und seine Tasche zusperren. Wir wollen unsre Lieben alle erfreuen und beschenken wie sonst, ja, mehr als sonst, denn nichts ist in Zeiten innerer Not herrlicher als die Liebe. Und Weihnachten ist das Fest der Liebe![47]

In dieses Programm fügten sich die Schlager der „Kriegs-Possen" *Immer feste druff!* und *Extrablätter,* beide mit Musik von Walter Kollo, deren Nummern laut Werbetext „allabendlich [...] unter stürmischem Beifall [...] da capo verlangt" wurden, bestens ein. Die beworbenen Platten mit der „recht melodiösen" Musik Walter Kollos, die „sich dem patriotischen Stoff innig an[passe]", sollten zur Unterhaltung und Ablenkung dienen: „Wenn nicht alles trügt, werden sie eine rege Nachfrage zeitigen und vielen ‚Grammophonern' frohe Stunden bereiten, die man nie nötiger brauchen kann, als in diesen bitterernsten Kriegstagen." Dass

---

ner. Grammophon 13276, Matr. Nr. 17127L (12/1914) (Rückseite: *Auf der Banke, an der Panke*).

45 Peter Kreuder mit seinen Tanz-Rhythmikern: *Club dancing. In der Bar mit Peter Kreuder.* Hist. Aufn. Hamburg: TELDEC 1968 (Telefunken 622586 AF).

46 Z. B. Claire Waldoff: *Mensch, dir hängt 'n Zipfel 'raus* (wie Anm. 32).

47 *Die Stimme seines Herrn,* VI. Jg. (1914), Weihnachtsnummer (Dez.). *Die Stimme seines Herrn.* Mit Registern von Christian Büchele und Andreas Kleinert sowie einem Vorwort von Hermann Holzbauer. Bd. 2: 1913–1918. Nachdr. d. Ausg. Berlin 1909–1918. Tutzing 1992 (Schriften der Universitätsbibliothek Eichstätt 16,2), S. 321. Man beachte die Stilisierung des Krieges zum Verteidigungskrieg.

sich der Krieg als Unterhaltungsangebot für „frohe Stunden" eignete, mögen bereits im ersten Kriegswinter zahlreiche Soldaten als verletzend empfunden haben. Die Schlussworte des Textes zeugen von einer bewussten Ausblendung der lebensbedrohlichen Situation an der Front: „So ist also [mit den Kriegs-Possen wie auch mit den Schallplatten] den aus der Front wieder in die Heimat zurückgekehrten Helden Gelegenheit geboten, den Krieg auch von der lustigen Seite kennen zu lernen."[48]

Nicht nur über einzelne Notendrucke und Grammophonplatten wurden die Lieder aus Kollos *Vaterländischem Volksstück* und anderen Kriegsstücken verbreitet. Weitaus breitenwirksamer dürfte die Aufnahme in Liederbücher und Sammelbände gewesen sein. So findet sich beispielsweise der Marsch *Unser Kaiser* aus *Immer feste druff!* als Eröffnungslied des *Wandervogel-Album II*, also an prominenter Stelle: Die Rubrik, unter der verschiedene Lieder zusammengefasst sind, heißt nicht etwa „Theaterlieder", „Schlager" o. Ä., sondern ist mit „Vaterländische und Soldatenlieder"[49] betitelt. Das Lied *Unser Kaiser* wird somit seiner ursprünglichen Funktion in einem dramatischen, „inszenierten" Kontext enthoben und fungiert nun als selbstständiges Objekt. Der Text im Liederbuch wird gegenüber dem des Bühnenstückes stärker unterteilt und erweitert (aus zwei Strophen des Bühnenstücks werden im Liederbuch vier). Außerdem wird er in der zweiten Strophe (der Bühnenfassung) z. T. erheblich verändert (Änderungen gekennzeichnet durch Unterstreichung):

Immer feste druff!		*Wandervogel-Liederbuch II*
Nr. 10 Kaisermarsch		**„Unser Kaiser"**
(Heinz, Kurt, Ollendorf, Frau Ollendorf, Minna, Schliephake, Braumüller)		Marschlied aus *Immer feste druff!*
Heinz:	Burschen heraus aufs neu. Noch lebt die alte Treu'. Nehmt jetzt fürs Vaterland Schnell das Schwert zur Hand.	Burschen heraus aufs neu, noch lebt die alte Treu', nehmt jetzt fürs Vaterland schnell das Schwert zur Hand.
Kurt:	Lustig Studentenherz Froh stets bei Spiel und Scherz, War auch zu jeder Zeit Immer kampfbereit.	Lustig Studentenherz, froh stets bei Spiel und Scherz, war auch zu jeder Zeit immer kampfbereit!

---

48 Ebd.

49 *Lieder zur Gitarre. Wandervogelalbum II.* Hg. von Adolf Häseler. Hamburg: Domkowsky [1914], S. 7.

Nach Frankreich geht's hinein,
Wir ziehen über'n Rhein.
Und unser Kaiser soll der Führer sein!
[folgt Kehrreim:
„Wir Deutschen lieben unsern Kaiser"]

[2. Strophe]

Schliephake:	Schnell zu dem heißen Strauß Zieh'n wir begeistert aus.	Schnell zu dem heißen Strauß zieh'n wir begeistert aus,
Kurt:	Ruft uns des Kaisers Wort aus dem Hörsaal fort.	Ruft uns des Kaisers Wort aus dem Hörsaal fort.
Heinz:	Legt die Folianten weg Jetzt gilt's 'nem größern Zweck.	Legt die Folianten weg, jetzt <u>gibt's 'nen höhern</u> Zweck.
Heinz und Kurt:	Burschen heraus! Bekennt Treu ist der Student.	Burschen heraus, bekennt, treu ist der Student.
Schliephake:	Nach Frankreich geht's hinein, Wir ziehen über'n Rhein.	Nach Frankreich geht's hinein, wir ziehen über'n Rhein,
Alle Soli:	Und unser Kaiser soll der Führer sein!	und unser Kaiser soll der Führer sein!

[folgt Kehrreim]

[folgt Kehrreim]

[2. Strophe]

[3. Strophe]

Heinz:	Heiß brennt der Völkerkrieg, Doch unser wird der Sieg.	Heiß brennt der Völkerkrieg, doch unser wird der Sieg;
Ollendorf:	Falschheit und Heuchelei Ringt mit deutscher Treu.	<u>russische Schurkerei</u> ringt mit deutscher Treu',
Braumüller:	Drum schützt das Vaterland Treu und mit starker Hand.	<u>englisch Philisterland</u> <u>züchtigt</u> mit starker Hand.
Kurt:	Wenn es ein Feind bedroht Mutig bis zum Tod!	<u>Unsere Marine lacht</u> <u>selbst der Übermacht!</u> Drum Brüder reicht die Hand, ein Fluch dem welschen Tand, zieht froh hinaus für's teure Vaterland.

[folgt Kehrreim]

[4. Strophe]

Schliephake:	Frieden nur liebten wir, Duldsamkeit übten wir.	<u>Belgien und Frankreich bald</u> <u>fühlt Deutschlands Allgewalt,</u>
Ollendorf:	Neid hat das Schwert uns strikt In die Hand gedrückt.	<u>denn durch die Lüfte kühn</u> <u>fliegt Graf Zeppelin.</u>
Braumüller:	Das ganze Vaterland Treu zu dem Kaiser stand.	<u>Wie's Anno siebzig war,</u> <u>wird's auch in diesem Jahr.</u>

Schliephake:	Nun soll die Losung sein:	Bald zieh'n wir alle fein
	Vorwärts übern Rhein	in Paris hinein!
Heinz und	Drum Brüder reicht die Hand:	Drum Brüder reicht die Hand,
Kurt:	Ein Fluch dem welschen Tand.	ein Fluch dem welschen Tand,
Alle Soli:	Zieht froh hinaus für's teure Vater-	zieht froh hinaus für's teure Vaterland[51]
	land.[50]	
	[folgt Kehrreim]	[folgt Kehrreim]

Es zeigt sich, dass im *Wandervogel-Album II* stärker auf die Feinde Bezug genommen wird, die im Gegensatz zur Librettofassung des Liedes auch direkt benannt werden (Russland, England, Belgien, Frankreich). Außerdem werden militärische Errungenschaften, nämlich Marine und Zeppelin, erwähnt. Der Hinweis auf den aufgezwungenen Krieg, im Libretto im zweiten Teil der zweiten Strophe, wird im Liederbuch ersetzt durch einen Text, der Einmarsch bzw. Angriff und rückblickend den deutsch-französischen Krieg thematisiert. Erhalten bleibt in der Liederbuchfassung bemerkenswerterweise der studentische Kontext, der innerhalb des Bühnenstückes dramaturgisch motiviert ist. Im Rahmen des *Wandervogel-Albums* könnte er ein Hinweis auf die Zielgruppe des Buches sein. Weitere Ausgaben von *Unser Kaiser* erschienen u. a. im Kollo-Heft der Reihe *Musik für alle*, Nr. 135[52] (1914) und in der Sammlung *Moderne Operetten und andere Lieder*[53] (1915).

Deutlich populärer als der *Kaisermarsch* wurde das bereits in Zusammenhang mit Grammophonplattenaufnahmen erwähnte Lied *Der Soldate*, das z. B. auch das Schlusslied des Potpourris aus *Immer feste druff!* bildet und wie *Die Augen einer schönen Frau* und *Vergissmeinnicht* auch Eingang ins Potpourri *Wir hören Walter Kollo* aus dem Jahr 1936 gefunden hat.[54] Es war ebenfalls im *Wandervogel-Album II* enthalten. Doch auch andere Sammlungen, so z. B. *Siegesklänge. 55 Vaterlands- und Soldatenlieder, Hymnen, Märsche und Potpourris*[55] (1914) druckten das Lied vom *Soldate* ab. Noch um 1970 wurde es in der Sammlung *Evergreens*

---

50 Kollo u. a.: *Immer feste druff!* (Textbuch der Gesänge) (wie Anm. 30), S. 20–24.

51 *Wandervogelalbum II* (wie Anm. 49), S. 7–9.

52 Walter Kollo: *Kollo-Heft I.* Berlin 1914 (Musik für alle 135).

53 *Moderne Operetten und andere Lieder: 29 beliebte Melodien für 1 Singstimme mit Begleitung der Gitarre oder Laute.* Eingerichtet von R. und E. Vorpahl. Hamburg: Benjamin 1915.

54 Walter Kollo: *Wir hören Walter Kollo. Großes Potpourri der schönsten Schlagermelodien Walter Kollo's.* Bearb. von Hermann Krome. Wiesbaden 1936.

55 *Siegesklänge. Bd. 2: Neue Folge. 55 Vaterlands- und Soldatenlieder, Hymnen, Märsche und Potpourris.* Hamburg: Benjamin 1914.

der Ufa-Musikverlage, allerdings nur gekürzt in Form des Refrains, wiederaufgelegt.[56]

In der Librettofassung verherrlicht der Liedtext unkritisch die Figur des Soldaten, wobei die Strophe, den Figuren Schliephake und Minna entsprechend, humoristisch angelegt ist:

Schliephake:	Der Soldat, das ist ein Mann,
	Der sich sehen lassen kann.
Minna:	Durch die graue Uniform
	Imponiert er enorm.
Schliephake:	Wenn wir durch die Straßen zieh'n,
	Alle Herzen für uns glüh'n.
Minna:	Frieda, Emma und Marie
	Schwärmt für Infantrie.
Schliephake:	Eine gute Leberwurst
	Stärkt des Kriegers Tatendurst.
Minna:	Liebesgaben allerhand
	Kriegt er von zarter Hand.
Schliephake:	Stramm gestanden, Brust heraus,
	Nach Paris geht's gradeaus.
Minna:	Denn der brave Landwehrmann
	Zeigt jetzt, was er kann.
Schliephake:	Der Soldate, der Soldate
	Ist der schönste Mann bei uns im Staate.
Minna:	Darum schwärmen auch die Mädchen sehr
	Für das liebe, liebe, liebe Militär.[57]

Die zweite Strophe fährt in ähnlichem Ton fort. Mit Artur Kutschers *Das richtige Soldatenlied*[58] (1917) ist *Der Soldate* auch in einem genuinen Soldaten-Liederbuch nachgewiesen, dessen Lieder der Herausgeber, zumindest seinen eigenen Angaben im Vorwort zufolge, in den Jahren 1914 bis 1916 an der Westfront nach dem Gesang seiner Kompagnie aufgezeichnet haben will. Bei Kutscher ist nur der Refrain wiedergegeben, und zwar als „Kehrreim zu verschiedenen Liedern"; zu diesem Refrain gibt er sogar eine zweite Strophe an:

Der Rekrute, der Rekrute
tut am besten dran, er hält die Schnute,

---

56 *Evergreens.* Bd. 2: *Unterhaltungsmusik, Operette.* Berlin, München: Ufa-Musikverlage [ca. 1970], S. 179.

57 Kollo u. a.: *Immer feste druff!* (Textbuch der Gesänge) (wie Anm. 30), S. 31ff.

58 *Das richtige Soldatenlied. Verse und Singweisen, im Felde gesammelt von Artur Kutscher.* Berlin 1917.

denn beschwert er sich beim Militär,
kommt das dicke, dicke Ende hinterher.[59]

Hier zeigt sich, dass sich das Lied nicht nur zunehmend loslöste von seinem ur-sprünglichen Kontext als Theaterlied, sondern dass sich zusätzlich der Refrain verselbständigt und zum Gegenstand kreativer Auseinandersetzung wird. Im Ge-gensatz zur ursprünglichen Theaterfassung wird er hier zum Träger humoristi-scher, aber auch durchaus (militär-)kritischer Äußerungen. Nachweise aus der ethnologischen Sammlung *Soldatenlied* im Deutschen Volksliedarchiv bestätigen diese Beobachtung. Dort sind mehrere saloppe Kontrafakturen des Liedes nach-gewiesen. Es handelt sich dabei ausschließlich um Fassungen des Refrains, wobei schwerpunktmäßig das Motiv des „Marmeladeliedes" variiert wird:

Marmelade, Marmelade
Ist der schönste Fraß bei uns im Staate.
Darum schwärmen auch die Mädchen sehr
Wofür? (gesprochen)
Für das liebe Marmeladenheer.[60]

Diese Kontrafaktur soll schon um 1915, also bereits kurz nach der Uraufführung des Theaterstücks, entstanden sein. Wolfgang Steinitz führt diese Umdichtungen in seiner Volksliedsammlung unter der Rubrik „Lieder gegen Krieg und Hunger-politik aus dem Ersten Weltkrieg 1914–1918".[61] Etwas direkter und aggressiver klingt eine andere Umdichtung von demselben Einsender wie die oben zitierte, die ebenfalls das Marmelade-Motiv variiert:

Marmelade, Marmelade
Kriegt der Grenadier jetzt alle Tage;
Jeden zweiten Tag ein ganzes Brot
Dafür stirbt der Grenadier den Heldentod.[62]

Die im Theaterkontext rein affirmative Textaussage wird so zu einer implizit oder auch explizit kritischen Aussage umgeformt.

Auch auf andere Weise nutzten Revuen Lieder und Schlagworte und veränderten ihre Aussage dadurch, dass sie diese in einen neuen Kontext setzten – jedoch oh-ne kritischen Hintergrund. Bereits vor dem Krieg wurden Zitate aus den Jahres-revuen für Werbebotschaften abgewandelt. Die Titel von zwei Jahresrevuen des

---

59 Ebd., S. 164.

60 DVA A 107 389.

61 Wolfgang Steinitz: *Deutsche Volkslieder demokratischen Charakters*. Bd. 2. Berlin 1979, S. 363–365.

62 DVA A 107 388.

Abbildung 1: *Das Hohelied vom Hering.* Feldpostkarte.
Sammlung Sabine Giesbrecht, Universität Oldenburg

Metropoltheaters kombinierte beispielsweise ein Restaurant in einer Zeitungsannonce im Jahr 1908 zu einem Werbeslogan: „Donnerwetter, tadellos speist man bei Patzenhofer. Das muss man sehn!"[63] Der Titel *Immer feste druff!* war dagegen keine „Neuerfindung", sondern bereits vor seiner Verwendung für Theaterzwecke ein Schlagwort geworden. Postkarten mit dem Bild des Kronprinzen und den ihm zugeschriebenen Worten müssen somit nicht automatisch einen Bezug zum

---

63 Werbeanzeige, abgedruckt in: Otto Schneidereit: *Berlin, wie es weint und lacht. Spaziergänge durch Berlins Operettengeschichte.* Berlin 1976, S. 119. *Donnerwetter, tadellos!* war der Titel der Jahresrevue 1908, *Das muss man seh'n* der Titel der Jahresrevue 1907.

Theaterstück haben, sondern können auch allgemein auf die Zabern-Affäre (s. o.) anspielen. Auch verschiedene andere Gedichte oder Lieder, die mit dem Schlagwort operieren, beziehen sich nicht zwangsläufig auf die Revue.[64] Bemerkenswert ist, dass das martialische Kaiserwort z. T. bis heute als „Eyecatcher" verwendet wird. So trägt beispielsweise die Claire-Waldoff-Biographie von Maegie Koreen den Titel: *Immer feste druff. Das freche Leben der Kabarettkönigin Claire Waldoff*[65]. Auch das Lied vom *Soldate* wurde für Liedpostkarten genutzt oder für Werbebotschaften „entwendet", wie z. B. die Kontrafaktur des „Hohelieds vom Hering"[66] zeigt (vgl. Abbildung 1).

Fazit

Die Popularität von Schlagern aus Kriegsstücken des Unterhaltungstheaters konnte anhand verschiedener Quellengattungen nachgewiesen werden. Die Zeugnisse aus ethnologischer Sammlung im Deutschen Volksliedarchiv zeigen zudem, dass Lieder aus Revuen im Felde gesungen wurden, oftmals verballhornt und mit neuen, ironischen Subtexten versehen. Die Schallplatten, die explizit für die Zielgruppe der Soldaten bzw. deren Angehörige vermarktet wurden, und die zahlreichen Notenausgaben ,für den Hausgebrauch' zeugen von einer hohen Nachfrage seitens der Rezipienten. Den vor allem im ersten Kriegsjahr zu beobachtenden kriegsverherrlichenden Tendenzen in den Kriegsstücken (die stark nachgefragt wurden) stehen die – zeitlich etwas später anzusiedelnden – Kontrafakturen der vom ursprünglichen Kontext entkoppelten Lieder entgegen, die zum Ventil von humoristisch verhüllter Kritik wurden. Dennoch muss man auch den Operetten und Volksstücken des ersten Kriegsjahres eine gewisse Doppelbödigkeit zubilligen, die bereits vor dem Krieg für die Berliner Produktionen kennzeichnend war und einen Großteil des Humors der Stücke ausmachte. Selbst

---

64 So findet sich beispielsweise im Nachlass Johannes Koepp (Bestand DVA, ohne Sign.) ein Zeitungsausschnitt ohne nähere Angaben, auf dem neben anderen Gedichten auch ein Lied *Immer feste druff!* abgedruckt ist: Worte von A. Gebauer, Marsch von Georg Voigt, Musikmeister im Grenadier-Regt. Nr. 12. Im Refrain heißt es dort: „Mit Schuß und Hieb, mit Stich und Puff / Immer feste, immer feste druff!" Das Lied hat keinen Bezug zum Stück Walter Kollos, wie z. B. auch das *Kronprinzen-Marschlied: Immer feste druff!* von Lena Stein-Schneider, das 1914 im Harmonie-Verlag (Berlin) erschien. Auch Karl Kraus' Gedicht *Immer feste druff* bezieht sich auf das Kronprinzenwort und nicht direkt auf die Revue.

65 Maegie Koreen: *Immer feste druff. Das freche Leben der Kabarettkönigin Claire Waldoff.* Unter red. Mitarbeit von Manfred Weiss. Düsseldorf 1997.

66 http://www.bildpostkarten.uni-osnabrueck.de/displayimage.php?pos=-8208 (Zugriff 8. Juli 2011).

Symbole nationaler Repräsentation waren vor diesem Berliner Humor nicht sicher; dass die Revueposse sich damit für viele zeitgenössische Beobachter am Rande der Geschmacklosigkeit bewegte, sagt letztlich weniger über die Stücke selbst als über herrschende Normen und implizite Verhaltensregeln der Gesellschaft aus. Wenn das *Lied vom Soldate* in *Immer feste druff!* ausgerechnet dem Komikerpaar in den Mund gelegt wird (und mit Karl Gessner sicher nicht unbedingt vom „schönsten Mann im Staate" verkörpert wurde, vgl. Abbildung 2) oder im Finale von *Woran wir denken* die Orden als eines der wichtigsten militärischen Symbole auftreten und singen, so sehen wir hier eine Gratwanderung zwischen Karikatur und Verstärkung herrschender Normen. Grundsätzlich wurden aber die militärische Ordnung und das herrschende System weder von den Kriegs-Possen noch von den Jahresrevuen in Frage gestellt.[67]

In dem Maße, in dem sich die tatsächliche politische Situation verschärfte und auch in der Heimat die Auswirkungen des Krieges spürbar wurden, verlor die dramaturgische Form der Revueposse an Bedeutung und das populäre Musiktheater zog sich auf politisch neutrale Stoffe zurück. Die Bühnen wichen auf Operetten aus, die ein idealisiertes Vorkriegs-Kaisertum in leuchtenden Farben darstellten und auf diese Weise eine heile Welt als Projektionsfläche der Sehnsüchte einer vom Krieg zermürbten Gesellschaft anboten.

Nach Kriegsende war die Form der Jahresrevue überholt und wurde stattdessen von den großen Ausstattungsrevuen einerseits und den kleinen Kabarett-„Revuetten" (so ein Ausdruck Friedrich Hollaenders) andererseits ersetzt. Die Tendenz zur Popularisierung von Musiktheaterschlagern und deren Texten über die ‚Auskoppelung' von Einzeltiteln in Notenausgaben und Schallplattenaufnahmen sowie die Aufnahme einzelner Schlagworte in unterschiedliche Medien blieb jedoch auch nach dem Krieg erhalten und verstärkte sich teilweise noch. Wieder wurden, der Zeitnähe der Revuestoffe entsprechend, aktuelle gesellschaftliche Entwicklungen aufgenommen: In den 1920er-Jahren waren dies z. B. neue mediale Entwicklungen wie Radio und Telephon oder auch veränderte soziale Rollenbilder und ‚Typen' (z. B. die Angestellten, die ‚Neue Frau' oder der ‚Vamp').[68]

---

67 Vgl. hierzu auch die Ergebnisse der Studien von Völmecke 1997 (wie Anm. 1) und Kothes 1972 (wie Anm. 1). Die kritische Auseinandersetzung wäre angesichts der kommerziellen Abhängigkeit der Bühnen vom Publikum einerseits, der Abhängigkeit von der Zensur und zudem der als nationale Bedrohung empfundenen Kriegssituation andererseits sicher auch eine unangemessene Forderung an die Theaterschaffenden gewesen.

68 Vgl. hierzu z. B. Nils Grosch: *„Bilder, Radio, Telephon". Revue und Medien in der Weimarer Republik.* In: *Aspekte des modernen Musiktheaters in der Weimarer Republik.* Hg. von Nils Grosch. Münster 2004, S. 159–174.

Abbildung 2: Claire Waldoff und Karl Gessner in *Immer feste druff!*
Abgebildet in: *Die Stimme seines Herrn*, VI. Jg. (1914),
Weihnachtsnummer (Dez.),[69] S. 15

Auch hier ist ein Oszillieren zwischen affirmativen und satirisch hinterfragenden Tendenzen zu beobachten.

Angesichts der Ausnahmesituation des Kriegsausbruchs 1914 wurde die ‚angewandte Lyrik' der musikalischen Volksstücke in ihrer Funktion als gegenwartsbezogener Gesellschaftsspiegel zu einer Form von Kriegslyrik, die über verschiedene Verbreitungswege und Medien popularisiert wurde. Die affirmative Grundtendenz der Lieder, die allein durch ihre dramaturgische Funktion als Theatertext und die Rollenzuweisungen eine Brechung erhält, konnte dabei kontextabhängig auf der einen Seite verstärkt werden (indem z. B. der inszenierte *Kaisermarsch* zum eigenständigen Soldatenmarschlied umgewandelt wurde) oder aber durch Kontrafakturen in implizit kritische oder humoristische Aussagen umgedeutet werden (*Marmeladelied, Hohelied vom Hering*). In beiden Fällen zeigt sich die den Theatercouplets zugesprochene gesellschaftliche Relevanz als „Zeitspiegel", die über den Rahmen der einzelnen Theaterbühne hinausging.

---

69 *Die Stimme seines Herrn* (wie Anm. 47), S. 335.

Tobias Widmaier

„When the Yankees Yank the Kaiser Off His Throne"
Amerikanische Song-Produktion im Ersten Weltkrieg

An der Wiener Hofbibliothek – der heutigen Österreichischen Nationalbibliothek – wurde, der Erste Weltkrieg währte erst wenige Tage, eine *Kriegsmusiksammlung* begonnen, die das Ziel hatte, thematisch einschlägige Musikalien-Neuerscheinungen aus allen Krieg führenden Ländern „zum ewigen Gedächtnisse" aufzubewahren. Robert Lach, seinerzeit Leiter der Musikabteilung der Hofbibliothek, zog in den *Signalen für die musikalische Welt* nach einem Jahr eine Zwischenbilanz des Projektes und wetterte in diesem Zusammenhang gegen eine von ihm ausgemachte Tendenz der aktuellen französischen Liedproduktion: Den Franzosen gebühre der „traurige Vorrang […], in dem Konzerte unserer Gegner die grellsten, hässlichsten und widerlichsten Töne angeschlagen zu haben." Was „empören" müsse, das sei „die bodenlos pöbelhafte Unflätigkeit, mit der eine Reihe dieser Schmutzlieder in blindem Hasse alles und jedes am Feinde begeifert und besudelt und vor nichts, weder dem Adel der Gesinnung, noch der Taten, noch der Persönlichkeiten Halt macht."[1] Hier bellte freilich ein getroffener Hund: denn auch umgekehrt wurden massive Attacken geritten, die von deutschem (bzw. österreichischem) „Adel der Gesinnung" kaum zeugen. Heutigen Forschern könnte eine solche, Vergleichsmöglichkeiten bietende Sammlung musikalischer Kriegsproduktion Aufschlüsse etwa über Gemeinsamkeiten und Differenzen von Feind- und Eigenbildern bieten, wie sie die vertonten Texte und die häufig illustrierten Titelblätter der Liedausgaben vermitteln. Die 1915 auf bereits über 3.000 Nummern angewachsene Wiener *Kriegsmusiksammlung* wurde allerdings nicht bis Kriegsende fortgesetzt und ist zudem nur in Teilen überliefert.

Neben speziellen Liederbüchern, gedacht primär für den Tornister von Soldaten, erschienen damals in weit größerer Zahl Einzeldrucke von Liedern, die das Ziel hatten, die Heimatfront des jeweiligen Entstehungslandes zu formieren. Als ein Medium der Einschwörung auf eine bestimmte Haltung zum Kriegsgeschehen sind sie von durchaus großem historischem Interesse. Bemerkenswert ist dabei,

---

1   Robert Lach: *Musik des Weltkrieges*. In: Signale für die Musikalische Welt 73 (1915), S. 554 u. 556.

dass von politischer oder militärischer Seite in die musikalische Kriegsproduktion kaum steuernd eingegriffen wurde. Propagandalieder des Ersten Weltkrieges waren überwiegend Produkte der Kulturindustrie. Am deutlichsten zeigt sich das in den USA – und weil die einschlägige amerikanische Liedproduktion[2] hierzulande kaum bekannt ist, sei der Fokus im Folgenden auf sie gerichtet. Zugleich versteht sich dieser Beitrag als Baustein zu einer vergleichenden Betrachtung, die, wie angedeutet, ein Forschungsdesiderat ist.

In den USA standen sich in der ersten Phase des Ersten Weltkriegs im Groben zwei Lager gegenüber: auf der einen Seite die Interventionisten (die sich unter dem Schlagwort „Preparedness" sammelten, Aufrüstungsmaßnahmen anregten und für einen Kriegseintritt plädierten), auf der anderen die Isolationisten und Verfechter eines Kurses strikter Neutralität. Letztere behielten in den politischen Debatten zunächst die Oberhand.[3] Präsident Woodrow Wilson wurde mit dem Slogan „He kept us out of war" im November 1916 für eine zweite Amtszeit gewählt. Er war um Friedenslösungen bemüht, zuletzt im Januar 1917 mit dem Vorschlag eines europäischen „peace without victory". Wilson regte außerdem mehrfach die Schaffung einer „association of nations", eines Völkerbundes an, der die zwischenstaatlichen Beziehungen neu regeln und künftige Kriege verhindern sollte.

Im Großen und Ganzen scheint der transatlantische Krieg die amerikanische Gesellschaft anfangs jedoch kaum beschäftigt zu haben, wenn wir hierfür die Songproduktion als Indikator nehmen. 1915, im ersten vollen Kriegsjahr, wurden 21.170 Songs in den Copyright-Katalog der Library of Congress eingetragen, davon lassen sich nur rund 5% als patriotisch oder kriegsbezogen klassifizieren.[4] Die ambivalente Stimmungslage hinsichtlich des Krieges in Europa spiegelt sich auch in den Titeln musikalisch-patriotischer Verlautbarungen der Jahre 1915 und 1916. Auf der einen Seite erschienen Songs wie *In Time of Peace Prepare for War* oder *Prepare the Eagle to Protect the Dove,* auf der anderen solche mit Titeln wie

---

2   Grundlegend hierzu Frederick Vogel: *World War I Songs. A History and Dictionary of Popular American Patriotic Tunes, with Over 300 Complete Lyrics.* Jefferson, NC u. London 1995; Bernard S. Parker: *World War I Sheet Music. 9670 Patriotic Songs Published in the United States, 1914–1918, with More Than 600 Covers Illustrated,* 2 Bde. Jefferson, NC u. London 2007; im Kontext seiner lesenswerten Musikgeschichte des Ersten Weltkriegs behandelt das Thema der einschlägigen amerikanischen Songproduktion auch Glenn Watkins: *Proof through the Night. Music and the Great War.* Berkeley u. a. 2003, S. 245–265.

3   Hierzu wie zum Folgenden vgl. Jürgen Möckelmann: *Das Deutschlandbild in den USA 1914–1918 und die Kriegszielpolitik Wilsons.* Phil. Diss. Hamburg 1965.

4   Vgl. Vogel: *World War I Songs* (wie Anm. 2), S. 45.

Abbildung 1 (Deutsches Volksliedarchiv, Slg. 0228, Nr. 17)

Peace (Hymn of Propaganda for Worldwide Everlasting Peace) oder *The Neutrality of the Dear old U.S.A.*[5]

Eine dezidiert pazifistische Position vertritt ein 1915 erschienener, seinerzeit äußerst populärer Song, in dessen Refrain es heißt:

> It's time to lay the sword and gun away, –
> There'd be no war today,
> If mothers all would say,
> ‚I didn't raise my boy to be a soldier.'[6]

---

5   Vgl. ebd., S. 196, 229, 228 u. 214.

6   *I Didn't Raise My Boy to Be a Soldier* (Text: Al Bryan; Musik: Al Piantadosi). New York: Leo Feist 1915. Eine Ausgabe des Songs (Reproduktion von Titelblatt und Notenteil im PDF-Format) ist online verfügbar unter http://levysheetmusic.mse.jhu.edu/ (Box 096, No. 148); es handelt sich dabei um die ins Netz gestellte Lester S. Levy Collection of Sheet Music, eine

Die Sympathien der Öffentlichkeit neigten von Beginn an zwar den Krieg führenden Demokratien England und Frankreich zu, die autokratisch regierten Deutschen dagegen standen – etwa nach dem Einmarsch ins neutrale Belgien oder der Versenkung des englischen Passagierschiffes *Lusitania* am 7. Mai 1915, bei dem auch 100 Amerikaner den Tod fanden – bald schon im Ruf, Barbaren zu sein. Zugleich aber bildeten rund 8 Millionen Amerikaner deutscher Abstammung im Land selbst eine einflussreiche Minderheit. Wilsons Neutralitätspolitik wurde hier mehrheitlich unterstützt. Der Markt bediente aber auch jene Deutsch-Amerikaner, deren Herz für die alte Heimat schlug. So kam in den USA etwa noch im Januar 1917 eine Platte mit dem *Hindenburg-Marsch* heraus.[7]

Ihre diplomatischen Beziehungen zum Deutschen Reich brachen die USA am 3. Februar 1917 ab. Dies war eine unmittelbare Antwort auf die deutsche Ankündigung eines unbeschränkten, d. h. nun Schiffe auch neutraler Staaten einbeziehenden U-Boot-Krieges. Nach Versenkung mehrerer amerikanischer Handelsschiffe erklärte Wilson schließlich am 2. April 1917 den Kriegseintritt der USA. Der Kampf der amerikanischen Nation sei allerdings nur gegen die deutsche Regierung, das autokratische System gerichtet, nicht gegen das deutsche Volk. Eine wesentliche Kriegsmission sah Wilson zudem darin, die Welt sicher zu machen für die Demokratie. In den nächsten Monaten hatte die Regierung alle Hände voll zu tun, die amerikanischen Streitkräfte kampfbereit zu machen und die Wirtschaft auf die Bedingungen eines Krieges umzustellen.

Ohne lenkende Eingriffe freilich und prompt reagierte die Musikindustrie auf die neue politische Lage, der Ton – nicht nur ihrer Produkte – wurde kämpferischer. In einer Anzeige des New Yorker Musikverlegers Leo Feist mit der reißerischen Kopfzeile „Music will help win the war!" heißt es unverblümt: „Songs are to a nation's spirit what ammunition is to a nation's army. The producer of songs is an

---

große, privat aufgebaute Sammlung von Notenausgaben amerikanischer Popularmusik im Bestand der Milton S. Eisenhower Library an der Johns Hopkins University in Baltimore; Box 96 u. 97 enthalten 500 Musikstücke, die auf den Ersten Weltkrieg Bezug nehmen (letzter Zugriff 21.7.2011). Vogel bezeichnet *I Didn't Raise My Boy to Be a Soldier* als „the finest of all mother songs written during the war, imparted a chilling non-involvement message dispensing equal rations of protest and hope" (wie Anm. 2, S. 20). Eine zeitgenössische Platteneinspielung des Songs (mit Morton Harvey, Victor 17716-A) dokumentiert das empfehlenswerte 2-CD-Set *The Great War. An American Musical Fantasy* (Archeophone Records 2006), CD 1, Track 5.

7   Victor 69034, vgl. Prospekt *New Victor Records January 1917*, S. 28.

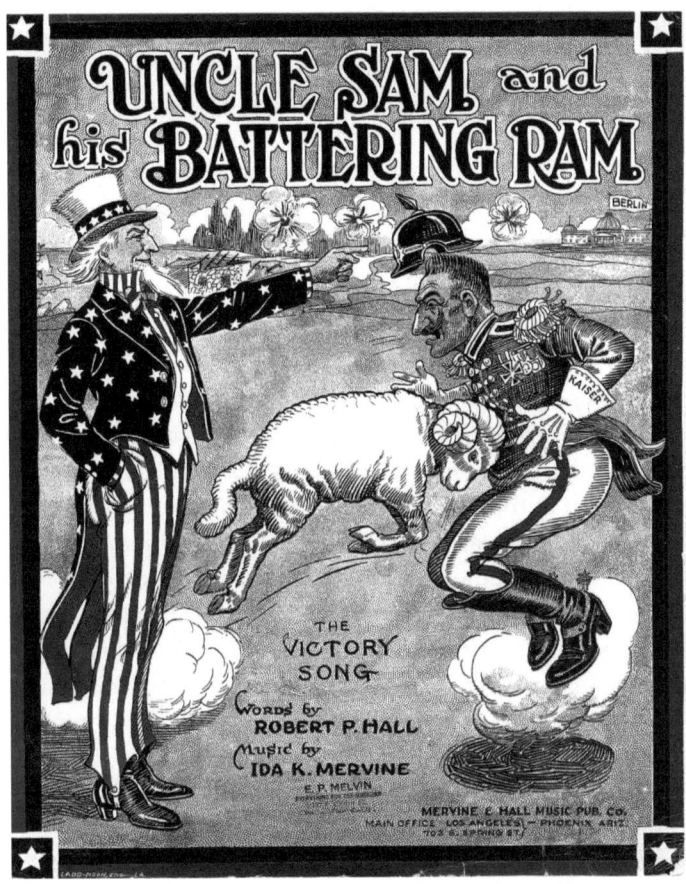

Abbildung 2 (DVA, Slg. 0228, Nr. 49)

‚ammunition' maker.“[8] Von den 21.000 im Jahr 1917 mit Copyright versehenen Songs bezogen sich rund 40%, 1918 dann von 25.000 rund 70% direkt auf den Krieg.[9]

---

8   Vgl. Umschlagrückseite von *If I'm Not at the Roll Call Kiss Mother Good-Bye for Me* (Text u. Musik: George L. Boyden). New York: Leo Feist 1917 (DVA, Slg. 0228, Nr. 45).

9   Vgl. Vogel: *World War I Songs* (wie Anm. 2), S. 45. Tatsächlich veröffentlicht wurde nur ein kleinerer Teil der in den *Catalogue of Copyright Entries* der Library of Congress eingetragenen Songs; Parker (wie Anm. 2) verzeichnet insgesamt 9.670 ‚Patriotic Songs', die im Zeitraum 1914–1920 in den USA erschienen sind, eine beträchtliche Zahl davon auch in sog. ‚Vanity Presses' (vgl. ebd., Bd. 2, S. 825–889), Verlagen, bei denen, wer sich berufen fühlte, gegen Bezahlung einen eigenen Text durch einen ‚pulp composer' (vgl. Vogel: *World War I Songs,* wie Anm. 2, S. 47f.) als Song vertonen lassen konnte. Diese Songdrucke „were

Der wohl populärste Song der Kriegsjahre, *Over There,* wurde von George M. Cohan geschrieben, einer Broadway-Größe seinerzeit. Wochenlang war der Song auf Platte – sogar von Enrico Caruso gibt es eine Einspielung[10] – und als Notenheft der meistverkaufte Musiktitel.[11] Der Erfolg des Liedes erklärt sich durch seine – auch melodische – Forschheit und lapidare Prägnanz. Freiheitsliebende Amerikaner, so die Botschaft des Textes, Stolz ihrer Liebsten und ihres Landes, fackeln unter den gegebenen Umständen nicht lang und melden sich zum Waffengang, um die Hunnen zu jagen.[12]

In einer Zeit noch ohne die Massenmedien Rundfunk und Fernsehen wurde Liedern wie diesem eine enorme mobilisierende Wirkung zugesprochen. So kann es kaum wundern, dass man quasi regierungsamtlich gezielt auf das gemeinsame öffentliche Singen patriotischer Lieder hinwirkte. Als staatlichen Propagandaapparat, der eine breite Zustimmung der amerikanischen Bevölkerung zum Waffengang in Europa erreichen und aufrechterhalten sollte, schuf Präsident Wilson zu Kriegsbeginn das *Committee on Public Information* (CPI), das eine rege Tätigkeit entfaltete.[13] Eine Unterabteilung des CPI bildete die *Four Minute Men Division,* eine Armee von rund 75.000 Rednern, die die Aufgabe hatten, mit kurzen Ansprachen (‚four minutes‘) für den Krieg zu werben und die Bedeutung einzelner Maßnahmen (z. B. der Kriegsanleihen) zu kommunizieren.[14] Die *Four Minute Men* traten „ausschließlich in Lichtspielhäusern während einer plötzlichen Programmunterbrechung" auf[15] und erreichten damit ein großes Publikum (es wird geschätzt, dass seinerzeit rund 13 Millionen Amerikaner täglich ein Kino besuch-

not distributed through normal commercial channels" (Parker, wie Anm. 2, Bd. 1, S. 1) und sind entsprechend selten überliefert.

10 Dokumentiert im CD-Set *The Great War* (wie Anm. 6), CD 1, Track 29.

11 Vgl. *Joel Whitburn's Pop Memories 1890–1954. The History of American Popular Music, Compiled from America's Popular Music Charts 1890–1954.* Menomonee Falls, Wis. [1986], S. 629.

12 Drei unterschiedliche Ausgaben des Songs online in der Levy Collection (wie Anm. 6), Box 96, No. 302–304; vgl. auch Vogel: *World War I Songs* (wie Anm. 2), S. 36–38.

13 Vgl. James R. Mock u. Cedric Larson: *Words That Won the War. The Story of The Committee on Public Information 1917–1919.* Princeton 1939; Detlef R. Peters: *Das „US-Committee on Public Information". Ein Beitrag zur Organisation und Methodik der geistigen Kriegsführung in den USA im Ersten Weltkrieg.* Diss. FU Berlin 1964; Andreas Elter: *Die Kriegsverkäufer. Geschichte der US-Propaganda 1917–2005.* Frankfurt a. M. 2005, S. 25–60.

14 Vgl. Mock/Larson: *Words That Won the War* (wie Anm. 13), S. 113–130; Peters: *Das „US-Committee on Public Information"* (wie Anm. 13), S. 49–57; Alfred E. Cornebise: *War as Advertised. The Four Minute Men and America's Crusade 1917–1918.* Philadelphia 1984.

15 Peters: *Das „US- Committee on Public Information"* (wie Anm. 13), S. 49.

Abbildung 3 (DVA, Slg. 0228, Nr. 18)

ten[16]). Die *Four Minute Men* erhielten in Bulletins thematische und rhetorische Instruktionen. Eines dieser Bulletins (Nr. 38 vom 30. September 1918) widmete sich dem „Four Minute Singing".[17] Die rekrutierten Redner wurden darin angehalten, alternativ zu einem Kurzvortrag gemeinsam mit ihrem jeweiligen Publikum ein patriotisches Lied anzustimmen:

> Community Singing already plays a great part in many patriotic gatherings; it is our function to extend the same pleasure and priviledge to the audience of our own exclusive field,

---

16 Vgl. Cornebise: *War as Advertised* (wie Anm. 14), S. 2.
17 Vgl. Mock/Larson: *Words That Won the War* (wie Anm. 13), S. 121 u. 124; Cornebise: *War as Advertised* (wie Anm. 14), S. 144–147.

Abbildung 4 (DVA, Slg. 0228, Nr. 91)

the motion-picture-theaters. Every Four Minute Men can help […]. A singing Army can not be beaten.[18]

Für den Kinoeinsatz wurden Lichtbilder („slides") mit Text und Melodie einiger älterer und aktuell geschaffener patriotischer Lieder bereitgestellt, darunter etwa *Battle Hymn of the Republic, Pack Up Your Troubles in Your Old Kit Bag* oder *Tramp, Tramp, Tramp.*[19] Der populäre, 1913 entstandene Song *There's a Long,*

---

18 *Committee on Public Information – Division of Four Minute Men,* Bulletin No. 38; zit. nach Peters: *Das „US- Committee on Public Information"* (wie Anm. 13), S. 58.

19 Vgl. Mock/Larson: *Words That Won the War* (wie Anm. 13), S. 124.

Abbildung 5 (DVA, Slg. 0228, Nr. 83)

Long Trail[20] wurde für das „Four Minute Singing" mit einem neuen, auf den Krieg bezogenen Refrain versehen:

> There's a long, long trail a-winding
> into no man's land in France,
>
> where the shrapnel shells are bursting,
> but we must advance;
> there'll be lots of drills and hiking
> before our dreams all come true,

---

20 *There's a Long, Long Trail* (Text: Stoddard King; Musik: Zo Elliott). New York u. a.: M. Witmark & Sons 1915 (Copyright 1913); als PDF online verfügbar in der Levy Collection (wie Anm. 6), Box 97, No. 81. Eine Einspielung dieses sentimentalen, in den Kriegsjahren beliebten Songs ist enthalten auf der CD-Dokumentation *The Great War* (wie Anm. 6), CD 1, Track 1.

but we are going to show the Kaiser
how the Yankee boys come through. [21]

Unter den gegebenen Umständen waren mit musikalischer Kriegsware gute Geschäfte zu machen. Die Programme der Schallplattenfirmen haben in den Jahren 1917 und 1918 hier einen Schwerpunkt, Verleger brachten einschlägiges Notenmaterial für öffentliche Darbietungen und daheim, Liederbücher für die Truppe heraus. Lieder, in denen der Gegner direkt aufs Korn genommen wird, bildeten eine besondere Kategorie kriegsbezogener Songproduktion. Der Feind, den es zu schlagen galt, war im Wesentlichen in Gestalt Kaiser Wilhelms II. personifiziert, in den Augen der amerikanischen Öffentlichkeit Inbegriff eines dumpfen Militarismus und autokratischer Anmaßung. Ausmachen lassen sich weit über 300 Werke, die sich vom Titel her direkt auf den Kaiser beziehen, darüber hinaus attackierte eine große Zahl weiterer Songtexte Kaiser Wilhelm direkt. Auf den Titelbildern von *War Song-Sheets* finden sich vielfach Karikaturen des deutschen Kaisers (vgl. Abbildungen 1–5).[22]

With the loyal British Tommy and the fighting French poilu
They will drive the hunnish hordes back to Berlin;
Then they'll pulverize the Prussians, make a crazy kultur stew,
And can it with the Kaiser and his kin.

Hurray! Hurray! The Yanks are on the way,
Hurray! Hurray! They'll make the Kaiser pay,
Uncle Sam will wear a grin, when his boys have reached Berlin,
And the Yankees yank the Kaiser off his throne.[23]

Musikalisch gesehen sind viele der patriotischen US-Songs aus der Zeit des Ersten Weltkriegs von nur geringem Interesse. Eine Reihe von ihnen aber orientierte sich an den seinerzeit aktuellsten popularmusikalischen Tendenzen, dem Ragtime, dem Blues und – allerneuester Schrei in den Jahren 1917/18 – dem Jazz. So schrieb niemand Geringeres als W. C. Handy, dessen *Saint Louis Blues* das wohl meistinterpretierte Werk der Jazzgeschichte ist, die Musik zu *The Kaiser's Got the*

---

21 Committee on Public Information – Division of Four Minute Men, Bulletin No. 38; zit. nach Peters: *Das „US- Committee on Public Information"* (wie Anm. 13), S. 58.

22 Eine größere Zahl von „Kaiser"-Titelblättern ist reproduziert in Parker: *World War I Sheet Music* (wie Anm. 2).

23 *When the Yankees Yank the Kaiser Off His Throne* (Text: A. M. Robinette, „Music arranged from American Airs by W. J. Quinn"). San Francisco: A. M. Robinette 1918 (Strophe 4 u. Refrain); PDF online verfügbar in der digitalen Sammlung der Indiana University unter der URL http://webapp1.dlib.indiana.edu/inharmony/detail.do?action=detail&fullItemID=/lilly/devincent/LL-SDV-264054 (letzter Zugriff 21.7.2011).

Abbildung 6: *The Kaiser's Got the Blues* (Refrain)

Blues (He's Got Those Weary Blues) (Text: Domer C. Browne; vgl. Abbildung 6), einem Song, der unschwer den erwähnten Kaiserschmähungen zugeordnet werden kann. Eine Platteneinspielung dieses 1918 im Verlag Pace & Handy erschienenen Blues erfolgte wegen des baldigen Kriegsendes, mit dem er seine Aktualität einbüßte, damals nicht mehr.[24]

Das Kriegsziel, Kaiser Wilhelm auszuschalten, beschwört auch der 1918 erschienene Song *If You Just Must Go To War, Bring the Kaiser Back* (Abbildung 5).[25] Es handelt sich, wie es im Untertitel heißt, um einen „Jazz Song", und die Titelillustration – ein schwarzer Soldat schleift den geschlagenen Kaiser am Kragen heim zu seiner Liebsten – verweist auf die Tatsache, dass am europäischen Feldzug eine beträchtliche Zahl Afro-Amerikaner teilgenommen hat, ein historisch gesehen nicht unbedeutender Schritt zum Abbau der Rassenschranken in den USA. Das in Rede stehende Titelbild ist allerdings nicht frei von diskriminierenden Rassenstereotypen, wie sie seinerzeit gerade auch auf dem Feld der populären Musik gängig waren. Legendär war das bis auf die Offiziere rein afro-amerikanische 369. Infanterie-Regiment aus New York, das den Beinamen *Hellfighters* erhielt und im November 1918 im Elsass bis an den Rhein vorstieß. Dieses Regiment zeichnete sich auch durch eine ,höllisch' gute Kapelle aus, an deren Spitze James Reese Europe stand, vormals Leiter diverser New Yorker Tanz- und Ragtime-Orchester. Europe verpasste seinen uniformierten Spielern einen neuen, jazzinspirierten Sound. Die *Hellfighters*-Band spielte – wie noch einige andere entsprechende Kapellen – vornehmlich zur Unterhaltung der eigenen Truppe, verschiedentlich konzertierte man im unbesetzten bzw. befreiten Frankreich, was stets große Begeisterung hervorrief.[26]

---

24 Ein Exemplar von *The Kaiser's Got the Blues* befindet sich in der Sam DeVincent Collection of Illustrated American Sheet Music, Archives Center des National Museum of American History (Washington, D. C.); Reproduktion des Covers in Parker: *World War I Sheet Music* (wie Anm. 2), Bd. 1, S. 338.

25 *If You Just Must Go to War, Bring the Kaiser Back* (Text u. Musik: Garland Tucker u. Harry Baisden). Des Moines: Homer-Garber 1918; als PDF online verfügbar in der Levy Collection (wie Anm. 6), Box 97, No. 162.

26 Vgl. Emmett J. Scott: *Official History of the American Negro in the World War*. Washington, D.C. 1919; Kapitel 21 („Negro Music That Stirred France") geht ausführlich auf Europes Hellfighters Band ein. Einige Fotos der Hellfighters Band bei musikalischen Einsätzen in Frankreich enthält Arthur W. Little: *From Harlem to Rhine. The Story of New York's Colored Volunteers*. New York 1936. Der Text der ersten Strophe von Europes bemerkenswertem Song *On Patrol in No Man's Land* sowie eine Plattenaufnahme seiner Band vom 14. März 1919 ist online verfügbar unter http://www.redhotjazz.com/europe.html (letzter Zugriff 21.7.2011).

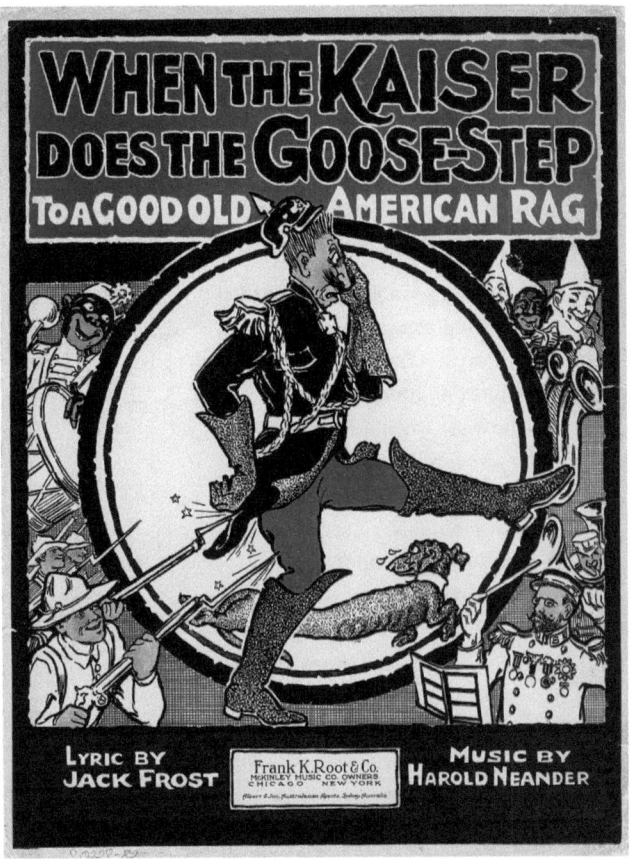

Abbildung 7 (DVA, Slg. 0228, Nr. 82)

Eine Reihe amerikanischer Songs imaginierte die Wirkung von Ragtime, Jazz und Trott auf den Kriegsgegner Deutschland. Die Forderung *Send a Lot of Jazz Bands Over There* – so der Titel eines Songs von Irving Berlin aus dem Jahr 1918 – war mit der Vorstellung gekoppelt, die Verhältnisse auf den Schlachtfeldern (Stichwort: Stellungskrieg) würden sich mit deren Hilfe in Bewegung bringen, ja der Krieg überhaupt mittels Einsatz von Jazzkapellen rascher beenden lassen. Zitiert seien einige Zeilen aus dem Song *When Alexander Takes His Ragtime Band to France* (erschienen 1918):

> When Alexander takes his ragtime band to France;
> He'll capture ev'ry Hun,
> And take them one by one.
> Those ragtime tunes will put the Germans in a trance;
> They'll throw their guns away,

Hip-hoo-ray!
And start right in to dance.[27]

Und erwähnt sei abschließend noch als weiteres, ähnlich gelagertes Beispiel der Song *When the Kaiser Does the Goose-Step to a Good Old American Rag* (Abbildung 7), dessen Refrain ausmalt, wie der deutsche Kaiser dazu gebracht wird, unterschiedliche US-amerikanische Modetänze der Zeit zu tanzen, und damit quasi besiegt und ‚zivilisiert' wird:

> When the Kaiser does the goose-step
> to a good old American rag,
> They'll play it jerky and make Bill „walk turkey"
> and salute our grand old flag.
> He'll be wiser when he two-steps
> to the songs of Yankeeland
> Or foxtrots to a good old Dixie tune
> (make it soon, make it soon)
> There'll be a jazz band from Dixie,
> And Bill won't dare say „Nixie"
> When the Yankees say
> „Come, William, dance that drag!"
> Alexander's band from Tennessee
> Will be there to play the music for the Jubilee
> When the Kaiser does the goose-Step
> to a good old American rag.[28]

Zwar sind solche kriegsentscheidenden Musikattacken ein bloßes Fantasieprodukt, doch wird hier ein Thema berührt, das durchaus bedenkenswert ist. 1921 erkannte Hans Siemsen in einem Beitrag für die *Weltbühne* im Jazz, der damals auch in Deutschland Fuß zu fassen begann, eine Macht zur Aushebelung wilhelminischer Männertugenden und Körperdispositionen:

> [D]er Jazz [...] ist so völlig würdelos. Er schlägt jeden Ansatz von Würde, von korrekter Haltung, von Schneidigkeit, von Stehkragen in Grund und Boden. [...] Wären doch alle Minister und Geheimräte und Professoren und Politiker verpflichtet, zuweilen öffentlich

---

27 *When Alexander Takes His Ragtime Band To France* (Text und Musik: Alfred Bryan, Cliff Hess u. Edgar Leslie). New York: Waterson, Berlin & Snyder 1918; als PDF online verfügbar in der Levy Collection (wie Anm. 6), Box 97, No. 152.

28 *When the Kaiser Does the Goose-Step to a Good Old American Rag* (Text: Jack Frost; Musik: Harold Neander). New York: Frank K. Root & Co. 1917; als PDF online verfügbar in der digitalen Sammlung der Indiana University unter der URL http://webapp1.dlib.indiana.edu/inharmony/detail.do?action=detail&fullItemID=/lilly/devincent/LL-SDV-264043 (letzter Zugriff 21.7.2011).

Jazz zu tanzen! […] Wie menschlich, wie nett, wie komisch müßten sie werden! Kein Dunstkreis von Dummheit, Eitelkeit und Würde könnte sich bilden.

Und auf den Ersten Weltkrieg bezogen meinte Siemsen abschließend: „Hätte der Kaiser Jazz getanzt – niemals wäre das alles passiert!"[29]

---

29 Hans Siemsen: *Jazz-band.* In: Die Weltbühne 17 (1921), S. 287f., hier S. 288.

Hermann Kurzke und Christiane Schäfer

Maria im Krieg

Prolog[1]

Wir haben nicht die Absicht, das gesamte Marienliedcorpus vorzustellen, das in den verschiedenen deutschen und österreichischen Truppenkontingenten im Ersten Weltkrieg verwendet wurde. Wir betrachten lediglich zwei Lieder aus zwei katholischen Feldgesangbüchern, die in Bayern bzw. Pfalz-Bayern in Gebrauch waren.

Wir grüßen dich im Schlachtgesang

Das erste scheint exakt in die Bedürfnisse des Militärs eingepasst zu sein: *Wir grüßen dich im Schlachtgesang.* Es findet sich im *Feld-Gebet- und Gesangbuch für die katholischen Mannschaften der bayerischen Armee*[2] in der Rubrik *Vor der Schlacht.* Sie beginnt mit dem Versikel „V: O Gott, merk auf meine Hilfe! R: Herr, eile mir zu helfen!" Dann kommt ein Gebet, das an Gott als den Herrn der Kriegsheere und Lenker der Schlachten gerichtet ist. Und auf dieses folgt unser Lied:

> *Zur Königin der Heerscharen*
>
> 1. Wir grüßen dich im Schlachtgesang,
>   Vom Tode rings bedroht,
>   Mit Trommelschlag, mit Schwerterklang
>   Und Fahnen, blutig rot.
>   O segne uns im Streite
>   Maria! uns're Königin,
>   Du Hochgebenedeite!

---

1 Die Vortragsform wurde für die Drucklegung beibehalten.

2 *Feld-Gebet- und Gesangbuch für die katholischen Mannschaften der bayerischen Armee.* Auszug aus Joh. Starklauf: *Pflichten-, Gebet- und Gesangbuch für katholische Soldaten.* München 1914.

2. Wir fürchten nicht der Hölle Macht,
   Nicht Pulverdampf und Blei;
   Wir ziehen freudig in die Schlacht,
   Maria, steh uns bei;
   Den Feind laß uns bezwingen,
   Maria! uns're Königin,
   Viktoria dir singen.

3. Du thronest in des Sieges Glanz,
   Erbitt' uns Sieg im Streit,
   Im Leben einen Lorbeerkranz,
   Im Tod die Seligkeit;
   Im Donner der Kanonen,
   Maria! uns're Königin,
   Erbitt' uns Siegeskronen.

Wir stellen uns nun einen ganz bestimmten Soldaten vor. Er heißt Fritz Klatt, ist Student der Germanistik (jedenfalls hat er Goethes *Westöstlichen Diwan* im Gepäck[3]) und steht am 16. Oktober 1914 vor Iwangorod, das an der russisch-estnischen Grenze liegt, auf halbem Weg zwischen Reval und Petrograd. Die Aufgabe ist, die russischen Truppen über die Narva zurückzuschlagen. Er schreibt in einem Brief nach Hause, und wir versuchen, uns in seine Lage zu versetzen:

Die Schlacht ist nichts, wo der einzelne etwa im Angreifen Mut beweisen kann. So war es früher vielleicht. Jetzt gibt es nur für alle den einen großen Heroismus des Aushaltens von Dingen, die dem Verstand und Herzen unertragbar scheinen. Das Infanteriefeuer haben wir kaum mehr beachtet, wir sind ungebückt und im Schritt dagegen vorgegangen. Aber das Artilleriefeuer – wir haben mehrmals über zwei Stunden Schrapnell- und Granatfeuer aushalten müssen, ohne einen Finger rühren zu können. Wir standen hinter den Häusern eines Dorfes, immer in Häuflein von 20 zu 30 Mann, eng angeschmiegt an die Hauswand, die nur in Gedanken einige Erleichterung gibt, nicht in Wirklichkeit. Das russische Schrapnellfeuer wird salvenweise abgegeben, d. h. etwa sechs Schuß kommen unmittelbar hintereinander, dann gibt es eine Pause, die ich nicht zu bemessen wüßte – denn Zeit ist Aufgehobenes –, dann folgt die nächste Salve. Das Schrapnell streut einmal einen Hagel kleiner Kugeln, dann die Eisenstücke des gesprengten Mantels auf etwa 50 Meter nach vorn. Die Granate wühlt sich im Bogen von oben her erst tief in den Boden, platzt unter der Erde und sendet einen Springbrunnen von Eisen und Feuer nach allen Seiten. Wir standen in den Häusern und hinter den Wänden der Häuser. Dann kommt es plötzlich heran, Zischen durch die Luft, lang und vernehmlich. Nun duckt sich alles, was Leben hat, zu einer unentwirrbaren Masse zusammen, um das Ziel möglichst klein zu machen. Keiner sieht auf; denn es ist nicht zu ertragen. Es hat dicht vor dem Haus eingeschlagen, die Stücke fliegen durch die Wände, über die Dächer ringsum. Der Kot der

---

3 *Kriegsbriefe deutscher Studenten.* Hg. von Philipp Witkop. Gotha 1916, S. 61.

Straße fliegt mit. Die Rinder brüllen mit unbeschreiblicher Gräßlichkeit im Ton. Und die Getroffenen stoßen den Schrei des Todes aus. Und danach ist es still. Diese Stille ist das Schlimmste. Diese Augenblicke der völligen Schweigsamkeit sind wie das Fallen im Traum, Schrecken ohne Ende und doch auf wenige Augenblicke zusammengepreßt. Dann aber beginnt sich das Leben vom Tode zu sondern. Wer noch gesund ist, springt auf und rennt blindlings hinter eine andere Deckung, das nächste der Häuser oder hinter Bäume, Hecken oder dergleichen. Die verwundet sind, wimmern nun und schreien auch laut um Hilfe, die niemand bringen kann. Und was man nicht glaubt, einmal ertragen zu können, geschieht nun wieder und wieder.[4]

Mit diesen Eindrücken versehen stellen wir uns nun vor, wie Fritz Klatt (oder ein beliebiger anderer Soldat, der den gleichen Schrecken durchmachen musste) das Lied gesungen haben könnte. In Gedanken stehen wir mit ihm an der Hauswand, die keinen wirklichen Schutz gewährt, und singen mit ihm:

> 1. Wir grüßen dich im Schlachtgesang,
>   Vom Tode rings bedroht,
>   Mit Trommelschlag, mit Schwerterklang
>   Und Fahnen, blutig rot
>   O segne uns im Streite
>   Maria! uns're Königin,
>   Du Hochgebenedeite!

Jedes Wort passt auf seine Weise, jedes Wort hat ein ungeheures Gewicht erhalten, der Tod, das Blut, die Schlacht, dazwischen eine Königin, die Halt verspricht. Nur die Schwerter wirken ein wenig altmodisch. Wir gehen mit Fritz Klatt im Schrapnellfeuer in die zweite Strophe:

> 2. Wir fürchten nicht der Hölle Macht,
>   Nicht Pulverdampf und Blei;
>   Wir ziehen freudig in die Schlacht,
>   Maria, steh uns bei;
>   Den Feind laß uns bezwingen,
>   Maria! uns're Königin,
>   Viktoria dir singen.

Hier singt Fritz Klatt nicht mehr aus voller Brust. In diese Art Schlacht zieht niemand mehr „freudig". Die heitere Zuversicht dieser Strophe trifft seine Stimmungslage nicht. Das Grauen steckt ihm in den Knochen, zwar fürchtet er sich nicht – er behauptet das zumindest: „Ich habe wahrlich keine Furcht mehr vor dem Tod und werde sie wohl niemals mehr haben",[5] aber das ist kein freudiger, sondern ein traumatischer Zustand.

---

4   Ebd., S. 72f.
5   Ebd., S. 72.

Die Schlachten an der Ostfront 1914 verliefen im Wesentlichen für Deutschland siegreich. Es mag daher sein, dass Fritz Klatt, als das Schlimmste ausgestanden war, die dritte Strophe kräftig mitsingen konnte. Auch deshalb, weil der Sieg hier eine Bitte ist, keine Behauptung. Was Maria schon hat, will Fritz Klatt gewinnen: *des Sieges Glanz*. Maria ist die Königin, sie thront, sie erbittet irgendwoher den Sieg, den Lorbeerkranz fürs Leben, die Seligkeit im Tod, die Siegeskronen für die Ewigkeit. Das alles kann der Traumatisierte brauchen. Wir singen mit ihm:

3. Du thronest in des Sieges Glanz,
    Erbitt' uns Sieg im Streit,
    Im Leben einen Lorbeerkranz,
    Im Tod die Seligkeit;
    Im Donner der Kanonen,
    Maria! uns're Königin,
    Erbitt' uns Siegeskronen.

Zur Methode

Was haben wir gemacht? Wir haben einen Text in eine genau umrissene Rezeptionssituation gestellt und dabei gesehen, wie ein abstraktes Formular ein bestimmtes Leben erhält. Daraus wollen wir einige methodische Erwägungen entwickeln. Wir wollen nicht Theorien, sondern Metaphern sprechen lassen. Das Verhältnis von Text und Rezeption lässt sich verbildlichen als Verhältnis von Partitur und Orchester. Die Partitur ist der vom Autor geschaffene Text, in diesem Fall *Wir grüßen dich im Schlachtgesang*, das Orchester besteht aus dem Ensemble der Rezeptionsinstrumente des Lesers oder Sängers, aus seinen Lebenserfahrungen, seiner Bildung, seinem Geschmack und seiner augenblicklichen Stimmungslage. Es gibt Partituren, die unaufführbar sind, weil die Instrumente fehlen – wenn man etwa Kants *Kritik der reinen Vernunft* einer Grundschulklasse aus Berlin-Marzahn vorlesen wollte; es gibt Partituren, die mit mangelhaften Instrumenten aufgeführt werden – Thomas Manns *Zauberberg*, gelesen von einem gutherzig bildungswilligen Sparkassenobersekretär; es gibt natürlich auch Partituren, die ausgezeichnet aufgeführt werden – wenn ein unglücklich Verliebter Goethes *Leiden des jungen Werther* liest; und es gibt Partituren, die gegen den Strich gebürstet werden – wenn einer oder eine, der oder die gerade voll Hass und Trauer ist, *Freude, schöner Götterfunken* anstimmen muss und das Lied höhnisch verbiegt.

Abbildung 1: Postkarte *Gruß aus Altötting,* gelaufen, 1918

Das Bild von Partitur und Orchester leistet viel, weil es klarstellt, dass ein Text, zum Beispiel ein Roman, zunächst nur bedrucktes Papier ist, das zum Werk oder Kunstwerk erst wird, wenn es gelesen, d. h. aufgeführt wird im Kopf-Theater eines bestimmten Individuums zu einer bestimmten Zeit an einem bestimmten Ort. Erst diese Umstände erschaffen die konkrete Gestalt eines Werks. Der Nachteil der Partiturmetapher ist, dass sie die Papierform des Werkes als ein starres Fertigprodukt betrachtet, das erst durch die Rezeption in Bewegung kommt. In Wirklichkeit aber war das Werk im Bewusstsein seines Autors auch nie eine abstrakte Zeichenmasse, sondern lebendiges Vorstellungstheater. Auch der Autor ist ein Rezipient. Seine Aufführungsart muss nicht einmal die ‚richtigste' sein. Sein Horizont ist zwar in der Regel ein guter für das Kunstwerk, das er geschaffen hat, aber es ist eben nur der seine, und neue Horizonte können dem Kunstwerk Leistungen abringen, die denen aus dem Horizont des Autors gleichwertig oder sogar überlegen sind. Darum haben wir nach einer Metaphorik gesucht, die dieser Sachlage besser gerecht wird.

Die Weltsicht des Rezipienten, etwa die von Fritz Klatt, betrachten wir als Brille, durch die er die Welt sieht. Sie ist eine Art Diapositiv, durch das, wird es auf eine Leinwand projiziert, ein Weltbild entsteht. Nun betrachten wir den Text eines Autors ebenfalls als ein solches Diapositiv und stecken dieses – unser Projektor erlaubt das – vor das andere, so dass das Licht nun durch beide scheint. Auf der Leinwand erscheint nun ein Bild, das zeigt, wie ein Text, der die Weltsicht seines Autors mitbringt, aussieht, wenn er durch die Brille der Weltsicht eines Rezipienten gesehen wurde. Da kann es passieren, dass etwas auf der Leinwand grün erscheint, was beim Autor blau und beim Rezipienten gelb instrumentiert ist. Da kann etwas Weißes schwarz erscheinen. Da kann ein Rot intensiviert werden, weil beide ein Rot an dieser Stelle haben, der Rezipient also vom Autor geplante Wirkungen verstärken kann. Da können aber auch blinde Flecken entstehen an Stellen, wo der Autor Erwartungen des Lesers nicht erfüllt, und an Stellen, wo der Leser Erfahrungen nicht hat, die zum Verständnis erforderlich sind.

Unser Projektor ist technisch dafür ausgestattet, dass wir noch ein drittes Diapositiv vor die beiden anderen einschieben können, das die Weltsicht des betrachtenden Wissenschaftlers darstellt – unsere also. Dieses Dia ist im Idealfall aus voll transparentem Klarglas. Ein solches würde die Voraussetzungslosigkeit der Wissenschaft symbolisieren. Wir wissen zwar, dass alle Wissenschaft Voraussetzungen hat und Interessen einbringt, aber wir putzen unser Glas so sauber wie möglich. Mit diesem Instrumentarium ausgestattet, schicken wir ein zweites Beispiel durch unsere Versuchsanordnung.

Es blüht der Blumen eine

Das 1913 in Landau erschienene *Katholische Militärgebet- und Gesangbuch*[6] verfügt über eine Rubrik, die aus sechs Marienliedern besteht. Unter ihnen befindet sich ein Lied, das der eine oder andere vielleicht kennen wird: *Es blüht der Blumen eine.* Den uns vertrauten Rezeptionszusammenhang des Liedes wollen wir ausblenden und uns stattdessen wieder vorstellen, wir wären Fritz Klatt im Schrapnellhagel. Der Springbrunnen aus Eisen, Dreck und Feuer spritzt wieder, die Rinder brüllen wieder mit unbeschreiblicher Grässlichkeit, alles duckt sich

---

6 *Zum Gebet! Katholisches Militärgebet- und Gesangbuch verfaßt von Pfarrer Dr. Foohs. Kgl. kath. Militärgeistlicher in Landau, Pfalz.* Landau-Queichheim 1913.

wieder zu einer unentwirrbaren Masse zusammen. Mit diesem Bewusstsein singen wir nun:

> 1. Es blüht der Blumen eine
> Auf ewig grüner Au,
> Wie diese blühet keine
> So weit der Himmel blau.
> Wenn ein Betrübter weinet,
> Getröstet ist sein Schmerz:
> Wenn ihm die Blume scheinet
> Ins leidenvolle Herz.

Beim „Schrei des Todes" der getroffenen Kameraden und in der darauf folgenden Stille, dem „Augenblick der völligen Schweigsamkeit", taucht vor Fritz Klatt die Erinnerung an eine Blume auf. Sie steht auf einer ewig grünen Au und scheint dem Soldaten, der aushalten muss, was nicht auszuhalten ist, mitten hinein ins „leidenvolle Herz". Kürzlich hatte er das Lied von der blühenden Blume in seinem Gesangbuch entdeckt. Es hatte ihn angerührt, er konnte es auswendig und jetzt spendete es Trost im tiefen Leid. Die zweite Strophe kommt ihm in den Sinn und schenkt ihm Hoffnung. Eine Hoffnung, die die krasse Situation der konkreten Schlacht aufgreift und zugleich über sie hinausweist:

> 2. Und wer vom Feind verwundet
> Zum Tode niedersinkt,
> Von ihrem Duft gesundet,
> Wenn er ihn gläubig trinkt.
> Die Blume, die ich meine,
> Sie ist euch wohl bekannt,
> Die fleckenlose, reine
> Maria wird genannt.

Wer im Sterben den „Duft" der Blume Maria „gläubig trinkt", wird gesunden. Das wünscht der kämpfende Student den soeben Gefallenen und er wünscht es sich für sich selbst, denn der Tod ist zum Greifen nah … jeder Moment kann der letzte sein. Er träumt sich, geschockt und gelähmt hinter einer halben Hauswand kauernd, in die dritte Strophe hinein:

> 3. Maria ist's die süße,
> Die Lilie auserwählt,
> Die ich von Herzen grüße,
> Die sich der Geist vermählt.
> Maria ist's die Reine,
> Die also lieblich blüht,
> Daß in so lichtem Scheine
> Der Rosen keine glüht.

Der Traum von Maria ist süß. Sie erscheint vor ihm als lieblich blühende Lilie – als eine vom lichten Schein umgebene reine und unschuldige Todesgöttin. Im Geist vermählt er sich mit ihr. Dieser Bund nimmt dem Tod seinen Stachel. Erfüllung kündigt sich an. Das Artilleriefeuer wummert und zischt. Die vierte Strophe lautet:

4. Erfreue süße Blüte,
    Der Erde finstre Gruft,
    Erblühe im Gemüte
    Mit Deinem Himmelsduft!
    Und Heiligkeit und Frieden
    Verleihe unsrer Brust,
    Und nach dem Tod hinieden
    Des Himmels ew'ge Lust.

Die Blüte bringt einen winzigen Freudenstrahl mitten hinein in die „finstre Gruft" des Schlachtfelds von Iwangorod. Ihr Duft prophezeit Frieden, den Frieden, nach dem Fritz Klatt sich jeden Tag sehnt. Aber es schwingt noch mehr mit. Ein sanfter Hauch, der sogar über das grausamste Leid erhaben zu sein scheint – die Vision von der ewigen Lust des Himmels, das immerwährende Glück. Und selbst, wenn das nur ein süßer Traum ist, und er es eigentlich gar nicht glaubt, so rettet die Blume Maria ihn in diesem Augenblick vor der Verzweiflung.

Im Aufeinandertreffen von Fritz Klatts Diapositiv mit dem des Autors beginnen vor allem die eschatologischen Elemente des Textes zu leuchten: Maria wird zur Sterbehelferin! Maria, als ein über das Irdische hinausweisender Traum, der beim Sterben hilft, erblühend im Gemüte, das Innere erfüllend mit Himmelsduft und Frieden, so dass ihm der äußere Graus nichts anhaben kann.

Aber wir sind Ihnen noch eine Auskunft schuldig. Unser Schlussabsatz widmet sich der Quelle dieser Liedtexte.

Quelle

Aber woher stammen diese Gebilde eigentlich? Sie sind ganz friedlicher Herkunft. Zuerst finden sie sich in einem Büchlein mit dem Titel *Marienlieder zur Feier der Maiandacht*.[7] Beide Lieder stammen von Guido Görres (1805–1852). Ihr ursprünglicher Kontext ist also ein ganz anderer, eine Frömmigkeitsübung nämlich, die in der Mitte des 19. Jahrhunderts in Deutschland populär geworden ist: die Maiandacht! Ein lieblich verspielter Blumenkult, der allerdings nicht nur

---

7   *Marienlieder zur Feier der Maiandacht gedichtet von Guido Görres. Rom im Mai 1842.* München 1843. (Zweite, um dreißig Lieder vermehrte Auflage. München 1844).

einen erbaulichen Zweck erfüllte, sondern vom Klerus in den Dienst einer allgemeinen Disziplinierung des Geistes und der Triebe gestellt worden ist.

In Regensburg erschien 1839 eine *Marianische Mai-Andacht*,[8] deren Vorrede diesen Zweck der Übungen ausführlich beschreibt. Heftiger als das der sinnlichen Liebe, so liest man dort, glühe das Feuer der geistigen Liebe. Es entzünde sich an der Glut der himmlischen Liebe der Himmelskönigin und lasse den so Entzündeten freudiger auf der dornigen Bahn der Tugend fortwandeln.

Die dornige Bahn der Tugend und das Schlachtfeld von Iwangorod: Sublimierung der Triebe zur Erlangung eines reinen, gottgefälligen Lebens einerseits, der Kampf ums nackte Überleben andererseits. Der Weltkrieg orchestriert die Partitur auf eine Weise, an die Guido Görres nicht gedacht hat. Er schafft aus harmlosen Marienblumen gefährliche ideologische Waffen. Das unschuldige Lied macht nun das Unaushaltbare aushaltbar. Oppositionelle Regungen werden besänftigt, diszipliniert, abgelenkt oder eingeschläfert.

Es blüht der Blumen eine amtierte in Görres Maiandachtssammlung als Lied zum 2. Mai. *Wir grüßen dich im Schlachtgesang* steht in einem Anhang des Büchleins unter der Überschrift „Blumen zur Nachfeier". Guido Görres, 1805 geboren als Sohn des berühmten Joseph Görres, war ein konservativer, ultrakatholischer Publizist, der den Krieg nur als drei Jahrzehnte zurückliegende patriotische Erinnerung an die Befreiungskriege kannte, nicht aus eigenem Erleben. Er sieht ihn als Phantasieerregung mit der Brille des Romantikers, der von Trommeln, Fahnen und Schwertern träumt. Wir stellen uns nun vor, wie er als Vierzigjähriger am 2. Mai 1845 als Nachfeier zu einer Maiandacht anderen Ultrakatholiken im Biergarten neben der Kirche sein Lied beibringt, dreißig Jahre nach dem Wiener Kongress, im friedlichen Deutschland der Restauration, in dem man, um die Grenzen gegen Frankreich ideologisch zu sichern, auch gerade Lieder wie die *Wacht am Rhein* und *Sie sollen ihn nicht haben, den freien deutschen Rhein* erfunden hatte. Wir betrachten unsere Lieder ein letztes Mal, nun durch das Diapositiv des Autors in den vierziger Jahren des 19. Jahrhunderts:

Die Königin der Heerscharen

1. Wir grüßen Dich im Schlachtgesang,
   Vom Tode rings bedroht,

---

8   *Marianische Mai-Andacht, oder der Verehrung Mariens gewidmeter Mai-Monat.* [...] Nach dem Französischen des hochw. Herrn Le Tourneur [...] bearbeitet, und vermehrt herausgegeben von einem Mitgliede des Stiftes Maria-Einsiedeln in der Schweiz. Regensburg 1839.

Mit Trommelschlag, mit Schwerterklang
Und Fahnen, blutig rot.
O segne uns im Streite
Maria! uns're Königin,
Maria! Hochgebenedeite!

2. Wir fürchten nicht der Hölle Macht,
Nicht Pulverdampf und Blei;
Wir ziehen lachend in die Schlacht,
Maria! steh uns bei;
Den Feind laß uns bezwingen,
Maria! uns're Königin,
Viktoria dir singen.

3. Du thronest in des Sieges Glanz,
Erbitt' uns Sieg im Streit,
Im Leben einen Lorbeerkranz,
Im Tod die Seligkeit;
Im Donner der Kanonen,
Maria! uns're Königin,
Erbitt' uns Siegeskronen.

Vorher, in der Kirche, hatten sie, es war ein strahlender Tag, die Vögel zwitscherten, vor der blumengeschmückten Madonnenstatue, die milde auf ihr Kind herablächelte, *Es blüht der Blumen eine* angestimmt – und wir wollen damit schließen, im Geiste nun nicht mehr erfüllt von der Schlacht bei Iwangorod, sondern von der lieblichen Maiandacht:

Die Marienblume.

(Zweiter Mai.)

1. Es blüht der Blumen eine
Auf ewig grüner Au,
Wie diese blühet keine
So weit der Himmel blau.

2. Wenn ein Betrübter weinet,
Getröstet ist sein Schmerz:
Wenn ihm die Blume scheinet
Ins leidenvolle Herz.

3. Und wer vom Feind verwundet
Zum Tode niedersinkt,
Von ihrem Duft gesundet,
Wenn er ihn gläubig trinkt.

4. Die Blume, die ich meine,
   Sie ist euch wohl bekannt,
   Die fleckenlose, reine
   Maria wird genannt.

5. Maria ist's die süße,
   Die Lilie auserwählt,
   Die ich von Herzen grüße,
   Die sich der Geist vermählt.

6. Maria ist's die reine,
   Die also lieblich blüht,
   Daß in so lichtem Scheine
   Der Rosen keine glüht.

7. Erfreue süße Blüthe,
   Der Erde finstre Gruft,
   Erblühe im Gemüthe
   Mit Deinem Himmelsduft.

8. Und Heiligkeit und Frieden
   Verleihe unsrer Brust,
   Und nach dem Tod hinieden
   Des Himmels ew'ge Lust.

Personenregister

Erfasst werden alle Eigennamen historischer Personen.
Verfasser von Forschungsliteratur nach 1945 sind nicht verzeichnet.

Ahnert, Kurt 155, 160–162, 169, 172, 176,
  183f., 186f.
André, Carl 220
Anthes, Otto 20, 29
Arndt, Ernst Moritz 30, 126, 175
Arnold, Franz 224
Arnold, Robert Franz 129
Avenarius, Ferdinand 139

Bab, Julius 15, 20, 25, 34, 70, 72f., 82, 89,
  114, 127, 144, 149–151, 155, 187, 189f.
Bächtold, Hanns 103f., 197
Banzhaf, Hermann 150
Bartels, Adolf 74f.
Barthel, Max 24, 29, 148
Bastyr, Hans 220
Baußnern, Waldemar von 27
Becker, Nikolaus 176
Benzmann, Hans 75, 87–89
Berlin, Irving 251
Bernstein, Max 20
Berté, Heinrich 223
Bethge, Ernst Heinrich 83f.
Beumelburg, Werner 19
Bewer, Max 139
Bieber, Egon 220
Bierbaum, Otto Julius 218
Biese, Alfred 128, 136
Binding, Rudolf G. 139
Bismarck, Otto von 31f.

Blech, Leo 220
Blei, Franz 23
Blunck, Hans Friedrich 150, 153
Blüthgen, Clara 19, 139
Blüthgen, Viktor 139
Brandt, Luise von 38
Braun, Reinhold 74f., 82f., 86f., 136
Bredschneider, Willy 222
Brinckmann [Superindendent] 89–91
Bröger, Karl 17f., 24f., 29
Browne, Domer C. 250
‚Bruder Willram‘ [Ps., i. e. Anton Müller]
  41–65
Buddecke, Albert 98
Busse, Carl 15f., 68, 70, 94

Cappenberg, Berthold 144
Caruso, Enrico 244
Clorius, Otto 68–70, 94
Cohan, George M. 244

Dehmel, Richard 25, 29, 73, 139f., 151
Deimling, Berthold von 222
Dilthey, Wilhelm 19
Döblin, Alfred 151

Eckert, Fr. J. 220
Eichendorff, Joseph von 177
Engelke, Gerrit 17, 153
Eschelbach, Hans 29

Kerr, Alfred 22, 140, 147

Kläber, Kurt 152

Klemm, Wilhelm 30

Knodt, Karl Ernst 67, 73, 84f.

Knorr, Max 80f., 83

Koepp, Johannes 236

Köhler, Paul Ernst 73

Kollo, René 228

Kollo, Walter 185, 220–223, 225–236

Kollo, Willi 221, 223

König, Otto 59

Körner, Theodor 16, 18, 30f., 49, 126, 166

Krasnik, Viktor Dankl von 45

Kraus, Karl 236

Krauß, Rudolf 142

Kreuder, Peter 229

Krieger, Bogdan 144

Kurz, Isolde 19, 131, 139

Kutscher, Artur 207, 211, 233

Lach, Robert 239

Langkopf, Paul 32

Leonhard, Rudolf 30

Lersch, Heinrich 17f., 23f., 27, 29f., 139, 146,
    148f., 153, 189f.

Liliencron, Detlev von 28, 32

Lissauer, Ernst 23f., 27, 139f.

Loewenberg, Jakob 78f.

Löns, Hermann 139f., 153

Lortzing, Albert 185

Luther, Martin 7, 25, 31, 67–95, 180–182

Maeterlinck, Maurice 30

Mann, Thomas 16, 258

Manz, Gustav 34

Marinetti, F. T. 35

Marquart, Felix 146

Maußer, Otto 103, 106, 197

Meier, John 99–119, 162, 191–215

Meyer, Alfred Richard 29

Mozart, Wolfgang Amadeus 185

Müller, Anton → ‚Bruder Willram‘

Müller, Carl 159f., 164

Münchhausen, Börries von 32

Napoleon III. [franz. Kaiser] 185

Nelle, Wilhelm 71f.

Nerlinger, Oscar 134

Nikolaus II. [russischer Zar] 171, 188

Noak, Karl 98

Nordhausen, Richard 139, 149f.

Oellers, Heinrich 135

Oerthel, Kurt von 38, 75

Peithmann, E. C. H. 149

Petzold, Alfons 17f., 24, 29, 149

Pfemfert, Franz 13, 23, 146

Philipp, Oskar 147

Pinthus, Kurt 152

Poensgen, Wolfgang 219f., 223

Poincaré, Raymond 171

Poiret, Paul 226

Preczang, Ernst 18

Presber, Rudolf 20, 139

Reiff, August 75f.

Remarque, Erich Maria 19f., 152

Rieckhoff, Paul 38

Röchling, Carl 226

Rommel, Theodore von 37

Rosner, Karl 139

Rubiner, Ludwig 147, 151

Rückert, Friedrich 24, 31

Rudorff, Otto 32f.

Populäre Kultur und Musik

herausgegeben von Michael Fischer und Nils Grosch
im Auftrag des Deutschen Volksliedarchivs und der Universität Salzburg

Band 4

Carolin Stahrenberg

Hot Spots von Café bis Kabarett

Musikalische Handlungsräume im
Berlin Mischa Spolianskys 1918–1933

2012, 336 Seiten, br., mit zahlr.,
teils farbigen Abb., 36,90 €
ISBN 978-3-8309-2520-0

Berlin in den 1920er Jahren: In einer Vielzahl von Bars, Kneipen, Kabaretts, Cafés und Theatern erklingt Musik. Sie ist eingebettet in bestimmte Handlungskontexte und steht in Bezug zu den Räumen, in denen sie erklingt. Soziale und akustische Räume, (An-)Ordnungen und das Repertoire werden zum Ausgangspunkt dieser Studie, die der Arbeitsbiographie des Pianisten und Komponisten Mischa Spoliansky durch das Berlin der Weimarer Republik folgt.

WAXMANN
Münster · New York · München · Berlin

Populäre Kultur und Musik

herausgegeben von Michael Fischer und Nils Grosch
im Auftrag des Deutschen Volksliedarchivs und der Universität Salzburg

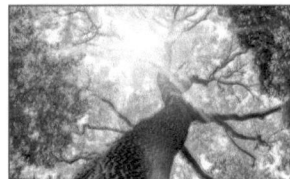

Band 8

Miriam Noa

Volkstümlichkeit und Nationbuilding

Zum Einfluss der Musik auf den
Einigungsprozess der deutschen
Nation im 19. Jahrhundert

2013, 374 Seiten, br., 39,90 €
ISBN 978-3-8309-2730-3

Diese Arbeit zeigt, dass „Volkslieder"
dazu beitrugen, die zersplitterte deut
sche Nation schon vor der Reichsgründung 1871 zusammenzuführen und dass
es nur etwa ein Dutzend Lieder waren, die
den Kern einer Art gemeinsamen deutschen
Kanons ausmachten.
Ausgehend von Rousseaus Hinwendung zu
den sozialen „Grundschichten" des Volkes
über die Sammlungen von (angeblicher)
Volkspoesie durch Herder, Arnim, Brentano
oder die Brüder Grimm wird in dieser Studie
ein Bogen gespannt zu Schubert, Beethoven,
Schumann und Brahms, die sich in ihren
Kompositionen den Idealen von Volk und
Nation zuwandten.

WAXMANN
Münster · New York · München · Berlin